个人理财规划

主　　编　周晓莲　华荷锋
副主编　邢　丹　王韦雯　刘　琴
　　　　　沈　迪　张　勤　李肖夫
参　　编　韩　博　赵　曜　王小丹
　　　　　陈香兰　孙佳璐　简锦姗
　　　　　钱芳芳　丁唐波　植　森
　　　　　张　荷　朱嘉俊　朱丽平

微信扫码
查看更多资源

南京大学出版社

图书在版编目(CIP)数据

个人理财规划 / 周晓莲,华荷锋主编. -- 南京:南京大学出版社,2025.1. -- ISBN 978-7-305-28323-9

Ⅰ. F830.59

中国版本图书馆 CIP 数据核字第 2024BJ8234 号

出版发行	南京大学出版社
社　　址	南京市汉口路 22 号　　邮　编　210093
书　　名	个人理财规划 GEREN LICAI GUIHUA
主　　编	周晓莲　华荷锋
责任编辑	武　坦　　　　　　编辑热线　025-83592315
照　　排	南京开卷文化传媒有限公司
印　　刷	盐城市华光印刷厂
开　　本	787 mm×1092 mm　1/16 开　印张 18　字数 438 千
版　　次	2025 年 1 月第 1 版　印次　2025 年 1 月第 1 次印刷
ISBN	978-7-305-28323-9
定　　价	56.00 元

网　　址:http://www.njupco.com
官方微博:http://weibo.com/njupco
微信服务号:njuyuexue
销售咨询热线:(025)83594756

* 版权所有,侵权必究
* 凡购买南大版图书,如有印装质量问题,请与所购
　图书销售部门联系调换

前　言

个人理财规划是高等职业教育金融类专业核心课程。这门课程的编写是在党的二十大精神的指导下，坚持立德树人，结合金融服务与管理专业特点和我国金融理财改革发展实践，培养学生树立正确的理财观念，建立科学的理财思维；树立正确的价值观和基本职业规范；培养"忠于党、忠于国家、忠于人民、忠于法律""政治过硬、业务过硬、责任过硬、纪律过硬、作风过硬"的高素质金融职业人才。

在新的思想指导下，本课程以高等职业教育专家与行业专家对金融服务与管理专业工作任务与职业能力分析为基础，结合专业建设方案与专业教学标准进行编写。在课程体系的构建上，以现代金融理财从业人员需要基本理财理论和技能为培养目标，以掌握分析实际问题、解决实际问题的职业技能为导向，从理论和实践两个方面重新构建了课程内容体系。全面系统地介绍了个人理财基础理论、个人理财计算知识、现金规划、保险规划、教育规划、住房规划、税收规划、养老规划、传承规划等内容。① 全面引入思政元素，关于思政教育部分，每章进行专门设计；② 充分考虑高职学生就业的岗位要求、学生未来工作能力的培养以及学生潜能的开发；③ 理论和实践并重，突出理论知识的实用性和可操作性，在介绍理论的基础上，每章安排了实训任务；④ 重视课岗赛融通，根据理财经理岗位新要求以及智慧金融综合技能大赛的需要组织内容；⑤ 注重学生创新、创业素质培养。

本教材主要面向高等职业教育院校金融相关专业学生、高等学历继续教育学习者、对个人理财感兴趣的社会学习者。

各位编者长期从事理财专业相关课程的教学与实践工作，在编写中尽可能全面、系统地阐述并且做到理论实践相结合,但由于编者经验不足、水平有限,书中难免有疏漏和不当之处,敬请广大读者提出批评意见。

编 者

2024 年 11 月

目　　录

模块一　个人理财基础知识

第一章　认识个人理财规划 ⋯⋯⋯⋯⋯⋯⋯⋯⋯⋯⋯⋯⋯⋯⋯⋯⋯⋯⋯⋯ 1
　　第一节　个人理财规划概述 ⋯⋯⋯⋯⋯⋯⋯⋯⋯⋯⋯⋯⋯⋯⋯⋯⋯⋯⋯ 2
　　第二节　个人理财规划的内容和步骤 ⋯⋯⋯⋯⋯⋯⋯⋯⋯⋯⋯⋯⋯⋯⋯ 10
　　第三节　认识个人理财规划师 ⋯⋯⋯⋯⋯⋯⋯⋯⋯⋯⋯⋯⋯⋯⋯⋯⋯⋯ 13

第二章　理财计算基础 ⋯⋯⋯⋯⋯⋯⋯⋯⋯⋯⋯⋯⋯⋯⋯⋯⋯⋯⋯⋯⋯ 20
　　第一节　货币时间价值概述 ⋯⋯⋯⋯⋯⋯⋯⋯⋯⋯⋯⋯⋯⋯⋯⋯⋯⋯⋯ 21
　　第二节　货币时间价值的计算 ⋯⋯⋯⋯⋯⋯⋯⋯⋯⋯⋯⋯⋯⋯⋯⋯⋯⋯ 25
　　第三节　货币时间价值在个人理财分项规划中的应用 ⋯⋯⋯⋯⋯⋯⋯⋯⋯ 38

第三章　家庭财务状况分析 ⋯⋯⋯⋯⋯⋯⋯⋯⋯⋯⋯⋯⋯⋯⋯⋯⋯⋯⋯ 47
　　第一节　家庭资产负债表的编制与分析 ⋯⋯⋯⋯⋯⋯⋯⋯⋯⋯⋯⋯⋯⋯ 48
　　第二节　家庭收入支出表的编制与分析 ⋯⋯⋯⋯⋯⋯⋯⋯⋯⋯⋯⋯⋯⋯ 54
　　第三节　家庭财务指标分析 ⋯⋯⋯⋯⋯⋯⋯⋯⋯⋯⋯⋯⋯⋯⋯⋯⋯⋯⋯ 58

模块二　个人理财分项规划

第四章　现金规划 ⋯⋯⋯⋯⋯⋯⋯⋯⋯⋯⋯⋯⋯⋯⋯⋯⋯⋯⋯⋯⋯⋯⋯ 63
　　第一节　现金规划概述 ⋯⋯⋯⋯⋯⋯⋯⋯⋯⋯⋯⋯⋯⋯⋯⋯⋯⋯⋯⋯⋯ 64
　　第二节　现金规划方案 ⋯⋯⋯⋯⋯⋯⋯⋯⋯⋯⋯⋯⋯⋯⋯⋯⋯⋯⋯⋯⋯ 66
　　第三节　现金规划工具 ⋯⋯⋯⋯⋯⋯⋯⋯⋯⋯⋯⋯⋯⋯⋯⋯⋯⋯⋯⋯⋯ 69

第五章　保险规划 ⋯⋯⋯⋯⋯⋯⋯⋯⋯⋯⋯⋯⋯⋯⋯⋯⋯⋯⋯⋯⋯⋯⋯ 90
　　第一节　风险与保险 ⋯⋯⋯⋯⋯⋯⋯⋯⋯⋯⋯⋯⋯⋯⋯⋯⋯⋯⋯⋯⋯⋯ 91

第二节	保险规划概述	95
第三节	保险的分类	99
第四节	保险需求分析	102
第五节	保险规划案例分析	108

第六章　住房规划 ... 113
　　第一节　房地产概述 ... 114
　　第二节　房地产价格的构成及影响因素 ... 120
　　第三节　居住规划 ... 124

第七章　教育规划 ... 134
　　第一节　教育规划概述 ... 136
　　第二节　教育规划方法 ... 139
　　第三节　教育规划工具 ... 145

第八章　投资规划 ... 150
　　第一节　投资规划的基本认知 ... 152
　　第二节　投资规划流程 ... 156
　　第三节　证券投资工具 ... 167

第九章　税收规划 ... 176
　　第一节　税收规划概述 ... 178
　　第二节　个人所得税概述 ... 183
　　第三节　个人所得税税收规划 ... 195

第十章　养老规划 ... 202
　　第一节　养老规划概述 ... 203
　　第二节　养老需求分析 ... 207
　　第三节　养老供给分析 ... 212
　　第四节　养老金缺口弥补计划 ... 223

第十一章　财产分配与传承规划 ... 232
　　第一节　财产分配与传承规划概述 ... 234
　　第二节　财产分配规划 ... 240

第三节　财产传承规划 ………………………………………………… 245

模块三　个人理财综合规划

第十二章　个人理财综合规划 …………………………………………… 260
　第一节　综合理财规划 …………………………………………………… 261
　第二节　综合理财规划案例 ……………………………………………… 267

参考文献 …………………………………………………………………… 279

模块一　个人理财基础知识

第一章　认识个人理财规划

学习目标

（一）知识目标

1. 认识个人理财规划。
2. 了解生命周期理论。
3. 认识理财规划师。

（二）能力目标

1. 能建立全生命周期的理财思维。
2. 能理解生命周期理论并实践运用。
3. 能在生活中运用理财的思维指导财务决策。

（三）思政目标

1. 树立科学的金钱观及价值观。
2. 增强规划意识和发扬自我奋斗精神。
3. 培养专业严谨、诚信服务的职业道德和职业操守。

案例导入

买小裙子的故事

理财就和买衣服一样简单。小美看到一件心仪的小黑裙要价1 000元，她特别想买下来，然后在三个月后穿上这件美丽的小黑裙参加自己的毕业典礼。小美能实现她的目标吗？

小美每个月的生活费中用来买衣物的预算只有200元，如果小美前两个月不买任何衣物，这部分预算都留到第三个月，那么小美就有600元，但是和1 000元相比，还差400元。小美该怎么办呢？

小美左思右想，想出以下几个方案：第一，她问自己的好朋友借400元；第二，她每个月在其他支出项目中节省一部分出来，比如两个月不喝奶茶，出门坐公交不打车等；第三，她利用周末的时间找一份兼职；第四，她把自己的闲置物品挂在二手平台进行变现。

仔细斟酌后，小美的最终方案是在已有600元购置衣物的预算基础上，通过控制减少不必要支出节省下来100元，然后利用两个周末兼职可以赚300元。三个月后，小美集齐1 000元，买到自己心仪的小黑裙，目标达成！

理财不是不花钱,而是让我们成为金钱的主人,通过规划更好的生活,实现自己的目标。买这件小黑裙就是一次理财规划。理财就是设定一个目标,通过计算发现缺口,然后想办法达成。

第一节 个人理财规划概述

一、个人理财规划的概念

所谓个人理财就是打理个人钱财,是指人们规划现有及未来的财务资源,使其能够满足人生不同阶段的需求,并达到预定的目标,能够在财务上实现独立自主。通俗地说,个人理财就是个人如何让现在的钱以及未来挣到的钱,通过合理地规划、安排及投资来更好地实现自己在住房、子女教育、退休养老、财产传承等方面的目标。它是赚钱(收入)、存钱(资产)、花钱(支出)、借钱(负债)、省钱(节税)、护钱(保障)之道。个人理财通常是由家庭成员来运作,也可以委托专业的第三方理财机构。

二、个人理财规划的必要性

人生各个阶段收入与支出不匹配,需要通过个人理财来合理安排一生的收入与支出。生命周期理论是个人理财的核心理论之一。

(一) 生命周期理论

生命周期假说又称消费与储蓄的生命周期假说,是由美国经济学家 F.莫迪利安尼(Franco Modigliani)、R.布伦贝格(R. Brumberg)和 A.安东(Alberto Ando)共同提出来的。提出生命周期假说。该假说的前提是:首先假定消费者是理性的,能以合理的方式使用自己的收入,进行消费;其次,消费者行为的唯一目标是实现效用最大化。这样,理性的消费者将根据效用最大化的原则使用一生的收入,安排一生的消费与储蓄,使一生中的收入等于消费。

生命周期假说将人的一生分为年轻时期、中年时期和老年时期三个阶段(见图 1-1)。一般来说,个人在年轻时期,收入较低,但因为未来预期较好,因此,在这一阶段,个人往往会把收入的绝大部分用于消费,有时甚至举债消费,导致消费大于收入。进入中年阶段后,收入水平会大幅提升,收入大于消费,有较大储蓄。进入老年阶段,随着个人逐渐退出劳动市场,收入大幅减少甚至为零,消费支出很大一部分来源于中年阶段的储蓄。因此,在人的生命周期的不同阶段,收入和消费的关系,以及消费在收入中所占的比例不是一成不变的。

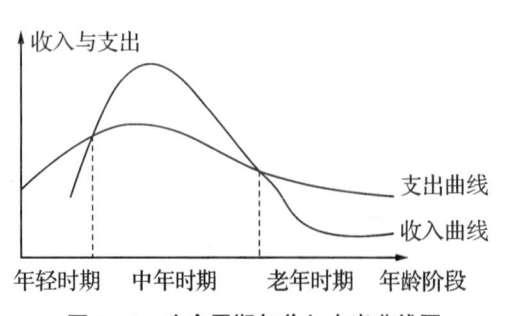

图 1-1 生命周期与收入支出曲线图

(二) 生命周期理论在个人理财规划中的应用

生命周期理论是指导个人理财的核心理论之一,该理论建立在跨期最优化理论基础之上,核心内容是在个人或家庭一生当中有限的经济资源约束下,求解基于终生消费(包括闲暇和遗赠)效用最大化的问题。该理论从生命周期整体出发考虑理财,掌握生命周期各阶段的特点,让人们结合实际情况设计理财方案,选择适当的理财产品,将人生合为一个整体来考虑,减少人生的财务波动,使得个人能够获把得的所有收入合理地分配到生命的各个阶段,可以使得个人直到去世的时候,一生都过着自己期望的生活,同时正好用完所有的收入或者保留所期望的遗产,实现人生效用的最大化。

根据生命周期理论,青年期、中年期和老年期是个人理财规划的三个重要时期。将三个重要时期进一步细分,可以分为以下五个时期(见表1-1)。

表1-1 家庭生命周期划分及特征

周 期	定 义	年 龄	特 征
单身期	起点:参加工作 终点:结婚	一般为18~30岁	自己尚未成家,在父母组建的家庭中。从工作和经济的独立中建立自我
形成期	起点:结婚 终点:子女出生	一般为25~35岁	婚姻系统形成。家庭成员数随子女出生而增长(因而经常被称为筑巢期)
成长期	起点:子女出生 终点:子女独立	一般为30~55岁	孩子来临,加入教养孩子、经济和家务工作,与大家庭关系的重组,包括养育下一代和照顾上一代的角色。家庭成员数固定(因而经常被形象地称为满巢期)俗称上有老、下有小
成熟期	起点:子女独立 终点:夫妻退休	一般为50~65岁	重新关心中年婚姻和生涯的议题。开始转移到照顾更老的一代。家庭成员数子女独立而减少(因而经常被称为离巢期)
退休期	起点:夫妻退休 终点:夫妻身故	一般为60~90岁	家庭成员只有夫妻两人(因而经常被称为空巢期)

1. 单身期

该时期,个人刚刚迈入社会开始工作,大多有自己独立的收入,尽管收入水平一般不高,但是没有什么经济负担,因此可支配的收入较多。但是,单身期的个人大多具有以自我为中心的消费倾向,其消费和开支比较大。而这一时期又往往是家庭资金的原始积累期,个人进修、结婚、创业等成为这一时期个人的主要理财目标。同时,这一时期的个人风险承受能力是五大生命周期中最高的,因此在投资策略上应选择侧重于风险资产的投资组合。

2. 家庭形成期

该时期,个人组建了家庭,伴随子女的出生,经济负担加重。对于双薪家庭,经济收入有了一定的增加而且生活开始走向稳定。该时期是家庭的主要消费期,购房、子女教育等成为这一时期个人的主要理财目标。同时,这一时期的个人风险承受能力虽然较高,但是低于单身期的个人风险承受能力。因此,这一时期的个人理财投资策略中,风险资产的比重应该在投资组合中占据一个较大的比例,但其比例应小于单身期的风险资产投资比例。

3. 家庭成长期

该时期,家庭成员不再增加,但年龄都在增长,经济收入增加的同时花费也随之增加。子女的自理能力增强,父母精力充沛,该时期的个人已经积累了一定的工作经验和投资经验,投资能力得到极大增强。但子女处于上大学期间,由于高等教育支出的增加,家庭支出会有较大幅度上升。这一时期,保健医疗、子女教育等成为个人的主要理财目标。同时,这一时期的个人风险承受能力适中,因此这一时期的个人理财投资策略中,应选择风险资产比重大于无风险资产比重的投资组合,以较大风险博取较多收益的同时保证一定的确定收益。

4. 家庭成熟期

该时期,家庭已经完全稳定,子女也已经经济独立,家庭收入增加,支出减少,资产逐渐增加,负债逐渐减少。此时个人的事业一般处于巅峰状态,但身体状况开始下滑。这一时期,扩大投资、准备养老等成为个人的主要理财目标。同时,这一时期的个人风险承受能力下降,因此这一时期的个人理财投资策略中,应适当降低风险资产的比重,以获取更加稳健的收益。

5. 退休期

该时期,个人肩负的家庭责任减轻,锻炼身体、休闲娱乐是生活的主要内容,收支情况表现为收入减少,而休闲、医疗费用增加,其他费用降低。这一时期,个人主要的目标就是安度晚年,医疗保健等成为个人的主要理财目标。同时,这一时期的个人风险承受能力较低,对资金安全性的要求远远高于收益性,所以在资产配置上要进一步降低风险资产的投资比例。

(三) 不同生命周期理财特点

单身期:收入低,支出大,可投资金额少,由于年轻,抗风险能力强;家庭形成期:家庭收入以双薪为主,收入增加,支出也增加,家庭财力较弱,但抗风险能力较强;家庭成长期:家庭生活趋于稳定,收入增加的同时支出也在增加,抗风险能力中等;家庭成熟期:家庭已经完全稳定,家庭收入达到顶峰,支出减少,由于年龄增大,抗风险能力较低;退休期:家庭进入空巢期,收入下降,支出结构发生变化,医疗费用提高,其他费用下降,抗风险能力低,如表1-2所示。

表1-2 不同家庭生命周期收入、支出及抗风险能力

生命周期	可支配收入	支 出	抗风险能力	理 财
单身期	低	高	高	节财、资产增值
形成期	中	高	中高	购房、购置硬件、保险、资产增值
成长期	高	高	中	育儿、子女教育、保险、资产增值、购房、购车
成熟期	高	中	中低	资产增值
退休期	低	中	低	养老、资产增值、遗产

思考一下：正在上大学的同学们属于理财的哪一个生命周期？你所在的家庭即你的父母正处于哪一个生命周期？这个周期有哪些特点？

（四）个人理财规划的意义

理财是一种思维方式与生活习惯，本质上是对自己资产的管理，是一种包含风险意识、规划意识、目标意识在内的财务综合管理能力。理财是一个细水长流、让人能够从容面对生活的过程。

1. 个人角度

个人理财可以防范各种个人风险，如疾病、过早死亡、丧失劳动能力、财产和责任损失、失业。个人理财实现个人和家庭财产的保值增值，为家庭成员提供教育资金和住房，提供退休后的生活保障，减轻税收负担，为遗产传承做准备。

2. 社会角度

个人理财可以使得个人资产增加；个人理财可以使得消费增加，消费需求多样化；个人理财可以使得金融投资产品和渠道多样化；个人理财可以使得个人风险增加，财务风险增加；个人理财可以使得就业模式改变、社会保障体系重建；个人理财可以使得人口老龄化，老年人口相对贫困化。

三、个人理财规划的目标

（一）马斯洛需要层次理论

人的一生，在一定意义上是一个不断满足自身各种物质和精神需求，追求整个生命阶段效用最大化的过程。不同阶段有着不同的需求。马斯洛需求理论把需求分成生理需求（Physiological Needs）、安全需求（Safety Needs）、爱与归属需求（Love and Belonging）、尊重需求（Esteem Needs）和自我实现（Self-actualization Needs）需求五类（见图1-2）。

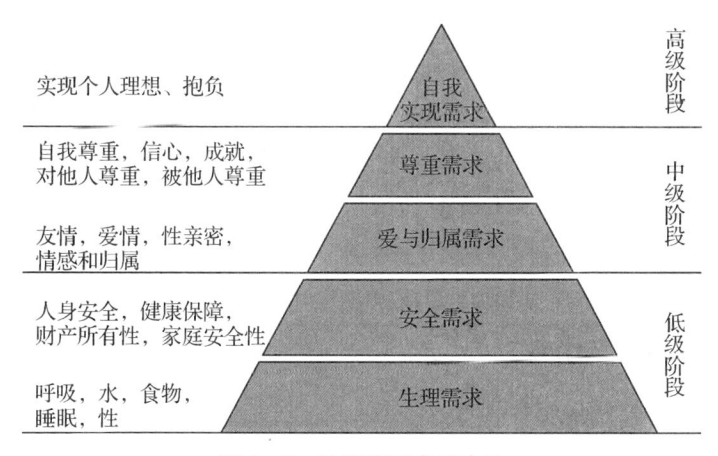

图1-2 马斯洛需求层次论

（二）个人理财规划目标层次

基于马斯洛需求层次理论，人们的财务需求和目标也像阶梯一样从低到高按层次分。

个人理财目标有两个层次,分别是实现财务安全和追求财务自由。

财务安全是指个人或家庭现有的财富足以应对未来的财务支出和其他生活目标的实现,不会出现大的财务危机。包括是否有充足的现金准备,是否具有稳定充足的收入,是否有适当住房,是否购买适当保险,是否有适当、稳定的投资,是否享受社会保障,是否有额外的养老保障,是否有有效财产分配与传承等。

财务自由是个人或家庭的收入主要来源于主动投资而不是被动工作。投资收入可以完全覆盖个人或家庭的各项支出,个人从被迫工作中解放出来,已有财富成为创造更多财富的工具。

(三) 个人理财规划目标要素

理财目标包含两个要素,分别是时间和金额。通常,理财目标用货币来表示和计算,理财目标的时间限制较为明确。例如,要买一辆小汽车,这是一个愿望;3年后花20万元购车则是一个明确的理财目标,包含实现目标的时间3年和实现目标的金额20万元两个理财目标要素。

思考一下:观察表1-3,感受理财目标和理财愿望有哪些区别。

表1-3 理财愿望和理财目标的区别

序 号	理财愿望	理财目标
1	今年有空时准备出国旅游	今年圣诞节花2万元,去大洋洲旅游
2	结婚时想办一个豪华的婚礼	30岁时存够50万元,办婚礼
3	退休后生活质量不下降	55岁退休时有200万元现金,把房贷还清
4	把每个月剩余的钱存起来	每个月收入的10%定投指数型基金

(四) 个人理财规划目标分类

1. 时间分类

理财目标按时间划分可以分为短期目标、中期目标和长期目标,如表1-4所示。短期理财目标通常是指5年内的理财目标,如6个月后买一部价值6 000元的新手机,1年后买一辆10万元的代步车。中期目标一般是指6~10年的理财目标,如5年后举办一场50万元的婚礼、用10年时间采用基金月定投的方式为孩子准备100万元的教育金等。长期目标通常指10年以上的理财目标,如工作20年储备500万元退休金后退休等。

表1-4 短期理财目标、中期理财目标和长期理财目标

	短期理财目标	筹集紧急备用金
理财目标	5年以内	控制开支
		建立投资组合
		建立保障体系
		学业深造计划

续 表

理财目标	中期理财目标 6~10年	为购房、购车积累资金
		提高保险保障
		增加非工资性收入
		开始退休规划
		子女的抚养费
	长期理财目标 10年以上	建立退休基金
		子女教育基金
		资产的保值增值
		遗产规划

2. 价值观分类

理财目标按照理财价值观不同划分可以分为先享受型(蟋蟀族)、后享受型(蚂蚁族)、购房型(蜗牛族)和以子女为中心型(慈鸟型)四种。理财价值观不同,对家庭义务性支出和选择性支出的态度也就不同,对应的理财目标也不同,具体见表1-5。先享受型的理财目标就是满足当前消费,及时享乐;后享受型的人是先牺牲后享受,理财目标是退休规划,期待退休后过上高品质的生活;购房型的理财目标主要是购房规划,秉持有恒产者有恒心,绝大部分支出都用在购房上;以子女为中心型的理财目标则主要是教育规划,子女的教育费用占家庭收入的比重较高,视子女的成就为最大满足。

表1-5 四种不同的理财价值观下的不同理财目标

类 型	特 征	理财目标	理财特点
先享受型	把选择性支出大部分用在当前消费上,及时行乐,提升当前生活水平	当前消费	支出高、储蓄率低
后享受型	习惯把大部分选择性支出存起来,不重眼前享受,目标是期待退休后能享受更高品质的生活	退休规划	支出低、储蓄率高
购房型	义务性支出以房贷为主,选择性支出也会储蓄起来准备购房,秉持有恒产者有恒心	购房规划	支出以房贷为主;储蓄用途为购房资金
以子女为中心型	子女教育费用占比偏高,视子女的成就为最大满足,从一开始工作就为子女积累教育金	教育规划	支出以子女教育费用为主;投资以子女教育金为目标

3. 生命周期分类

每个生命周期有着不同的理财目标(见表1-6)。理财伴随着个人或家庭的每个生命周期,每个生命周期的资产、负债状况、收入、支出和抗风险能力会有很大不同,理财需求和理财重点也将随之出现差异。

表 1-6 不同生命周期理财目标

周期	定义	年龄	特征	理财目标
青年单身期	从参加工作到结婚	18~30岁	参加工作但尚未成家	储蓄、应急基金
形成期	从结婚到子女出生	25~35岁	婚姻系统形成(筑巢期)	购房、消费规划
成长期	从子女出生到子女独立	30~55岁	上有老,下有小(满巢期)	保险、教育规划
成熟期	从子女独立到夫妻退休	50~65岁	子女独立(离巢期)	投资、养老规划
退休期	从夫妻退休到夫妻身故	60~90岁	只有夫妻两人(空巢期)	养老、遗产规划

(1) 单身期理财目标。

单身期是指从参加工作到结婚这段时间。这个时期尚未成家,从工作和经济的独立中建立自我。初入社会,收入尚低,职场压力大,但同时上升空间也巨大。单身期通常收入低、支出大,需要培养正确的消费观,养成储蓄的习惯。虽然可投资金额少,但由于年轻,抗风险能力强。

此阶段应将主要精力放在工作上,保证职场晋升。由于刚开始赚钱,大多数人的消费欲望都十分强烈,往往成了"月光族",甚至是"卡奴"。本阶段的理财目标定位于培养正确的消费观念,如定期储蓄;将储蓄的本金投向轻松简便不花时间的金融工具,保守的可投货币基金,想追逐更高收益的可定投基金;认清消费的本质是享受,提前消费虽然能提前享受,但是需付出额外的成本,不进行超出自己购买力的提前消费。

(2) 家庭形成期理财目标。

家庭形成期是指从结婚到新生儿诞生这段时间。家庭收入以双薪为主,收入增加,支出也增加,家庭财力较弱,但抗风险能力较强。

该时期婚姻系统形成(又称筑巢期)。进入这个阶段,职场上有一定的竞争力,无须担心工资性收入,继续在职场拼搏的同时,也应多花心思在管理自己现有的财富上。由于这个阶段已经积累了一定的本金,如果能选择正确的金融工具和投资渠道,就能带来不错的回报。如果还能利用互联网获取理财知识、经验,结识有相关经验的朋友甚至是业内人士,更能事半功倍。

(3) 家庭成长期理财目标。

家庭成长期是指从子女出生到子女完成大学教育这段时间。这个时期孩子来临,上有老下有小,家庭成员数固定(又称满巢期)。该时期家庭生活趋于稳定,收入增加的同时支出也在增加,抗风险能力中等。

进入这一阶段,家庭负担开始加重,个人消费欲望降低的同时,家庭花销却越来越大,教育子女、赡养父母、家庭保险等。只有规划好理财目标,确定好清晰的方向,家庭才能蒸蒸日上。在这个阶段,擅长理财和不擅长理财的家庭差距会逐渐拉开。擅长理财的家庭能够开源节流,通过源源不断的被动收入积累财富,过去花在投资理财上的精力能够获得丰厚的回报;而不擅长理财的家庭只能通过节省开支、储蓄来积累财富。

(4) 家庭成熟期理财目标。

家庭成熟期是指从子女参加工作到个人退休前这段时间。由于年龄增大,抗风险能力较低。

该时期家庭成员数随子女独立而减少(离巢期)。家庭已经完全稳定,家庭收入达到顶峰,支出减少,这个时期要注意资产配置,同时要注重规划退休养老生活。

(5) 退休期理财目标。

家庭衰老期是指从退休到身故的这段时间。总体来说,这个时期收入下降,支出结构发生变化,医疗费用提高,其他费用下降,抗风险能力低。

这个时期家庭成员只有夫妻两人,进入空巢期。老年生活占生命的1/3,在工资性收入锐减的情况下,如何保证积攒一生的财富不缩水,生活质量不下降太多,主要的依靠就是理财。理财方式以储蓄、货币基金、债券、保险理财等低风险产品为主。

拓展阅读

理财规划是一种能力

2001年,江苏省海安市一家镇医院医生孙启勤买彩票中了500万元。巨款从天而降,孙启勤做梦也没想到自己一下子成了百万富翁,他打算先还掉债务,买房改善生活条件,然后给女儿100万元作为留学基金,剩下的做一些稳妥的投资。这样的设想和规划也是十分合理的,那孙启勤在拿到奖金后实际是怎么操作的呢?

扣除100万元税金后,孙启勤拿到了400万元。首先,他还掉了之前欠下的几十万元的债务,然后在海安县最繁华的地段给自己和三个兄妹各买了一套新房,并装修好买好家具。接着,孙启勤买了20几万元的保险,还给亲戚朋友买了些礼物,200多万元就消费完了。孙启勤为了回馈家乡,出资10万元开办了一个民营公益少儿图书馆。利用剩下的100多万元,孙启勤开启了他的刘老根乡村旅游事业之梦,创办虬泓山庄。受地理位置诸多因素影响,山庄效益不佳,入不敷出。孙启勤把山庄变成特种养殖场,受禽流感影响,也缺乏养殖经验和技术,养殖场处在负债经营的状态,孙启勤投入的150多万元投资血本无归。走投无路的孙启勤向兄弟姐妹朋友寻求资金支持,让山庄起死回生,但四处碰壁。孙启勤想到自己有钱的时候为亲人又买房又装修,现在自己窘迫了,他们却熟视无睹,于是孙启勤带着刀到兄弟姐妹家要钱,最后闹到了派出所。中奖之后的孙启勤不但没有过上安逸的日子,反而因过度操劳被医院诊断为肠癌。

对于孙启勤来讲,中奖让他获得了一大笔财富,但是他没有理财的能力,驾驭不了,从而给自己的生活、健康和家庭带来巨大的负面影响。

人们常常会认为理财是有钱人的事,没钱理什么财。可是,当人们手里真的突然有一大笔钱的时候,能不能好好规划和执行,是否懂得风险和理财规划呢?如果没有,那么财富来得快去得也快。所谓个人理财是对自己现有和未来财务资源的规划,平衡自己一生的收支,过上自己想要的生活。理财是一种能力,它的本质是脚踏实地的理生活。

思政考核: 观看《彩民一生的理财启示录》,并进行观影交流。

第二节 个人理财规划的内容和步骤

一、个人理财规划的内容

个人理财规划主要包括七大部分内容,分别是现金规划、消费规划、保险规划、税收规划、投资规划、退休规划和遗产规划,如图1-3所示。

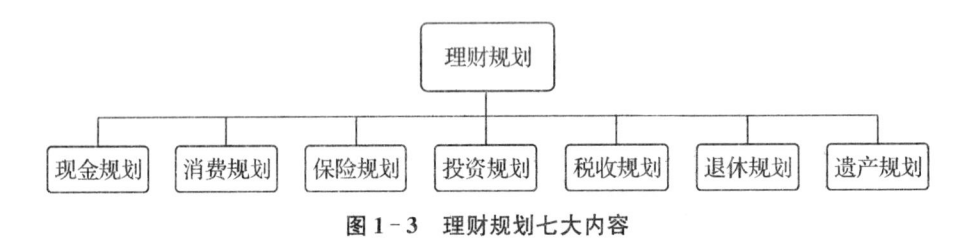

图1-3 理财规划七大内容

（一）现金规划

个人理财内容的第一部分是现金规划。现金规划是为满足个人或家庭短期资金需求而进行的管理日常现金和现金等价物及短期融资的活动。

（二）消费规划

"衣、食、住、行"是人最基本的消费需求,消费规划也称消费支出规划,一般是指对家庭消费水平和消费结构进行规划,如住房、汽车、教育等,通过消费规划安排家庭重要项目支出,稳步提高生活质量。家庭财富增长的重要原则是开源节流,也就是提高收入支出表中的结余比率。在收入一定的情况下,需要合理地进行消费,保持稳健的财务状况,避免出现财务危机。

1. 住房规划

"住"是大多数人基本需求中期限最长、所需资金数额最大的一项。住房不仅可以用来居住,还有一定的金融属性。住房规划包括购房、租房、换房及房产投资规划。住房规划非常重要,对家庭资产负债和现金流量有很大的影响,合理的住房规划既能满足不同时期的居住需求,又不会背上沉重的债务负担。

2. 教育规划

教育可以提高人的文化水平和个人综合竞争力,自我完善和子女教育都是人生的重要目标,通常家庭中除了购房支出外比较大的教育支出就是对子女长达20年左右的教育支出。一般情况下,受过良好教育者,无论在收入还是在地位上,往往高于没有受过良好教育的同龄人。从这个角度来说,教育投资是人生财务规划中最富有回报价值的一种。教育规划是指为实现家庭成员预期教育目标所需要的费用而进行的一系列资金管理活动,一般可以分为个人教育规划和子女教育规划两部分。

(三) 保险规划

个人或家庭面临人身风险、财产风险和责任风险,如因疾病或意外过早离世、因疾病或意外导致伤残或丧失劳动能力、活得太长带来的养老风险;房子、车子、家电家具、衣物因火灾、水灾、失窃造成损失;个人或团体疏忽或过失造成他人财产损失或人身伤亡的风险等。保险规划是指通过对客户风险的识别、衡量和评价,并在此基础上选择与优化组合各种风险管理技术,对风险实施有效控制和妥善处理风险所致损失的后果,以尽量小的成本去争取最大的安全保障和经济利益的行为。保险规划的目的在于通过对经济状况和保险需求进行深入分析,选择合适的保险产品并确定合理的期限和金额。

(四) 投资规划

投资规划是个人理财的一个重要组成部分,是实现其他理财的必要手段。投资规划是指对其一生或某一特定阶段或某一特定事项的现金流在不同时间、不同投资对象上进行配置,以获取与风险相对应的最优收益率的过程。简单地说,就是有计划、有目的、有规则的投资。

(五) 税收规划

税收规划是指在纳税行为发生之前,在不违反法律法规(税法及其他相关法律法规)的前提下,通过对纳税主体(法人或自然人)的经营活动或投资行为等涉税事项做出事先安排,以达到少纳税和递延缴纳税款的一系列规划活动。税收筹划的行为主体是纳税人,纳税人本身可以是税收筹划的行为人,也可以聘请税务顾问或会计师进行税收筹划。

(六) 退休规划

退休养老规划是个人理财规划中不可或缺的部分,是人们为了在将来拥有高品质的退休生活,而从现在开始进行的财富积累和资产规划。合理而有效的退休规划不但可以满足个人退休后漫长生活的支出需要,保证自己的生活品质,抵御通货膨胀的影响,而且可以显著地提高个人的净财富。一个科学合理的退休养老规划的制定和执行,将会为人们幸福的晚年生活保驾护航。

(七) 遗产规划

遗产规划是指一个人在其健在时通过选择遗产管理工具和制订遗产分配方案,将拥有或控制的各种资产或负债进行安排,确保在自己去世或丧失行为能力时能够实现家庭财产的代际相传或安全让渡等特定的目标。财产分配和遗产规划能有效对抗家庭经营风险、夫妻一方或双方丧失劳动力或经济能力的风险、家庭成员去世以及离婚或再婚风险。

二、个人理财规划流程

个人理财一般遵循五个步骤(见图1-4),第一步是分析个人或家庭目前财务状况,第二步是确定理财目标,第三步是制定理财规划方案,第四步是执行理财规划方案,最后一步是评价和修正理财规划方案。

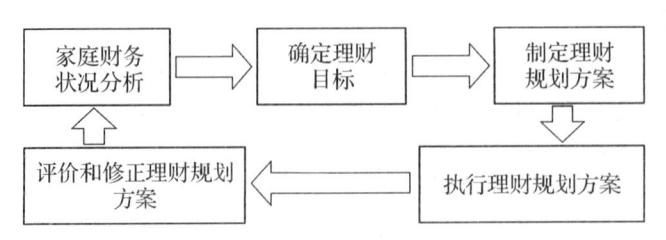

图 1-4 个人理财规划流程图

(一) 家庭财务状况分析

第一步是财务状况分析,这一步是个人理财的基础和起点。没有准确的家庭财务和非财务信息,就无法了解家庭的财务状况,也就无法确定合理的财务目标,进而就不可能提出切实可行的个人理财计划。所谓财务信息是指家庭当前的收支状况、财务安排以及这些情况的未来发展趋势等,多体现为数据。除了财务信息,非财务信息也很重要。非财务信息就是指个人或家庭的社会地位,年龄,投资偏好和风险承受能力等。例如,性别、出生日期和地点、职业和职称、工作安全程度、健康状况、婚姻状况、子女信息、风险承受能力、投资偏好、社保信息等。分析个人或家庭财务状况需要制作三张表,分别是家庭资产负债表、收入支出表和财务比率分析表,从而对家庭财务状况进行全面分析。

(二) 确定理财目标

第二步是确定理财目标。如前文所述,个人理财的总体目标是实现财务安全,追求财务自由,实现人生不同阶段的目标。可以根据自己的时间、价值观和生命周期所处时期确定自己的理财目标。每个生命周期有着不同的理财目标。理财伴随着个人或家庭的每个生命周期,每个生命周期的资产、负债状况、收入、支出和抗风险能力会有很大不同,理财需求和理财重点也将随之出现差异。

(三) 制定和执行理财规划方案

第三步是根据自己的理财目标制定相应的理财规划方案,如现金规划、保险规划、住房规划、汽车规划、教育规划、税收规划、投资规划、养老规划和遗产规划。个人理财的内容部分已经详细分析了每个规划的内容和方法。制定理财计划很重要,执行计划同样重要。如果只有理财规划,没有执行,那么理财规划就是一纸空文,毫无意义。只有通过执行理财规划方案才具有价值,才能实现理财目标。为了确保综合理财规划方案执行得准确、有效和及时,还需要制订一个详细的实施计划。首先要确定综合理财规划的实施步骤,然后根据综合理财规划的要求确定匹配资金的来源,最后还要列出综合理财规划方案实施的时间表。

(四) 评价和修正理财规划方案

最后是理财规划方案的评价和调整。个人理财不是目的,是用来实现财务目标的工具,个人理财的本质是理生活。随着时间的推移和环境的变化,原来制定的理财目标与理财规划方案可能与现实情况不完全相符,从而对个人理财规划方案的执行效果产生影响。因此,个人或家庭必须定期对该理财规划方案的执行和实施情况进行监控,必要时要对理财规划方案进行适当的调整和修正。

第三节 认识个人理财规划师

理财规划师是运用理财规划的原理、方法和工具,为客户提供理财规划服务的人员,是以提供理财服务作为职业的人。专业理财人员通过明确客户个人的理财目标,分析客户的生活、财务现状,从而帮助客户制定出可行的理财方案。

一、理财规划师的职业前景

(一)理财规划师的起源

一般认为现代理财规划起源于20世纪30年代的美国保险业,"二战"结束后,经济的复苏和社会财富的积累使美国个人理财规划进入了起飞阶段。美国的理财规划师职业认证对美国乃至全球个人理财规划行业的发展起到了关键的推动作用,使理财规划业务逐渐发展成为一个独立的金融服务行业,并出现了以客观、公允为执业准则的专业技术人员——理财规划师。他们的主要业务不再是销售金融产品和服务,而是为帮助客户实现其生活、财务目标而提供专业咨询,并通过一个规范的个人理财服务流程来实施理财规划方案从而防止客户利益受到侵害。

(二)理财规划师的现状

改革开放以来,中国GDP年均增长达到9.5%,是世界上GDP增长最快的国家,这个速度是同期世界经济年均增速的3倍。我国一大批中产阶级和富豪阶层正在迅速形成,并有相当一部分人的理财观念从激进投资和财富快速积累阶段逐步向稳健保守投资、财务安全和综合理财方向发展,因而对能够提供客观、全面理财服务的理财规划师的要求迅猛增长,中国已经成为全球个人金融业务增长最快的国家之一。

理财规划的概念在金融行业已经逐渐为人所知,尤其是在保险公司和商业银行,很多保险公司和商业银行已经设立了专门的个人理财工作室或理财部,为客户提供相应的理财服务。

随着社会的发展,人们收入水平的提高,人们对提供个性化的理财专属服务的需求日益凸显。享受私人服务的多数为中产以上的阶层,然而,网络最新数据表明,很多普通消费者也逐渐成了私人理财顾问的服务人群。私人理财顾问主要分布于金融机构中主要针对自身金融产品进行推广,具有一定的局限性。然而客户的需求越来越高,需要私人理财顾问可以跨机构、跨行业设计出符合自己的理财模式。私人理财顾问的"管家式"服务,将成为未来私人理财顾问发展的一大趋势。同时也需要有独立于金融机构的第三方私人理财服务机构提供跨机构、跨行业、多个领域的全面服务。

2016年,根据国务院《关于取消一批职业资格许可和认定事项的决定》国发〔2016〕68号,人社部面向社会,交由第三方协会培训、考试、颁发理财规划师证书CHFP,个人需要通过专业培训加上全国统考才能获得证书。目前理财规划师没有个人报考渠道,考前需参加系统培训,由正规授权机构协助报考。

二、理财规划师的就业方向

(一) 商业银行客户经理、理财经理

商业银行客户经理、理财经理包括四大行和股份制商行、城市商业银行、外资银行驻国内分支机构的客户经理和理财经理。实现从储蓄客户管理向高端财富客户管理的提升,从企业信贷到全金融服务的提升,从依托银行理财产品到运用银行、证券、保险等全金融产品的提升,从网点柜员向理财客户经理身份的转变。

(二) 保险公司代理人、保险经纪公司经纪人

该就业方向从单纯保险营销转向顾问式营销综合理财服务,从保险业务能力向风险管理意识的提升,从单纯的保险产品业绩向综合理财服务业绩的提升。

(三) 证券公司(含基金管理公司)证券经纪人

该岗位,从单纯的业务经纪人向全方位理财顾问角色的转变,从单一股市分析到全球股市宏观分析能力的提升,从单纯的佣金创收到提供全方位理财咨询服务创收的拓展。从单一的投资市场运作向运用多元化投资工具转变,从投资向税务筹划等全方位理财转变。

三、理财规划师的职业素养

(一) 道德品质和职业操守

无论是销售理财产品还是协助客户进行理财方案的规划,对于理财规划师的道德品质都有着至高的要求。一个靠欺骗误导客户来达成业务目标的不诚信理财规划师,职业之路是很难展开的。我国金融机构理财规划师的职业道德要求为遵纪守法、保守秘密、正直守信、客观公正、勤勉尽职、专业胜任六项职业道德准则(见表1-7)。

表1-7 理财规划师职业道德准则

项 目	内 容
遵纪守法	一名合格的理财规划师,应该了解各项法律法规,清楚自己能做(说)什么,不能做(说)什么,并能严格遵守和执行
保守秘密	理财规划师在未经客户或所在机构明确同意的情况下,不得泄露任何客户或所在机构的相关信息,包括客户的个人信息、家庭信息、资产信息等核心隐私,以及所在机构的商业秘密
正直守信	理财规划师在为客户提供专业理财服务时,应当遵守诚实守信原则,即踏踏实实地为客户提供该提供的理财服务,不要以诱导或夸大事实等方式销售,不要因为个人的利益而损害客户的利益
客观公正	在理财业务开展过程中,理财规划师要公正对待每一位客户、委托人、合伙人或所在的机构。在提供服务过程中,不应受到经济利益、人情关系等影响,对可能发生的利益冲突要及时向有关方面披露

续表

项　目	内　容
勤勉尽职	理财规划师在开展理财业务过程中，要勤恳周到、及时有效地完成工作。保证勤勉尽职和专业胜任的有效方法就是把工作标准化、流程化，计划好工作，养成良好的工作习惯
专业胜任	理财规划师必须具备良好的专业素养，并且时刻保证专业知识的再学习和再提升，以实现自身的专业知识与时俱进，保证自己成为一名合格胜任的理财规划师

（二）理财专业能力和经验

理财规划师需要具备专业的理财知识，并且需不断进修和深化。理财规划师可以考取一些专业证书，进行系统专业的学习，还需要掌握基金、证券、保险、期货、税务等多个领域的基础知识，获取一些基本的从业资格证书。通常来说，理财规划师的专业能力可以概括为两点：

（1）了解、分析客户的能力，包括掌握接触客户、取得客户信赖的方法，收集、整理客户信息，进行客户分类，了解、分析客户需求等。

（2）投资理财产品选择、组合和根据客户需求进行分项理财规划和综合理财规划的能力，相当于医生对症下药、抓药配方的能力，在工作中，理财规划师的关键技能还体现在资产配置上。

理财经验不仅包括对各种投资工具的投资研究经验，还包括对客户实际财务情况的判断、规划、分析、指导经验，甚至还包括对宏观经济运行的判断。一名优秀的金融理财规划师，一定是多领域均有涉及、经验丰富的专家，而经验只能随着其职场发展逐步积累。

（三）理财服务和客户资源

理财规划师从事的是金融服务行业，服务行业需要服务至上，以客户为中心，把客户的利益放在第一位，急客户所急，想客户所想，具有优异的客户服务的意识和技能。同时既然要理财，就涉及客户资源的问题。在实际工作中，客户资源的多少，很大程度上决定了理财规划师职业道路上升的速度。理财规划师的工作，就是一个不断和客户打交道的过程，包括新客户的开拓和老客户的维护。客户资源的优劣，更影响到所在金融机构对理财规划师的评价和职业上升的空间。

（四）理财规划师的社会责任

理财规划师是国家金融政策和金融法规的重要传导者。理财规划师应积极、主动宣传包括与理财业务相关的各类市场相关法律法规知识，引导客户了解国家金融政策和法规，避免因对政策的不了解，而无法行使和维护自身的权利。理财规划师必须洞悉各项政策法规对国家宏观经济的影响，及时向客户传导政策法规的变化，以修正客户的理财方案。

理财规划师是正确的投资理念的重要宣导者。理财规划师应倡导健康的投资理念，引导客户设立切实可行的理财目标，不应只关注产品的收益性，而忽视投资的风险性。尽量弱化追求短期的收益，树立长期投资的观念，引导客户根据自己的风险承受能力选择合适的投资产品，树立正确的投资理念，以避免投资失败给其生活造成较为严重的负面影响。

理财规划师是理财风险的揭示者。理财规划师在为客户制定理财规划或提供理财建议时,必须正确揭示其中的风险。通过揭示理财相关风险让客户了解和区分不同产品和理财方案的风险特征,尤其是让客户理解"买者自负"的基本原则。

理财规划师是客户声音的反馈者。理财规划师应积极了解客户在产品或服务中的需求,及时向金融机构反馈。对于客户的建议和意见要认真听取,逐级报告,始终忠实地代表客户的利益,反映客户的需求,做客户声音的反馈者。

拓展阅读

心怀"国之大者",为实现中国式现代化贡献理财力量

党的二十大报告强调,坚持以中国式现代化全面推进中华民族伟大复兴。金融工作要坚定不移走好中国特色金融发展之路。理财行业作为金融供给侧结构性改革中的新供给和新业态,规模占比一直处于资管行业首位,担负着增加居民财产性收入、服务实体经济投融资的重要使命。迈进新征程,理财行业不断加强党对金融工作的集中统一领导,适应新时代新形势新要求,践行金融工作的政治性、人民性,不断提升专业性,回应时代呼唤。理财行业要坚守金融工作的人民性,树立以人民为中心的价值取向,助力勤者有其业、居者有其屋、老者有其养,把不断满足人民日益增长的优质金融服务需求作为出发点和落脚点。

目前,我国金融资产占家庭总资产比例较低,发展空间巨大。近年来,理财行业引导居民资产配置从实物资产向金融资产、从储蓄向投资、从单一配置向多元配置逐步转变,不断增加了人民群众财产性收入。不断丰富产品种类。理财行业围绕为人民群众提供更加优质理财产品,持续推进结构优化和产品创新,不断丰富产品货架,提升客户财富管理体验。2022年,理财行业累计新发理财产品2.94万只,覆盖固收、混合、权益、商品及金融衍生品等类型,为客户提供了更多元化的选择。持续提升投资稳健性。在资管行业打破刚兑的背景下,理财行业借助其长期稳健的资金供给渠道、专业优质的资产管理能力、丰富多元的创新产品设计等优势,确保投资收益稳健性,切实增加人民群众财产性收入。2022年,理财产品累计为投资者创造收益达8 800亿元。理财产品凭借其抗风险能力与流动性优势受到投资者青睐,截至2022年年末,持有理财产品的投资者数量为9 671万个,其中个人客户9 575万个,大众理财产品属性进一步深入人心。

中国式现代化是全体人民共同富裕的现代化,理财行业担负着增加居民财产性收入、服务居民美好生活的重要使命。理财行业将始终坚持"以人民为中心"的发展理念,坚持"客户导向"和"客户思维",持续提升投研能力和客户服务能力,将理财业务的高质量发展融入共同富裕的时代伟业。依托在债券类、非标债权类资产的选择方面的优势,理财行业在充分考虑投资者收益预期的基础上构建资产组合,不断增加人民群众财产性收入,助力居民财富稳健增值。

(资料来源:https://news.sina.com.cn/sx/2023-05-26/detail-imyvapuf6559891.shtml)

实训任务

实训内容：理财读书会
实训目的：建立科学的金钱观和理财观,培养正确的财商
实训步骤：

1. 阅读《小狗钱钱》《富爸爸穷爸爸》等理财入门读物内容节选或纸质书、电子书内容。

2. 开展理财入门读物的读书心得分享会;每个小组分享《小狗钱钱》《富爸爸穷爸爸》等理财入门读物的读书心得、分享读书笔记。

3. 每个同学写出自己的梦想清单,制作梦想相册,撰写成功日记;理财从记账做起,分析自己的每月账单。

4. 分小组自愿展现梦想相册、梦想清单、成功日记。

《小狗钱钱》内容节选

1. 树立正确的金钱观

提钱并不是一件可耻的事情,努力地赚钱(在法律允许的范围内),合理地花钱(如非必须勿增实体),能为我们赚取人生的大部分自由,毕竟大部分焦虑都是因为没钱导致的!

2. 梦想清单

拿出一张A4纸,写下10个你想变得富有的原因,然后认真地把最重要的3个梦想圈出来。努力赚钱和存钱的前提是:你自己真的有"想变得富有"这个愿望,越具象的愿望,会让你越发自内心感受到"富有"是一件很值得去争取的事情。为了让你真实地体会到自己的梦想,建议你把它做成梦想相册,每天查看自己的梦想清单,它会不断提醒你自己想要什么,不断地想象着自己已经实现了愿望,你自然会在生活中密切关注可以帮助你实现这些愿望的机遇。

3. 梦想储蓄罐

随便拿一个罐子并写下你的梦想,把它作为梦想储蓄罐,为最重要的那些愿望各准备一个罐子。罐子准备好后,你应当把省下的每一分钱放进去,成年人可以开一个梦想存储账户。

4. 成功日记

什么是成功日记:每天在成功日记上记录今天所有做成功的事情,至少写3条个人成果,任何小事都可以;如果时间允许的话,还可以记录你成功的过程。成功日记的作用:当你觉得事情做不好时,你去翻一翻成功日记,你就会从过去的事情中找到证据,相信自己未来也有能力完成任何事,并获得自信心!情况顺利的时候,人人都能挣到钱,只有在逆境时,一切才能见分晓。但是,困难总是不间断地出现。只有少数人才能坚定不移地贯彻自己的计划。你是否能赚到钱,最关键的并不是你有没有好点子,也不是你有多聪明,而是你的自信程度,尤其是你在逆境的时候还能保持乐观的态度,坚持做自己认为对的事情。为了帮助自己树立自信心,请准备一个本子,或者建立一个成功日记文档,每天记录

自己最成功的3件事!

5. 思考赚钱

关于赚钱的重要建议:第一,为别人解决一个难题,那么你就能赚到许多钱;第二,把精力集中在你知道的、能做的和拥有的东西上。通过寻找而得的叫机会,撞大运碰到了叫"馅饼"。如果没有思路,你最好想清楚你喜欢什么或擅长什么,然后再考虑你怎么用它来挣钱。

6. 养"鹅"的秘密

鹅代表你的钱,如果你存钱,你就会得到利息,利息就相当于蛋,我们的目标就是依靠利息来生活。不花钱去实现自己的愿望,生活也就没有乐趣了,但过度消费,把"鹅"都搭进去,何来蛋呢?钱钱的前主人金先生告诉我们一个权衡在"鹅"和愿望之间的解决方法:根据目标合理分配收入。

如果你的收入一般,你可以把这笔钱的10%变成"鹅",10%放入梦想储蓄罐,剩下的用于基本生活或是其他应用;如果收入可观的话或是想变得富有,那你存入"鹅"的比例要再高一点。制定好分配比例后,每当你得到一笔钱,你就按比例分给"鹅"、梦想储蓄罐和日常安排以及其他事项。千万记住的是,不许杀"鹅"。你要知道"杀鹅取卵"的结果是一无所有。年轻人要警惕掉入资本主义消费的陷阱!年轻人发家致富的秘诀:存钱+赚钱。

7. 不要逃跑

对困难、犯错误和丢面子的恐惧已经破坏了无数人的生活。每当你觉得有些事情不好办的时候,你可以做一件事,翻一翻成功日记本,你会从过去的事情中找到未来你也有能力去完成任何挑战的证据。恐惧总是在我们设想事情会更糟糕时出现。我们对失败的可能性想得越多,就会越害怕。而当你看到自己的成功日记本时,你就会注意到那些成功的事情,你自然而然也就会想到应该怎样去做。当你朝着积极的目标去思考的时候,就不会心生畏惧。幸运其实只是充分准备加上努力工作的结果,准备得越充分,工作得越努力,运气也就越好。

8. 立即执行

真正付诸实践要比纯粹的思考有用多了。多数人不是落后在智力上而是执行力上。那些自认为聪明的大人,总是把精力放在想之上,不如动起来,告诉你一条"72小时规定",当你决定做一件事情的时候,你必须在72小时之内完成,否则你可能永远不会再做了。

(资料来源:博多·舍费尔著:《小狗钱钱》,海南:南海出版公司,2009年)

《富爸爸穷爸爸》内容节选

1. 观念的转变:从为钱工作到让钱为你工作

富人不为钱工作,而是让钱为自己工作。在穷爸爸的教育观念中,稳定的工作和薪水是生活的保障。然而,富爸爸却告诫我们,要学会让钱为我们工作,而不是我们为钱工作。这种观念的转变是实现财务自由的关键。只有让钱流动起来,为我们创造更多的财富,才能真正实现财务自由。富人善于利用各种投资机会,将钱投入到房地产、股票、基金等领域,让这些钱为他们创造更多的财富。他们不仅掌握了投资的技巧,更懂得如何利用财务知识,让钱为自己工作。与此相反,穷人往往只知道努力工作,为的是赚取更多的薪水。他们没有意识到,只有让钱流动起来,才能为自己创造更多的财富。他们缺乏财务知识,不懂得如何让钱为自己工作。

"投资自己的未来比投资股票、房地产等更可靠。"

2. 投资智慧：掌握资产与负债的区别

资产是能够为我们创造现金流的物品，负债则是让我们不断支出的物品。掌握这种区别，是迈向财务自由的重要一步。通过不断积累资产，如房地产、股票、基金等，我们可以实现财富的增值，从而实现财务自由。理解资产与负债的本质区别，能够帮助我们做出更加明智的投资决策。在投资过程中，我们要时刻关注项目的盈利能力，判断其是否能够为我们带来稳定的现金流。而对于负债，我们要尽可能减少不必要的支出，如过度消费和不必要的贷款。

为了实现财务自由，我们需要不断学习和提升自己的投资智慧。通过深入研究市场动态、掌握投资技巧和风险控制方法，我们可以更加准确地识别和把握投资机会，从而实现财富的增值和积累。在这个过程中，保持理性和耐心也是非常重要的，我们要避免盲目跟风和过度投机，以免陷入财务风险。

"要想实现财务自由，你需要学会投资。"

3. 理财技巧：提高财商，掌握财富法则

财商是指一个人在财务方面的智慧和才能。通过提高财商，我们可以更好地掌握财富法则，从而在投资和理财方面更加得心应手。《富爸爸穷爸爸》中介绍了许多实用的财商训练方法，如何辨识投资机会、如何评估风险等。通过学习和实践这些方法，我们可以逐步提高自己的财商水平。

"赚钱的能力取决于你的财商。"

4. 人际关系与财富积累

在当今信息爆炸的时代，拥有广泛的人际关系可以让我们更容易地获取投资机会、了解市场动态、发现新的商业领域等，从而更好地实现财务自由。因此，我们需要积极主动地拓展人脉，参加各种社交活动和行业会议，与各行各业的人建立联系和合作，以期获得更多的机会和资源，促进自己的财富积累。

"建立人脉关系比拥有金钱更重要。"

5. 财务自由不是终点，而是新的起点

财务自由并不是人生的终极目标，而是一个新的起点。当我们掌握了创造财富的技巧和智慧后，我们更应该关注如何将财富用于有意义的事业上，为社会创造更大的价值。追求财富的同时，更要关注自己的内心世界和人生，财务自由不是终点。在实现财务自由后，我们应该更加关注自己的内心世界和人生的意义。财富不应该成为我们生活的全部，而是应该成为实现自己价值的工具。我们需要思考如何将财富用于有意义的事业上，为社会创造更大的价值。只有这样，我们才能真正实现自己的人生目标，拥有真正意义上的成功和幸福。

"财务自由是一种生活方式，而非目标。"

富人之所以富有，并非因为他们天生幸运，而是他们拥有正确的财富观念和行动策略。只有当我们真正理解并践行这些理念时，才能踏上通往财务自由的道路。

（资料来源：罗伯特·清崎著：《富爸爸穷爸爸》，海南：南海出版公司，2011年）

第二章　理财计算基础

学习目标

(一) 知识目标
1. 理解货币时间价值的概念。
2. 掌握货币时间价值的计算方法。
3. 掌握货币时间价值在理财规划中的应用。

(二) 能力目标
1. 能够使用公式法、函数法、查表法和财务计算器法进行理财计算。
2. 能够结合具体案例进行理财计算。

(三) 思政目标
1. 养成严谨的工作态度。
2. 培养诚信敬业、追求卓越的品质。

案例导入

诺贝尔奖巨额奖金为啥"发不完"?

自2023年10月2日起,一年一度的诺贝尔奖"开奖周"正式拉开帷幕,六大奖项将逐次揭晓。为什么各奖项的奖金似乎永远都发不完,2023年甚至还涨了?

"请将我的财产变作基金,每年用这个基金的利息作为奖金,奖励那些在前一年为人类做出卓越贡献的人。"一百多年前,硝化甘油炸药发明人阿尔弗雷德·贝恩哈德·诺贝尔,不顾他人的反对和劝阻,立下了这份特别的遗嘱。他将巨额遗产的大部分作为基金,每年所得利息分为5份,用以授予在物理、化学、生理或医学、文学以及和平领域,对人类做出贡献的人。诺奖也由此以这位瑞典著名化学家的名字而命名。1901年,五个奖项首次颁奖,1968年又增设诺贝尔经济学奖,并于次年首次颁发。

最初,诺贝尔的遗产只有3 100万瑞典克朗(今天约合17.02亿瑞典克朗)。从1901年至今,诺奖发放的奖金总额早已远超这个数字。这笔奖金为何发了120多年还没用完?原来,这主要归功于投资理财。据称,诺贝尔基金会的钱投资过国债,也投过房地产和股市。受理财效益等影响,诺贝尔奖的奖金金额,近年来也一直在上下调整。2011年,由于全球股票市场不振,诺贝尔基金会的股票投资亏损了1 900多万瑞典克朗。每项奖金的金额也从1 000万瑞典克朗降低到800万瑞典克朗。2017年,奖金又增加到900万瑞典克朗,2020年增加到1 000万瑞典克朗。2022年年底,诺贝尔基金会的投资资本已达

57.99亿瑞典克朗。到了2023年,财力雄厚的诺贝尔基金会决定增加奖金,2023年的诺奖获得者将额外获得100万瑞典克朗,奖金金额升至1 100万瑞典克朗。法新社称,这将是诺贝尔奖一百多年历史上的最高奖金金额。

(资料来源:https://www.chinanews.com.cn/gj/2023/10-02/10088083.shtml)

第一节 货币时间价值概述

一、货币时间价值的含义

货币时间价值是个人理财的基础理论之一,几乎涉及所有的理财活动,是理财的第一原则。时间价值既是资源稀缺性的体现,也是人类心理认知的反映,表现在信用货币体制下,即当前所持有的货币比未来等额的货币具有更高的价值。

货币时间价值是货币在使用过程中由于时间因素而形成的增值,即货币在无风险的条件下经历一定时间的投资和再投资而发生的增值。

货币之所以具有时间价值,原因有三点:
(1) 货币可以满足当前消费或用于投资而产生回报,货币占用具有机会成本。
(2) 货币未来的购买力会受到通货膨胀的影响而降低。
(3) 未来的投资收入具有不确定性,需要提供风险补偿。

值得注意的是,如果货币所有者把货币闲置在家中,则货币不产生价值,只有把它投入生产或流通领域才能带来增值。从量上看,货币时间价值是在没有风险和通货膨胀条件下的社会平均资金利润率。因此,货币的时间价值是评价投资方案的基本标准。

货币时间价值有两种表现形式,一种是绝对数,即利息 I(Interest);另一种是相对数,即利率 i 或 r(Rate)。在理财实务中,常使用相对数表示货币时间价值。

二、货币时间价值基本要素

货币时间价值涉及的基本要素有时间、收益率(或通货膨胀率)和计息方式。

(一) 时间

时间的长短是影响货币时间价值的首要因素,时间越长,货币时间价值越明显。通常用 t 表示,或常用 n 表示期数。时间是计息的期限。

(二) 时间价值

利息从其形态上看,是货币所有者因为出借货币资金而从借款者手中获得的报酬,实际是利润的一部分,是利润的特殊转化形式,是借贷者使用货币资金必须支付的代价。利息计算公式:

$$利息 = 本金 \times 利率 \times 时间$$

现值是货币现在的价值,也即未来某一时点的一定量的货币折算到现在所对应的金额,通常用 PV 或 P 表示。

终值表示货币在未来某个时点上的价值,通常用 FV 或 F 表示。一定金额的本金按照单利计算若干期后的本利和为单利终值。一定金额的本金按照复利计算若干期后的本利和为复利终值。货币时间价值数轴如图 2-1 所示。

图 2-1　货币时间价值数轴

(三) 利率

利率是影响货币时间价值波动的要素,是度量期内得到的利息金额与度量期开始时投资的本金金额之比,通常用 i 或 r 表示。收益率是决定货币在未来增值程度的关键因素,通货膨胀率则是使货币购买力缩水的反向因素。

利率根据计量的期限标准不同,表示方法有年利率、月利率、日利率。

实际利率是指在物价不变且购买力不变的情况下的利率,或者是指当物价有变化,扣除通货膨胀补偿以后的利息率。名义利率是指包含对通货膨胀补偿的利率,当物价不断上涨时,名义利率比实际利率高。一般以年为计息周期,通常所说的年利率都是指名义利率。

$$名义利率 = 实际利率 + 通货膨胀率$$

由于通货膨胀对于利息部分也有使其贬值的影响,所以名义利率计算公式应调整为:

$$名义利率 = (1 + 实际利率) \times (1 + 通货膨胀率) - 1$$

由此可得实际利率的公式为:

$$实际利率 = \frac{1 + 名义利率}{1 + 通货膨胀率} - 1$$

贴现率是利率的一种,也称为折现率,是指将未来某一时间点的现金流量折现到当前时刻的比率。贴现率的计算通常基于无风险利率和风险溢价的总和。无风险利率是指投资于无风险资产(如国债)所能获得的预期回报率。风险溢价则是根据投资项目的风险程度来确定的额外回报率。贴现率的锚是未来资本收益率的预期,利率是资金的成本。

$$贴现率 = 无风险利率(Rf) + 风险溢价(Rp)$$

例如,如果无风险利率为 3%,风险溢价为 2%,那么贴现率就是 5%。

民间借贷通常用"分"或"厘"来表示相对数,1 分利表示单位货币 1 元每月的 1 分利息,即月利率 1%,换算为年利率为 12%。例如,10 万元的一笔借款,1.5 分利息,借款 2 周所应支付的利息为 $100\,000 \times 1.5\% \times 14/30 = 700$(元)。

利率的划分如表 2-1 所示。

表 2-1 利率的划分

划分依据	利率类别
按时间单位	年利率、月利率、日利率
按贷款期限长短	短期利率:期限在1年以内贷款对应的利率
	长期利率:期限在1年以上贷款对应的利率
按与通货膨胀的关系	名义利率:借款合同或单据上标明的利率
	实际利率:扣除通货膨胀因素后的真实利率
按利率的确定方式	法定利率:由政府金融管理部门或中国人民银行确定的利率
	市场利率:按市场资金借贷供求关系所确定的利率
按金融机构的业务要求	存款利率:在金融机构存款获得利息与本金的比率
	贷款利率:从金融机构贷款所支付的利息与本金的比率

(四) 计息方式

计息方式一般分为单利和复利。单利始终以最初的本金为基础计算收益;复利则以本金和利息为基础计息,从而产生利上加利、息上添息的收益倍增效应。

单利是指一笔资金无论存期多长,只有本金计取利息,而以前各期利息在下一个利息周期内不计算利息的计息方法,如银行的定期存款、国债等。单利终值计算公式:

$$FV = PV + PV \times r \times n = PV \times (1 + n \times r)$$

式中,PV 表示本金,又称期初金额或现值;r 表示利率,通常指每年利息与本金之比;FV 表示本金与利息之和,又称本利和或终值;n 表示计息期数,通常以年为单位。

复利是指一笔资金除本金产生利息外,在下一个计息周期内,以前各计息周期内产生的利息也计算利息的计息方法,即俗称的利滚利。复利终值计算公式:

$$FV = PV \times (1 + r)^n$$

货币时间价值的基本概念如表 2-2 所示。

表 2-2 货币时间价值的基本概念

参数	符号	含义
现值	PV	期初金额(本金)
终值	FV	本金与利息之和(本利和)
期数	n	通常以年为单位
利率	r i	每年利息与本金之比
利息	I	货币时间价值中的增值部分

拓展阅读

72 法则

复利 72 法则,运用复利的概念,能够快速计算出在一定的利率下,所投入的本金需要多久的时间才能够翻倍;也可以用来推估在一定的时间内需要将资金投入多少年化报酬率的商品中,才能达到本金翻倍的目标。比如说某投资人有 10 万元用于民间借贷投资,而民间借贷公司的投资回报率为每年 12%,利用 72 法则,就可以计算未来几年后其资金会翻一番,即 72÷12=6。也就是说,该投资人投资此民间借贷 6 年后可以获得 10 万元的收益。72 资产翻倍时间的计算公式:

本金增长 1 倍需要的时间(年)= 72/年化收益率

72 法则的用处还有很多,比如可以帮助投资人找到最合适的投资方式。

例如,某投资者现有 50 万元人民币,他希望投资 30 年后金额变成 200 万元,利用 72 法则,我们就可以帮助该投资人找到最合适的投资方式。首先,需要计算该投资人 30 年后本金翻一番所需要的投资收益率,即 2.4(=72/30),也就是年均收益率达 2.4%。该投资人的初始投资金额为 50 万元,期望值为 200 万元,也就是翻了两番,所以投资人选择年均收益率达到 4.8%(=2.4%×2)的投资方式就可以实现预期目标。因而,投资者可以根据当前市场行情和经济环境选择一些收益比较固定的收益率在 4.8% 左右的投资方式和产品组合。

当然,72 法则计算出来的数值与精准计算出来的数值相比有一定误差。计算的年利率越高,其误差也会越大。一般来说,年利率为 6%~10%,准确度较高。通过测算比较,误差不到 1%,还是比较小的。

所以,当手里没有复利表或者计算器时,简单实用的 72 法则可以解燃眉之急。而且利用此次法则更容易明确投资目标,适时做出规划,实现自己的梦想。在生活和投资决策中,72 法则是一种很神奇而且实用的工具。

投资者掌握了 72 法则,就等于掌握了投资效果,掌握了投资品种的收益率,掌握了投资方向,掌握了最优的投资方式。72 法则应用表如表 2-3 所示。

表 2-3 72 法则应用表

复合回报率	2 倍	4 倍	8 倍	16 倍	32 倍
4%	18 年	36 年	54 年	72 年	90 年
6%	12 年	24 年	36 年	48 年	60 年
8%	9 年	18 年	27 年	36 年	45 年
10%	7 年	14 年	21 年	28 年	35 年
12%	6 年	12 年	18 年	24 年	30 年

资料来源:https://www.todayusstock.com/news/221124.html。

第二节 货币时间价值的计算

一、单利计息方式下货币时间价值的计算

(一) 单利终值的计算

单利终值是指一定量资金若干期后按照单利法计算时间价值的本利和。其计算公式为：

$$FV = PV \times (1 + n \times r)$$

常见的单利理财产品有银行定期存款(含大额存单)、国债等。

【例2-1】 如图2-2所示，马先生将7 320元存入银行，年利率7%，7年后的单利终值为( )元。

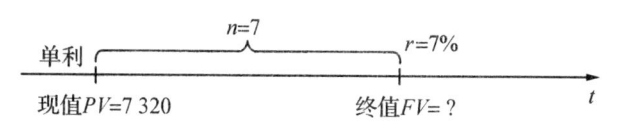

图2-2 已知现值求单利终值数轴

解：$FV = PV \times (1 + n \times r) = 7\ 320 \times (1 + 7 \times 7\%) = 10\ 906.80$(元)

(二) 单利现值的计算

单利现值的计算就是确定未来终值的现在价值。单利现值的计算公式：

$$PV = FV / (1 + n \times r)$$

【例2-2】 如图2-3所示，5年后收到15 603.40元，年利率为6%，单利现值为( )元。

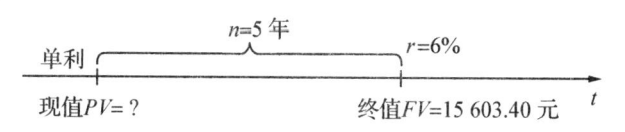

图2-3 已知终值求单利现值数轴

解：$PV = FV / (1 + n \times r) = 15\ 603.40 / (1 + 5 \times 6\%) = 12\ 002.62$(元)

二、复利计息方式下货币时间价值的计算

复利计算有4种方法，分别是公式法、查表法、函数法和财务计算器法。所谓公式法就是套用复利终值或现值计算公式进行计算；查表法则是在复利终值系数表或复利现值系数表中查复利终值系数或复利现值系数后代入公式进行计算；函数法是使用Excel财务函数中的FV或PV函数，代入参数数值进行计算；财务计算器法是指使用财务计算器，输入参数进行计算。

(一) 复利终值的计算

复利终值是指一定量资金若干期后按复利法计算时间价值的本利和。其计算公式为：

$$FV = PV \times (1+r)^n$$

式中，$(1+r)^n$ 为复利终值系数，可通过查阅复利终值系数表获得，通常用符号 $(F/P, r, n)$ 表示，如 $(F/P, 5\%, 10)$ 表示利率为 5%、期数为 10 的复利终值系数。从复利终值系数表中可以直观地看到现在的 1 元钱在未来值多少，或者未来的 1 元钱现在值多少，表的纵列为期数，横列为利率。查表复利终值系数表可得 $(F/P, 5\%, 10)$ 的系数为 1.628 9。

【例 2-3】 如图 2-4 所示，有一项投资 40 000 元，年利率是 5%，每年复利一次，期限是 10 年，则终值是（   ）元。

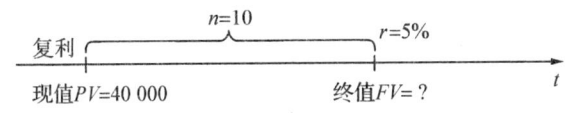

图 2-4 已知现值求复利终值数轴

解：(1) 公式法：$FV = PV \times (1+r)^n = 40\,000 \times (1+5\%)^{10} = 65\,155.79$（元）

(2) 查表法：$FV = PV \times (1+r)^n = P(F/P, i, n) = 40\,000 \times (1+5\%)^{10} = 40\,000 \times 1.628\,9 = 65\,156$（元）

(3) 函数法：打开 Excel 表格，点击"公式"，点击"插入"，选择"财务函数"，找到"FV"，点击"确定"，"利率"输入 5%，"支付总期数"输入 10，"定期支付额"忽略，"现值"输入 40 000，"是否期初支付"忽略。最后点击"确定"，计算结果为 65 155.8（保持两位小数为 65 155.79），如图 2-5 所示。

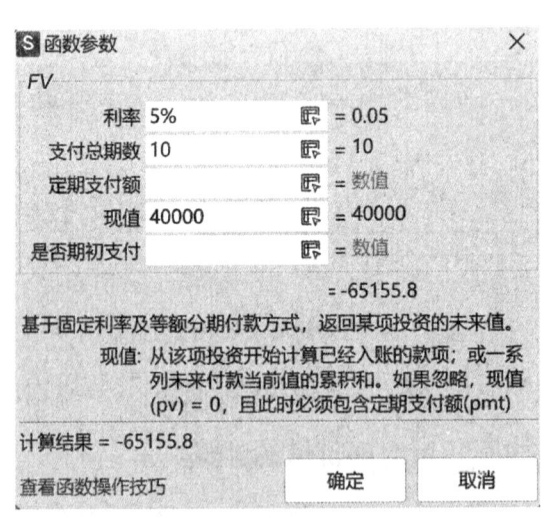

图 2-5 已知现值求复利终值（函数法）参数图

(4) 财务计算器法：打开德州仪器 BAII PLUS 财务计算器，按 ON|OFF 键，第一步清零：2nd, RESET, ENTER；第二步赋值：10, N；5, I/Y；40 000, PV；第三步计算：CPT, FV。最后，计算器屏幕显示计算结果为 65 155.79，如表 2-4 所示。

表 2-4　已知现值求终值的财务计算器操作方法

操作		按键	显示
① 清零		2nd,RESET,ENTER	RST 0.00
② 赋值	输入付款期数	10,N	N=10
	输入利率	5,I/Y	I/Y=5
	输入期初余额（现值）	40 000,PV	PV=40 000
③ 计算		CPT,FV	−65 155.79（"−"代表资金流向）

拓展阅读

复利对于理财的重要意义

爱因斯坦曾经说过："复利是世界第八大奇迹，知其者从中获利，不知者为其买单！"股神巴菲特也赞扬复利是世界上最伟大的发明。复利效应是指资产收益率以复利计息时，经过若干期后资产规模（本利和）将超过以单利计息时的情况。复利效应被称作人类"第八大奇迹"。同样计算终值，不同计息方式下终值存在较大差异，如表2-5所示，投资1万元，年投资收益率10%的情况下，投资1年时间单利和复利终值相同，都是1.1万元，第5年、第10年单利和复利的终值差异不太大，到了第20年单利终值为3万元，复利终值为6.7万元，复利终值是单利终值的一倍多。越到后面，复利滚动速度越是惊人，同样的1万元在10%的投资回报率情况下，50年的单利终值只有6万元，复利终值则高达117.4万元。

表 2-5　相同本金和投资回报率情况下不同投资时间和不同计息方式下终值区别

投资本金	投资收益率	投资时间	单利	复利
1万元	10%	1年	1.1万元	1.1万元
1万元	10%	5年	1.5万元	1.6万元
1万元	10%	10年	2万元	2.6万元
1万元	10%	20年	3万元	6.7万元
1万元	10%	30年	4万元	17.4万元
1万元	10%	40年	5万元	45.3万元
1万元	10%	50年	6万元	117.4万元
1万元	10%	90年	10万元	5 313万元

拓展阅读

人生财富公式

复利终值公式也被称为财富公式 $FV=PV\times(1+r)^n$。从长期来看，人们最终财富增值的程度与三个参数密切相关:初期资本(PV)、复合回报率(r)和投入的时间(n)。该公式告诉人们,投资理财不仅需要建立长期的观念,还需要将资金运用于一个具有复利功能的渠道。复利的增长效应决定了投资理财越早越好。

1. 初始资本

一般而言,对刚毕业的学生来说,初期资本都很小。勤俭节约、善于积累是成功的一个最基本的条件。资本的早期积累是最难的,甚至有些残酷。但年轻是最大的优势,复利时间足够长,只是这个资本被很多人给忽略了。如果能尽早意识到自己拥有的巨额时间资本并加以利用的话,将会终身受益。

2. 复合回报率

从表2-6中可以看到资产巨幅增值对复合回报率要求不是很高,一个合理、稳定持续的回报率才是真正的成功之道。

表2-6 第1~30年、5%~35%对应的复利终值系数

	5%	10%	15%	20%	25%	30%	35%
第1年	1.05	1.1	1.15	1.2	1.25	1.3	1.35
第3年	1.1576	1.331	1.5209	1.728	1.9531	2.197	2.4604
第5年	1.2763	1.6105	1.9239	2.4883	3.0518	3.7129	4.4840
第10年	1.6289	2.5937	3.7014	6.1917	9.3132	13.786	20.1066
第15年	2.0789	4.1772	7.1212	15.407	28.4217	51.186	90.159
第20年	2.6532	6.7275	13.701	38.338	86.736	190.05	404.27
第30年	4.3219	17.449	26.359	237.38	807.80	2620	8128.5

3. 投入时间

对投资而言,时间是最有价值的资产,是财富积累最佳的催化剂。所以,投资必须满足的条件就是长期,以最大限度地利用几无成本的时间资本。从图2-6中可以看到,时间资本利用得越充分,我们的收益越大,最后几年所能够取得的回报越是惊人。

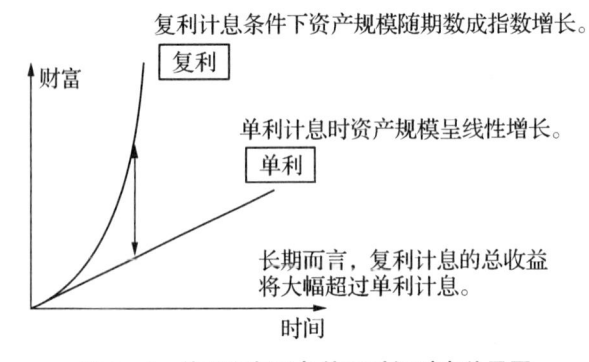

图2-6 单利和复利条件下时间财富差异图

(二) 复利现值的计算

复利现值计算的是未来一定时间特定资金按复利计算的现在价值,即取得未来一定本利和,现在所需要的本金。复利现值的计算公式:

$$PV = \frac{FV}{(1+r)^n} = FV \times (1+r)^{-n}$$

式中,$(1+r)^{-n}$ 为复利现值系数,可通过查阅复利现值系数表获得,通常用符号 $(P/F, r, n)$ 表示,如 $(P/F, 5\%, 10)$ 表示利率为 5%、期数为 10 的复利现值系数。表的纵列为期数,横列为利率。查复利现值系数表可得 $(P/F, 5\%, 10)$ 的系数为 0.613 9。

【例 2-4】 如图 2-7 所示,小林希望 5 年后能够获得 10 000 元,在利率为 5% 的条件下按年复利,则需要存入（　　）元到银行。

图 2-7 已知终值求复利现值数轴

解:(1) 公式法:$PV = \dfrac{FV}{(1+r)^n} = \dfrac{10\,000}{(1+5\%)^5} = 7\,835$(元)

(2) 查表法:$PV = FV \times (1+r)^{-n} = F(P/F, i, n) = 10\,000 \times 0.783\,5 = 7\,835$(元)

(3) 函数法:打开 Excel 表格,点击"公式",点击"插入",选择"财务函数",找到"PV",点击"确定","利率"输入 5%,"支付总期数"输入 5,"定期支付额"忽略,"终值"输入 10 000,"是否期初支付"忽略。最后,点击"确定",计算结果为 7 835.26,如图 2-8 所示。

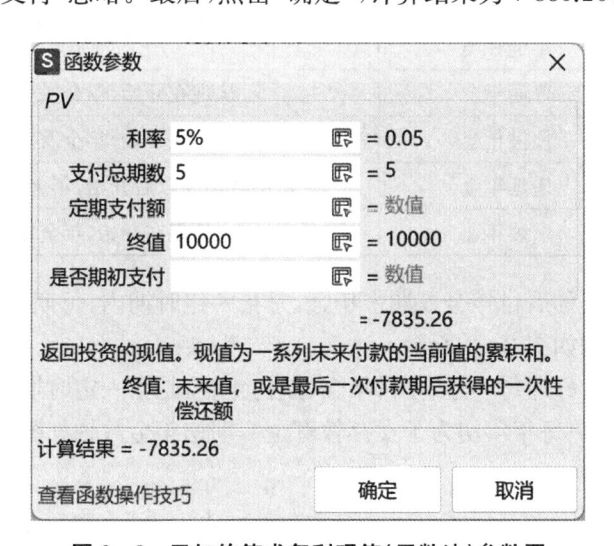

图 2-8 已知终值求复利现值(函数法)参数图

(4) 财务计算器法:打开德州仪器 BAII PLUS 财务计算器,按 ON|OFF 键,第一步清零:2nd, RESET, ENTER;第二步赋值:5, N;5, I/Y;10 000, FV;第三步计算:CPT,

PV。最后计算器屏幕显示计算结果为7 835.26,如表2-7所示。

表2-7 已知终值求现值的财务计算器操作方法

操 作		按 键	显 示
① 清零		2nd,RESET,ENTER	RST 0.00
② 赋值	输入付款期数	5,N	N=5
	输入利率	5,I/Y	I/Y=5
	输入期初余额(现值)	10 000,FV	FV=10 000
③ 计算		CPT,PV	-7 835.26("-"代表资金流向)

三、规则现金流的计算

(一) 年金的概念

年金(Annuity)是指等额、定期的系列收支,即在一定时期内每隔相同时间(如年或月)发生相同金额的收支,如租金、保费、等额本息房贷支出、分期付款赊购、发放养老金等,都属于年金收付形式。年金一般用时间轴表示,"0"表示第一年年初,"1"表示第一年年末,"2"表示第二年年末,以此类推。年金收支具体金额一般用A表示。年金具有连续性、间隔时间相等性、等额性三个特点。

按照收付的次数和收付的时间划分,年金可分为普通年金(后付年金)、预付年金(即付年金)、递延年金和永续年金(见表2-8)。

表2-8 年金的种类及特点

	年金种类	特 点
1	普通年金	从现在开始,年金发生在每期期末
2	预付年金	从现在开始,年金发生在每期期初
3	递延年金	从第2期及以后开始,年金发生在期初或期末
4	永续年金	从现在开始,年金发生到无穷

(1) 普通年金又称后付年金或期末年金,是指一定时期内,每期期末发生的等额现金流量。期末年金数轴如图2-9所示。

(2) 预付年金又称即付年金、先付年金、期初年金,是指一定时期内,每期期初发生的等额现金流量,如客户每年年初为子女存教育金。期初年金数轴如图2-10所示。

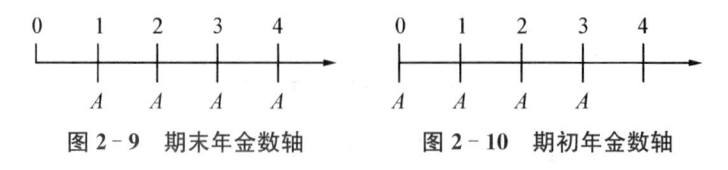

图2-9 期末年金数轴   图2-10 期初年金数轴

(3) 递延年金是指第一次支付发生在第二期或第二期以后的普通年金,它是普通年金的特殊形式。递延年金数轴如图 2-11 所示。

(4) 永续年金是无限期等额收付的特种年金,是普通年金的特殊形式。由于是一系列没有终止时间的现金流,因此没有终值,只有现值。永续年金典型的例子就是"存本取息"。永续年金数轴如图 2-12 所示。

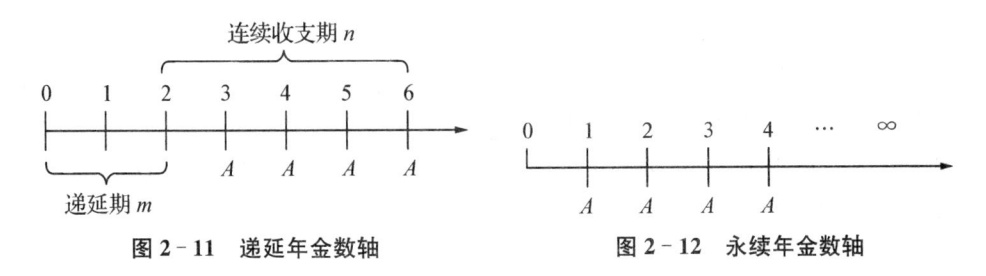

图 2-11 递延年金数轴

图 2-12 永续年金数轴

实际生活中还出现每年在一定期限内,时间间隔相同、不间断、金额不相等但每期增长率相等的一系列现金流,如退休生活费、大学高等教育学费等。上述这样的现金流称为增长型年金,一般有增长型普通年金和增长型永续年金。

无论哪种年金,都是建立在复利基础之上的。

(二) 年金的计算

1. 普通年金终值的计算

普通年金终值是指每期期末等额首付款项 A 的复利终值之和。

普通年金终值公式为:

$$FV = A + A \times (1+r) + A \times (1+r)^2 + A \times (1+r)^3 + \cdots + A \times (1+r)^n$$
$$= A \times \frac{(1+r)^n - 1}{r}$$

式中,$\frac{(1+r)^n - 1}{r}$ 为普通年金终值系数,可通过查阅普通年金终值系数表获得,通常用符号 $(F/A, r, n)$ 表示,如 $(F/A, 5\%, 10)$ 表示利率为 5%、期数为 10 的普通年金终值系数。普通年金终值系数表的纵列为期数,横列为利率。查年金终值系数表 2 可得 $(F/A, 5\%, 10)$ 的系数为 12.577 9。

【例 2-5】 如图 2-13 所示,某客户每年年末投资 40 000 元,年利率是 5%,每年复利一次,投资期限是 10 年,则终值是(　　)元。

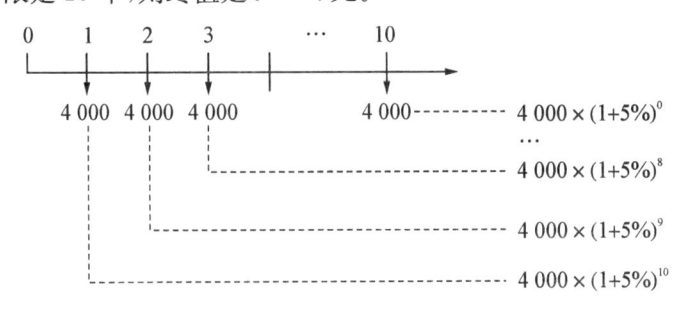

图 2-13 已知期末年金求复利终值数轴

解:(1) 公式法:$FV = A \times \dfrac{(1+r)^n - 1}{r} = 4\,000 \times \dfrac{(1+5\%)^{10} - 1}{5\%} = 503\,115.70(元)$

(2) 查表法:$FV = A \times \dfrac{(1+r)^n - 1}{r} = A(F/A, r, n) = A(F/4\,000, 5\%, 10)$

$= 40\,000 \times 12.577\,9$

$= 503\,116(元)$

(3) 函数法:打开 Excel 表格,点击"公式",点击"插入",选择"财务函数",找到"FV",点击"确定","利率"输入 5%,"支付总期数"输入 10,"定期支付额"输入 40 000,"现值"忽略,"是否期初支付"忽略。最后,点击"确定",计算结果为 503 116(保留两位小数为 503 115.70),如图 2-14 所示。

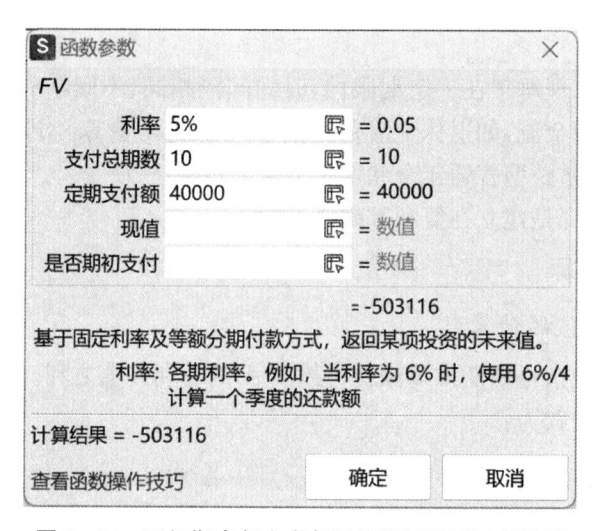

图 2-14 已知期末年金求复利终值(函数法)参数图

(4) 财务计算器法:打开德州仪器 BAII PLUS 财务计算器,按 ON|OFF 键,第一步清零:2nd,RESET,ENTER;第二步赋值:10,N;5,I/Y;40 000,PMT;第三步计算:CPT,FV。最后,计算器屏幕显示计算结果为 503 115.70,如表 2-9 所示。

表 2-9 已知期末年金求复利终值的财务计算器操作方法

操　作		按　键	显　示
① 清零		2nd,RESET,ENTER	RST 0.00
② 赋值	输入付款期数	10,N	N=10
	输入利率	5,I/Y	I/Y=5
	输入年金(定期支付额)	40 000,PMT	PMT=40 000
③ 计算		CPT,FV	-503 115.70("-"代表资金流向)

思政案例

一诺千金

法兰西执政者拿破仑曾携夫人拜访卢森堡的一所小学。孩子们天真活泼的文艺表演，让拿破仑非常快乐。他当着全校师生的面庄严承诺：为了答谢贵校的盛情款待，他将献上一束玫瑰花，只要法兰西存在一天，每年的今天都将送给贵校一束价值相等的玫瑰花，作为法兰西与卢森堡友谊的象征。说完，他将一束价值3个金路易的玫瑰花赠给了该校校长奥杰森。

后来，拿破仑陷入一场场争夺欧洲霸权的战争中，自然忘了当年的承诺。200年过去，物是人非。拿破仑"赠送玫瑰花"的诺言，卢森堡人却牢牢地刻在心里。他们把这件事重新翻出来，要求法国政府兑现承诺：用一束玫瑰花价值3个金路易的本金，以5%的复利计算全部清偿。当然，如果法国人不肯给钱，可以在报刊上公开回应：他们国家的伟人拿破仑，在当年不过是对孩子们撒了一个谎。

拿破仑的声誉，自然不能因为这件小事被玷污。但是，看到具体的赔偿数字，法国政府的内阁彻底傻眼了。3个金路易的玫瑰花债务，经过近200年的复利效应，已经变成近千万法郎的天文数字。暂且不管巨额赔偿让法国政府焦头烂额，从这件事上，我们可以见识到复利效应的巨大威力。一个本来非常小的数字，经过多年的指数型成长，可以变成一个令人瞠目结舌的数据。插上复利的翅膀，果然可以一飞冲天。

（资料来源：https://baijiahao.baidu.com/s? id＝15811573268860235348&wfr＝spider&for＝pc）

2. 普通年金现值的计算

普通年金现值是指一定时期内每期期末首付款项的复利现值之和，其计算公式为：

$$PV = A \times \frac{1-(1+r)^{-n}}{r}$$

式中，$\frac{1-(1+r)^{-n}}{r}$ 称为普通年金现值系数，可通过查阅普通年金现值系数获得，通常用符号 $(P/A,r,n)$ 表示。例如，$(P/A,5\%,10)$ 表示利率为5%、期数为10的普通年金现值系数。普通年金现值系数表的纵列为期数，横列为利率。查年金现值系数表可得 $(F/A,5\%,10)$ 的系数为7.721 7。

【例2-6】 如图2-15所示，某客户每年年末需要付租金40 000元，预计付款10年，假设银行存款年利率是5%，为保证按时支付，客户现在应一次性存入（　　）元。

解：(1) 公式法：$PV = A \times \frac{1-(1+r)^{-n}}{r} = 40\,000 \times \frac{1-(1+5\%)^{-10}}{5\%} = 308\,869.40$（元）

(2) 查表法：$PV = A \times \frac{1-(1+r)^{-n}}{r} = A(P/A,r,n) = 40\,000 \times 7.721\,7 = 308\,868$（元）

(3) 函数法：打开Excel表格，点击"公式"，点击"插入"，选择"财务函数"，找到"PV"，点击"确定"，"利率"输入5%，"支付总期数"输入10，"定期支付额"输入40 000，"终值"忽略,"是否期初支付"忽略。最后,点击"确定",计算结果为 308 869(保留两位小数为 308 869.40),如图 2-16 所示。

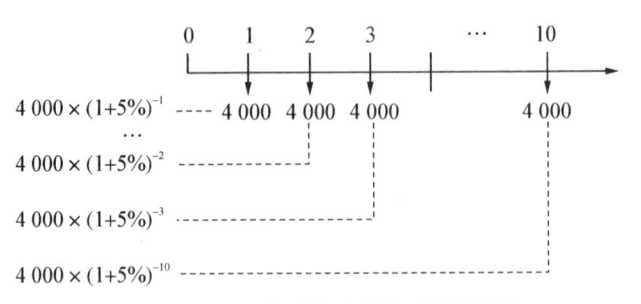

图 2-15　已知期末年金求复利现值数轴

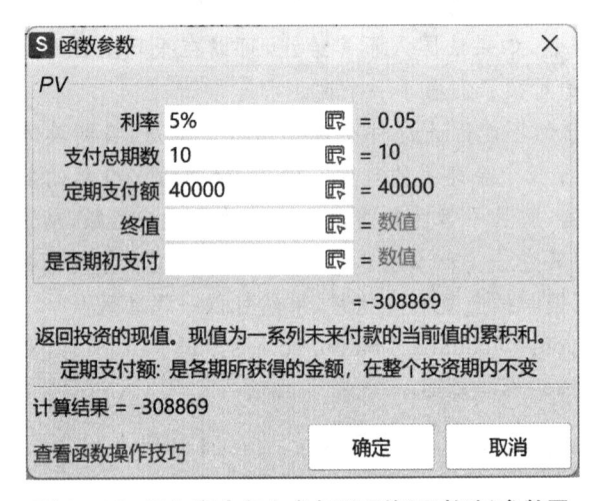

图 2-16　已知期末年金求复利现值(函数法)参数图

（4）财务计算器法:打开德州仪器 BAII PLUS 财务计算器,按 ON|OFF 键,第一步清零:2nd,RESET,ENTER;第二步赋值:10,N;5,I/Y;40 000,PMT;第三步计算:CPT,PV。最后计算器屏幕显示计算结果为 308 869.40,如表 2-10 所示。

表 2-10　已知期末年金求复利现值财务计算器操作方法

操作		按键	显示
① 清零		2nd,RESET,ENTER	RST 0.00
② 赋值	输入付款期数	10,N	N=10
	输入利率	5,I/Y	I/Y=5
	输入年金(定期支付额)	40 000,PMT	PMT=40 000
③ 计算		CPT,PV	−308 869.40("−"代表资金流向)

3. 期初年金的终值计算

期初年金终值是指一定时期内每期期初等额收付款项的复利终值之和。

期初年金终值的计算公式为：

$$FV = A \times \left[\frac{(1+r)^{n+1}-1}{r} - 1\right]$$

式中，$\frac{(1+r)^{n+1}-1}{r} - 1$ 称为期初年金终值系数，可表示为 $[(F/A, r, n+1) - 1]$，可通过查普通年金终值系数表得到 $n+1$ 期的值，然后减去 1，可得对应的期初年金终值系数的值。

【例 2-7】 某客户从现在开始每年年初给孩子存一笔教育金 20 000 元，存 8 年。假如该教育金产品的年利率为 5%，那么 8 年后该客户能为孩子一次性支取多少钱？

解：(1) 公式法计算。

第一步确认年金类型，每年年初存入固定金额是期初年金。

第二步确认求值类型，8 年后一次性本息和属于期初年金终值。

第三步确认使用公式，采用期初年金终值公式：

$$FV = A \times \left[\frac{(1+r)^{n+1}-1}{r} - 1\right]$$

第四步，将数值代入公式，计算结果：

$$FV = 20\,000 \times \left[\frac{(1+5\%)^9-1}{5\%} - 1\right] = 200\,531.29(元)$$

(2) 查表法。

年金终值系数 $(F/A, 5\%, 9) = 11.026\,6$，$FV = A[(F/A, n+1) - 1] = 20\,000 \times (11.026\,6 - 1) = 200\,532(元)$。

(3) 函数法。打开 Excel 表格，点击"公式"，点击"插入"，选择"财务函数"，找到"FV"，点击"确定"，"利率"输入 5%，"支付总期数"输入 8，"定期支付额"输入 20 000，"现值"忽略，"是否期初支付"输入 1。最后点击"确定"，计算结果为 200 531（保留两位小数为 200 531.29），如图 2-17 所示。

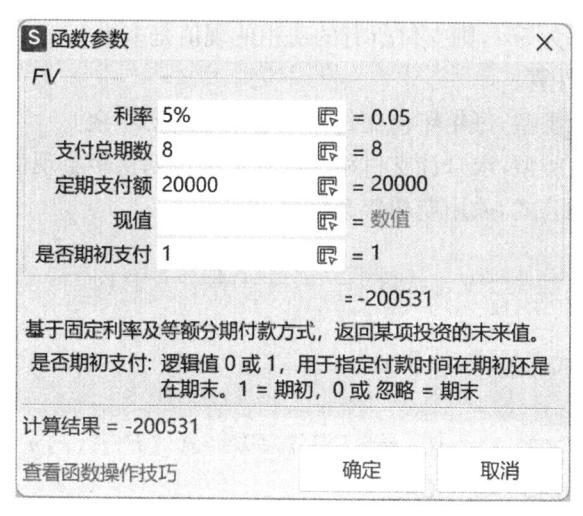

图 2-17 已知期初年金求复利终值（函数法）参数图

（4）财务计算器法。打开德州仪器 BAII PLUS 财务计算器,按 ON|OFF 键,第一步清零:2nd,RESET,ENTER;第二步将付款方式设置为期初付款:2nd,BGN,2nd,SET;第三步返回计算器标准模式:2nd,QUIT;第四赋值:8,N;5,I/Y;20 000,PMT;第五步计算:CPT,FV。最后计算器屏幕显示计算结果为 200 531.29,如表 2-11 所示。

表 2-11　已知期初年金求复利终值的财务计算器操作方法

操　作		按　键	显　示
① 清零		2nd,RESET,ENTER	RST 0.00
② 将付款方式设置为期初付款		2nd,BGN,2nd,SET	BGN
③ 返回计算器标准模式		2nd,QUIT	0.00
④ 赋值	输入付款期数	8,N	N=8
	输入利率	5,I/Y	I/Y=5
	输入年金	20 000,PMT	PMT=20 000
⑤ 计算		CPT,FV	−200 531.29("−"代表资金流向)

4. 期初年金的现值计算

期初年金现值是指一定时期内每期期初收付款项的复利现值之和。

期初年金现值的计算公式为：

$$PV = A \times \left[\frac{1-(1+r)^{-(n-1)}}{r} + 1\right]$$

式中,$\left[\frac{1-(1+r)^{-(n-1)}}{r} + 1\right]$ 称为期初年金现值系数,可表示为 $[(P/A,r,n-1)+1]$,可通过查普通年金终值系数表得到 $n-1$ 期的值,然后加 1,可得对应的期初年金现值系数的值。

【例 2-8】　某客户租了一套房子,连续 10 年每年年初向房东支付租金 30 000 元。假设当期存款年利率为 5%,则支付所有的房租的现值是多少？

（1）解:公式法计算。

第一步确认年金类型,每年年初支付固定金额是期初年金。

第二步确认求值类型,求合计支付租金的现值为求期初年金现值。

第三步确认使用公式,采用期初年金终值公式：

$$PV = A \times \left[\frac{1-(1+r)^{-(n-1)}}{r} + 1\right]$$

第四步,将数值代入公式,计算结果。

（2）查表法。

年金终值系数 $(F/A,5\%,10) = 7.721\ 7$,$FV = A[(P/A,r,n-1)+1] = 30\ 000 \times 7.721\ 7 \times (1+5\%) = 243\ 233.55(元)$。

（3）函数法。打开 Excel 表格,点击"公式",点击"插入",选择"财务函数",找到

"FV",点击"确定","利率"输入5%,"支付总期数"输入10,"定期支付额"输入30 000,"现值"忽略,"是否期初支付"输入1。最后,点击"确定",计算结果为243 235(保留两位小数为243 234.65),如图2-18所示。

函数参数
PV
- 利率 5% = 0.05
- 支付总期数 10 = 10
- 定期支付额 30000 = 30000
- 终值 = 数值
- 是否期初支付 1 = 1

= -243235

返回投资的现值。现值为一系列未来付款的当前值的累积和。

是否期初支付:逻辑值0或1,用于指定付款时间在期初还是在期末。1 = 期初,0或忽略 = 期末

计算结果 = -243235

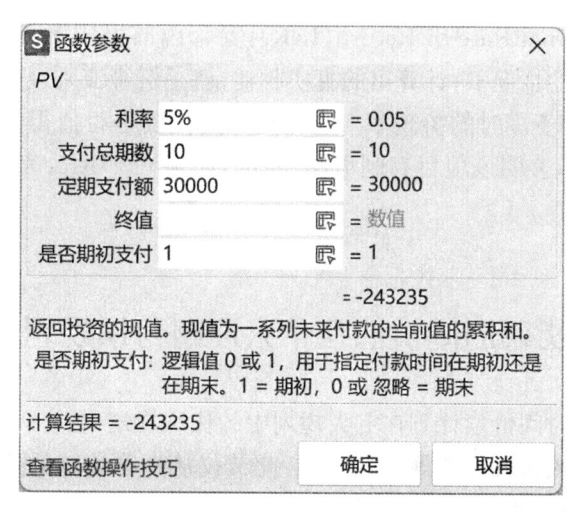

查看函数操作技巧   确定   取消

图2-18 已知期初年金求复利现值(函数法)参数图

(4) 财务计算器法。打开德州仪器BAII PLUS财务计算器,按ON|OFF键,第一步清零:2nd,RESET,ENTER;第二步将付款方式设置为期初付款:2nd,BGN,2nd,SET;第三步返回计算器标准模式:2nd,QUIT;第四赋值:10,N;5,I/Y;30 000,PMT;第五步计算:CPT,PV。最后计算器屏幕显示计算结果为243 234.65,如表2-12所示。

表2-12 已知期初年金求复利现值财务计算器操作方法

操作		按键	显示
① 清零		2nd,RESET,ENTER	RST 0.00
② 将付款方式设置为期初付款		2nd,BGN,2nd,SET	BGN
③ 返回计算器标准模式		2nd,QUIT	0.00
④ 赋值	输入付款期数	10,N	N=10
	输入利率	5,I/Y	I/Y=5
	输入年金	30 000,PMT	PMT=30 000
⑤ 计算		CPT,PV	−243 234.65("−"代表资金流向)

四、不规则现金流的计算

(一) 净现值

净现值(Net Present Value,NPV)是指所有现金流(包括正现金流和负现金流在内)的现值之和。净现值为正值,说明投资能够获利;净现值为负值,说明投资是亏损的。净现值=未来报酬总现值−建设投资总额。对于一个投资项目,如果$NPV>0$,表明该项目

在 r 的回报率要求下是可行的,且 NPV 越大,投资收益越高。相反地,如果 $NPV<0$,表明该项目在 r 的回报率要求下是不可行的。

(二) 内部回报率

内部回报率(Internal Rate of Return, IRR),又称内部报酬率或者内部收益率,是考虑了"货币时间价值"的情况下,计算出的真实收益,就是资金流入现值总额与资金流出现值总额相等、净现值等于零时的折现率。它是用来看投资是否值得的工具。对于一个投资项目,如果 $r<IRR$,表明该项目有利可图;相反,如果 $r>IRR$,表明该项目无利可图。其中 r 表示融资成本。

第三节 货币时间价值在个人理财分项规划中的应用

本章学习的货币时间价值计算在七大规划中的住房规划、教育规划、养老规划中使用较多。后续章节会深入讲解分项规划的内容,此节仅从理财计算的角度分析货币时间价值在教育规划、养老规划和住房规划中的应用。

一、教育规划中的计算

教育规划是指为实现家庭成员预期教育目标所进行的一系列资金管理活动,一般可以分为个人教育规划和子女教育规划两部分。

教育规划首先设定个人或子女教育目标,其次估算个人或者子女教育费用,最后制定储蓄投资方案,确定投资金额、方式和工具。子女教育规划目标一般包含幼儿园、小学、初中、高中、大学等多个阶段的目标。教育费用的测算,除了当前费用,还要注意学费增长率,合理预估未来所需费用,选择适宜的投资工具构建适当的投资组合。

该规划中涉及复利终值、复利现值以及年金的计算。

第一,复利终值计算。个人或子女教育费用通常需要根据当前费用进行估算,会用到已知现值 PV(当前学费所需货币量)和学费年上涨率(学费增长率)求复利终值 FV(若干年后学费所需货币量)。

第二,年金现值计算。如果是大学四年的费用,假设入学后学费不增长的情况下计算上大学当年所需全部学费,则涉及年金现值的计算。根据第一步求出的若干年后上大学第一年的费用,作为年金 A,上大学四年的第一年需要准备的全部教育费用则是已知年金,求现值 PV。

第三,已知终值求年金。第二步计算出全部教育费用,采用定投的方式进行储蓄或投资,则是已知最终所需教育资金 FV,假设一个投资回报率,计算每年投入的年金 A。

【例 2-9】 沈先生夫妇的孩子今年 5 岁,预计 18 岁上大学,目前大学 4 年的学费是 2.3 万元/每年,预计学费每年上涨 5%(假设入学后学费及生活费增长为 0),沈先生夫妇想为孩子设立一个教育基金,每年年末投入一笔固定的钱,直到孩子上大学为止。假定年投资收益率为 9.46%,每年应投入多少元?

解:采用函数法进行计算。

(1) 计算目标年份上大学所需的学费。

如图 2-19 所示,已知现值 PV(当前学费所需货币量)和学费年上涨率(学费增长率)求复利终值 FV(若干年后学费所需货币量)。

$$FV = PV \times (1+r)^n = 23\,000 \times (1+5\%)^{13} = 43\,369.93(元)$$

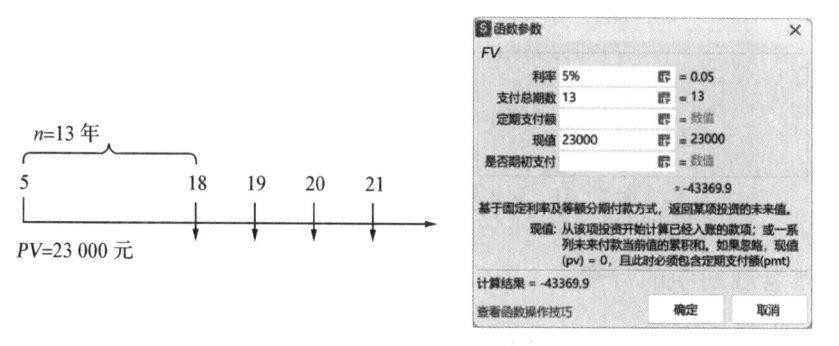

图 2-19　已知现值求复利终值数轴和函数参数

(2) 计算四年大学学费的现值。

上一步计算出预计年份上大学的每年的学费,假设入学后不增长,则大学四年的学费一样,也就是期初年金。

根据第一步求出的若干年后上大学第一年的费用作为年金,上大学四年的第一年需要准备的全部教育费用则是已知期初年金求现值,如图 2-20 所示。根据函数法计算可得期初年金现值为 152 258.18 元。

$$PV = A \times \left[\frac{1-(1+r)^{-n-1}-1}{r} + 1 \right] = 43\,369.93 \times \left[\frac{1-(1+9.46\%)^{-(4-1)}}{9.46\%} + 1 \right] = 152\,258.18(元)$$

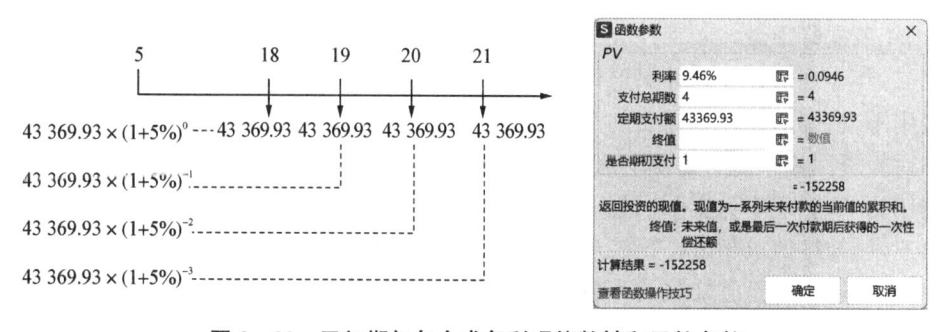

图 2-20　已知期初年金求复利现值数轴和函数参数

(3) 计算需要定投的金额。

如图 2-21 所示,已知最终所需教育资金 FV,假设一个投资回报率,计算每年投入的年金 A。假定年投资收益率为 9.46%,利用函数法,计算 PMT 为 6 434.99 元,则每年应投入 6 434.99元。

$$PMT = A = FV \times \left[\frac{(1+r)^n - 1}{r} \right]^{-1} = 152\,258.18 \times \left[\frac{(1+9.46\%)^{13}-1}{9.46\%} \right]^{-1} = 6\,434.99(元)$$

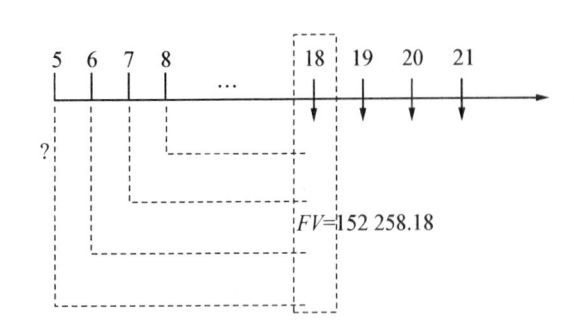

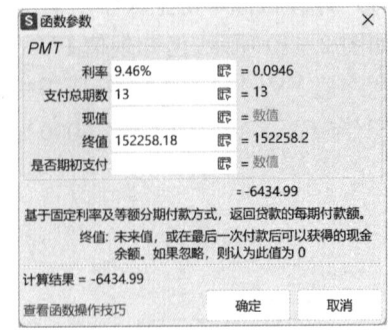

图 2‑21　已知终值求年金数轴和函数参数

二、养老规划中的计算

退休养老规划是人们为了在将来拥有高品质的退休生活，而从现在开始进行的财富积累和资产规划。完整的退休规划包含需求分析、供给分析、缺口分析和规划方案四个部分。第一是确定退休目标，包括退休时间和退休后生活设想，测算退休第一年费用和退休时点所需全部养老费用，明确退休需求。第二是分析退休后资金来源，明确自身的养老资金供给，包含社会基本养老保险金测算、企业年金或职业年金测算、个人养老储备终值测算等。第三是分析供给和需求之间是否存在养老金缺口。最后是弥补养老金缺口而从现在开始制定实施的养老规划工具组合方案，如商业养老年金、增额终身寿险、养老房产、养老储蓄、国债、养老理财、养老目标基金等。

该规划中也涉及复利终值、复利现值和年金的计算。

第一，复利终值计算。退休第一年（当年）费用通常需要根据当前家庭生活费用进行估算，会用到已知现值 PV（当前家庭生活所需货币量）和物价年上涨率求复利终值 FV（退休当年所需货币量）。

第二，年金现值计算。如果退休后投资回报率和物价上涨率相等，相当于退休后每年所需费用不变，则退休当年需要的全部养老费用是退休后余寿乘以退休第一年费用。如果退休后投资回报率高于物价上涨率，则需要计算实际回报率进行贴现，已知退休后每年所需费用为 A，贴现率为实际回报率，求退休当年的年金现值 PV。

第三，已知终值求年金。第二步计算出退休时所需的全部养老费用，采用定投的方式进行储蓄或投资，则是已知最终所需养老资金 FV，假设一个投资回报率，计算每年投入的年金 A。

【例 2‑10】　刘先生今年 50 岁，计划 10 年后退休，预期寿命 80 岁。刘先生目前家庭年开支额为 10 万元，投资回报率为 6%，通货膨胀率为 3%，刘先生希望退休后维持目前消费水平，为准备养老资金，夫妻两人采取"定期定投"的方式，采取按年复利的形式，则每年年末需投入养老资金多少元？

解：此题主要采用函数法进行解析。

第一步计算退休第一年费用。

已知现值求复利终值。

如图 2-22 所示,已知现值 PV(当前家庭开支额)和物价上涨率(通货膨胀率)求复利终值 FV(退休当年家庭开支所需货币量)。

$$FV = PV \times (1+r)^n = 100\,000 \times (1+3\%)^{10} = 134\,391.64(元)$$

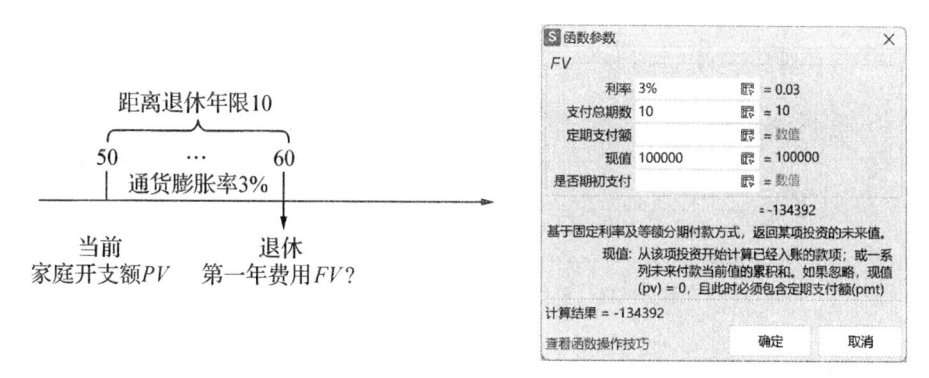

图 2-22 已知现值求复利终值数轴和函数参数

第二步计算退休当年所需全部费用。

已知年金求复利现值。如图 2-23 所示,此处退休后投资回报率高于物价上涨率,则需要计算实际回报率进行贴现,已知退休后每年所需费用为 134 391.64 元,贴现率为实际回报率,求退休当年的年金现值 PV。退休当年所需全部养老费用为 2 016 147.14 元。

$$实际收益率 = \frac{1+名义收益率}{1+通货膨胀率} - 1 = \frac{1+6\%}{1+3\%} - 1 = 2.91\%$$

$$PV = A \times \frac{1-(1+r)^{-n}}{r} = 134\,391.64 \times \frac{1-(1+2.91\%)^{-20}}{2.91\%} = 2\,016\,147(元)$$

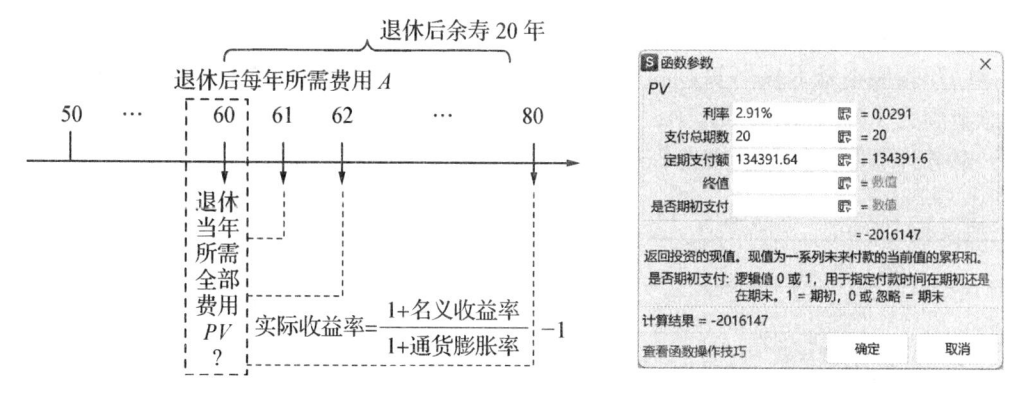

图 2-23 已知年金求复利现值数轴和函数参数

第三步计算养老金定投金额。

已知终值求年金。如图 2-24 所示,已知最终所需养老资金 2 016 147.14 元,投资回报率 6%,计算出每年投入的年金为 152 960.97 元。

$$PMT = A = FV \times \left[\frac{(1+r)^n - 1}{r}\right]^{-1} = 2\,016\,147 \times \left[\frac{(1+6\%)^{10} - 1}{6\%}\right]^{-1} = 152\,960.96(元)$$

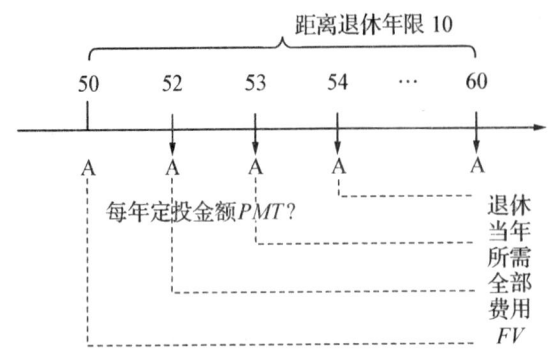

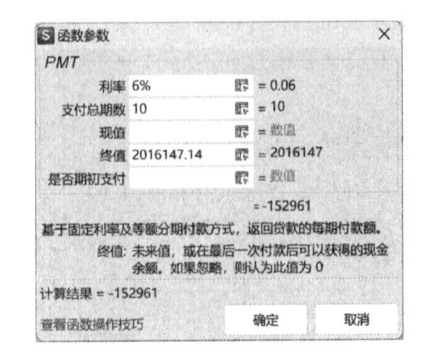

图 2-24 已知终值求年金数轴和函数参数

三、住房规划中的计算

住房规划包括购房、租房、换房和房产投资规划。住房规划的一般流程：一是确定住房需求，根据家庭人口数量和对居住地段、面积、学区、房屋性质、购房时间等要求确定住房目标；二是租房与购房的决策，根据家庭资产收入状况、对生活质量的要求、工作性质等决定；三是购房规划，根据家庭资产情况预估可负担首付款，根据收入情况估算可负担月供，最后确定可负担购房总价，测算可负担面积、单价和还款方式。

（1）贷款总金额计算。

已知月供求贷款总金额。

【例 2-11】 某客户贷款购买一套房子，贷款利率为 7.49%，贷款期限为 15 年，在等额本息还款方式下每月还款 10 067 元，则贷款金额为（　　）元。

解：采用财务计算器进行计算。

已知等额本息 PMT，贷款利率 I/Y，贷款期限 n，年付款次数为 12（按月还款），求贷款总金额为 1 086 627.79 元。

财务计算器操作方法如表 2-13 所示。

表 2-13　财务计算器计算贷款金额操作步骤

操作		按 键	显 示
① 清零		2nd,RESET,ENTER	RST 0.00
② 设置年付款次数		2nd P/Y 12 ENTER	P/Y=12
③ 返回计算器标准模式		2nd,QUIT	0.00
④ 赋值	输入付款期数	15,2nd xP/Y N	N=180
	输入利率	7.49,I/Y	I/Y=7.49
	输入年金	10 067,PMT	PMT=10 067
⑤ 计算		CPT,PV	PV=-1 086 627.79（"-"代表资金流向）

(2) 月供计算。

已知贷款总额求贷款月供金额。

【例2-12】 黄先生购买一套总价为550万元的婚房,贷款450万元,贷款利率为6.41%,贷款期限为20年。如果采用等额本息还款方式,每月还款额为( )元。

解:采用财务计算器进行计算。

已知贷款总金额为4 500 000元,贷款利率为6.41,贷款期限为20年,年付款次数为12次,求得每月月供为33 312.78元。

财务计算器操作方法如表2-14所示。

表2-14 财务计算器计算月供操作步骤

操 作		按 键	显 示
① 清零		2nd,RESET,ENTER	RST 0.00
② 设置年付款次数		2nd P/Y 12 ENTER	P/Y=12
③ 返回计算器标准模式		2nd,QUIT	0.00
④ 赋值	输入付款期数	20,2nd xP/Y N	N=240
	输入利率	6.41,I/Y	I/Y=6.41
	输入贷款总金额	4 500 000,PV	PV=4 500 000
⑤ 计算		CPT,PMT	PMT=－33 312.78("－"代表资金流向)

(3) 未还本金计算。

【例2-13】 蓝小姐购买一套价值98万元的住房,商业贷款总额为70万元,贷款期限为10年,贷款利率为7.38%,采用等额本息还款(按月偿还),则还款6年后的未还本金为( )元。

解:采用财务计算器进行计算。

计算未还本金需要先计算月供,随后求出对应期数后的未还本金。

AMORT、P1、P2:偿还贷款起、止期数——2ND,AMORT,"P1=?",数字,ENTER,↓,"P2=?",数字,ENTER

BAL:还款P1、P2期后的未还贷款本金——接上步骤按↓

PRN:P1、P2期的已还贷款本金——接上步骤按↓

INT:P1、P2期的已还贷款利息——接上步骤按↓

财务计算器操作方法如表2-15所示。

表2-15 财务计算器计算未还本金操作步骤

操 作	按 键	显 示
① 清零	2nd,RESET,ENTER	RST 0.00
② 设置年付款次数	2nd P/Y 12 ENTER	P/Y=12
③ 返回计算器标准模式	2nd,QUIT	0.00

续　表

操作		按键	显示
④赋值	输入付款期数	10,2nd xP/Y N	N=120
	输入利率	7.38,I/Y	I/Y=7.38
	输入贷款总金额	700 000,PV	PV=700 000
⑤计算月供		CPT,PMT	PMT=－33 312.78（"－"代表资金流向）
⑥还款P1、P2期后的未还贷款本金		2ND,AMORT	P1=1
还款第6年的期数		↓,72,ENTER	P2=72
显示结果		↓	BAL=－342 634.13（"－"代表资金流向）

（4）已付利息计算。

【例2-14】 章太太购买一套价值为150万元的住房，商业贷款六成，贷款期限为15年，贷款利率为6.35%，采用等额本息还款（按月偿还），则前7年共偿还（　　）元利息。

解：采用财务计算器进行计算。

计算已还贷款利息也需要先计算月供，随后求出对应期数的已还贷款利息。

财务计算器操作方法如表2-16所示。

表2-16　财务计算器计算已还利息操作步骤

操作		按键	显示
①清零		2nd,RESET,ENTER	RST 0.00
②设置年付款次数		2nd P/Y 12 ENTER	P/Y=12
③返回计算器标准模式		2nd,QUIT	0.00
④赋值	输入付款期数	15,2nd xP/Y N	N=180
	输入利率	6.35,I/Y	I/Y=6.35
	输入贷款总金额	900 000,PV	PV=900 000
⑤计算月供		CPT,PMT	PMT=－7 765.94（"－"代表资金流向）
⑥还款P1、P2期后的未还贷款本金		2ND,AMORT	P1=1
还款第6年的期数		↓,72,ENTER	P2=84
剩余未还本金		↓	BAL=－583 357.06（"－"代表资金流向）
已还利息		↓↓	INT=－335 696.02（"－"代表资金流向）

实训任务

实训内容： 投资理财规划大赛理财计算赛项真题模拟赛。

实训目的:熟练掌握货币时间理论、计算及其应用。
实训步骤:
1. 全部同学参加模拟赛;比赛得分从高到低排名;
2. 提供财务计算器;比赛用时30分钟,每题5分,共100分。

投资理财规划计算理财计算赛项真题训练

每题5分,20题,共100分。所有计算结果有小数点的结果保留2位小数,整数取整,计算结果取正数。

1. 小张将一笔钱存入银行5年后得到的本息和是5 260元,单利计算,已知年利率为4%,则他当初存入的金额为(　　)元。

2. 梁先生购买一套价值315万元的住房,商业贷款七成,贷款期限为20年,贷款利率为7.82%,采用等额本息还款(按月偿还),则10年后的未还本金为(　　)元。

3. 江太太购买一套价值160万元的住房,商业贷款六成,贷款期限为15年,贷款利率为7.13%,采用等额本息还款(按月偿还),则第10年偿还(　　)元利息。

4. 某公司需要租一套设备,每年年初需要支付租金3 658元,租期为8年,适用6.94%的利率,则租金现值为(　　)元。

5. 假设$PV=6\ 258,i=6.12\%$,按年计算,9年后的复利终值应为(　　)元。

6. 小张有一笔30万元存款,他打算以这笔资金作为购房的首付款。如果银行的房屋贷款可贷款七成,那么小张最多可以购买房子的总价值为(　　)元。

7. 杨小姐购买一套总价为130万元的新房,贷款75万元,贷款利率为7.56%,贷款期限为20年。如果采用等额本息方式,每月还款额为(　　)元。

8. 温小姐向银行借款540 000元,约定在5年内以利率5.43%每年等额偿还,则每年应付的金额为(　　)元。

9. 邱先生夫妇的孩子今年5岁,预计18岁上大学,已知目前大学4年的学费是6万元/每年,预计学费每年上涨4%(上大学后的学费增长为0),邱先生夫妇想为孩子设立一个教育基金,每年年末投入一笔固定的资金,直到孩子上大学为止。假定年投资收益率为7.24%,每年应投入(　　)元。

10. 老陈计划在60岁退休的时候储备一笔资金,以确保自己一直到80岁时每个月月初都能拿到3 500元的生活费。如果他的收益率能够达到5%,则他需要在退休的时候储备(　　)元的退休基金。

11. 小张将9 000元投资某银行理财产品,复利计息,5年后获得本息和为15 840元,则年利率为(　　)%。

12. 梅女士每年年末存入银行4 000元作为养老准备金,按年复利,当年利率为8.39%时,10年后养老准备金的终值为(　　)元。

13. 张先生进行某项投资3年后收到的复利终值为8 500元,年利率为5.32%,则现值为(　　)元。

14. 15 600元在3年后的复利终值为18 100元,则利率为(　　)%。

15. 某公司准备5年后进行一项投资,投资额为200万元,打算今后5年每年年末等额存入银行一笔资金以获得投资额。银行存款年利率为5.96%,每年复利一次,则该公司每年年末应等额存入银行的资金为(　　　)元。

16. 赵太太购买了一套两居室,首付五成,其余采用商业贷款形式。已知贷款利率为6.94%,贷款期限为15年,每月等额本息还款6 746.55元,则该两居室的总价为(　　　)元。

17. 老周计划在60岁退休的时候储备一笔资金,以确保自己一直到80岁时每个月初都能拿到4 000元的生活费,如果他的收益率能够达到5%,则他需要在退休的时候储备(　　　)元的退休资金。

18. 杨先生今年40岁,退休年龄60岁,预期寿命80岁,已知目前退休后家庭平均每年的生活费用为90 000元,预计将来会以每年3%的速度增长(假设退休后生活费不再变化),退休前年投资收益率为10%,退休后投资保守,收益率和通胀率正好相互抵消。杨先生已经准备了60 000元的养老金,则养老费用缺口为(　　　)元。

19. 某建筑公司准备3年后进行一项投资,投资额为150万元,打算今后3年中每年年末等额存入银行一笔资金以获得投资额。银行存款年利率为4%,按复利计息,则该公司每年年末应等额存入银行的资金为(　　　)元。

20. 年利率为4%,5年后收到的3 000元,单利现值为(　　　)元。

第三章 家庭财务状况分析

学习目标

(一)知识目标

1. 熟悉家庭资产负债表和收入支出表的编制方法。
2. 掌握家庭财务状况分析的主要指标。

(二)能力目标

1. 能够编制家庭资产负债表和收入支出表。
2. 能够利用相关财务指标分析家庭财务状况。

(三)思政目标

1. 爱岗敬业,遵守职业道德,尊重客户隐私。
2. 弘扬严谨细致、不畏困难、勇于挑战的精神。

案例导入

家庭小账本,记录"新时代"

琐碎的家庭账本有何价值?"家是最小国,国是最大家,小账本里藏着大国情、折射出新时代的跃迁。"千家万户的小数据汇聚到一起,构成了统计的大数据基座,相关数据分析则成为经济社会发展的"晴雨表"和政策制定的"风向标"。"e记账"App是由国家统计局推出的个人记账软件,自2013年投入使用以来,正在逐步取代过去的纸质账本。除了记账流水,"e记账"还能看到支出统计、收支趋势和行为分析。

老陆的收支趋势是两条同步上升的曲线,他笑着说:"日子就像这两条线,一路上升,越来越好。""以家庭记账形式进行住户调查,是一项重要的民生调查,调查结果为制定保障和改善民生政策以及最低生活保障、最低工资、养老金等标准提供重要数据支持。"老陆说:"从温饱到小康,日子越过越好,将来还会更好。我要用账本,记下时代发展、生活变化的过程。"

(资料来源:https://xh.xhby.net/pc/con/202212/22/content_1147808.html)

个人或家庭数据收集和整理是理财规划的基础,是理财规划的必要程序之一。没有准确的财务数据,就无法了解家庭的财务状况,也就无法确定合理的财务目标,进而就不可能提出切实可行的个人理财规划综合方案。分析一个家庭的财务状况,需要全面了解家庭的资产、负债、收入和支出情况,预测这些财务要素未来的发展趋势,掌握家庭的整体财务特点,并找出存在的问题和需要改进的地方,从而为制定的理财规划方案奠定扎实的基础。

个人或家庭的数据收集主要包括财务信息和非财务信息。财务信息是指家庭当前的收支状况、财务安排和这些情况的未来发展趋势等,多体现为数据。比如客户的收支情况、资产与负债情况、社会保障信息、风险管理信息、遗产管理信息等。非财务信息是指个人或家庭的社会地位、年龄、投资偏好和风险承受能力等,如姓名、性别、出生日期和地点、职业和职称、工作安全程度、健康状况、婚姻状况、子女信息、风险承受能力、投资偏好等。

第一节 家庭资产负债表的编制与分析

一、家庭资产负债表的主要内容

家庭资产负债表是反映家庭在某一特定日期财务状况的报表,某一特定日期可以是月末、季末、半年末或年末。与企业资产负债表是对企业特定日期的资产、负债和所有者权益的结构性表述不同,家庭资产负债表主要记录家庭资产和负债状况。家庭资产负债表的编制依据是"资产-负债=净资产"的平衡公式。通过这份财务报表,理财规划师可以更好地了解家庭的财务状况,制定更合理的财务规划和投资策略。

(一) 家庭资产的内容

家庭资产,是指家庭过去的交易或者事项形成的,由家庭拥有或者控制的,预期会给家庭带来经济利益的资源。凡是能够用货币计量的财产、债权和其他权利,都属于家庭资产的范畴。本教材按家庭资产的属性将其分为以下四类。

1. 金融资产

金融资产,是指家庭拥有的以价值形态存在的资产,可以进一步细分为现金及现金等价物和其他金融资产。

(1) 现金及现金等价物。

现金及现金等价物是家庭中流动性最强的资产。"现金"包括现金和能随时用于支付的银行存款;"现金等价物"是指家庭持有的期限短、流动性强、易于转换为已知金额现金、价值变动风险很小的投资,通常包括三个月内到期的债券投资等。现金及现金等价物是家庭储备应急资金的主要来源,其余额一般应维持在家庭3~6个月开销的资金量上。

(2) 其他金融资产。

其他金融资产是个人理财规划中最重要的资产。因为在未来能带来增值收益,所以它是实现理财目标的来源。其他金融资产通常包括股票、债券、基金、期权、期货、保险、贵金属投资等。

2. 实物资产

实物资产,是指家庭生活中使用或收藏的各种有实物形态的资产。这类资产价值相对较高,在家庭资产总额中所占比重相对较大。实物资产有些具有消费属性,多为家庭日常生活用品,持有的目的是满足家庭成员消耗使用的需求,一般不会给家庭带来收益。例如,自住房产、汽车、家具和家用电器等资产不产生收入,反而在使用过程中需要不断投入资金进行维修、养护,其价值在使用过程中因折旧而不断降低。实物资产中有些具有投资属性,一般可通过出租或出售而给家庭带来收益。例如,投资性房产的收益主要来源于持有期的租金收入和买卖价差。

3. 无形资产

无形资产,是指家庭拥有或者控制的没有实物形态的可辨认非货币性资产。无形资产通常包括专利权、非专有技术、商标权、著作权、土地使用权、特许权等。

4. 其他资产

其他资产,是指家庭资产除去上述金融资产、实物资产、无形资产以外的债权资产、保险资产和住房公积金等。债权资产是在法律性质上具有资产属性的各种债权,是在货币财产和其他财产的融通过程中形成的,享有增值性收益债权的财产,如债权性投资、应收款项、信托等。保险资产包括社会保险、商业保险。

(二)家庭负债的内容

家庭负债,是指家庭过去的交易或者事项形成的,预期会导致经济利益流出家庭的现时义务。家庭负债包括全部家庭成员欠非家庭成员的所有债务,不包括家庭成员间相互的欠款。家庭负债一般用于置业、投资或消费。

根据偿还期限的长短,家庭负债可以分为流动负债和非流动负债。流动负债的偿还期通常在一年或一年以内,包括信用卡欠款、应交公共事业费、应缴税金等。非流动负债的偿还期通常在一年以上,包括住房贷款、汽车贷款、助学贷款等。

二、家庭资产负债表的编制

家庭资产负债表主要由表首、表体两部分组成。表首部分应列明报表名称、客户名称、资产负债表日和计量单位;表体部分是资产负债表的主体,列示了用以说明家庭财务状况的各个项目。表3-1是家庭资产负债表的一种可供选择的样式。

表3-1 家庭资产负债表

客户姓名: 　　　　　　　　年 月 日　　　　　　　　金额单位:

资　产	期末余额	负　债	期末余额
金融资产:		**流动负债:**	
现金及现金等价物		信用卡欠款	
现金		应交公共事业费	
人民币(外币)活期存款		应缴税金	
人民币(外币)定期存款		其他流动负债	
货币市场基金		流动负债合计	
三个月内到期的债券投资等		**非流动负债:**	

续 表

资　产	期末余额	负　债	期末余额
现金及现金等价物小计		住房贷款	
其他金融资产：		汽车贷款	
股票		助学贷款	
债券		其他非流动负债	
基金		非流动负债合计	
人民币(外币)理财产品			
其他			
其他金融资产小计			
金融资产合计			
实物资产：			
自住房产			
汽车			
家具和家用电器			
家居用品			
投资性房产			
黄金珠宝			
收藏品			
其他实物资产			
实物资产合计			
无形资产：			
专利权			
著作权			
其他无形资产			
无形资产合计			
其他资产：			
社会保险			
商业保险			
住房公积金			
其他资产合计		负债总计	
资产总计		**净资产总计**	

（一）家庭资产负债表项目的填列方法

资产负债表中部分项目期末余额的填列方法说明如下：

(1)"现金"项目，根据现金和互联网支付平台（如支付宝、微信、翼支付等）个人账户余额的合计数填列。

(2)"活期存款""定期存款"项目，根据存款的余额或本金填列，不包括存款产生的利息。利息作为一项理财收入，在收入支出表中列示。

(3)"货币市场基金"项目，根据"余额宝""零钱通"等互联网支付平台产品余额的合计数填列。

(4)"股票"项目，根据资产负债表日股票的收盘价填列。

(5)"基金"项目，根据资产负债表日基金单位净值填列。

(6)"人民币（外币）理财产品"项目，根据资产负债表日持仓总市值填列。

(7)"自住房产""投资性房产"项目，参考市场评估价格填列。

(8)"汽车""家具和家用电器"等项目，根据重置价格扣除累计折旧后的差额填列。

(9)"黄金珠宝""收藏品"项目，根据重置价格填列。

(10)"无形资产"项目，参考评估价格填列。

(11)"社会保险""住房公积金"项目，根据社会保险账户余额和住房公积金账户余额填列。

(12)"商业保险"项目，根据保单的现金价值填列，意外伤害保险、财产保险等无现金价值的保单不予列示。

(13)"住房贷款""汽车贷款"项目，根据资产负债表日未结清的贷款本金余额填列，不包括贷款产生的利息。利息作为一项理财支出，在收入支出表中列示。

（二）家庭资产负债表的编制步骤

理财规划师可根据自己的习惯和客户的具体情况设计资产负债表；也可以在通用格式的基础上，根据不同客户的财务状况，进行表内项目的增设或删减。家庭资产负债表的编制步骤一般如下：

第一步，列出家庭拥有或控制的全部资产项目并确定其金额。无论是用客户自有资金购置的，还是用贷款资金购置的，只要具有货币价值，任何经济要素都可以成为资产。

需要注意的是，在确定资产金额时用到的评估价格，并不一定要进行专业评估。因为用评估价格来表示资产金额的目的只是编制相对合理的家庭资产负债表。

第二步，列出家庭承担的全部负债项目并确定其金额。

第三步，计算家庭净资产。净资产是总资产减去总负债之后的差额，它衡量的是个人在某一特定日期偿还所有债务后能够真正支配的财富价值，相当于企业资产负债表中的所有者权益。

若需要了解不同时期家庭资产、负债、净资产的变化情况，可以编制比较家庭资产负债表，只要在表 3-1 中"期末余额"右方插入一列"上期期末余额"即可进行对比。

【例 3-1】 编制方先生家庭资产负债表。

截至 2023 年 12 月 31 日，方先生家庭资产和负债情况如下：方先生拥有现金 10 000 元，银行存款 7 000 元，股票市值 50 000 元，自住用房 400 000 元，汽车 100 000 元，家具家电50 000元。车贷55 000元,房贷60 000元,信用卡透支20 000元。

根据客户方先生的财务信息编制家庭资产负债表,如表3-2所示。

表3-2 家庭资产负债表

客户姓名:方先生　　　　　2023年12月31日　　　　　金额单位:元

资产	期末余额	负债	期末余额
金融资产:		流动负债:	
现金及现金等价物		信用卡欠款	20 000
现金	10 000	流动负债合计	20 000
人民币(外币)活期存款	7 000	非流动负债:	
现金及现金等价物小计	17 000	住房贷款	60 000
其他金融资产		汽车贷款	55 000
股票	50 000	非流动负债合计	115 000
其他金融资产小计	50 000		
金融资产合计	67 000		
实物资产:			
自住房产	400 000		
汽车	100 000		
家具和家用电器	50 000		
实物资产合计	550 000		
		负债总计	135 000
资产总计	617 000	净资产总计	482 000

三、家庭资产负债表分析

通过分析客户的家庭资产负债表,理财规划师不仅可以了解客户家庭的资产和负债情况,而且能通过计算其净资产来判断客户拥有的实际财富数量。此外,还可以通过将客户目前的资产负债状况与往年的情况相比较,制定出改善客户目前财务状况的方案。

(一)资产项目和资产结构分析

1. 资产项目分析

家庭金融资产中的现金及现金等价物是高流动性、低收益性资产。持有量过低,可能无法满足家庭日常消费需要;持有量过高,资产没有得到充分利用,可能无法获得较高的理财收益。一般情况下,现金及现金等价物的持有量以满足家庭日常3~6个月开支所需资金量为佳。

家庭金融资产中的其他金融资产是高风险性、高收益性资产。应根据宏观经济状况、家庭资金总量和对风险的态度,进行适当配置。一般情况下,经济繁荣时、家庭资金充裕或风险追求型家庭,倾向于选择较高的持有比例;经济衰退时、家庭资金紧张或风险回避型家庭,倾向于选择较低的持有比例。

家庭实物资产一般在总资产中占据最大比例。除投资性房产和黄金珠宝,实物资产多为刚性需求,无法为家庭带来收益。所以,一般情况下,要控制好这部分折旧性实物资产的支出,积极配置投资性房产和黄金珠宝等升值型实物资产,以便实现资产的保值、增值,以及在财务危机发生时获得较高的变现价值。

2. 资产结构分析

分析时,以资产负债表中总资产余额为100%,计算出其各组成项目占总资产余额的百分比,不仅可以看出各组成项目在资产结构中的比重,还可以比较各个项目百分比的增减变动,以此来判断各项目的变化趋势。

(二) 负债项目和负债结构分析

1. 负债项目分析

负债具有双面性。一方面,负债对家庭有正面影响。负债扩大了家庭的资金来源,能促进消费和投资;若负债后的投资收益率大于债务利率,就能产生财务杠杆效应,增加家庭财富。另一方面,负债对家庭有负面影响。负债有固定的偿还日期,并且需要定期支付利息,增加了家庭的财务负担。此外,家庭还可能面临因长期入不敷出而无法清偿到期债务的风险。拖欠到期债务不仅会影响信用,增加再筹资的困难,严重时还将导致债权人对其进行清算。所以,理财规划师应建议家庭"适度负债"。在选择负债时要注意以下问题:一是负债投资的前提是投资收益率须高于借款利率;二是要根据家庭的风险态度和理财目标,权衡好流动负债与非流动负债的结构比例;三是债务期限要与负债购买的资产的生命周期相匹配。

2. 负债结构分析

分析时,以资产负债表中总负债余额为100%,计算出其各组成项目占总负债余额的百分比,不仅可以看出各组成项目在负债结构中的比重,还可以比较各个项目百分比的增减变动,以此来判断各项目的变化趋势。

(三) 净资产分析

净资产是总资产与总负债之差。一般情况下,净资产数值为正且不小于一定数额,说明家庭财务状况较为稳健。净资产越高,家庭的经济实力越雄厚。而如果净资产数值为负,且在短期内没有改善的可能,则该家庭被认为已经"破产"。

净资产数额到底为多少才算合理呢?每个家庭情况不一,不可一概而论。以家庭收入在所在地区处于中上水平为例,表3-3提供了一些参考意见。

表3-3 收入水平中上等的家庭净资产分析

净资产数额	财务状况	个人理财规划建议
负数	较差	尽快偿还临期债务,大幅度缩减开支,增加收入
低于家庭年收入的50%	不容乐观	适度缩减开支,增加收入,增加储蓄和投资

续　表

净资产数额	财务状况	个人理财规划建议
介于家庭年收入50%和3倍家庭年收入之间	较为乐观	适度缩减开支,增加收入
大于3倍家庭年收入	良好	维持现状

另外,需要指出的是,家庭偿还负债或用现金购买其他资产,只是改变了资产负债表的结构,并未改变其净资产的数额。

思考一下:黄先生的开户银行为其代扣了上月的水电费,黄先生的净资产会不会发生变化?

第二节　家庭收入支出表的编制与分析

资产负债表反映了家庭在某一特定日期的财务状况,即家庭拥有或控制的资产以及承担的负债情况。由于收入的取得会引起资产的增加或负债的减少,支出的发生会引起资产的减少或负债的增加,因而不同时点财务状况的变化与收入或支出的发生有关。家庭可以编制收入支出表,反映一定期间内钱从何处来,又向何处去,借此了解财务状况的变化是如何发生的。

一、家庭收入支出表的主要内容

收入支出表是反映家庭在一定期间的现金收入、支出和结合情况的财务报表,一定期间可以是一个月、一个季度、半年或一个年度。收入支出表的编制依据是"收入－支出＝结余"的平衡公式。通过收入支出表,可以了解家庭在某一段时间内收入的实现情况、费用的耗费情况,以及现金的结余情况。将收入支出表资料及信息与资产负债表资料及信息相结合进行综合计算分析,如收入支出表中的某个项目与资产负债表中与其有关但性质不同的项目的比率,反映家庭运用其资源的能力和效率,据此做出相应的理财决策。

(一) 家庭收入的内容

家庭收入包括货币收入和实物收入,家庭收入支出表中的收入仅指货币收入。

货币收入可分为工资性收入、投资收入、转移性收入和其他收入。工资性收入包括工资、奖金和激励性收入、福利和补贴、兼职和零星劳动收入等;投资收入包括存款利息收入、红利收入、出租房屋或其他资产的租金收入等;转移性收入包括住房公积金、养老金或退休金、社会救济和补助、报销医疗费、子女给付的赡养费等;其他收入包括接受捐赠、遗产继承、偶然所得、其他通过劳动所得的合法收入等。

(二) 家庭支出的内容

家庭支出包括消费支出、理财支出和其他支出。

1. 消费支出

消费支出是指用于满足家庭日常生活消费需要的全部支出,既包括现金消费支出,也包括实物消费支出。消费支出可划分为食品支出(食品、烟草、酒类支出)、衣着支出、居住支出(房租、水、电、燃料、物业管理等方面的支出)、生活用品及服务支出(家具及室内装饰品、家用器具、家用纺织品、家庭日用杂品、个人用品和家庭服务支出)、交通通信支出(用于交通和通信工具及相关的各种服务费、维修费和车辆保险等支出)、教育文化娱乐支出、医疗保健支出(用于医疗和保健的药品、用品和服务的支出),以及其他用品及服务支出八大类。

2. 理财支出

理财支出是因为投资或理财活动而发生的相关支出,包括利息支出(房贷、车贷等各种借款利息、信用卡逾期还款导致的利息和滞纳金等)、投资支出(投资理财咨询费、证券买卖佣金、投资损失等)、保费支出。

3. 其他支出

其他支出如缴税、捐款支出和其他偶然性的临时支出等。

二、收入支出表的编制

企业编制利润表的主要作用是帮助使用者分析判断企业净利润的质量及其风险,评价企业经营管理效率,帮助使用者预测企业净利润的持续性,从而做出正确的决策。而家庭的存在不以营利为目的,家庭最关心的不是收入与支出配比之后的结果,而是如何开源节流,即如何增加收入,节省支出,因而家庭不编制利润表,只编制相对简单的收入支出表,可作为个人理财规划中现金规划的重要工具之一。

家庭收入支出表主要由表首、表体两部分组成。表首部分应列明报表名称、客户名称、收入支出表所属的期间和计量单位;表体部分是收入支出表的主体,依次将一定期间内收入、支出和结余的具体项目予以适当的排列编制而成。表3-4是家庭收入支出表的一种可供选择的样式。

表3-4 家庭收入支出表

客户姓名:　　　　　　　　　　　　　年　月　　　　　　　　　　　　金额单位:

收　　入	本期金额	支　　出	本期金额
工资性收入:		消费支出:	
工资		食品支出	
奖金和激励性收入		衣着支出	
福利和补贴		居住支出	
兼职和零星劳动收入		生活用品及服务支出	
其他工资性收入		交通通信支出	
工资性收入合计		教育文化娱乐旅游支出	

续 表

收　　入	本期金额	支　　出	本期金额
投资收入：		医疗保健支出	
存款利息收入		其他用品及服务支出	
红利收入		消费支出合计	
出租房屋或其他资产的租金收入		理财支出：	
其他投资收入		借款利息费用	
投资收入合计		投资支出	
转移性收入		保险费用	
住房公积金		其他理财支出	
养老金或退休金		理财支出合计	
社会救济和补助		其他支出：	
报销医疗费		税费	
子女给付的赡养费		捐款支出	
其他转移性收入		其他偶然性的临时支出	
转移性收入合计		其他支出合计	
其他收入：			
接受捐赠			
遗产继承			
偶然所得			
其他通过劳动所得的合法收入			
其他收入合计			
收入总计		支出总计	
结　余			

（一）家庭收入支出表项目的填列方法

家庭收入支出表中项目的填列方法较为简单，按一定期间表中各个收入、支出项目的实际发生额直接填列即可；"结余"项目是收入总计减去支出总计后的差额。编表时有几个问题需要注意：

（1）每月住房贷款还款金额中，只有利息部分记入"借款利息费用"项目，本金部分在资产负债表中反映为负债"住房贷款"项目的减少。

（2）保费费用支出中，财产保险、定期寿险、意外伤害险、医疗费用险等消费型保险，功能以保障为主，保险费用多无储蓄性质，因此在收入支出表中记入理财支出的"保险费用"项目。而终身寿险、养老年金、教育年金及退休年金等返还型保险，因可累计保单现金价值，有储蓄性质，因此在资产负债表中列于其他资产的"商业保险"项目内。

(3) 已实现的资本利得或损失计入收入支出表,未实现的资本利得或损失不计入收入支出表,而是在资产负债表中调整资产原价。

(二) 家庭收入支出表的编制步骤

与家庭资产负债表类似,理财规划师可根据自己的习惯和客户的具体情况设计收入支出表;也可以在通用格式的基础上,根据不同客户的财务状况,进行表内项目的增设或删减。家庭收入支出表的编制步骤一般如下:

第一步,列出家庭全部收入项目(现金流入)并确定其发生额。

第二步,列出家庭全部支出项目(现金流出)并确定其发生额。

第三步,根据收入总额和支出总额计算资金结余。

若需要了解不同时期家庭收入、支出、结余的变化情况,可以编制比较家庭收入支出表,只要在表3-4中"本期金额"右方插入一列"上期金额"即可进行对比。

【例3-2】 编制方先生家庭收入支出表。

方先生2023年的各项收入与支出如下:工资收入120 000元(税后),奖金和津贴21 500元(税后),银行存款利息800元,股票投资收益7 900元,另有稿费收入3 000元。住房贷款年还款额24 000元,保险费用支出4 800元,医疗费用7 500元,衣物购置支出5 400元,旅游支出15 000元,吃饭等日常生活支出48 000元。综合上述客户家庭的信息,编制方先生家庭的收入支出表(见表3-5)。

表3-5 家庭收入支出表

客户姓名:方先生　　　　　　　　2023年度　　　　　　　　金额单位:元

收　入		支　出	
项目	本期金额	项目	本期金额
工资性收入:		消费支出:	
工资	120 000	食品等日常支出	48 000
奖金和激励性收入	21 500	衣着支出	5 400
工资性收入合计	141 500	居住支出	24 000
投资收入:		教育文化娱乐旅游支出	15 000
存款利息收入	800	医疗保健支出	7 500
红利收入	7 900	消费支出合计	99 900
投资收入合计	8 700	理财支出:	
其他收入:		保险费用	4 800
其他通过劳动所得的合法收入	3 000	理财支出合计	4 800
其他收入合计	3 000		
收入总计	153 000	支出总计	104 700
结余		48 300	

三、收入支出表结构分析

(一) 收入结构分析

不同的收入来源结构决定了家庭收入的稳定性和成长性,所以收入结构分析是个人理财规划的基础。一般而言,收入构成越多样化的家庭,收入波动越小,抵御随机因素变化的能力越强,因而家庭的收入水平和生活水平越稳定。通过逐项分析各收入类别占总收入的百分比、各收入项目占本收入类别或总收入的百分比,以及各收入类别百分比和各收入项目百分比同比或环比增减变动,理财规划师可以掌握客户家庭收入的特征,了解不同类型的收入项目对客户家庭财务状况的影响程度,发现对客户家庭财务状况影响较大的经常性项目。理财规划师通过收入结构分析,结合客户家庭类型,针对其收入方面存在的问题提出解决方案。

(二) 支出结构分析

支出结构分析的方法同收入结构分析。通过逐项分析各支出类别占总支出的百分比、各支出项目占本支出类别或总支出的百分比,以及各支出类别百分比和各支出项目百分比同比或环比增减变动,理财规划师可以掌握客户家庭支出的特征,了解不同类型的支出项目对客户家庭财务状况的影响程度,发现对客户家庭财务状况影响较大的经常性项目。通过支出结构分析,理财规划师可以了解客户家庭的消费习惯,判断各项支出的合理性,寻求优化空间,以便客户更有效地利用财务资源。

(三) 家庭结余分析

家庭结余是家庭全部现金收入减去全部现金支出后的差额。若差额为正数,表明家庭一定期间有盈余,可进行储蓄或投资;若差额为零,表明家庭一定期间收支平衡,日常无积累;若差额为负数,表明家庭一定期间入不敷出,需动用原有的储蓄或通过借款才能满足各项开支需求。

对于结余状况不理想的家庭,理财规划师可建议其通过开源(增加收入)、节流(节约支出)和出售部分资产三种方式加以改善。对于结余较高的家庭,理财规划师则可建议其在保持适当现金的情况下,合理增加投资或消费。

第三节 家庭财务指标分析

根据客户家庭资产负债表和家庭收入支出表中的某些存在关联的项目的比率,对客户家庭的偿债能力、应急能力、储蓄能力、财务自由度、财富增值能力、保障能力等进行诊断,进而分析客户的心理特征和行为方式,以便保证理财方案的科学性和合理性。

一、偿债能力指标

偿债能力是指偿还到期债务(包括本息)的能力。家庭偿债能力指标主要包括资产负债率、流动比率、融资比率、财务负担率、平均负债利率等。

(一) 资产负债率

资产负债率又称负债比率,是家庭的负债总额与资产总额之比。其计算公式为:

$$资产负债率 = \frac{负债总额}{资产总额} \times 100\%$$

资产负债率越低,意味着家庭净资产所占比例越大,说明家庭的经济实力越强,偿债能力也越强,对债权人的保障程度越高。资产负债率越高,意味着家庭净资产所占比例越小,说明家庭的经济实力越弱,偿债风险越高,其债权人的安全性越差。

家庭负债规模应控制在一个合理水平。一般认为资产负债率不超过50%时,家庭有较好的偿债能力和经营能力。

(二) 流动比率

流动比率是流动资产与流动负债的比率,表示家庭每1元流动负债有多少流动资产作为偿还的保证,反映了家庭的流动资产偿还流动负债的能力。其计算公式为:

$$流动比率 = \frac{流动资产}{流动负债}$$

流动比率过低,表示家庭在清偿债务时可能面临困难;流动比率过高,则会影响家庭资金的使用效率和盈利能力。从理论上讲,流动比率维持在2:1比较合理。

(三) 衡量偿债能力的其他指标

衡量偿债能力的其他指标如表3-6所示。

表3-6 衡量偿债能力的其他指标

财务指标	计算公式	合理范围
融资比率	融资比率=投资负债÷投资资产	<50%
财务负担率	财务负担率=年本息支出÷年税后总收入	<40%
平均负债利率	平均负债利率=利息支出÷总负债	基准利率×1.2倍以下

二、应急能力指标

为了应对失业等突发状况的出现,家庭需要保有一定的流动性资产。流动性资产指在未发生价值损失的情况下能够迅速变现的资产,包括个人或者家庭金融资产中的现金,以及活期存款、短期债券、货币市场基金等可随时变现的资金等价物项目。个人理财规划中,用流动性比率来反映家庭应急能力的强弱。

流动性比率,也称紧急预备金月数,是家庭的流动性资产与其每月支出之比。其计算公式为:

$$流动性比率 = \frac{流动性资产}{每月总支出}$$

较高的流动性比率代表着家庭对风险的抵御能力较强。但由于流动性资产的收益性较差,所以流动性比率并非越高越好。一般认为流动性比率维持在3~6较为合理,即流动性资产可以维持家庭 3~6 个月的开支。对于一些收入稳定的家庭,或者保险配置度较高的家庭,可以适当降低该指标值,把更多的资金用于长期投资以获取更高收益。

三、储蓄能力指标

衡量家庭储蓄能力的指标主要是结余比率。结余比率又称储蓄比率,是家庭收入支出表中的结余与税后总收入的比率,它反映了客户控制其开支和能够增加净资产的能力。其计算公式为:

$$结余比率 = \frac{结余}{税后总收入} \times 100\%$$

结余比率过低,可能意味着客户家庭收入不高,或对支出控制的能力不足;结余比率过高,可能意味着客户家庭的支出需求被过度抑制。一般建议将此指标保持在 30%~50%。

四、财务自由度指标

财务自由是每个家庭要实现的重要目标之一,而财务自由度就是衡量财务是否自由的重要指标。财务自由度是年理财收入与年总支出的比率,其计算公式为:

$$财务自由度 = \frac{年理财收入}{年总支出} \times 100\%$$

财务自由度一般随着客户年龄增加而升高,一般认为合理的财务自由度比率与年龄的关系如下:30 岁以下,5%~15%;30~40 岁,15%~30%;40~50 岁,30%~50%;50~60 岁,50%~100%。

五、财富增值能力指标

投资与净资产比率是投资资产与净资产的比率,它是用来反映一个家庭能否通过投资增加财富、实现财务自由的重要指标。其计算公式为:

$$投资与净资产比率 = \frac{投资资产}{净资产} \times 100\%$$

一般认为,投资与净资产比率的合理区间为 50%~70%,既不要过高也不要过低,这样既能保持合适的增长率,又不会有较大的风险。

【例 3-3】 方先生家庭财务比率分析。

请根据方先生家庭资产负债表(见表 3-2)和家庭收入支出表(见表 3-5)的数据对方先生家庭财务状况进行分析。

方先生家庭财务比率分析如下(见表 3-7):

(1) 结余比率=结余÷税后总收入=48 500÷153 200=0.316 5。
(2) 投资与净资产比率=投资资产÷净资产=50 000÷482 000=0.103 7。
(3) 流动性比率=流动资产÷每月支出=17 000÷8 725=1.948。
(4) 清偿比率=净资产÷总资产=482 000÷617 000=0.781 1。

(5) 资产负债率＝负债总额÷资产总额＝（总资产－净资产）÷总资产＝1－清偿比率＝1－0.781 1＝0.218 9。

(6) 负债收入比率＝当期债务偿付本息和÷当期税后收入＝24 000÷153 200＝0.156 6。

(7) 即付比率＝流动资产÷负债总额＝17 000÷135 000＝0.125 9。

表3－7　方先生家庭财务比率分析

财务比例分析		计算结果	诊　断
储蓄能力指标	结余比率	48 500÷153 200＝0.316 5	合理
财富增值能力指标	投资与净资产比率	50 000÷482 000＝0.103 7	偏低
应急能力指标	流动性比率	17 000÷8 725＝1.948	偏高
偿债能力指标	清偿比率	482 000÷617 000＝0.781 1	偏高
	资产负债率	1－0.781 1＝0.218 9	偏低
	负债收入比率	24 000÷153 200＝0.156 6	偏低
	即付比率	17 000÷135 000＝0.125 9	偏低

实训任务

刘先生家庭财务状况分析

刘先生，48岁，某外贸公司股东，总经理。每月的税后收入约3万元，年终奖20万元，去年年底从公司取得分红10万元。刘太太，45岁，某中学教师，每月基本绩效工资1万元，全年奖励性绩效工资8万元。刘先生和刘太太的儿子小刘18岁，目前正在某大学一年级就读。

刘家现有两套住房：一套是8年前购入的，用于出租，市值200万元，房款已全部付清，租金是7 000元/月。另一套是2年前购入的，用于自住，当时办理了10年期按揭贷款，每月还款8 000元，目前还有300万元贷款本金尚未归还，该套房市值500万元。家中有两辆汽车，价值分别为30万元和20万元。刘先生家庭现有现金2万元，活期存款2万元，定期存款10万元，人民币理财产品100万元。刘先生的支付宝余额宝账户余额为5万元，刘太太的微信零钱通账户余额为1万元，两人的个人养老金账户余额合计20万元，住房公积金账户余额合计5万元。刘太太新近购买了五年期国库券10万元，年利率2.5%。刘先生在6年前还为全家人投保了重疾险，缴费期10年，每年保费支出20 000元。

刘先生家庭的每月生活开支如下：食品支出5 000元，物业费600元，日用品200元，水电燃气费500元，汽车费用1 500元，电话费400元。另外，刘先生全家一年的衣着支出约9 600元。小刘在大学的培养费和代办费合计6 000元/年，生活费2 000元/月，课余勤工俭学收入1 000元/月。

1. 客户家庭资产负债表的编制和分析。
(1) 根据以上资料,编制刘先生家庭的资产负债表。
(2) 计算资产结构和负债结构。
(3) 分别分析资产、负债和净资产情况。
2. 客户家庭收入支出表的编制和分析。
(1) 根据以上资料,编制刘先生家庭全年的收入支出表。
(2) 计算收入结构和支出结构。
(3) 分别分析收入、支出和结余情况。
3. 客户家庭财务指标分析。
对刘先生家庭的偿债能力、应急能力、储蓄能力、保障能力等进行分析诊断。

模块二　个人理财分项规划

第四章　现金规划

学习目标

(一)知识目标
1. 掌握现金的含义及现金规划的意义。
2. 理解现金规划的流程。
3. 掌握现金规划的工具及其特点。

(二)能力目标
1. 能估算客户现金需求。
2. 能根据客户需求制定现金规划一般工具。
3. 能根据客户需求制定现金规划融资工具。

(三)思政目标
1. 树立科学消费观念。
2. 培养良好融资习惯。

案例导入

疫情对钱包的考验

从2019年年底到2022年的新型冠状病毒感染疫情持续了3年,对于国家而言,是一场大考;对于个人而言,更是一场终极大考。疫情不仅仅考验的是我们的身体免疫力,更是我们钱包的"免疫力"。在疫情防控期间,很多企业面临无法开业、无法及时支付工资等问题,许多人的"家底"撑不过两三个月,面临房贷、车贷、生活和养育孩子的现实经济压力。这次疫情,给企业家、创业者、投资人、普通上班族都上了一堂很好的现金流管理普及教育课。"现金是氧气,99%的时间你不会注意到它,直到它没有了。"这是巴菲特在2014年伯克希尔哈萨维股东大会上提出来的。一个人的投资能力,决定了他活得好不好;但一个人的现金流管理能力,决定了他能活多久。

(资料来源:https://www.sohu.com/a/381884439_120350492)

第一节　现金规划概述

一、现金规划的含义及动机

现金规划是个人或家庭理财规划中的重要组成内容之一，也是较为核心的内容。现金规划是指为满足个人或家庭短期需求而进行的管理日常现金及现金等价物和短期融资的活动。其核心是建立应急基金，保障个人和家庭生活质量和状况的稳定性、持续性。现金规划的目的在于确保有足够的资金来支付计划中和计划外的费用，并且消费模式在预算限制之内。现金规划是否科学合理，将影响其他规划能否实现。因此，做好现金规划是整个投资理财规划的基础。

一般来说，个人或家庭进行现金规划出于三种动机：第一是交易性动机；第二是预防性动机；第三是投机性动机。

（一）交易性动机

交易性动机是指个人或家庭为了维持日常生活所需而持有现金。

个人或者家庭每天都在发生许多支出和收入，而这些支出和收入在数额上不相等，在时间上不匹配，就需要持有一定现金来调节。

个人或家庭满足交易需求所需要的货币量通常取决于其收入水平、生活习惯等因素。一般来说，个人或家庭的收入水平越高、交易数量越大，其为保证日常开支所需要的货币量就越大。

（二）预防性动机

预防性动机是指为了预防意外支出而持有一部分现金及现金等价物。

个人或家庭在生活中不可避免会发生一些意外事件，如事故、失业、疾病等，需要提前预留一定数量的现金及现金等价物。合理的现金规划，不仅可以提供一个必要的缓冲，还可以减少为支付意外事件发生的费用而被迫在不好的时机出售正在投资的资产的可能性，从而保障个人或家庭生活质量和理财规划的持续稳定。

一般来说，个人或家庭对现金及现金等价物的预防性动机需求量主要取决于个人或家庭所处的生命周期和对意外事件损失的容忍程度等因素。

（三）投机性动机

投机性动机是指为了把握投机机会获得较大收益而持有现金。个人或家庭需要持有一定量的现金以抓住突然出现的获利机会，这种机会通常稍纵即逝。预防性动机通常与个人或家庭的投资机会及风险偏好有很大关系。

二、现金的含义及现金的机会成本

现金（Cash）有狭义和广义之分，狭义的现金是指持有的现金和随时可用于支付的存款。广义的现金，除了现金还包括现金等价物。现金等价物是指期限短、流动性强、价值变动风险很小、易于转换成确定金额现金的资产,通常包括各类存款、货币市场基金等金融资产。其中,期限短、流动性强是指现金等价物的变现能力。期限短,一般是指自购买之日起3个月内到期。因此,货币市场基金、自投资之日起3个月到期或清偿的国库券、商业本票、可转让定期存单、银行承兑汇票等都可列为现金等价物。

从本质上看,现金最重要的特征就是流动性强,方便支付,因此只要能满足这一本质要求,能无损失或损失很少价值地转换为现金的,就可以视为现金。

持有现金存在机会成本。机会成本是指持有现金及现金等价物的同时也意味着丧失了持有收益率较高的投资品种的货币时间价值。通常金融资产的流动性与收益率呈反方向变化,高流动性意味着收益率较低。现金及现金等价物的流动性强,其收益率也相对较低。

三、现金规划的内容

现金规划的重要内容就是合理确定应急基金(即现金及现金等价物)的额度。合理的额度确定,既可以实现短期资金的需求,又可以避免因过度持有现金及现金等价物而产生的机会成本。现金规划的重要性就体现在保持合理的现金及现金等价物额度,把多余的可用资金投资到其他理财产品中获取更大收益。

现金及现金等价物额度的确定就是确定个人或家庭资产负债表中的流动性资产。可以使用家庭风险抵御能力指标即流动性比率指标来进行计算。流动性比率是个人或家庭流动性资产与每月支出的比值,反映个人或家庭支出能力的强弱,当意外事件发生时,在没有收入的情况下,个人或家庭本身能维持几个月的生活支出。通常情况下,流动性比率保持在3左右,参考范围为3~6倍。对于工作稳定、收入稳定的个人或家庭,可以保持较低的流动性比率,将更多的流动性资产用于扩大投资,取得更高的收益;对于工作缺乏稳定性、收入不稳定的个人或家庭,建议保持较高的流动性比率。

除了流动性比率,现金规划的指标可以根据失业或意外的情况分为失业保障月数和意外或灾害承受能力两个指标。

(一) 失业保障月数

$$失业保障月数 = \frac{存款、可变现资产、净资产}{月固定支出}$$

失业保障月数是指在失业或失能情况下,现有现金或存款、可变现资产或净资产可支撑几个月的开销。可变现资产包括股票、基金等,不包括汽车、房地产、古董、字画等变现性较差的资产。月固定支出,除生活费用开销以外,还包括房贷本息支出、分期付款支出等已知负债的固定现金支出。失业保障月数的指标高,表示即使失业也暂时不会影响生活,可审慎地寻找下一个适合的工作。存款保障月数一般要有3个月时限。可变资产保障月数可设定为6个月,其中3个月的部分应对暂时失业、丧失劳动力、医疗意外支出的紧急备用金,常以现金、活期存款、定期存款为主,变现时不会有多大损失;另外3个月的部分可以基金、股票为主,使用机会不大,一旦需要可以快速变现,变现时根据当时市场行情可能会有损失。当持续失业时,不仅取出存款、变现股票基金,还可能卖掉个人使用资产,用还清房贷后的余额支付生活费用。通常,净资产保障月数定为12个月以上(见表4-1)。

表 4-1 紧急备用金应变能力指标

紧急备用金指标	公　式	参考值
失业保障月数	存款、可变现资产或净资产/月固定支出	3~12
存款保障月数	存款/月固定支出	3
可变现资产保障月数	可变现资产/月固定支出	6
净资产保障月数	净资产/月固定支出	12 以上

【例 4-1】 张先生有存款 3 万元,股票 10 万元,自住房屋价值 100 万元,贷款 70 万元,若月固定支出为 2 万元,那么张先生的紧急备用金各项指标分别是多少?

解:张先生存款保障月数＝存款÷月固定支出＝3÷2＝1.5

张先生可变现资产保障月数＝可变现资产÷月固定支出＝10÷2＝5

张先生净资产保障月数＝(3+10+100-70)÷2＝21.5

从以上指标可以看到,张先生的存款保障月数偏低,为 2.5,一般为 3;可变资产保障月数为 5,也略低;净资产保障月数为 21.5,问题不大。因此,当张先生失业状况发生时,由于存款保障月数偏低,沉重的生活压力会迫使张先生必须在很短的时间内找到工作,他很可能屈就不是很理想的工作。

(二) 意外或灾害承受能力

意外或灾害承受能力＝(可变现资产＋保险理赔金－现有负债)÷基本费用

保险包括人身保险及财产保险,不管是亲人身患疾病、突然离世,还是遭遇天灾导致房屋毁损,都会影响家庭财务的平稳。意外或灾害承受能力大于 1,表示对灾变承受能力较高。比率小于 1 则表示发生灾变后的损失将影响家庭短期生活水准及居住环境。如果比率为负数,则家庭将陷入困境。当意外或灾害承受能力指标偏低时,可以通过采用投保或加保寿险、意外险、家庭财产保险、重疾险等保险进行抵御。

第二节　现金规划方案

一、现金规划的思路

个人或家庭在日常生活中到底应该预留多少现金及现金等价物,通常可以从四个方面考虑,分别是应急备用金、风险偏好程度、非现金资产的流动性、现金收入来源及稳定性。

(一) 应急备用金

应急基金用来满足家庭面临失业、失能、紧急医疗或意外灾害等各种风险,若工作稳定则预留较少,没有相关医疗保险则预留较多。

(二) 风险偏好程度

个人或家庭风险偏好较高则少留现金,风险偏好较低则多留现金。

（三）非现金资产的流动性

如果一个家庭除了现金外，大量资产为流动性较差的资产（如房产等不动产）则需要预留较多现金。

（四）现金收入来源及稳定性

如果家庭工作人员较多，工作稳定性好，并且除了工作性收入外还有其他收入来源（如房屋租金收入、投资收入等），则可预留较少现金。

二、现金规划的基本流程

现金规划通常分为三步，第一步收集信息，第二步测算需求，第三步形成报告，如图4-1所示。

（一）收集信息

收集个人或家庭财务及非财务信息，了解客户所处生命周期、家庭结构、职业收入稳定性、家庭资产状况、支出状况、风险偏好情况等。

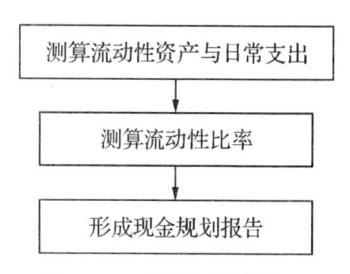

图4-1 现金规划步骤

（二）测算需求

分析个人或家庭的现金需求，测算客户的现金资产状况和每月支出状况，计算客户流动性比率并进行评价。

（三）形成报告

根据个人或家庭所处生命周期、家庭结构、职业收入稳定性、家庭资产状况、支出状况、风险偏好情况和客户目前流动性比率等，选择现金规划一般工具和融资工具，制定现金规划方案并形成报告。

【例4-2】 许先生的现金规划方案。

许先生，30岁，单身，目前担任北京某公司部门经理，收入稳定，工作规律，工作业绩优异，有望在不久的将来提薪。性格开朗，热爱旅游、运动，是走在时尚尖端的部门经理。现住南五环，有辆尼桑天籁三厢轿车，无特殊支出。许先生目前拥有社会保障和医疗保险。结合其家庭的财务信息编列成表，如表4-2、表4-3所示。虽然许先生目前单身，但是由于父母催促，且为自己长远考虑，他决定在不久的将来成家。请为许先生制定现金规划方案。

表4-2 许先生家庭资产负债表

（2023年12月31日）

单位：元

资　产		金　额	负　债	金　额
金融资产	现金	10 000	信用卡透支	20 000
	定期存款	150 000	住房贷款	60 000
	股票	50 000	汽车贷款	55 000

续表

资　产		金　额	负　债	金　额
实物资产	自住房	400 000		
	机动车	100 000		
	家具家电	50 000		
总资产		760 000	总负债	135 000
净资产		625 000		

表 4-3　许先生家庭收入支出表

（2023年1月1日—2023年12月31日）　　　　　　　　单位：元

收　入	金　额	支　出	金　额
工资薪金	120 000	房屋支出	8 000
奖金和佣金	40 000	汽车支出	15 000
投资收入	2 020	日常生活开支	78 000
自雇收入	12 000	保险费用	15 000
		休闲娱乐	25 000
总收入	174 020	总支出	168 000
		结　余	6 020

解析：

步骤一：收集许先生财务及非财务信息。

从许先生资产负债表和收入支出中可以看到，许先生目前流动性资产是160 000元（＝现金及现金等价物＝10 000＋150 000），每月支出是14 000元（＝总支出÷12＝168 000÷12）。

步骤二：测算许先生现金需求。

许先生流动性比率为：流动性资产÷每月支出＝160 000÷14 000＝11.4

步骤三：结合以上数据及许先生的生活状况，设计以下现金规划方案。

就许先生而言，收入相对稳定，职业前景看好，建议其储备金应保留在月支出的3倍，在42 000元＝（14 000×3）左右。除了应保留现金或活期存款10 000元以外，还应将银行定期存款中的32 000元提出，投资到货币基金市场，作为生活开支储备金。这样，既可以获得比活期存款较高的收益，又可以灵活取现且免税。

如果有结婚打算，建议许先生适当减少自己的开支，为婚后花销打下基础。从其目前流动性比率11.4来看，许先生可以将多余现金及等价物投资11.8万元（＝15－3.2）投到其他高收益的理财产品上，以获取更大收益。

另外，建议许先生申请一张信用卡，额度在5万元左右，可以成为短期应急资金的来源，这样许先生万一有意外发生，手上的9.2万元（＝4.2＋5）[6倍流动性比率为1.4×6＝8.4万]储备金足可帮助其渡过难关。

第三节 现金规划工具

设计现金规划方案需要使用具体的现金规划工具,现金规划工具包括一般工具和融资工具。

一、现金规划的一般工具

现金规划的一般工具主要包括现金、各类存款、货币市场基金、银行活期理财产品、券商活期理财产品等。

(一) 现金

现金是现金规划的重要工具,包括纸币、硬币。与其他现金规划工具相比,现金有两个特点:一是现金在所有金融工具中流动性最强;二是持有现金没有收益。由于通货膨胀的存在,持有现金不仅没有收益率反而购买力会下降即贬值。现金可以立即用来购买商品、货物、劳务或偿还债务。

拓展阅读

人民币流通版本

新中国成立后,我国共发行过五套人民币。目前流通的人民币主要是第五套,也有少量第四套人民币在流通,而前三套人民币已经退出流通领域了。

1948 年 12 月 1 日中国人民银行成立时,开始发行第一套人民币;1955 年 3 月 1 日开始发行第二套人民币;1963 年 4 月 15 日开始发行第三套人民币;1987 年 4 月 27 日开始发行第四套人民币。为适应经济发展和市场货币流通的要求,根据中华人民共和国第 268 号国务院令,1999 年 10 月 1 日,在中华人民共和国成立 50 周年之际,中国人民银行陆续发行第五套人民币(1999 年版),如图 4-2 所示。第五套人民币共有 1 角、5 角、1 元、5 元、10 元、20 元、50 元、100 元 8 种面额,其中 1 元有纸币、硬币 2 种。

2005 年 8 月,为提升防伪技术和印制质量,中国人民银行发行了 2005 年版第五套人民币部分纸硬币。2005 版纸币规格、主景图案、主色调、"中国人民银行"行名和汉语拼音行名、面额数字、花卉图案、国徽、盲文面额标记、民族文字等票面特征,均与现行流通的 1999 年版第五套人民币相同,但变光数字、面额水印位置有调整,增加了凹印手感线、防复印标记、背面面额数字加后缀"YUAN"等。第五套人民币 1 角硬币材质由铝合金改为不锈钢,色泽为钢白色,正面为"中国人民银行""1 角"和汉语拼音字母"YI JIAO",以及年号。

2015 年 11 月,央行发行 2015 年版 100 元纸币。在规格、主图案等保持不变的前提下,对票面图案、防伪特征及布局进行了调整,提高了机读性能,采用了先进的公众防伪技术,使公众更易于识别真伪。

2019 年 4 月 29 日,央行发布公告称,中国人民银行定于 2019 年 8 月 30 日起发行

2019年版第五套人民币50元、20元、10元、1元纸币和1元、5角、1角硬币。发行后,与同面额流通人民币等值流通。

2020年11月5日起,发行2020年版第五套人民币5元纸币。2020年版第五套人民币5元纸币保持2005年版第五套人民币5元纸币规格、主图案、主色调、"中国人民银行"行名、国徽、盲文面额标记、汉语拼音行名、民族文字等要素不变,优化了票面结构层次与效果,提升了整体防伪性能。与同面额流通人民币等值流通。

面值	正面	背面	发行时间
壹圆		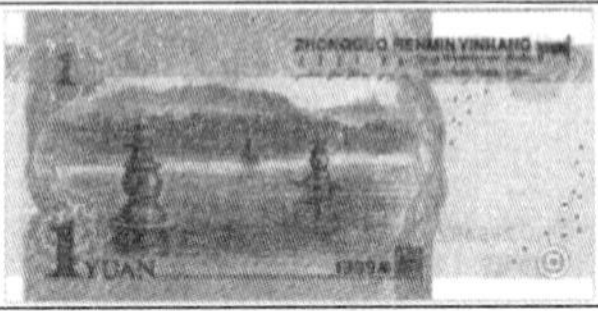	2004年7月30日
伍圆			2002年11月18日
拾圆			2001年9月1日
贰拾圆			2000年10月16日
伍拾圆			2001年9月1日
壹佰圆			1999年10月1日

图4-2 第五套人民币(1999年版)

(资料来源:https://www.sohu.com/a/591076973_661141)

(二)各类存款

根据央行对存款分类的相关定义,目前存款包括活期存款、定期存款、大额存单、通知存款、协定存款、结构性存款等。

1. 活期存款

活期存款是无须任何事先通知,储户可随时存取和转让的银行存款。最低起存点为

1元,如果是外币,要能够兑换达到20元人民币才可以存活期。存款在银行达到24个小时就会产生利息,活期存款利息＝每日余额累加数×日利率,日利率＝年利率/360。活期存款一个季度结算一次利息,按结息日挂牌活期利率计息,每季末月的20日为结息日,21日为实际付息日。未到结息日清户时,按清户日该行挂牌公告的外币活期存款利率计息至清户前一日止。活期存款利率一般较低,2024年四大国有银行公布的最新活期存款利率为0.02%;西方国家商业银行一般不支付利息,有的甚至要收取一定的手续费,即负利率。

活期存款的类别及功能特色如表4-4所示。

表4-4 活期存款的类别及功能特色

类 别	功能及特色
人民币活期存款	◆ 覆盖面广:支持全国同城或异地通存通取; ◆ 方便快捷:活期存款账户可设置为缴费账户,由银行自动代缴各种日常费用; ◆ 灵活简便:随时存取,资金运用灵活性较高,办理手续简便; ◆ 受众广泛:适用于所有客户
外币活期存款	◆ 随时存取,方便灵活; ◆ 目前我国商业银行支持美元、欧元、英镑、港币、日元、新加坡元、加拿大元、澳大利亚元、瑞士法郎9种币种存款业务

2. 定期存款

银行与存款人双方在存款时事先约定期限、利率,到期后支取本息的存款。现金、活期储蓄存款可直接办理定期储蓄存款,定期开户起存金额为50元,多存不限。存期为三个月、六个月、一年、两年、三年、五年,一般来说,存款期限越长,利率就越高。截至2024年3月,银行存款基准利率1年为1.5%,2年利率为2.1%,3年利率为2.75%。

定期存款支取方式有以下几种:

(1) 到期全额支取,按规定利率本息一次结清;

(2) 全额提前支取,银行按支取日挂牌公告的活期存款利率计付利息;

(3) 部分提前支取,若剩余定期存款不低于起存金额,则对提取部分按支取日挂牌公告的活期存款利率计付利息,剩余部分存款按原定利率和期限执行;若剩余定期存款不足起存金额,则应按支取日挂牌公告的活期存款利率计付利息,并对该项定期存款予以清户。

定期存款方式有:整存整取、零存整取、存本取息、整存零取。不同种类存款方式的特点、期限及方式见表4-5。

银行定期存款作为现金规划的一般工具,主要有两个特点:

第一,存期较为灵活。虽然定期存款形式上是定期,但实质上是活期,可以随时支取,只是利率不同,并且可部分提前支取,提前支取的部分按活期利率计息,未提前支取的部分继续按定期存款利率计息。

第二,保本保息。定期存款本金是安全的,即存入多少钱支取时绝对不会少于存入的金额,所谓保本,同时还保息,银行会按照当时存入的条件和约定支付利息,保证收益。保本保息给存款人实实在在的获得感。

表 4-5 定期存款种类一览表

种 类	特 点	存款期限	存款方式
整存整取	● 存期较长； ● 利率较高； ● 稳定性较强； ● 可部分或全部提前支取； ● 不限币种	人民币：3个月、6个月、1年、2年、3年、5年； 外币：1个月、3个月、6个月、1年、2年	人民币/港币50元起； 日元1 000元起； 其他币种按元币种的10元起存
零存整取	● 积零成整； ● 具有计划性、约束性、积累性功能； ● 不能办理部分提前支出	1年、3年、5年	5元起存，存款金额在开户时与银行约定，每月存入一次
整存零取	● 整笔存入，分期支取本金，到期支取利息； ● 能在不影响定期利息的前提下，分期提取部分本金	1年、3年、5年	1 000元起存
存本取息	整笔存入、分期付息、到期还本	3年、5年	5 000元起存

拓展阅读

存款保险50万元

2015年5月1日起，存款保险制度在中国正式实施，各家银行向保险机构统一缴纳保险费，一旦银行出现危机，保险机构将对存款人提供最高50万元的赔付额。存款保险保障范围包括人民币存款，也包括外币存款；既包括个人储蓄存款，也包括企业及其他单位存款；本金和利息都属于被保险存款的范围，但金融机构同业存款、投保机构高级管理人员在本机构的存款，不在被保险范围之内。以下金融机构必须参加存款保险：在我国境内设立的吸收存款的银行业金融机构，包括商业银行（含外商独资银行和中外合资银行）、农村合作银行、农村信用合作社等，而外国银行在中国的不具有法人资格的分支机构以及中资银行海外分支机构的存款原则上不纳入存款保险。存款保险制度是一种金融保障制度，是指由符合条件的各类存款性金融机构集中起来建立一个保险机构，各存款机构作为投保人按一定存款比例向其缴纳保险费建立存款保险准备金，当成员机构发生经营危机或面临破产倒闭时，存款保险机构向其提供财务救助或直接向存款人支付部分或全部存款，从而保护存款人利益，维护银行信用，稳定金融秩序的一种制度。因此，储户去银行存款时，可以多存几家银行，同一银行存款尽量低于50万元，来分散风险。

（资料来源：https://www.gov.cn/zhengce/2015-03/31/content_2840827.htm）

3. 大额存单

大额存单是指由银行业存款类金融机构面向个人、非金融企业、机关团体等发行的一种大额存款凭证。我国大额存单于 2015 年 6 月 15 日正式推出,以人民币计价。

个人大额存单的主要功能及特点有:

(1) 收益性较高。大额存单利率高于同期限的普通定期存款利率,产品收益高,最低起存金额为 20 万元,开立时需一次性存入。大额存单大多在基准利率基础上上浮 40%,少部分银行上浮 45%,而定期存款一般最高上浮 30%左右。

(2) 安全性强。与定期存款类似,大额存单是银行存款类产品,属一般性存款,享受《存款保险条例》的保护。

(3) 流动性好。产品流动性强,具备非同名开立、转让、提前支取和赎回功能,当存单购买人有资金周转需求时可选择存单转让,避免利息损失。大额存单在到期之前可以转让,期限不低于 7 天。

(4) 灵活性高。大额存单产品期限丰富,包括 1 个月、3 个月、6 个月、9 个月、1 年、18 个月、2 年、3 年和 5 年共九个期限,客户选择更灵活。

表 4-6 中国银行大额存单产品详情

产品名称	2023 年第四期个人大额存单
产品说明	个人大额存单是由我行发售的,面向个人客户的记账式大额存款凭证,是存款类金融产品,属一般性存款
产品优势	● 收益率高:本产品利率较同期限现有定期存款产品更具竞争力。 ● 流动性好:本产品可办理全部/部分提前支取(按月付息产品不支持部分提前支取)、质押贷款,还支持个人客户间转让(按月付息款产品除外),随时满足您的用款需求。 ● 安全性强:本产品属于存款产品,保本保息,不存在本金和收益损失风险,安全可靠,值得信赖。 ● 功能丰富:本产品可依客户需要选择性配发纸质存单凭证。 ● 渠道灵活:支持网点柜台、智能柜台、网上银行和手机银行等多个渠道办理(部分功能仅限个别渠道办理)
发售信息	起点金额 20 万元。本期发售人民币标准类固定利率大额存单,包括 1 个月 1.49%、3 个月 1.50%、6 个月 1.70%、1 年 1.80%、2 年 1.90%、3 年 2.35%、5 年 2.40%,共计七个期限
办理流程	在我行开立个人活期存款账户的客户,可持本人有效身份证件到我行网点柜台或智能柜台购买;已开通网上银行、手机银行的客户可直接通过网上银行或手机银行购买
温馨提示	● 本期产品采用电子方式发售,可配发纸质存单凭证,存折和借记卡对账簿支持打印产品交易信息。 ● 本期产品不可自动转存。 ● 本产品(到期一次性付息产品)全部提前支取的,按照支取日我行挂牌公告的活期储蓄存款利率计付利息;部分提前支取的,剩余部分需满足大额存单起点金额要求,提前支取的部分按支取日我行挂牌公告的活期储蓄存款利率计付利息,剩余部分持有到期时按大额存单开户日约定的存款利率计付利息。 ● 本期产品额度有限,先到先得,售罄为止。 ● 请您在签约前仔细阅读《中国银行股份有限公司个人大额存单产品客户须知》。 ● 详情请咨询当地中国银行营业网点或 95566 客服电话

4. 通知存款

个人通知存款是指客户存款时不必约定存期,支取时需提前通知银行,约定支取存款日期和金额方能支取的一种存款品种。

人民币通知存款需一次性存入,支取可分一次或多次。不论实际存期多长,按存款人提前通知的期限长短划分为一天通知存款和七天通知存款两个品种,最低起存金额为5万元,最低支取金额为5万元。

外币通知存款只设七天通知存款一个品种,最低起存金额为5万元人民币等值外汇;最低支取金额个人为5万元人民币等值外汇。对于个人300万美元(含300万美元)以上等值外币存款,经与客户协商,可以办理外币大额通知存款。在支取时按照大额外币通知存款实际存期和支取日利率(即支取日上一交易日国际市场利率-约定利差)计息。

存款利率高于活期储蓄利率。存期灵活、支取方便,能获得较高收益,适用于大额、存取较频繁的存款。

5. 结构性存款

结构性存款是指金融机构吸收的嵌入金融衍生工具的存款,通过与利率、汇率、指数等的波动挂钩或与某实体的信用情况挂钩,使存款人在承担一定风险的基础上获得更高收益的业务产品。商业银行吸收存款后,一部分和普通存款一样用于发放贷款和配置债券等固定收益类金融产品,这部分配置占比较多;另一部分则用于投资风险较高的金融衍生品,这部分配置占比较少。这样一种产品设计,使得结构性存款有了固定收益证券和金融衍生品的双重特征,可以认为是一种"存款+期权"的组合性产品,收益构成包括"存款收益+期权收益",或者说是"固定收益+浮动收益"。因此,相对于普通存款,结构性存款实现了"存款人在承担一定风险的基础上获得更高收益"的产品设计目标,结构性存款的预期收益率高于普通的银行存款利率(见表4-7)。

结构性存款,其形式上还是一种存款,所以是保本的。同时,也受到存款保险制度的保障。结构性存款的收益是不保证的,具有投资风险,即保本浮动收益。如果按照风险评级来看,属于低风险R1级别(见表4-8)。

表4-7 结构性存款与普通存款的区别

	结构性存款	普通存款
产品构成	存款+衍生品	单一存款
收益构成	固定+浮动	固定
提前支取	不支持	支持
存款保险保护	仅存款部分	整体

表4-8 金融产品风险等级分类及产品举例

风险级别	风险内涵	产品举例
R1	◆ 代表最低的风险等级,可能造成的投资损失较小。 ◆ 保证本金的完全偿付,产品收益随投资表现变动,很少受到市场波动和政策法规变化等风险因素的影响	国债、存款、大额存单、结构性存款、智能存款、年金险、货币基金

续　表

风险级别	风险内涵	产品举例
R2	◆ 代表较低的风险等级,虽然可能存在一定的风险,但风险相对较小。 ◆ 不保证本金偿付,但本金风险相对较小,收益浮动相对可控	大部分银行理财、债券基金、养老保障管理产品、券商理财
R3	◆ 代表中等的风险等级,产品风险和收益水平均衡。 ◆ 不保证本金的偿付,具有一定的本金风险,收益浮动且有一定波动	少部分银行理财、混合基金、信托
R4	◆ 代表较高的风险等级,可能带来更高收益,也面临更大的投资风险。 ◆ 不保证本金的偿付,本金风险较大,收益浮动且波动较大,投资很容易受到市场波动和政策法规变化等风险因素影响	股票、股票基金、指数基金、黄金
R5	◆ 代表最高的风险等级,短期内可能获得高额收益,也存在非常大的投资风险。 ◆ 不保证本金的偿付,本金风险极大,收益浮动且波动极大,只适合抗风险能力非常强的投资者	期货、期权及其他衍生品

按照挂钩标的的不同,结构性存款可分为利率型结构性存款、汇率型结构性存款、信用型结构性存款、股票型结构性存款、商品型结构性存款等五大类。

拓展阅读

谁适合买结构性存款?

结构性存款把本金拆分成两部分,大部分用于投资保本的存款,另一部分用于投资中高风险产品,如与汇率、贵金属价格、股指等特定金融指标挂钩,让存款人有望获得比普通定存高的收益而不用承担任何亏损风险。结构性存款的到期利率并不是一个准确的数字,而是一个范围。最高的时候甚至年化收益达20%+,最低的时候也有收益0.01%。

买结构性存款就是买一个预期,也是一种变相的对赌。赌输了,比如没有选到好产品,也没能等到触发高收益的事件发生,就只能拿最低收益,约等于本金/白给银行用了。所以,如果属于风险厌恶型选手,只想要确定性收益,则不建议购买结构性存款。而如果有想获取高收益的欲望,但又不想亏损本金,则可考虑。

如果看好接下来的股市行情,又不敢冒险,可以选择挂钩股指的结构性存款。比如某款挂钩中证500看涨期权的结构性存款,如果到期中证500涨了30%或以上,年化收益率就为3.13%;如果到期中证500涨幅在30%以内,年化收益率则在2.2%~3.13%;最不利的情况就是到期时中证500跌了,只能拿2.2%的保底收益。

(资料来源:https://www.163.com/dy/article/E8QBR483054527GF.html)

6. 特色存款

特色存款指的是银行根据自身需要和客户结构特点而推出的存款产品,以特定起存金额、利率、期限、计息规则等方面进行调整的存款产品。比如某四大行之一推出的节庆存单,为纪念款特色存单,限量发售。起存金额低至千元,存期为3~6个月。也有银行推出的特色存款对储户年龄有所要求,针对儿童教育金的特色存款,针对老年人的福利存款等。各行存期及年利率略有不同,但普遍高于普通定期存款(整存整取)。部分银行特色存款一览表见表4-9。

表4-9 部分银行特色存款一览表

银行名称	特色存款名称	存款要求	利率
建设银行	旺财存款	起存金额为1 000元,期限灵活;	均高于银行同期整存整取利率
农业银行	银利多	起存金额为10 000元,期限3个月、6个月,按季度结息;	
民生银行	安心存	起存金额为10 000元,期限3个月~3年不等;	
广发银行	花样存	起存金额为10 000元,期限不同,利率不同;	
锡商银行	锡旺存	起存金额为50元,仅对邀请客户开放	

(三) 货币市场基金

货币市场基金是指仅投资于货币市场工具的基金。货币市场基金主要投资于短期货币工具(平均周期为120天),如国债、央行票据、商业票据、银行定期存单、政府短期债券、高信用企业债券、同业存款等产品。货币市场基金因其较好的流动性、收益率和安全性,被称为"活期王者"。

货币市场基金的特点主要有:

(1) 本金安全:货币市场基金是所有基金产品类型中风险最低的品种,货币市场基金合约虽然不会保证本金的安全,但事实上,基金性质决定了货币市场基金在现实中极少出现亏损。

(2) 流动性强:货币市场基金的流动性堪比活期存款,是强流动性的重要资产类型。

(3) 收益率较高:虽然随着利率一路下行,货币市场基金的收益一路下滑,但以其流动性而言,其收益率远高于活期存款,整体接近一年期定存利率。当通胀高企时,基于底层资产的投资收益,货币市场基金能避免隐形损失。

(4) 成本较低:投资货币市场基金一般都免收手续费(如认购费、申购费、赎回费均为0),并且投资者可以享受复利,而银行定存一般是单利。另外,货币市场基金分红也免收所得税。

拓展阅读

"宝宝类"货币基金

日常生活中,不少小伙伴在扫码支付的时候,可能会用到"余额宝"和"零钱通"这两个兼具支付和投资功能的产品,它们的背后其实是货币市场基金。简单来说,我们转入这两个产品的钱会被投向货币市场基金。货币市场基金也因为其高流动性、低风险等特点成为不少人用于活钱管理的工具。

货币市场基金自2013年作为互联网理财产品进入公众视野,曾经一度创下七日年化收益率达 6.5%，再加上 T+1 申赎便利、交易费用低、互联网平台便捷等优势，市场份额迅速扩张，受到广大投资者的追捧。截至 2023 年 6 月 12 日，货币市场基金有 371 只，资产净值 10.95 万亿元，在基金资产占比达到 41.26%，是公募基金目前规模最大的产品类型。货币市场基金的投资范围包括现金、剩余期限在一年以内（含一年）的债券、银行定期存款、大额存单、债券回购、中央银行票据以及监管机构认可的其他具有良好流动性的货币市场工具，投资范围工具剩余期限在一年以内。货币市场基金的优点十分鲜明，安全性高，收益稳定，每个工作日开放申购和赎回，流动性好，且投资费用低，申购赎回均不收取费用。

余额宝是蚂蚁金服旗下的余额增值服务和活期资金管理服务产品，它对接的是天弘基金旗下的余额宝货币市场基金，特点是操作简便、低门槛、零手续费、可随取随用。除理财功能外，余额宝还可直接用于购物、转账、缴费还款等消费支付，是移动互联网时代的现金管理工具。目前，余额宝依然是中国规模最大的货币市场基金。

（资料来源：https://www.weiyangx.com/251966.html）

（四）银行活期理财

银行活期理财产品是可以随时转入资金，按日计算获取收益，也可以随时进行资金的转出提现的产品。特点是流动性比较高，收益较银行存款有优势，而且可随时转入转出资金，操作灵活方便，是银行现金管理类理财。把钱放在余额宝或零钱通里，风险低是因为余额宝和零钱通连接的货币市场基金。而银行的零钱理财，背后连接的通常是银行的现金管理类理财。银行的现金管理类理财是跟货币市场基金一样的低风险理财，因此，银行的零钱理财风险也是比较低的。银行活期理财产品主要投资于货币市场、基金等低风险、流动性较高的金融产品，风险低，一般来说是安全的。需要注意的是，银行活期理财产品也是理财，所以并不保本保息。银行活期理财因为风险很低，所以收益也相对较低，截至 2023 年 10 月，其预期年收益率一般在 2% 左右（见表 4-10）。

表 4-10 部分银行活期理财一览表

银 行	产品名称	高近 7 日年化收益	起购门槛	当日最高快赎额度/元
招商银行	朝朝宝	2.05%	1 分	10 万
	朝朝盈 2 号	2.84%		80 万
	日日宝	2.52%		50 万
平安银行	灵活宝	2.24%	1 分	30 万
	天天成长 3 号	2.87%		1 万
邮储银行	零钱宝 2 号	2.65%	1 分	1 万
光大银行	随心宝 2 号	2.85%	1 分	30 万
交通银行	活期盈	2.24%	1 分	10 万
百信银行	钱包 Plus	3.26%	1 分	44 万
微众银行	活期＋	3.44%	1 分	55 万

资料来源：各银行网站。

部分银行活期理财还拓展了支付功能,使得"消费＋支付"属性进一步增强,所谓"既可以轻松赚取收益,还支持各种场景直接使用,投资消费两不误"。例如,招商银行在2020年年底推出的"朝朝宝",与活期储蓄账户完全打通,当客户活期储蓄账户余额不足时,招商银行App将自动使用"朝朝宝"余额赎回补齐差价,为用户提供"无感"支付、还款和转账服务。中信银行"零钱＋"随用随取,无锁定期限制,周末及节假日也可享受收益,当活期余额支付不足时,"零钱＋"可直接补充支付。

（五）券商活期理财

券商的活期理财主要有场内的货币市场基金、国债逆回购和券商资管计划。

场内的货币市场基金类可以买卖交易,代码以"511"或者"159"开头。场内的货币市场基金某些情况下,存在无风险套利的空间。场内货币市场基金的底层资产和余额宝类理财一样,都是货币市场基金。场内货币市场基金的收益率相比余额宝理财偏低。其优势是,如果这部分资金想在场内购买股票或基金,但是没有好的入场时机,可以先买入场内货币市场基金,在任意需要的时候卖出,而余额宝或银行理财内的资金,赎回是需要时间的。场内货币市场基金仅对于追求极高灵活性的投资者具有意义。

国债逆回购全称债券通用质押式回购,本质上是一种短期贷款。但与普通的短期贷款不同的是,国债逆回购有国债作质押。投资者通过国债回购市场把自己的资金借出去,获得固定的利息收益;而正回购方,也就是借款人用国债作为质押物获得这笔借款,到期后还本付息。因此,逆回购的安全性超强,等同于国债。

国债逆回购安全性高,可操作性强,只要有证券账户就可一键操作,到期后本金与利息自动到账,无须多余操作。此外,投资者发现一遇到假期,国债逆回购经常会出现计息天数比逆回购期限更长的情况,在只占用1天的可用时间的情况下,会计好几天的利息。

总体来说,国债逆回购具有以下特点:

（1）安全性高,风险较低,类似短期贷款,证券交易所监管,不存在资金不能归还的情况;

（2）收益率高,尤其在月底年底资金面紧张时;

（3）操作方便,直接在开立的账户中一键操作,到期资金自动到账,无须过问;

（4）流动性好,资金到时自动到账,可用于做股票和其他理财产品,随时锁定收益;

（5）手续费低,手续费是根据操作的天数计算。

国债逆回购详解如表4-11所示。

券商资管计划有限制性,按照监管规定,资管计划需要投资者具备相应资质,如家庭年收入超过40万元或净资产超过300万元,门槛相对偏高。另外,资管计划是非标的,这意味着不同的资管计划之间不具备一致性。资管计划会按照既定的收益率与流动性目标制定策略,部分资管计划可针对客户需求进行定制。资管计划对于投资标的的选择比较广,可以搭配同业存单和短债打造组合,也可以回购、存款做保障,甚至可以部分投资于可转债、金融衍生品以增厚收益。由于投资标的有着比较高的自由度,不同资管计划的收益率和灵活性有着比较大的差异。部分资管计划采取定开的方式,每周

一、三、五开放,或者每周可以赎回一次,对应的预期收益率可能也不同,投资者可根据自身需要进行选择。

表 4-11 国债逆回购详解

国债逆回购	内 容
品种	1 天、2 天、3 天、4 天、7 天、14 天、28 天、91 天、182 天 9 个品种。 上海证券交易所以 GC 打头,深交所以 R 开头。如上交所 1 天期国债逆回购名称为 GC001,深圳 28 天期国债逆回购为 R—028。
交易门槛	沪市、深市债券交易规则公布后,交易门槛统一为 1 000 元
佣金	国债逆回购收取佣金的标准为,1 天、2 天、3 天、4 天期按照每天十万分之一收取。 7 天期的国债逆回购佣金率为十万分之五;14 天期万分之一;28 天期万分之二;91 天期与 182 天期万分之三。 国债逆回购没有如买卖股票最低 5 元的佣金限制,并且不收取印花税、过户费,交易成本比较低
交易时间	每个交易日的 9:15 至 9:25 为集合匹配时间,9:30 至 11:30、13:00 至 15:30 为连续匹配时间
计息方式	首次清算日:您通过国债回购市场放贷的当日。 首次资金交收日:首次清算日+1,如遇非交易日顺延。 到期清算日:首次清算日+逆回购期限,如遇非交易日顺延。 到期资金交收日:到期清算日+1,如遇非交易日顺延。 可用可取时间:资金到期清算日可用,到期资金交收日可取。 计息天数:首次交收日至到期交收日的前一个自然日。计息天数经常比实际占用"可用"的天数更长
收益计算	实际收益=本金×放贷时实时年化收益率(国债逆回购价格)×计息天数/365-本金×品种对应佣金率。 一般的交易软件在国债逆回购页面会显示出单位收益
参与方式	证券账户

二、现金规划的融资工具

现金规划的融资工具一般都具有现金价值。在某些时候,会有一些临时的未预料到的支出,而现金及现金等价物又不足以应对这些支出,临时变现其他流动性不强的金融资产会损失一部分资金。这时,利用一些短期的融资工具融得一些资金就不失为一个处理突发紧急事件的好方法。

现金规划的融资工具主要包括信用卡融资、银行个人信贷融资、互联网消费信贷、保单质押融资、典当融资等。

(一) 信用卡

信用卡一般是银行等机构为资信良好的客户提供的,在指定商户购物和消费或在指定银行机构存取现金的特制卡片,是一种特殊的信用凭证。信用卡在扮演支付工具的同时,也发挥了最基本的账务记录功能。再加上预借现金、循环信用等功能,更使信用卡超越了支付工具的单纯角色,具备了理财功能。

1. 信用卡的功能

信用卡是现金规划中首选的融资工具,可以帮助个人或家庭实现如下功能:

一是记账功能,信用卡的账务记录功能会在每月固定的一天(账单日)发出账单汇总之前一段时间的消费情况,只需在规定日期还账单的金额即可。这样就能够清楚地知道一个月花了多少钱,每月也只需要记录一次支出,让记账变得更简单,也更清晰。

二是支出管理。如果我们平时日常消费比较多或者杂乱时,我们可以利用多张信用卡进行专项消费支出管理。比如,平时因公出差、应酬比较多的朋友,可以单独办一张信用卡,把自己的个人消费与其区分开,报账和分析支出记录时可以一目了然。

三是免息期。信用卡都有一个免息期。免息期是信用卡在到期还款日(含)之前偿还全部应还款金额,刷卡消费金额可享受免息待遇的时间段。免息期的长度和计算方法因银行和卡种而异,一般来说,免息期的最长时间是从账单日的第二天开始,到下一个账单日的还款日结束。信用卡免息期一般都是在20天到50天左右,最长不会超过60天。各家银行的信用卡免息期可能会有差别,且记账日不同,免息期也会有所不同。如某银行的信用卡的账单日是每月的10号,还款日是每月的5号,免息期是50天。持卡人在账单日当天或是之后几天消费,才能享受银行给予的最长免息期。

四是信用积累。信用卡是银行给予消费者的一种信用额度。通过合理使用信用卡,我们可以建立良好的信用记录,为日后的贷款、购房、购车等金融需求打下良好的基础。

五是优惠与回馈。许多信用卡都提供了各种优惠活动和回馈计划,如积分兑换、折扣券、航空里程等。这些优惠和回馈不仅能让我们节省开支,还能让我们在消费过程中获得更多的满足感。购物时刷卡不仅安全、方便,还有积分礼品赠送。持卡在银行的特约商户消费,可享受折扣优惠。

信用卡像是一位随时待命的财务助手,为我们提供着便捷的消费和支付服务。信用卡为个人或家庭提供便利和优惠,也存在一定的风险。

一是债务风险。信用卡是一种先消费后付款的工具,这就意味着我们需要对自己的消费行为有严格的把控。一旦消费超过了自己的还款能力,就会陷入债务危机。利息、滞纳金等额外费用会不断累积,最终可能导致严重的财务问题。

二是过度消费。信用卡的便捷性容易让我们产生过度消费的冲动。在不知不觉中,我们可能会购买一些不必要的物品或服务,从而增加经济压力。

三是信息泄露风险。信用卡在使用过程中需要输入个人信息和密码等敏感信息。如果这些信息被不法分子获取,就可能导致个人隐私泄露和财产损失。

2. 信用卡种类

信用卡有很多种类,可以按发卡级别、发卡对象、卡片功能、卡片形状、储存介质、卡片间关系、流通范围、结算货币、账户设置、品牌等进行分类(见表4-12)。

表4-12 信用卡分类

序号	分类依据	信用卡种类
1	卡片级别	普通卡、金卡、白金卡、黑金卡
2	发卡对象	个人卡、单位卡
3	卡片功能	购物卡、汽车卡、运动卡、女性卡等
4	卡片形状	标准卡、迷你卡、透明卡等
5	储存介质	磁条卡、芯片卡
6	卡片间关系	主卡、副卡
7	流通范围	国际卡、地区卡
8	结算货币	本币卡、外币卡
9	品牌	银联、维萨、万事达、美运等
10	账户设置	单币卡、双币卡、多币卡

卡组织,也称为银行卡转接清算机构,是一个全球性的网络,负责处理全球范围内的支付、交易和信息转换等工作。它们是连接发卡机构(包括银行和非银行的金融机构)、特约商户和持卡人的桥梁。目前世界上主要的卡组织有六家,分别是中国银联(China UnionPay Co., Ltd.)、维萨国际(VISA International)、万事达(MasterCard International)、美国运通(America Express)、大来(Diners Club)、JCB。每家卡组织的标识不同,对应的一些权益和服务也不同,各自分配的卡号段也不同,如银联的Bin码是62开头,VISA的Bin码是以4开头,万事达的Bin码是以5开头,运通的Bin码是以3开头且为15位数,JCB的Bin码是以3开头的16位数,大来卡Bin码是以3开头的14位数。

表4-13 信用卡组织

序号	卡组织	标识	Bin码	简介
1	UnionPay 银联	UnionPay银联	62	经中国人民银行批准的、由80多家国内金融机构共同发起设立的股份制金融服务机构,注册资本16.5亿元人民币。公司于2002年3月26日成立,总部设在上海
2	Visa 威士	VISA	4	Visa起源于美国,是全球支付技术公司,运营着全球最大的零售电子支付网络
3	Master Card 万事达	mastercard	5	万事达卡国际组织是全球第二大信用卡国际组织
4	Diners Club 大来卡	Diners Club International	30 36 38 39	1950年由创业者FrankMCMamaca创办,是五大国际卡组织之一的国际信用卡组织。覆盖区域主要是美国

续 表

序 号	卡组织	标识	Bin 码	简介
5	American Express 美国运通	AMERICAN EXPRESS	37 34	自1958年发行第一张运通卡以来,迄今为止运通已在68个国家和地区以49种货币发行了运通卡。覆盖区域主要是美国
6	JCB	JCB	35	日本的信用卡公司,其业务范围遍及世界各地100多个国家和地区

3. 信用卡的费用

使用信用卡会有一定的服务费,主要涉及信用卡年费、取现手续费、分期手续费、挂失补办手续费等。信用卡还款有提前还款、按时还款、逾期还款、分期还款和最低还款等,持卡人可以自行选择还款的类型。此外,还有一些其他服务费用,如年度附属卡费、积分兑换手续费等。在选择信用卡时,应根据个人的消费习惯和需求选择相对较少或免费的服务,以降低整体费用的负担。

年费是信用卡最为常见的费用,大部分信用卡都是刷卡消费六次到十二次就可以免去次年的信用卡年费,为的还是促进信用卡的使用。未及时缴纳年费而造成逾期还款的,将对个人信用记录产生不良影响。当然,也有一些特殊卡(行业卡、白金卡等)的年费是刚性的,不能减免。

信用卡取现手续费及利息。信用卡取现时会收取很高的手续费,各大行的信用卡取现手续费通常在1‰～3‰不等,有些银行针对青年群体的信用卡,每月首笔取现免手续费。另外,取现还会产生利息,只要取现就会产生每天万分之五的利息,并且是按月计收复利,折成年化利率为18.25%。

挂失补卡费用。信用卡到期换卡,绝大多数银行是不需要缴纳到期换卡的费用的。但是不小心丢掉了信用卡,或者卡片受损了想要提前换张新卡,会产生额外费用的。通常挂失卡片费用在0～75元不等,补办卡片的费用在0～20元不等。此外,有的银行还会收取20元/封的补卡快递费。

最低还款额产生的利息。最低还款本身不产生费用,但如果只还最低还款额,不享受免息的福利,相应会产生利息,而且按照当月账单全额计息,而不是剩余部分的利息,同样每天万分之五的利息,直到把欠款全部还清为止。

信用卡违约金。信用卡违约金是指持卡人在信用卡到期还款日实际还款金额低于最低还款额时,最低还款额未还部分要支付的违约金额。大多数银行的信用卡违约金收费标准为最低还款额未还部分的5%。目前信用卡违约金取代滞纳金,结束了高额罚息利滚利的情况,但未偿还最低还款额会影响个人信用记录。资金短期出现紧缺,也要坚持还足最低还款额,通常为当期账单的10%。

循环利息。循环信用是一种按日计息的小额、无担保贷款。持卡人可以按照自己的财务状况,每月在信用卡当期账单的到期还款日前,自行决定还款金额的多少。当持卡人偿还的金额等于或高于当期账单的最低还款额,但低于本期应还金额时,剩余的延后还款的金额就是循环信用余额。循环信用是一种十分便捷的贷款工具,不仅让持卡人享有刷卡的便捷,更是其轻松理财的好选择。持卡人如果选择使用循环信用,那么在当期就不能享受免息还款期的优惠。循环信用的利息计算方法为:上期对账单的每笔消费金额为计息本金,自该笔账款记账日起至该笔账款还清日止为计息天数,日息5‰为计息利率。循环信用的利息将在下期的账单中列示。

【例 4-3】 信用卡利息计算。

张先生的账单日为每月5日,到期还款日为每月23日。4月5日,银行为张先生打印的本期账单包括他从3月5日至4月5日的所有交易账务,本月账单周期里张先生仅有一笔消费——3月30日,消费金额为人民币1 000元;张先生的本期账单列印有"本期应还金额"为人民币1 000元,"最低还款额"为100元。

不同的还款情况下,张先生的利息分别为:

(1) 若张先生于4月23日前全额还款1 000元,则在5月5日的对账单中循环利息为0。

(2) 若张先生于4月23日前只偿还最低还款额100元,则5月5日的对账单中循环利息为17.4元。

具体计算如下:1 000元×0.05‰×24天(3月30日至4月23日)+(1 000元-100元)×0.05‰×12天(4月23日至5月5日)=17.4元。

4. 信用卡申请方式

信用卡申请与使用一般包括信用卡申请、审查、发卡、开卡、授权和销卡的过程,通常可以在POS机刷卡,也可以用于网络支付,信用卡还有预授权的功能。

(1) 信用卡申请。多数情况下,具有完全民事行为能力(中国大陆地区为年满18周岁的公民)的、有一定直接经济来源的公民,可以向发卡行申请信用卡。申请方式一般是通过线下或线上填写信用卡申请表,申请表的内容一般包括申领人的名称、基本情况、经济状况或收入来源、担保人及其基本情况等。客户按照申请表的内容如实填写后,在递交填写完毕的申请书的同时还要提交有关资信证明。申请表都附带有使用信用卡的合同,申请人授权发卡行或相关部门调查其相关信息,以及提交信息真实性的声明,发卡行的隐私保护政策等,并要有申请人的亲笔签名。

(2) 信用卡审查。发卡银行接到申请人交来的申请表及有关材料后,要对申请人的信誉情况进行审查。审查的内容主要包括以下几个方面:申请表中填写的内容是否属实;对于申请的单位,要对其资信程度进行评估;对于个人,要审查担保人的有关情况。通常,银行会根据申请资料,考察申请人多方面的资料与经济情况,来判断是否发信用卡给申请人。考虑的因素有申请人过去的信用记录、申请人已知的资产、职业特性等。发卡行审核的具体因素与过程属于商业机密,外界一般很难了解。各个发卡行的标准也不尽相同,因此,同样的材料在不同的银行可能会出现核发的信用额度不同,信用卡的种类不同,甚至会出现有的银行审核通过,而有的银行拒发的情况。

(3) 信用卡发卡及开卡。申请人申领信用卡成功后,发卡行将为持卡人在发卡银行开立单独的信用卡账户,以供购物、消费和取现后进行结算。由于信用卡申请通过后是通过邮寄将卡片寄出等方式,所以并不能保证领取人就是申请人。为了使申请人和银行免遭盗刷损失,信用卡在正式启用前设置了开卡程序。开卡主要是通过电话或者网络等,核对申请时提供的相关个人信息,符合后即完成开卡程序。此时申请人变为卡片持有人,在卡片背后签名后可以正式开始使用。信用卡开卡后一般需同时为卡设立密码。信用卡特约商户或银行受理信用卡后,要审查信用卡的有效性和持卡人的身份。

(4)授权。商户、银行确认信用卡有效,根据与发卡行签订的合同与银行联系,请求授权。授权是要进一步证实持卡人的身份可以使用的金额。授权一般在超过合同规定的使用金额时进行。发卡银行收到授权通知后,根据持卡人存款账户的存款余额及银行允许透支的协议情况发出授权指令,答复是否同意进行交易。

(5)销卡。信用卡销卡前,账户余额必须清零,销卡在申请提出后的45天内完成销卡的全部流程。

拓展阅读

信用卡的起源

现代信用卡的雏形,最早可以追溯到1951年,麦克纳马拉和斯耐德合作,在纽约成立了"大来俱乐部",成为其俱乐部会员可以在其会员商家先消费,由大来卡公司先行垫款,随后再由大来卡公司在月底与会员结算这对于商家的好处是,每月只需与大来卡公司结算,不需要跟每个顾客结算,避免了顾客"逃单"的现象;对消费者来说,享受先买后付,也免去了带现金的麻烦。当初麦克纳马拉想要创立一家这样的公司,传言是因为他在一家餐厅吃饭,但是忘记带钱了,餐厅老板知道他信用很好,就允许他赊账下次来一起结算就好了。这个尴尬的场景让他创立了大来俱乐部,可以看出金融的本质,其实是建立在信用的基础上。

由于大来卡对于交易双方都很方便,公司成立1年内,就有4万多名会员了。同时,该模式被银行所注意到,1958年美国美洲银行发行了第一张银行信用卡,并且客户在支付利息的情况下可以推迟还款。随后,世界各地银行纷纷加入信用卡业务,并开始迅速发展。但同时银行发现,信用卡如果采用银行间结算太麻烦,太低效了,于是相应的支付组织VISA、Mastercard相继成立,解决了结算问题。信用卡发展到现在已经在全球绝大部分国家广泛使用。

中国的第一张信用卡在1985年诞生于中国银行珠海分行,名叫中银卡。其他四大国有银行也纷纷跟进,如工行的牡丹卡、农行的金穗卡、交行的太平洋卡等,中国开始步入信用卡时代。同时,两大国际卡组织VISA和Mastercard在1993年和1987年进入中国。我国早期的信用卡需要储户先存一些钱,再提供一些透支额度,此类信用卡叫准贷记卡。

在1993年,国家启动了发展电子货币应用系统工程,俗称"金卡工程",从此我们的信用卡从只能在1个城市刷到可以在几个试点城市刷,再到可以在全国各大城市刷。2002年,中国银联成立,中国终于有了自己的卡组织,各大银行交易清算更加方便,信用卡也可以跨银行、跨地区使用了。随后,中国信用卡开始爆发式增长,截至2023年,中国信用卡市场规模已突破8万亿,支付方式也是不断创新,更加便捷,无卡、NFC支付等支付方式不断普及。中国信用卡业务虽然起步较晚,但是发展迅猛,前景也有更多的想象空间。

(资料来源:https://www.sohu.com/a/365969851_120489000)

思政时刻

无节制消费，恶意透支信用卡，从"卡奴"变成"囚徒"

小美的消费观念比较超前，她办了很多张信用卡，平时有事没事就用信用卡进行消费。久而久之，她的信用卡欠款额度超过了她的还款能力，而她当时并没有加以重视。最终的结果就是她因为此事坐牢了。

小美是 GX 省 GG 市某县一农场的普通职工，家里有丈夫和上大学的女儿，生活原本过得还可以。后来，因为赌博，小美在外欠下巨额债务。随着小美债务的积累，上门讨债的人越来越多，这让她的丈夫 Z 某感到很烦恼，经常劝她不要再赌，但小美已嗜赌如命，依旧挖空心思四处借钱筹集赌资，奢望有一天能把输掉的钱赢回来。

小美在一个偶然的机会得知某银行去他们单位受理信用卡业务，且只要填表、交上身份证复印件就可以办理了，小美想到了办理信用卡，过一把"有钱人"的瘾。于是，她以农场职工的名义填了一张申请表，并顺利办下了第一张信用卡。信用卡办好后，短短两个月内，小美便将信用卡 2 万元信用额全部套现透支并挥霍一空。此后，尝到甜头的小美便想尽办法到各家银行办理信用卡套现。小美一共在 8 家不同的银行办理了不同额度的信用卡，其中透支额度最高的信用卡达 3 万元，最少的也有 6 000 元。

直到被抓获当天，小美办理的 8 张信用卡所透支的本息金额已高达 12 万多元。8 张信用卡全部被自己套现透支并赌输一空后，小美以为只要自己躲过一阵子，银行找不到自己自然就会核销，于是她对银行的催款通知置之不理，根本没有在还款期限内还清欠款的意识。被银行多次催款并被告知拒不还款将报警处理后，小美终于慌了。她想到了找人代"养卡"的方法，并以每帮还 1 万元便给帮还款的人 250 元"手续费"的代价找人"代养"自己那堆透支的信用卡。然而，因赌博在外欠下巨额债款，小美最终连"代养"信用卡的"手续费"都无法如期支付，也没人再愿意为她填这一欠款"巨坑"。

随着银行的催款单渐渐增多，各路上门讨债的人也越来越频繁，小美的丈夫对自己妻子的所作所为渐渐感到绝望，最终选择了和小美离婚。后某银行支行到公安机关报案，称小美使用信用卡恶意透支，经银行多次催收拒不还款，涉嫌信用卡诈骗犯罪。GX 省 GG 市某县警方依法将因信用卡恶意透支涉嫌诈骗的小美抓捕归案。

不是所有的人都适合使用信用卡，比如消费大手大脚，对金钱没有概念，喜欢超前消费的人群。对于这类人，信用卡不仅不能起到使他们合理消费的作用，反而会扩大他们的欲望。正因为信用卡有免息期，很多人在购物消费的时候很可能因为一时冲动高额消费，最后还款的时候又还不起，被迫选择分期，承担高额利息。循环往复，背上高额的信用卡负债，过上"以卡养卡"的日子。信用卡的分期还款利率很高，正常是在 18%，即使有优惠，也远远高于我们一般的投资水平，因此建议大家不是迫不得已的情况最好不要分期。

（资料来源：https://m.thepaper.cn/baijiahao_7976774）

（二）银行贷款

银行个人信用贷款是银行或其他金融机构向资信良好的借款人发放的无须提供担保

的人民币信用贷款。银行对贷款资金的用途是有要求的,一般银行会规定贷款申请人不得将贷款资金用于国家金融监督管理总局明令禁止的生产、经营、投资领域,借款人需要提供资金用途证明或者用途声明。贷款期限一般为1年(含),最长不超过3年。通常银行个人信用贷款对个人征信记录、收入和工作有较高要求。常见商业银行个人信用贷款有工薪贷、公积金贷、学历贷等。银行信贷能为个人提供资金来源,是现金规划的融资工具之一。部分商业银行个人信用贷款的额度、利率、申请条件等见表4-14。

表4-14 部分商业银行个人信用贷款(截至2024年3月)

商业银行	工商银行	建设银行	中国银行
贷款名称	融e借	快贷	中银e贷
额度	600元~80万元(超过30万网点办理)	额度1 000元~30万元	最高可达30万元
利率	3.5%起	3.85%	3.4%起
申请条件	18~60周岁,满足以下任意一条:有工行信用卡、工行代发工资、工行社保卡、有公积金、工行有按揭车、房、工行流水	年龄20~65,有以下之一:个人公积金月缴费满6个月以上、建设银行房贷客户、建设银行卡流水好的客户、经常使用京东购物客户、在建行办理业务	18~60周岁,满足之一可申请:在中行代发工资超过6个月、在中行连续偿还房贷超过24个月、在中行对接的缴存单位连续缴存公积金或社保超过6个月
到账时间	秒到账	秒到账	秒到账
征信要求	征信查询次数3个月不超6~8次,逾期无连三累六	近2年不能有连续3次逾期,累计6次逾期;查询(贷款审批,信用卡审批)半年不超20次	查询次数3个月不超6~8次;逾期无连三累六
申请流程	工行App,融e借	建行App,快贷	中行App,中银e贷

商业银行存单质押贷款,是指借款人向开户行提交本人名下的定期存款(存单、银行卡账户均可)及身份证,提出贷款申请。经银行审查后,双方签订《定期存单抵押贷款合同》,借款人将存单交银行保管或由银行冻结相关存款账户,便可获得贷款。例如,中国工商银行存单质押贷款的起点金额为1 000元,最高限额不超过10万元,且不超过存单面额的80%;交通银行要求最高为质物面额的90%。银行借款人如果手续齐备,当天就可以签订合同拿到贷款,不需要任何的手续费。存单质押贷款一般适合于短期、临时的资金需求。

(三) 互联网消费信贷(网贷)

互联网消费信贷是网络电商平台或传统金融机构利用互联网技术(大数据、云计算等),为消费者信用授信,满足消费者超前消费,提供的信用金融服务行为。网络借贷是民间借贷的一种形式,即民间借贷以网络合同的形式订立借贷合同,并通过网络形式履行提供借款及还本付息的合同义务。网络借贷业务由国家金融监督管理总局负责监管。

目前,我国常见的互联网消费信贷主要包括两种类型,一种是以蚂蚁花呗、京东白条、苏宁小贷、分期乐为代表的场景式消费贷;另一种是现金贷,以蚂蚁借呗为代表,即不依赖特定场景,直接向消费者提供消费资金。从经营模式来看,我国互联网消费信贷主要可以分为消费金融公司、电商平台和分期付款平台。随着互联网技术的日渐成熟,交易活动的成本大幅降低,运用互联网技术进行交易变得更加高效和快捷,所以人们越来越倾向于使用互联网消费信贷产品。部分互联网消费信贷产品见表4-15。

表4-15 部分互联网消费信贷产品

贷款平台	平台	申请门槛	贷款额度	贷款利率	到账时间
借呗(信用贷)	淘宝	支付宝实名,芝麻信用分600分以上	0~30万元	年化5.4%~21.6%	最快1分钟
京东金条	京东	京东账户实名	0~20万元	年化9.12%~36%	最快1分钟
度小满	百度	18~55岁、身份证、银行卡即可申请	0~20万元	年化7.2%~24%	最快1分钟
360借条	奇富科技	年龄24~55岁,身份证、银行卡、手机号即可申请	0~20万元	年化7.2%~24%	最快5分钟
美团借钱	美团	年龄20~55周岁、美团账户实名	20万~1000万元	年化7.2%起	最快3分钟

互联网消费信贷和银行个人消费信贷都能为个人提供临时资金周转,但这两者存在区别(见表4-16)。一般银行贷款额度相对较大,网贷额度通常较小,通常在20万元以内;银行贷款通常需要个人拥有较好的资质,如职业或收入等;而网贷审核流程简单,要求偏低,直接在互联网平台操作,操作简单、方便、快捷;银行贷款利率通常比网贷低,网贷利率很高;银行贷款的还款方式一般是按月还款,较为固定;网贷的还款方式灵活,可以按月还款,也可以一次性还清。

银行贷款相对安全;网贷平台资质参差不齐,存在不正规平台的风险,逾期后存在高利息和高手续费,面临花式催收,影响个人征信,危害人身安全,诱发犯罪等,轻易不要使用网贷。

表4-16 银行贷款和网络贷款的区别

区 别	银行贷款	网络贷款
利率	年化利率为3.6%~8%	年化利率为12%~35.9%
额度	10万~30万元	30万~1000万元
申请方式	线下银行,银行App,小程序	链接、App
提前还款	随借随还	一般比较隐秘,且找不到提前还款入口

(四)保单质押贷款

保单质押贷款是保单所有者以保单作为质押物,按照保单现金价值的一定比例获得短期资金的一种融资方式。目前,我国存在两种情况:一是投保人把保单直接质押给保险公司,直接从保险公司取得贷款,如果借款人到期不能履行债务,当贷款本息达到退保金额时,保险公司终止其保险合同效力;另一种是投保人将保单质押给银行,由银行支付贷款于借款人,当借款人不能到期履行债务时,银行可依据合同凭保单由保险公司偿还贷款本息。

不是所有的保单都可以质押的,质押保单本身必须具有现金价值。人身保险合同可分为两类:一类是医疗保险和意外伤害保险合同,此类合同属于损失补偿性合同,与财产保险合同一样,不能作为质押物;另一类是具有储蓄功能的养老保险、投资分红型保险及年金保险等人寿保险合同,此类合同只要投保人缴纳保费超过1年,人寿保险单就具有了一定的现金价值,保单持有人可以随时要求保险公司返还部分现金价值,这类保单可以作为质押物。

此外,保单质押贷款的期限和贷款额度有限制。保单质押贷款的期限较短,一般不超过6个月。最高贷款余额不超过保单现金价值的一定比例,各个保险公司对这个比例有不同的规定,一般在70%左右;银行则要求相对宽松,贷款额度可达到保单价值的90%。

期满后贷款一定要及时归还,一旦借款本息超过保单现金价值,保单将永久失效。目前保单贷款的利率参考法定贷款的利率,同时,保险公司和银行根据自身的情况,具体确定自己的贷款利率。

(五) 典当融资

典当是指当户将其动产、财产权利作为当物质押或者将其房地产作为当物抵押给典当行,交付一定比例费用,取得当金,并在约定期限内支付当金利息、偿还当金、赎回当物的行为。

办理出当与赎当,当户均应当出具本人的有效身份证件。出当时,当户应当如实向典当行提供当物的来源及相关证明材料。赎当时,当户应当出示当票。当票是指典当行与当户之间的借贷契约,是典当行向当户支付当金的付款凭证。当物的估价金额及当金数额应当由双方协商确定。

典当期限由双方约定,最长不得超过6个月。典当当金利率,按中国人民银行公布的银行机构6个月期法定贷款利率及典当期限折算后执行。典当当金利息不得预扣。除此之外,典当过程中还需缴纳各种综合费用。典当综合费用包括各种服务及管理费用。动产质押典当的月综合费率不得超过当金的42‰。房地产抵押典当的月综合费率不得超过当金的27‰。财产权利质押典当的月综合费率不得超过当金的24‰。当期不足5日的,按5日收取有关费用。典当期内或典当期限届满后5日内,经双方同意可以续当,续当一次的期限最长为6个月。续当期自典当期限或者前一次续当期限届满日起算。续当时,当户应当结清前期利息和当期费用。典当期限或者续当期限届满后,当户应当在5日内赎当或者续当。逾期不赎当也不续当的,为绝当。当户于典当期限或者续当期限届满至绝当前赎当的,除须偿还当金本息、综合费用外,还应当根据中国人民银行规定的银行等金融机构逾期贷款罚息水平、典当行制定的费用标准和逾期天数,补交当金利息和有关费用。

实训任务

实训内容:
为自己家庭或朋友的家庭制定现金规划方案。

实训步骤:
1. 收集自己家庭或朋友的家庭财务状况,了解家庭财务及非财务信息。
2. 编制自己家庭或朋友的家庭现金流量表,统计家庭现金及现金等价物金额。
3. 调查自己家庭或朋友的家庭对信用卡和贷款的应用情况,了解家庭融资手段,对比各种融资手段优缺点,为各自家庭挑选最合适的融资方法。
4. 制定现金规划方案,包含一般工具和融资工具。

活动任务:
1. 分组进行,角色分工、任务分工。
2. 小组汇报现金规划方案PPT。
3. 总结分享交流互动。

第五章　保险规划

学习目标

(一) 知识目标

1. 理解风险的概念和风险三要素。
2. 掌握保险的含义、基本分类。
3. 掌握保险规划的功能、类型、原则和流程。
4. 了解人生不同阶段的特点、面临的主要风险及保险需求分析。

(二) 能力目标

1. 能向客户推荐合适的险种。
2. 寿险、健康险、财险等保险需求计算。
3. 根据客户要求,制订合适的保险规划。

(三) 思政目标

1. 弘扬尽职尽责的敬业精神。
2. 培养诚实守信的品质。
3. 增强家庭责任感。

案例导入

苏州保险业2023年度二十大理赔案例(部分)

案例一: 2023年6月,太平洋财产保险股份有限公司苏州分公司承保的标的车辆与管控路障发生碰撞,造成车辆腾空驶入对向车道,与对方东风牌重型半挂车再次相撞,事故造成标的驾驶人石某、乘车人张某和秦某当场死亡,乘车人沈某受伤。公司接到报案后第一时间向死者家属进行慰问、至医院探望伤者、走访交警队了解案情等,最终于事故发生后3个月内完成整案理赔,赔付司机石某144万元、乘客张某144万元、乘客秦某144万元,乘客沈某30.8万元,合计462.8万元。

承保公司:中国太平洋财产保险股份有限公司苏州分公司。

赔付时间:2023年9月21日。

赔付金额:462.8万元。

案例二: 2021年1月,某先生在中宏人寿保险有限公司江苏分公司苏州中心支公司投保了重大疾病保险,保额50万元;恶性肿瘤疾病保险,保额60万元,累计缴纳保费20万余元。2023年10月,客户因反复腹泻1周余前往医院就诊,后确诊为直肠腺癌,肿瘤浸润至黏膜下层。客户出院后于 2023 年 11 月 7 日申请理赔,经公司审核后于 2023 年 11 月 13 日赔付重大疾病保险金及恶性肿瘤疾病保险金共计 110 万元,并豁免保费 89.81 万元。公司理赔审批通过的当天,客户就收到理赔款 110 万元,客户对公司的理赔处理过程及支付时效非常满意。

承保公司:中宏人寿保险有限公司江苏分公司苏州中心支公司。

赔付时间:2023 年 11 月 13 日。

赔付金额:110 万元+豁免保费 89.81 万元。

(资料来源:苏州市保险行业协会)

第一节 风险与保险

一、风险

(一)风险的定义

风险是指在特定环境下,某种随机事件发生并造成利益损失的不确定性。不确定性是风险的本质。

(二)风险的三要素

风险是由多种要素组成的,这些要素相互作用,共同决定了风险的存在及发展、变化。一般认为,风险因素、风险事故和损失构成了风险的三要素。

1. 风险因素

风险因素是指足以引起或增加风险事故发生的条件,以及风险事故发生时,促使损失增加、扩大的条件。根据形态的不同,风险因素可以分为有形风险因素和无形风险因素。其中,有形风险因素又称实质因素或物质性因素;无形风险因素包括道德风险因素和心理风险因素。

道德风险因素是指与人的道德修养及品行有关的无形风险因素。例如,由于人的不诚实或不良企图,故意导致风险的发生,如欺诈、纵火等恶意行为,都属于道德风险因素。

心理风险因素指与人的心理状态有关的无形风险因素。例如,人的过失、疏忽、侥幸心理或依赖保险的心理等,造成风险事故发生的概率增加。例如,购买家庭财产保险以后放松对家庭财产的保护就属于心理风险因素。

2. 风险事故

风险事故是造成生命、财产损失的偶发事件,是造成损失的直接原因。只有发生风险事故,才会导致损失或伤害。风险事故意味着风险由可能性转化为现实性,即风险的发生。就某一事件来说,在一定的条件下,它可能是造成损失的直接原因,则称它为风险事故;而在其他条件下,它又可能是造成损失的间接原因,则称它为风险因素。

3. 损失

损失是指非故意的、非预期的、非计划的经济价值的减少,即经济损失,这是狭义的损失定义。一般以失去所有权或预期利益,支出费用、承担责任等形式表现。而像精神打击、折旧、馈赠等均不能作为损失。

综上,风险的存在和发展离不开以上因素的相互联系、相互作用,其中风险因素是引起或增加风险事故的潜在原因,是损失发生的间接原因;而风险事故是会直接引起损失的具体事件。

二、家庭面临的风险认知

(一) 人身风险

人身风险是指导致人伤残、疾病、丧失劳动能力以及增加医疗费用支出的风险。人身风险所致的损失一般有两种:一种是收入能力损失;另一种是额外费用损失。

(二) 财产风险

随着经济的发展,我国居民家庭财产增多了,价值也越来越大,如百万千万房产、私家车和高档家具等。这些财产可能会遭遇火灾、暴雨、盗窃、碰撞等风险。因此,在家庭理财中应该把风险因素考虑进去,并且采取相应的防范措施。

(三) 责任风险

责任风险是指因侵权、违约、过失(甚至无过失)等给他人造成了人身伤害或财产损失,按照法律、合同、道义应承担经济赔偿责任的风险。

三、风险处置方式

风险处置有三种方式。

(一) 风险规避

这是指事先预料风险产生的可能性程度,在实际生活中尽可能避免它。例如,若知道某个地方近期地震频繁,可以选择取消去该地方的旅程。减少不健康的生活习惯,最大可能保持身体健康,小心谨慎外出,注意一切可能危险,减少意外事故。

(二) 风险自留(或风险接受)

风险自留也称为风险承担,是指个人或企业主动承担风险,即以自有资源来弥补损失。这实际上是一种积极的风险控制手段。

(三) 风险转移

风险转移是指通过合同或非合同的方式将风险转嫁给其他人的一种风险处理方式。例如,通过购买保险来转移潜在的经济损失。

四、保险

根据《中华人民共和国保险法》第二条的规定,保险是指投保人根据合同的约定,向保险人支付保险费,保险人对于合同约定的可能发生的事故,因其发生所造成的保险损失承担赔偿保险金责任,或者当被保险人死亡、伤残、疾病或者达到合同约定的年龄、期限等条件时承担给付保险金责任的商业保险行为。同时,应该注意:保险意味着风险的转移;保险行为是一种合同行为;保险是社会稳定的稳压器。

从经济角度看,保险是分摊意外事故损失的一种财务安排;从法律角度看,保险是一种合同行为,是一方同意补偿另一方损失的一种合同安排;从社会角度看,保险是社会经济保障制度的重要组成部分,是社会生产和社会生活"精巧的稳定器";从风险管理角度看,保险是风险管理的一种方法。

保险可以减少预期以外的事件对被保险人的财务状况造成的冲击,为受益人提供经济补偿以减轻负担。被保险人通过缴纳保费换取未来财务状况更大的确定性。

【例5-1】 经济学视角的保险

没买保险,小明的未来财富现值的范围[-50万元,200万元]

买保险,小明的未来财富现值的范围[80万元,190万元]

虽然最大值因为要交保费变小了,但更加确定了,波动范围从250万元缩小到80万元,所以未来更确定了。

五、保险的要素

(一) 保险必须有可保风险的存在

可保风险是纯粹的风险,这里风险的发生是偶然的、意外的,具有不确定性,并且风险所导致的损失,必须是可以通过货币来计量的。

(二) 保险是多数人的同质风险的集合与分散

由于多数人或者多数企事业单位参加保险,投保人的集合使少数投保人的风险得以分散,分散风险能够保持保险经营的稳定性,但是这些保险必须是同一类型的。

(三) 保险需要有科学的计算方法

保险需要根据概率论的科学方法,合理计算各种保险的费率,使得每一个保险人的负担相对公平合理。

(四) 保险需要保险合同的订立

保险专门针对意外事件和不确定事件造成的经济损失给予赔偿,保险的这一特性,要求保险人与投保人应该在法律或者契约的约束下履行各自的权利与义务,所以订立保险合同是保险关系得以成立的基本要素。

六、社会保险和商业保险

商业保险是指由保险公司根据合同约定,向投保人收取保险费用,承担被保险人因意外或疾病等因素造成的损失,并按照合同约定进行赔偿的保险形式。

社会保险是指国家通过立法形式,由社会集中建立基金,使劳动者在年老、患病、工伤、失业等情况下获得物质帮助的一种社会保障制度。包括五险:养老保险、医疗保险、失业保险、工伤保险、生育保险。社会保险是一种缴费性的社会保障,资金主要是由用人单位和劳动者本人缴纳,政府财政给予补贴并承担最终的责任。劳动者只有履行了法定的缴费义务,并在符合法定条件的情况下,才能享受相应的社会保险待遇。社会保险的特征:① 保障性。保障基本的生活费、医疗费。② 普遍性。当今社会,所有社会劳动者都可享有。③ 互助性。当某人发生事故时,可以利用众多参加保险者,满足需要。④ 强制性。根据国家的相关规定,强制用人单位及个人参保。⑤ 福利性。社会保险是以社会安定为目的的非营利性保险。

社会保险和商业保险的区别:

(1) 性质不同:保障性,不以营利为目的;经营性,以营利为目的。

(2) 建立基础不同:劳动关系基础上,只要形成了劳动关系,用人单位就必须为职工办理社会保险;自愿投保,以合同契约形式确立双方权利义务关系。

(3) 管理体制不同:政府职能部门管理;保险公司经营管理。

(4) 对象不同:劳动者,其范围由法律规定,受资格条件的限制;自然人,投保人一般不受限制,只要自愿投保并愿意履行合同条款即可。

(5) 保障范围不同:绝大多数劳动者的生活保障;只解决一部分投保人的问题。

(6) 资金来源不同:国家、企业、个人三方面分担;只有投保人保费的单一来源。

(7) 待遇计发不同:给付原则是保障劳动者基本生活,保险待遇一般采取按月支付形式,并随社会平均工资增长每年调整;按"多投多保,少投少保,不投不保"原则确定理赔标准。

(8) 时间性不同:国家稳定的、连续性的制度;是一次性、短期的企业行为。

(9) 法律基础不同:劳动法及其配套法规来立法;由经济法、商业保险法及其配套法规来立法。

思政案例

增强风险意识,赋予家人保障

风险无处不在,无风险无保险。合理的风险损失转嫁对于维护社会稳定、提高人民生活水平、推进社会稳定进步有重要的作用。合理转嫁风险后,我们在健康时可以照顾家人,在病痛或辞世之后仍然可以让家人感到温暖的意义所在,让社会、国家不会因千家万户的风险损失而陷入动荡和困境之中。在天津经商的李先生,经过多年打拼家境殷实,是家里的顶梁柱,也是一位家庭责任感和事业心都很强的人。2013年8月11日,他购买了第一份保额为50万元的重大疾病和医疗险,后又加保了一份300万元的人寿险保单。天有不测风云,2014年12月2日,李先生被确诊为脑瘤,这让其家庭生活及生意都经受了很大的打击。但是,在他患病期间,申请重大疾病理赔,获得重疾险保险金50万元和医疗险保险金8万余元。病魔无情,李先生脑瘤复发病情加重,于2017年4月3日医治无效身故。李先生身故后,经保险公司多次反复核查,确认无误,迅速赔付给受益人被保人身故保险金300万元。接到了300万元保险理赔款,李先生的女儿泪流满面:"父亲走了,留下了300万元的赔款,这300万元不仅仅是一笔理赔款,更是我父亲对这个家的爱。我们将用这份赔款为我们的家人继续购买保险。有了这些保险,代表着父亲永远守护着我们,对我们的爱永远在。"

增强风险意识,就是爱己、爱人、爱家庭、爱国家!赋予自己及家人足够的保障,就是勇于承担家庭责任、社会责任的重要体现。

(资料来源:https://jingguan.hebau.edu.cn/info/1136/3340.htm)

第二节 保险规划概述

一、保险规划的含义和功能

(一) 保险规划的含义

保险规划一般是指个人理财规划师结合客户的具体情况和需求,给出一份适合客户的保险方案。具体来说,针对可能面临的风险,在分析和测算个人(家庭)保险需求的基础上,科学配置保险产品,利用保险产品来有效地规避、转移风险,对资金进行合理的安排和规划,以期实现资产保值、增值的目标。保险规划的目的是让个人在人生的各个阶段适时得到财务保障,以实现人生的各种目标。

(二) 保险规划在个人理财规划中的功能

现在,人们可以运用黄金、存款、债券、股票、基金、外汇、房地产、保险等多种工具进行理财。在这许多工具中,保险可以同时实现保障理财和投资理财等多种目标。保险规划的主要功能有风险保障功能、储蓄功能、资产保护功能、资金融通功能、避税功能、规避通货膨胀功能。

1. 风险保障功能

每个人都面临生老病死残等风险,同时每个家庭也面临多样化的风险。通过购买保险转移风险,则可以在发生风险遭受损失的时候得到保险赔偿获得保障,使生活可以正常维持,这是保险最根本的职能,也是个人理财规划中对保险的基本定位。

2. 储蓄功能

生存保险具有与储蓄存款类似的储蓄功能。比如长期寿险,保单所具有的现金价值使得保单具有储蓄功能,即使中途退保,现金价值仍然归投保人或保单所有人所有。

3. 资产保护功能

在特定条件下,寿险保单能够起到资产保护的功能。以一债务人为例,当由于债权债务问题发生法律诉讼时,其银行存款、股票、房地产等都可能被冻结。但是,人寿保单的相应价值不受影响,人寿保险的保险金支付给指定的受益人,不受被保险人生前债务的影响。

4. 资金融通功能

具有现金价值的寿险保单具有可以为投保人提供资金融通的功能。这种功能主要通过寿险保单的质押贷款功能来实现。保单质押贷款的主要作用在于能够满足保单的流动性和变现要求。

5. 规避通货膨胀功能

有些保险产品,比如投资连结保险、万能寿险等是集保险保障、投资理财于一体的新型保险产品,在一定程度上可以应对通货膨胀风险。尤其是变额年金保险、生活费用指数保险,保险金会随着物价水平的上升而提高,可以更好地应对通货膨胀风险。

6. 避税功能

保险规划在一定程度上具备避税功能。比如,税优健康险可在税前扣除保费。人寿保险的身故理赔金通常免交个人所得税,指定受益人的情况下,保险金也不被计入遗产,能避免遗产税(若开征),为资产传承合理避税提供途径。

二、保险规划的类型

(一) 单一保险规划

单一保险规划指仅就单一保险需求进行规划。例如,新买了一辆车,就需要了解可能增加了哪些风险,需要衡量这些风险的大小及如何处理这些风险。单一保险规划比较简单,基本上只需考虑保险产品是否能满足客户的需求,以及客户对保费的心理接受程度和经济负担能力。

(二) 复合保险规划

复合保险规划指对多种保险需求进行规划。复合保险规划包括人身保险复合规划、财产保险复合规划和产寿险复合规划。

三、保险规划的重要性

按照家庭理财风险管理优于追求收益的基本原则,家庭理财方案中有三个基本的部分:消费规划、保险规划和投资规划。这三个基本部分使个人理财的结构呈"金字塔"状,如图 5-1 所示。消费体现了人们的最基本的理财规划需求,处于底层;保障是次于消费理财的理财规划需求,处于中间层;投资是满足人们的最高理财规划需求,处于顶层。

图 5-1 个人理财结构"金字塔"

保险理财规划是个人理财不可缺少的重要组成部分,处于家庭理财结构中的第二层,对人们起到护财的作用。一些意料不到的事情在人们的日常生活中时有发生,常有所见。而这些事情的发生,不可避免地会造成社会物质财富的损毁和人身伤亡。我们一定要做好保险理财规划,合理规避各种风险。

四、保险规划的原则

(一) 转移风险原则

投保人购买保险的目的是转移风险,在发生保险事故时能从保险公司获得约定的赔偿。因此,在投保之前应全面分析自身或家庭面临的各种风险,明确哪些风险可以规避、分散或预防,哪些风险可以通过非保险转移,哪些风险应该转移给保险公司。对于可能造成重大损失的风险,比较适合优先购买保险。

（二）优先考虑保障型保险原则

风险管理的一个基本原则是重点保障可能对家庭造成巨大损失的风险。如果收入有限，则应优先考虑保障型保险，比如定期寿险、意外伤害保险、疾病保险等，以期用较低的保费获得较高的保障。在此基础上，如果客户经济状况较好，再考虑储蓄型保险、投资型保险等保险产品。从保险的功能上看，保险分为两类，保障型和投资型。前者一般可以较低的保费投入，取得较高的保障金额。而后者的主要功能是投资，其保障功能较为弱化，不能很好地体现保险的杠杆功能。所以在购买保险时，家庭首先要考虑保障型的保险，在满足了最基本的保障型保险需求后，再根据家庭的实际情况，适当进行投资型保险的配置。

（三）保费量力而行原则

投保险种越多、保险金额越高、保险期限越长，所需的保险费就越多。因此，投保时一定要充分考虑个人和家庭的经济购买能力，尽量在保险费支出一定的情况下获得最大的保障，或者在获得可接受保障的水平时保险费支出最低，防止出现由于保险费支付能力不足而导致的难以维持保险合同有效性的情况。按照通常的做法，一个家庭每年的保费支出，应以年收入的10%左右为宜。对于家庭收入特别低或者特别高的家庭，则可以根据自身情况调整这一比例。如果保费太少，可能购买不到足够的保障；如果保费支出过多，则会影响家庭的正常生活。为了有效防止保费支出压力过度，投保者可以每两年对自己和家人的保单进行体检式回顾，根据自身财务状况的变化查漏补缺，调整完善自己的保险规划。

（四）保额因人而异原则

一个家庭应该需要多少人寿保险呢？这个问题对于每个已经拥有或者即将购买保险的人来说都非常重要。和保费支出一样，保险金额，特别是寿险金额的确定也要根据家庭的具体情况而定。对于普通家庭来说，考虑一般经验的倍数法能够比较简单而准确地确定家庭保险金额，即每个家庭所需要的寿险保额约为家庭年收入的10倍。如果一个家庭的年收入是10万元，那么这个家庭合适的保额需求应该是100万元。

（五）先保大人后保小孩原则

每个人在家庭中扮演的角色和承担的责任不同，因此，在经济条件有限的情况下，把有限的保费用在最需要的成员身上，重要成员，重点保障。许多家庭在购买保险上优先考虑老人和孩子，这种行为的出发点是好的，但保障的次序却有问题，老人和小孩儿都属于家庭中的纯消费者，基本不能为家庭的现金流入做出任何贡献，孩子的生活教育、老人的晚年生活最实在的保障就是家庭源源不断的现金流入，所以家庭保障对象的最高优先级为家庭经济支柱，即为家庭现金流产生的源头做好了备份。当家庭的经济支柱保障充足时，也可以考虑给孩子、老人投保。

（六）有效利用附加险原则

附加险是相对于主险而言的，它不可以单独购买，必须依附于主险而存在。附加险的险种非常全面，而且拥有主险无法比拟的优势。首先是保费低廉。"花小钱、高保障"是附加险最重要的特点。另外，附加险是对主险的一种补充和延伸，它拥有更细致、独特、广泛的保障需要，更加丰富了保险规划的内容。例如，购买终身寿险的同时，附加医疗保险，既保障了保险人死亡的风险，又给予被保险人生存时的健康呵护。

但是，有效利用附加险的同时，还需要注意以下几个问题：

（1）主险和附加险时效的问题。附加险依附主险而存在，因此附加险期限往往短于主险。附加险期满后，如果没有和保险人就附加险续保达成一致，则主险依然有效，附加险却在期满后终止。

（2）只有在主险的有效期内才可以投保附加险。

（3）在选择附加险时，首先要清楚自己所投主险的保障范围，然后根据主险的缺漏来选择有补充作用、自己也需要的附加险，不要因为附加险费率较低就盲目拓宽保障。

（4）一般情况下，附加险和主险有购买比例和购买险种的限制，在投保前需要清楚所选择主险对附加险的限制。

（七）商业保险与社会保险相结合的原则

在进行保险规划时，首先必须明确国家和企业层面所能提供的社会保障内容，在此基础上，结合商业保险来更好地满足转移风险的需要。

（八）综合规划原则

如果购买多项保险，应尽量以综合方式投保，注重险种的合理搭配与有效组合，综合投保要注意各保单之间的配套性，做到不重不漏，以有效管理和化解风险，充分发挥保险规划的最大经济效益。比如主险与附加险可以搭配购买。还应当根据投保人自身的年龄、职业、收入等实际情况进行合理规划。

五、保险规划的流程

（一）确定个人（家庭）保险需求的优先顺序

不同个人（家庭）不仅需要的保险类型不同，而且保险种类需求的优先顺序也不同。个人（家庭）财务资源的有限性，决定了需要根据个人（家庭）保险需求的优先顺序来分配资源，保证最重要的保险需求得到优先满足。强制性的险种，比如交强险，对于拥有机动车辆的家庭而言要优先购买。在此基础上，考虑自愿性的险种，可能导致重大损失的风险要优先获得保险保障。在人身保险险种配置方面，以风险保障型险种为先导，在满足客户风险保障需求的基础上，可以根据客户的具体情况再配置具有一定的投资储蓄功能的险种。

影响个人（家庭）保险需求优先顺序的因素有很多，比如面临的风险类型、收入状况、生命周期、家庭的理财重点等。

（二）确定不同种类保险的需求量

（1）人身保险有效需求量分析。可以按照人身保险保费支付能力确定人身保险需求量，也可以按照人身保险客观需求确定人身保险需求量。例如，可以用生命价值法或家庭需求法来确定人身保险需求量。

(2) 财产保险需求量分析。财产保险需求量一般以保险利益为限。

(三) 制定保险方案和计划

根据客户的财务情况和可能面临的风险情况，对照客户的理财目标和科学理财标准指标，分析整理客户保险需求和财务需求，制定保费预算和保险规划，撰写和呈交书面规划。

(四) 执行和修正保险规划

保险规划不是一成不变的。由于我们的生活环境在改变、工作环境在改变、经济状况在改变，因此我们在购买保险之后还应对自己的保险规划进行调整。及时调整保险规划主要有两个好处：一是能够使自己的保险金额充足，二是能够使自己所承担的保险费比较合理。

第三节　保险的分类

根据国家标准《保险术语》(GB/T 36687—2018)中的定义，保险以保险标的作为分类特征，可以分为人身保险和财产保险。

一、人身保险

人身保险是以人的生命或身体作为保险标的的保险。投保人依照保险合同的约定向保险人支付保险费，当被保险人发生死亡、伤残、疾病或生存到合同约定的年龄或期限时，保险人承担向被保险人或受益人赔偿或给付保险金的责任。

(一) 人寿保险

人寿保险是以被保险人的寿命为保险标的、以被保险人的生存或死亡为保险事故的一种保险。在保险期间，当被保险人发生合同约定的保险事故(生存或死亡)时，由保险公司按照合同约定给付保险金。人寿保险是家庭风险规划选择中最基本和最主要的险种。人寿保险按不同的保障形式又可细分为定期寿险、终身寿险和两全保险等。

1. 定期寿险

定期寿险是指在保险合同有效期内，若被保险人死亡，保险人按照合同约定的保险金额给予赔偿的一种保险。若保险合同到期，被保险人仍生存，保险终止，保险人无须支付保险金或退还已缴纳的保费。定期寿险的保险费较低，可续保，可在保险期内转换成终身寿险或两全保险，适用于经济能力有限又需要较高保障的被保险人购买。

2. 终身寿险

终身寿险是指保险从合同生效开始，直至被保险人在 100 岁(或 105 岁)前死亡，保险人支付死亡保险金。终身寿险保费固定，越早投保，每年的平均保费越低，经济压力越小；具有储蓄功能，若中途退保，可按照保单价值予以返还；被保险人身故后，保险受益人得到的死亡赔偿金具有合理避税的功能。终身寿险适用于收入相对稳定并具有一定资产储蓄的人。

3. 两全保险

两全保险也称为生死两全险,是指被保险人在保险合同约定的保险期内身亡或合同期满生存均给付保险金。两全保险是定期寿险与终身寿险的结合,因此其保险费率较高,一般为定期寿险与终身寿险的保费之和;两全保险兼顾储蓄功能,投保年龄较宽,适用性较广。

(二) 健康保险

健康保险是指以被保险人的身体为保险标的,当被保险人在保险期限内因疾病或受到意外伤害等导致医疗费用或收入损失时,由保险人履行赔偿或给付保险金的人身保险。

1. 医疗保险

医疗保险是指当保险合同约定的医疗行为发生后,保险人需要向被保险人支付保险金的一种保险。医疗保险在被保险人治疗期间为其提供治疗费用支出的保障。

2. 疾病保险

疾病保险是指以疾病作为保险金是否支付的标准,为被保险人生病后提供一定的经济保障,无论被保险人生病后是否支付治疗费用,均可获得保险人的定额给付。常见的疾病保险有重大疾病保险和特种疾病保险。

(三) 意外伤害保险

人身意外伤害保险是指被保险人在保险有效期内因遭受非本意的、外来的、突然发生的意外事故,致使其身体遭受伤害而导致死亡或残疾时,保险人按照合同约定给付保险金的保险。在全部的人身保险业务中,意外伤害保险所占的比例虽然不大,但由于保费低廉、保障程度高、投保简便、无须体检,所以承保人次很多。

(四) 年金保险

年金保险是指以被保险人生存为保险金给付条件,保险人按照合同约定的金额、方式,在约定的时间内向被保险人给付保险金的人身保险。年金保险具有强制储蓄、定额给付的特点,比较适用于中高收入阶层,可通过年金保险实现强制储蓄,从而达到资产的保值增值。

由于年金保险兼顾保险的保障和投资两大功能,所以往往又被称为理财保险产品。年金保险具体有分红保险、投资连结保险和万能保险三种类别。

二、财产保险

(一) 财产保险概述

财产保险是指以财产及相关利益为保险标的、因保险事故的发生导致财产的损失,以金钱或实物进行补偿的一种保险。广义的财产保险指包括各种财产损失保险、责任保险、信用保险和保证保险等业务在内的一切非人身保险业务;狭义的财产保险仅指各种财产损失保险,它强调保险标的是各种具体的财产物资。

(二) 家庭财产保险

家庭财产保险是面向城乡居民家庭或个人的基本险种,以城乡居民的有形财产为保险标的,保险人在承保家庭财产保险时,对其保险标的、承保地址、保险责任等均与企业(团体)财产保险有相通性,在经营原理与程序方面也具有相通性。家庭财产保险的特点在于投保人以家庭或个人为单位,业务分散,额小量大,风险结构以火灾、盗窃等风险为主。

1. 普通家庭财产保险

普通家庭财产保险是保险人专门为城乡居民家庭开设的一种通用型家庭财产保险业务,保险期限为一年,保险费率采用千分率,由投保人根据保险财产实际价值确定保险金额,作为保险人赔偿的最高限额。

2. 家庭财产两全保险

家庭财产两全保险是在普通家庭财产保险的基础上衍生的一种家庭财产保险业务。与普通家庭财产保险相比,家庭财产两全保险不仅具有保险的功能,也兼具到期还本的功能,即被保险人向保险人交付保险储金,保险人以储金在保险期内所生利息为保险费收入;当保险期满时,无论是否发生过保险事故或是否进行过保险赔偿,其本金均需返还给被保险人。此外,其他内容均与家庭财产保险相通。

3. 投资保障型家庭财产保险

投资保障型家庭财产保险不仅具有保障功能,还具有投资理财功能。投保人以交付保险投资金的形式购买投资保障型家庭财产保险,并将保险投资资金投资于国债或与利率联动的金融产品。保险费由保险人从投资收益中获得。在保险期间届满或中途退保时,不论保险人是否支付过保险赔偿金,投保人均可按合同约定领取给付金。投资保障型家庭财产保险通常按份出售,保险期间大多为3年或5年。

(三) 机动车辆保险

机动车辆保险是以机动车辆本身及机动车辆的第三者责任为保险标的的一种运输工具保险。在国外,机动车辆保险一般被称为汽车保险。随着经济的发展,我国机动车辆的数量不断增加,机动车辆保险已成为我国财产保险业务中最大的险种。

机动车辆保险的保险标的是经交通管理部门检验合格并具有有效行驶证和号牌的各种机动车辆,包括各种汽车、电车、电瓶车、摩托车、拖拉机、各种专用机械车和特种车等。

机动车辆保险可分为机动车辆基本险和附加险。基本险包括机动车损失保险和第三者责任保险。附加险因各保险公司的条款规定不同各异,附加险一般不能独立承保。

1. 机动车损失保险

机动车损失保险是以机动车辆本身为保险标的,当被保险车辆遭受保险责任范围内的自然灾害或意外事故造成被保险车辆本身损失时,保险人依照保险合同的规定给予赔偿或修复的一种保险。

2. 第三者责任保险

第三者责任保险是指被保车辆因意外事故,致使他人(车上人员、被保险人以外的人)

遭受人身伤亡或财产损失，保险人依照保险合同的规定在赔偿限额内对被保险人依法应负的损害赔偿责任负责赔偿。第三者责任保险赔偿采用的是连续责任制，一次赔偿后，无论赔偿金额是否达到赔偿限额，保险责任都继续有效直至保险期满。在我国机动车第三者责任保险包括两类：机动车交通事故责任强制保险和机动车商业第三者责任险。

第四节　保险需求分析

保险需求分析是对客户在其人生发展的不同时期和阶段，依据其收入、支出、家庭状况和所处的环境等因素，对客户所面临的风险进行全面的分析和评估，从而帮助其制定财务管理和风险管理的具体方案。保险需求分析是保险规划的重要前提。

一、基本风险与保险需求分析

个人和家庭都会面临财产风险、人身风险，而风险一旦发生，往往会带来经济损失。另外，很多保险产品具有投资功能，还可以满足人们的投资需求。风险和投资理财目标的存在是一个人产生购买保险意愿的前提。确定个人和家庭的保险需求是制定保险规划的第一步。

（一）人身保险与保险需求分析

人身风险主要包括死亡风险、生存风险（长寿风险）、意外伤害风险、疾病风险等各种风险。针对死亡风险，人们会产生对定期寿险、终身寿险等死亡保险产品的需求。针对生存风险，人们会产生对年金保险等保险产品的需求。针对意外伤害风险，人们会产生对意外伤害保险、意外伤害医疗保险的需求。针对疾病风险，人们会产生对疾病保险、医疗保险、失能收入损失保险、护理保险等健康保险的需求。

（二）财产风险及保险需求分析

不同的财产都面临一定的风险。财产可以分为不动产和动产两种基本类型。不动产面临的风险主要有火灾、爆炸、自然灾害、空中运行物体坠落等风险。动产除了会面临火灾、爆炸、自然灾害等风险外，还会面临盗窃、抢劫、保管不善等风险。针对不同财产的风险，人们相应有对家庭财产保险、机动车辆保险等财产保险的需求。

（三）责任风险及保险需求分析

日常生活中，个人或家庭面临的责任风险可能是由房屋、房屋装修、室内物品、机动车辆、家畜、宠物等引起的。比如，小王家窗台外放的一盆花被大风吹落，将楼下的他人财物砸坏了，小王就应当承担财产损失的赔偿责任。针对各种责任风险，人们会有对家庭第三者责任保险、宠物责任保险等责任保险的需求。

二、人生不同阶段的特点、面临的主要风险及保险需求分析

（一）少年儿童期

在少年儿童时期，孩子活泼好动，面临的主要风险有意外伤害风险、疾病风险。通常

情况下,这个时期的保险额度不需要过高,选择适度的医疗保险和意外伤害保险就可以了。

(二) 单身期

单身期的时间一般为 2~5 年,从参加工作至结婚的时期,主要集中在 20~28 岁。单身期的特点有:健康状况良好,经济收入比较低但呈增长趋势,花销较大,保险意识薄弱。这一时期可能面临的主要风险有意外伤害风险、疾病风险、死亡风险等。这一阶段的保险需求分析:保险需求不高,比较适合保费较低、保障额度较高的保险险种,可以考虑意外伤害保险、疾病保险和医疗保险。若父母需要赡养,还需要考虑定期寿险,以最低的保费获得最高的保障,以防一旦不测,可以用保险金支持父母的生活。如果财力许可,还可以考虑购买养老保险。

(三) 家庭形成期

家庭形成期的时间大致是指从结婚到新生儿出生时期,一般为 1~5 年。家庭形成期的特点有:家庭的主要消费期,家庭支出较大,贷款买房的家庭还有一大笔支出——偿还房屋贷款。经济收入增加而且生活稳定,家庭有了一定的财力。夫妇双方年纪较轻,健康状况良好,家庭负担较轻,保险意识和保险需求有所增强。这一时期可能面临的主要风险有意外伤害风险、疾病风险、死亡风险、财产风险等。这一阶段的保险需求分析:为保障家庭经济支柱在万一遇到风险后对家庭带来的收入减少及其他影响,可以选择意外伤害保险、疾病保险、定期寿险或终身寿险、医疗保险、财产保险等险种。人寿保险的保险金额应大于房贷金额以及家庭成员 5~8 年的开支。为了积累资产、促进资金增值,还可以购买投资型保险产品。为了让晚年生活有更好的保障,还需要考虑购买养老保险。

(四) 家庭成长期

家庭成长期的时间是从孩子出生到孩子参加工作以前的这段时间,大约 18~22 年。家庭成长期的特点有:自身的工作能力大大增强,收入增加,家庭资产增加,子女逐渐长大。这一时期家庭的主要开支包括保健医疗费用、教育费用等其他费用。这一阶段可能面临的风险有疾病风险、意外伤害风险、死亡风险、财产风险等。这一阶段的保险需求分析:父母需加强自身保障,对疾病保险、医疗保险、意外伤害保险、定期寿险或终身寿险、投资性保险、财产保险等保险有需求。子女教育金保险可以较好地保障子女的教育费用。为了让晚年生活有更好的保障,需要考虑购买养老保险。

(五) 家庭成熟期

家庭成熟期的时间是从子女参加工作到家长退休为止这段时期,一般为 5 年左右。家庭成熟期的特点有:自身的工作能力、经济状况都达到高峰状态,子女已完全自立,收入稳定在较高水平,家庭负担较轻,储蓄能力较强。随着年龄的增长,夫妇双方健康状况有所下降,保险意识和需求增强。这一阶段可能面临的风险有疾病风险、意外伤害风险、死亡风险、财产风险等。这一阶段的保险需求分析:对疾病保险、医疗保险、意外伤害保险、定期寿险或终身寿险、投资性保险、养老保险、财产保险等保险有需求。

(六) 退休养老期

退休养老期这一阶段的特点有：夫妇双方年纪较大，健康状况有所下降，家庭负担较轻，收入较低，消费减少，保险意识较强。这一时期以安度晚年为目的，应合理安排晚年医疗、保健、娱乐、锻炼、旅游等开支和花费，优先考虑可以带来固定收入的资产进行投资。这一阶段可能面临的主要风险有生存风险、疾病风险、意外伤害风险、财产风险等。这一阶段的保险需求分析：对养老保险、疾病保险、医疗保险、护理保险、意外伤害保险、财产保险等保险有需求，并应通过合理的规划检视自己已经拥有的人寿保险、健康保险等险种，并应进行适当调整。

三、保险需求的计算

(一) 人寿保险的需求计算

人寿保险的主要目的在于保障被保险人死亡后其家庭的财务状况。人寿保险是家庭风险管理与保险规划中最重要的组成部分，能应对家庭成员发生不测而对家庭财务情况带来的不良影响。即使在重要家庭成员发生死亡、残疾或者重大疾病的情况下，获得的保险金可以使人们能够按照以往类似的生活方式和生活水平继续生存下去。

在考虑人寿保险保障的需求大小时，首先应明确被保险人自己的角色——在家庭中的地位、责任、作用以及经济贡献如何，并且估算出被保险人面临的各种风险、可能产生的最大的费用需求。在此基础上，进一步确定寿险需求金额。通常，在选择寿险保障金额时，应主要考虑以下两个因素：对保险保障需求的大小、自身对保费的负担能力。人寿保险需求的计算方法包括生命价值法、遗属需要法、倍数法则法和资本保留法等。

1. 生命价值法

生命价值法是以生命价值理论为基础计算人的生命价值的方法，又称收入法。人的生命价值是指个人未来收入或个人服务价值扣除个人衣食住行等生活费用后的资本化价值，即个人未来净收入的折现值，此价值就是死亡损失的估算价值。人的生命价值在本质上是个人经济价值创造的源泉。采用生命价值法计算的人寿保险保障金额等于被保险人一生对家庭收入的净贡献。

运用生命价值法计算寿险需求的步骤如下：首先，预计出被保险人在有生之年中对家庭的净贡献。净贡献是指个人收入减去个人消费，此时应当考虑被保险人工资收入增长的影响。其次，假定一个银行利率（一般用一年定期存款利率代替），以这个利率作为折现率，将被保险人各年对家庭的净贡献进行折现，得到各年净贡献的现值。第三，将各年净贡献的现值相加得到总现值，这个总现值就是需要的保险金额。

生命价值法反映出不同个人的预期收入差异和支出差异，反映不同生命周期的收入与消费特征，对生命个体的寿险需求具有相对较好的适应性。生命价值法的缺陷主要有：第一，对未来工作收入成长比、生活消费的通货膨胀率、贴现率的假设要求较高，需求测度的参数假设与实际很难保持一致；第二，不是基于对整个家庭的收入情况进行考虑；第三，未考虑遗属需求、家庭接受捐赠、目前生息资产的资源状况等因素。

假设被保险人现年30岁，年收入为10万元，个人年消费支出为3万元，打算60岁退休。假设退休后能领取的养老金只够他自己的生活费用（即假设退休之后对家庭的净贡献为零）。用生命价值法计算人寿保险需求保额。

如果不考虑货币的时间价值，假设收入增长率＝消费支出增长折现率，若被保险人现在死亡，则未来一生的净收入会减少210万元［＝(10－3)×(60－30)］，这个数额就是按照生命价值法计算出的人寿保险需求保额。

考虑货币的时间价值，假设折现率为3%，那么，30年每年7万元净贡献的现值为137.2万元［＝7×(P/A,3%,30)］，这是考虑货币时间价值，按照生命价值法计算出的人寿保险需求保额。

如果被保险人的收入未来会上升，那么其真实的生命价值要比用当前的收入水平测算的生命价值高。因此，人寿保险需求保额相应地也会增加。

2. 遗属需要法

遗属需要法也称生活费用法。该方法是从需求的角度考虑某个家庭成员遭遇不幸后给家庭带来的生活费用缺口。用遗属需要法计算的人寿保险保障金额等于被保险人家属一生所需生活费用的缺口。运用遗属需要法计算寿险需求的步骤如下：第一步，计算维持目前家庭生活水平的财务需求，其中包括家庭需还清的债务、家属的生活费支出、子女教育费支出、商业保险费支出、丧葬费用等。这里还应当考虑通货膨胀等因素带来的生活费用上涨。第二步，查明已有的除保险以外的其他金融资产，其中可能包括的项目有社会保险金、现金及银行存款、股票及债券等。第三步，财务需求扣除已有的其他金融资产，并扣除已有的保险金额，得到还需购买的人寿保险保障金额。

如果不考虑货币时间价值，被保险人现在死亡，遗属还要生活50年，每年的生活开支是5万元，目前已有的金融资产为20万元。寿险保额需求是230万元(＝5×50－20)。

由于遗属需求法可以方便地调整原来保险规划中不足或超出部分，所以经常采用这种方法计算人寿保险保障金额。

如果考虑货币时间价值，人寿保险保障金额是遗属生活开支的现值扣除已有其他金融资产现值后的余额。

总体来说，生命价值法与遗属需要法的本质是不同的：生命价值法从人生价值的角度出发，认为人生的价值就等于所能赚取的收入。而遗属需要法是从需求的角度出发，认为只要能够保持遗属生活水平不变即可。所以，遗属需要法的保障目标比生命价值法要低一些。

3. 倍数法则法

倍数法则是指以倍数关系估计寿险保障的经验法则。优势是简单明了，操作方便。根据家庭状况的不同，方法不同。

（1）双十定律。

"双十定律"是目前最为常用的，简易确定保险保额的参考原则。所谓"双十定律"，指的是"保险金额确定为家庭年收入的十倍"及"总保费支出为家庭年收入的10%为宜"。以"双十定律"确定的保险金额，可以保障被保险人遭遇不测后，该家庭大约十年内不会由于被保险人的死亡而出现生存困难。以"双十定律"确定的保费则较为符合家庭合理支出细则。一般而言,用收入的十分之一来交保费并不会对我们的正常生活产生很大影响,而十倍收入的保险赔付金可以帮助一个家庭度过可能的危机。"双十定律"并非一成不变,也可根据现实家庭状况进行调整。比如,可根据家庭对保险费用的承担能力不同,选择调整相对的保险金额的额度为年收入的8～12倍。

（2）7—7法。

7—7法指一个标准家庭大约需要某个主要家庭成员（家主）7年薪水的70%,才能缓解由于他或她身故所带来的经济压力,因此用此经验方法来估计家庭的人寿保险需求。

这里的标准家庭是指有双亲和孩子的家庭,选择薪水的70%则是扣除了家主维持自身生存的费用支出。例如,某家庭为标准家庭,经济支柱姜先生年收入为4万元,那么姜先生购买人寿保险所需要的死亡保额为196 000元（＝40 000×7×70%）。

4. 资本保留法

资本保留法是估算替代收入的资本需求,一旦家庭成员发生风险不能获得收入,则用保险赔偿金投资,按照合适的收益率,产生的收益与发生风险前的收入基本相等。

（二）养老保险的需求计算

计算养老保险保障金额的原则与计算人寿保险保障金额的原则基本相同,即希望退休后,被保险人的经济状况没有因为退休而发生变化,或者说被保险人的生活水平没有因为退休而下降。根据这个原则,在考虑养老保险的保障金额时,可以借鉴人寿保险保障金额中的遗属需要法,即生活费用法,具体可以从被保险人本人退休后的生活费用缺口入手。被保险人养老保险中每月（年）能够获得领取的金额应当等于被保险人退休后每月（年）所需要的生活费用缺口。这样,他的生活水平就不会因为退休而下降了。

养老保险保障需求的计算过程如下：首先,根据被保险人的养老目标预测退休后的生活开支；其次,进一步预测被保险人退休后可获得的收入,比如基本养老金和其他可获得的收入,如社保养老金、企业福利、银行存款利息、固定资产投资收益（如房租）、股息分红、子女赡养费等；再次,用预测出来的退休后的生活开支扣除退休后可获得的收入,计算出被保险人的养老金缺口；最后,考虑通货膨胀、贴现率的影响,测算被保险人所需要的养老保险保障金额。需要注意的是,如被保险人可从已购买的人寿保险、企业等处获得一定的保险保障,最终确定保险金额时,还应适当扣除这些保障。

一般而言,购买商业养老保险所获得的补充养老金占所有养老费用的20%～40%为宜。高收入者可主要依靠商业养老保险保障养老,中低收入者可主要依靠社会养老保险养老、商业养老保险作为补充。

（三）意外伤害保险的需求计算

在考虑意外伤害保险的保障金额时,需要考虑意外伤害风险所可能产生的经济影响。意外伤害风险可能导致被保险人死亡或者残疾,如果导致死亡则会导致收入减少；如果导致残疾,不仅使得被保险人收入中断,同时被保险人还会继续产生生活费用和医疗费用,此时不但被保险人家人的生活费用有缺口,被保险人自己的生活费用也有缺口。

所以,经验而言,在考虑意外伤害保险的保障金额时,意外伤害保险的保障金额一般应为人寿保险保障金额的两三倍以上。这样,当被保险人因意外伤残而导致长期无法工作时,这笔残疾保险金可以给被保险人以收入方面的支持。

如果要比较准确地计算意外伤害保险的保障金额,则应采用更为严谨的计算方法。具体可以借鉴人寿保险中的生命价值法与遗属需要法。与人寿保险需求计算的不同之处在于:在用生命价值法计算确定意外伤害保险的保障金额时,不能仅仅考虑被保险人正常情况下对家庭净贡献的现值,还应该考虑被保险人可能受到意外伤害的情况下对家庭净贡献的现值(这是因为如果被保险人残疾,他的收入会因为残疾而减少)。在用遗属需要法确定意外伤害保险的保障金额时,不能仅仅考虑被保险人遗属所需要的生活费用,还要考虑本人所需要的生活费用(这是因为如果被保险人残疾,他还会继续产生支出,甚至所需要的生活费用还会因为残疾而大大增加)。

一般的商业意外伤害保险的保险责任是当被保险人因意外伤害死亡或残疾时,保险公司按照约定的保险金额或保险金额的一定比例来给付保险金。由于一般的意外伤害保险是不保障被保险人因意外伤害而发生的医疗费用的。所以,为了应对因意外伤害而发生的医疗费用,需通过购买意外伤害保险附加意外医疗费用保险来予以保障。

(四) 健康保险的需求计算

健康保险的需求包括三部分:一是被保险人因意外或疾病而产生的医疗费用;二是意外或疾病而导致的收入损失;三是被保险人年老时生活不能自理而产生的护理费用。此外,在计算医疗费用的保障金额时,实践中还没有确切的计算方法,主要根据三个方面来考虑:一是根据被保险人的身体状况来估定,如果身体状况不好,则需要更多的医疗费用保障金额;二是根据当时的医疗费用水平来估定,如果医疗费用中的药费和治疗费用比较高,则需要更多的医疗费用保障金额;三是根据自己的社会保障水平来估定,如果自己的社会保障水平比较高,则需要较低的医疗费用保障金额。在计算医疗费用的保障金额时,还需扣除社会医疗保险和企业福利中提供的保障。

(五) 财产保险的需求计算

大多数人面临房地产和其他个人财产遭受损失的风险。一旦确定了需要购买的财产保险的类型,那么就需要确定购买保险的金额。对于一般财产,如家用电器、私家车、住宅等,保险金额由投保人根据可保财产的实际价值或重置价值自行确定;对于特殊财产,如古董、字画等,则需要请专家评估,还需和保险公司协商确定保险金额。

(六) 责任保险的需求计算

责任保险需求确定实际是确定责任保险的赔偿限额。在确定应该购买的赔偿限额时,应当考虑以下因素:当前的医疗费用水平和生活费用水平;被保险人的风险状况;保险合同中对每次事故赔偿限额和累计赔偿限额的规定。在实践中,没有固定的定量方法来计算应当购买的责任保险赔偿限额,个人或家庭应根据具体情况自行合理估算。

个人和家庭面临的风险、需要的保险与保险需求计算如表5-1所示。

表 5-1 个人和家庭面临的风险、需要的保险与保险需求计算小结

面临的风险		保险产品	具体险种	保险需求计算方法
人身风险	死亡风险	死亡保险	定期寿险、终身寿险、两全保险、万能保险等	生命价值法、遗属需要法、双十原则法、资本保留法
	生存(养老)风险	生存保险	两全保险、年金保险等	生活费用法
	意外伤害风险	意外伤害保险	普通意外伤害保险、特种意外伤害保险	人寿保险保额倍数法、生命价值法、遗属需要法
	疾病风险	健康保险	疾病保险、医疗保险、失能收入损失保险、护理保险	综合考虑身体状况、医疗费用、社会保障三要素进行估算
财产风险		财产保险	家庭财产保险、机动车辆保险等	实际价值或重置价值估算法、对特殊财产采取专家评估法
责任风险		责任保险	家庭第三者责任保险、宠物责任保险等	充分考虑医疗费用、风险状况、条款限额等因素合理估算

第五节 保险规划案例分析

一、背景资料

王先生,35岁,部门经理;王先生的妻子王太太,33岁,公司职员;宝宝5岁。家庭收入:王先生税后每月收入12 000元,王太太税后每月收入6 000元,王先生一家税后年收入21.6万元。家庭负债:住房贷款余额80万元。王先生一家每月生活支出约6 000元,每月偿还房贷5 500元,年支出13.8万元。他们一家三口都参与了社会保险。现有资产:房产价值150万元,一辆汽车价值30万元,金融资产10万元。

二、风险分析

王先生一家可能面临的风险主要有财产风险和人身风险。

财产风险:机动车辆损失风险、房屋损失风险等财产损失风险,使用机动车辆过程中可能产生的对第三人需要承担赔偿责任的责任风险,可能不能按时偿还房屋贷款的违约风险等财产风险。

人身风险:王先生、王太太、宝宝可能面临的人身风险主要有意外伤害风险、死亡风险、长寿风险、疾病风险等人身风险。

三、保险规划

需要结合王先生一家可能面临的风险和收入情况来制定合理的保险规划。

在财产保险产品方面,应当配置机动车辆保险、家庭财产保险、贷款保证保险等财产保险险种。在机动车辆保险方面,应当首先购买机动车交通事故责任强制保险,并需搭配一定的机动车商业第三者责任险,同时需要按所拥有车辆的实际价值购买保险金额为30

万元的机动车损失保险。应当根据王先生一家所拥有的家庭财产的实际价值来确定家庭财产保险的保险金额。应当根据房屋贷款的余额购买 80 万元的贷款保证保险,以有效应对可能出现的借款人失去偿还贷款能力情况。

在人身保险产品方面,应当配置人寿保险、意外伤害保险、重大疾病保险、医疗保险、教育年金险等人身保险险种。参考家庭经济支柱保障优先原则,应当优先为王先生、王太太购买人身保险产品。根据双十法则,家庭需要的寿险保障金额一般约为家庭税后年收入的 10 倍,王先生、王太太应当购买的人寿保险保障金额约为 216 万元,根据收入比例,王先生可以购买 144 万元,王太太可以购买 72 万元。在险种组合方面,建议采用"定期寿险＋终身寿险"的组合,而且还可以购买部分投资连结保险或万能寿险。因为定期寿险主要是提供死亡保障,而且保费比较低廉,终身寿险可以用于遗产规划,投资连结保险或万能保险则兼具养老的功能。根据经验,意外伤害保险的保障金额一般应为人寿保险保障金额的 2 倍甚至 3 倍以上,建议王先生购买意外伤害保险 300 万元,王太太购买意外伤害保险 150 万元。在医疗保险方面,因为他们都购买了社会保险,其中包含医疗保险,医疗费用得到了一定的保障,建议购买重大疾病保险,附加失能收入保险,并可搭配购买一定的住院津贴型医疗费用保险,从而可以更好地获得医疗费用的保险保障。同时,可以为宝宝购买适度的意外伤害保险与医疗保险,并需购买适度的教育年金险。

王先生一家的税后年收入为 21.6 万元,根据"双十法则",建议王先生一家可以考虑每年在人寿保险方面的保费区间为 1.08 万～3.24 万元,建议王先生一家可以考虑每年在人寿保险方面的消费为 2 万元左右。同时,需要在收入中预留出其他应当购买的保险产品的保费。

应当根据时间的推移,适时调整保险规划方案,比如随着年龄的增长,王先生、王太太可以逐步降低意外伤害保险、定期寿险、收入保障保险的保险金额,进一步增加医疗保险、养老保险的保险金额,从而可以为王先生一家提供更为充分的保险保障。

拓展阅读

扛起家庭责任,配置人生不同阶段的七张保单

幸福的家庭都是相似的,有家有爱有责任。构建幸福家庭的责任感,从一份保险开始。如今,安全与保障,是我们每个人生命中最大的需求。在人的一生中不同的阶段,面临不同的财务需求和风险,这种财务需求可以通过保险来安排。从单身到成家,从养育小孩到面临养老与遗产问题,这是每个人必经的人生历程。在这个历程中,有七张保单是不可或缺的。

第一张:意外险保单

25～30 岁,我们的经济能力有限,我们还在创业或打拼,我们要为人生积累财富,我们还要为买房、买车做准备。尽管我们没有家庭所累,但是风险无处不在,交通事故每天在城市的大街小巷上演。意外已不是小概率事件,生命中错误的一次碰撞总要有人来买单。意外险保单包括意外伤害主险和意外医疗附加险。

选择意外险应该注意的问题:

(1) 未成年时,重在意外医疗,0 免赔的比 100 免赔的要好,不限社保用药的比只报销社保内用药的产品要好。如果已经买了医疗险,那么 1 万～2 万元的医疗险保额足矣。

(2) 给成年人配置意外险,特别是家庭的顶梁柱,既要注意意外伤害保额,又要关注意外医疗的赔付。家庭顶梁柱的保额,建议 50 万元起步。

第二张:医疗险保单,小额医疗险＋百万医疗

30 岁,我们已经开始害怕体检。我们拿着不薄的薪水,小心地规划着未来。生活似乎在按照设想中一步步推进,但是内心里总有那么一点点不安。一大半的都市人处于亚健康状态,大病发病率越来越高,发病年龄越来越低。在感冒一次也能支出上千元的今天,我们的社会医疗保险给付让人没有安全感。疾病是家庭财政的黑洞,足以让数年努力攒下的积蓄一瞬间灰飞烟灭。

医疗险,是报销型的保险,出院之后,社保会报销一部分的治疗费用,一般的普通的住院,社保报销 60%～70%是没有问题的,剩下的社保不报销的,规定的自费的部分,商业医疗险是可以报销的。

医疗险,按照报销额度的不同可以分为小额医疗险和百万医疗险。

小额医疗险:报销额度一般是 1 万～3 万元,社保报销之后就可以报销。主要是平时感冒发烧、小手术报销,一般没有免赔额。报销的比例在 80%～95%,一般只报销社保内用药,好一点的社保外用药也可以报销。

百万医疗险:报销额度一般在 200 万～600 万元,主要解决因为大病住院的问题,有 1 万元的免赔额,社保报销之后,扣除 1 万元的免赔额,剩下的 100%报销。不限社保用药,只要医院合理且必要的治疗费用,都可以报销。除了可以报销治疗费用外,百万医疗还有一些附加的功能,比如重疾绿通,解决就医资源的问题;住院费用垫付,解决钱的问题,在配置的时候都要了解清楚再买。

第三张:重大疾病险保单

重疾险保单,是转移风险、获得保障的方式,也是理财的最佳选择之一。将一部分钱用于购买大病险和大病医疗险,出险的情况下可以获得赔付,弥补家庭收入损失,辅助治病的花费,不出险最终也有回报加收回一笔利息。

重大疾病保险的赔付与医疗险的赔付是不同的,医疗险是花多少赔多少,重疾险是买多少赔多少,重疾险和医疗险是需要同时配置的。

举个例子:某人同时购买了重疾险 50 万元保额,小额医疗险 1 万元保额,百万医疗险 200 万元保额。因为肝癌住院治疗,在经过穿刺活检之后,确认符合恶性肿瘤的理赔条件,保险公司将直接赔付 50 万元给被保险人,用于弥补被保险人因病住院期间的工资收入损失,解决房贷、车贷,以及其他方面的损失。

出险报案之后,百万医疗险的保险公司会同时联系被保险人和医院,提供医疗费垫付服务,直接与医院结算,基本不需要自己出钱。

治疗结束之后,与医院结算,差不多还有百万医疗没有支付的 1 万元需要自己支付,出院之后,联系小额医疗的保险公司报销 1 万元的治疗费用。

在治疗期间,可以不需要担心挂专家号的问题,可以不用担心住院期间没收入的问题,不需要担心住院期间需要支付住院费的问题,也不需要担心用药的问题,百万医疗和重疾险,基本解决了我们因重大疾病住院的问题。

第四张:生命价值保单——定期寿险保单

我们早已经不再拒绝花明天的钱来消费。贷款买房、买车,都市里的"负翁"越来越多,背着贷款日子过得有滋有味,但同时也有压力,万一自己出了问题,谁来还那几十万元甚至更多的银行贷款?

定期寿险保单,是用来避免家庭支柱不能继续赚钱而给家庭带来的灭顶之灾。

一旦被保险人发生身故或者全残,不能继续劳动赚钱时,可以向保险公司申请理赔。

定期寿险性价比是非常高的,30岁周岁男性,缴费20年,保障至70周岁,100万元保额,每年只要3 000多块钱。定期寿险的保额一定要覆盖目前家庭的所有债务,即使发生最极端的情况,也能给家庭一个安稳的保障。

第五张:子女教育金保单

社会在发展,子女教育的成本越来越高,即使是最基础的幼儿园教育,每年至少也要两三万元,小学,初中,高中,每年的学费都要几万元,更不要说给孩子报各种辅导班、兴趣班。上大学之后,学费要钱,生活费要钱,谈恋爱要钱,新衣服、新鞋子都要钱,还要考取各种证书。如果孩子能考上研究生,还需要各种钱。如果孩子还想出国深造,……天哪,想想哪里都需要钱。

望子成龙望女成凤,每个父母都希望自己的孩子能有更好的发展,但是培养孩子是需要成本的,如果有钱可以送孩子去国外留学,如果没有钱,可能连大学都上不起。

所以,初为人父、为人母的我们,需要从孩子出生开始,就为孩子储存一笔可以稳定增值的钱。这笔钱是不建议放在银行的,首先,银行的存款都是短期的,国家利率持续下滑,钱存在银行其实是在贬值;其次,这笔钱放在银行,比较容易被挪用,一旦因为其他事情挪用,那么提前存钱的意义就不在了。

保险公司的理财险都是复利固定增值的,每年3％～4.025％,这个利率是终身不变的利率,将自己年轻时,暂时可以不用的钱存在保险公司,留待几十年后,作为孩子求学、婚嫁的费用。

第六张:养老年金保单

30年后谁来养你？这是我们不得不考虑的问题。当我们越来越习惯了高质量的生活方式的时候,是否想到未来的生活水准可能会一落千丈？很多城市居民都只有一个小孩,当未来出现两个孩子负担四个老人的局面时,指望孩子,对孩子无疑也是一种巨大的压力。规划自己养老问题,是对自己和儿女负责的体现。

在能赚钱的年龄考虑养老是必要的,也是不可回避的。在资金允许的情况下,应该开始考虑买一份养老保险。养老保险兼具保障与理财功能,又可以抵御一部分通货膨胀的影响。养老保险就当尽早购买,买得越早,获得优惠越大。

第七张:资产传承保单

当我们精彩的一生即将画上完美的句号的时候,我们该考虑为孩子留下些什么,留下我们住了一辈子的房子,房子已经住了几十年,子孙们未必会喜欢这套比他们年龄都大的房子。

给孩子留些钱吧,我们多赚点,少花点,可想想自己辛苦一辈子,却没有好好享受生活,心有不甘。

　　解决这个问题最好的办法就是终身寿险,在我们年轻的时候,购买一份100万～300万元保额的终身寿险,一旦我们离开这个世界,孩子们就可以拿到这100万～300万元的保额。而我们,也不需要整天想着为孩子留钱而不舍得吃,不舍得喝,不舍得玩。

　　如果你是高净值客户,保险传承,除了杠杆高的优势之外,还具有很强的私密性,只需要写清楚谁是受益人,一旦保单生效,受益人便可以带着相关资料找保险公司理赔,不需要走公证继承的流程,私密性更强。

　　(资料来源:https://www.sohu.com/a/477322526_737261)

实训任务

实训内容: 大学生保险保障配置规划书

实训目的: 大学生群体朝气蓬勃,活力无限,也是家里的希望,但如果遇上了重大疾病、极端意外风险,靠自己扛过去几乎是不可能的。谁都不知道风险什么时候会降临到自己头上,所以提前给自己配置好保险,就可以帮我们转嫁风险,让自己可以更加安心地生活,在学业上更加专注。

实训要求:

1. 分组讨论,大学生群体应该买哪些保险?
2. 如果每年有3 000元的闲置资金可以用来购买保险,这个金额可以如何配置呢?
3. 完成个人大学生保险规划书,写清具体理由、具体险种和配置。

第六章　住房规划

学习目标

(一) 知识目标

1. 掌握家庭购房的目的,区分消费行为和投资行为。
2. 了解房地产的分类及特点,如住宅地产、商业地产、旅游地产等。
3. 知道房地产投资的风险。
4. 掌握住房贷款的方式和流程。

(二) 能力目标

1. 掌握买房的步骤。
2. 学会买房和租房的决策方法。
3. 理解影响房地产价格的因素。

(三) 思政目标

1. 培养实地调查能力。
2. 重视个人征信的维护。
3. 树立买房风险意识。

案例导入

香港房地产简史

回望香港房地产170多年历史,是一段充满奋斗的历史,是一段令人癫狂的历史,也是一段饱含血泪的历史。房地产见证了香港从渔村小港到国际航运港口中心、金融中心的蜕变,房地产见证了香港工业化及城市化推动的经济腾飞,房地产也见证了无数香港人生活的酸甜苦辣。香港房地产市场的发展历史将行业的周期属性表现得淋漓尽致。有人踏准周期扶摇直上建立无可匹敌的商业帝国,也有人误判周期黯然出局从此退出历史舞台。

"以史为镜可以知兴替",香港房地产170多年的发展历史,为我们提供了大量的样本和经验。无论是宏观行业、中观企业还是微观个人,几乎都能从中窥探到影子,"择其善者而从之,其不善者而改之"才是我们追求的最终目标。

香港房地产发展历史大致分为五大阶段:

(1) 1841—1945年的萌芽探索期,香港快速城市化,同时享受工业化发展的红利,房地产市场经历了从无到有的第一轮发展。此轮周期中,核心的驱动要素是城市化及人口的大量流入。

(2) 1946—1967年时期,战后的香港地产业在杠杆的驱动下快速发展,虽然60年代受其反噬经历了一波调整,但就此奠定了地产业作为香港支柱产业的基础。这一阶段中核心的驱动要素是战后人口的大量回流以及工业大规模的恢复带来的需求端持续旺盛。

(3) 1968—1984年的港英政府时期,香港进一步受益于工业化,同时开始向金融服务业转型,推动房地产市场进一步发展。如今我们耳熟能详的香港四大地产公司亦成长壮大于这一时期。这一阶段,香港得益于其得天独厚的地缘优势,转口贸易等产业蓬勃发展,带动居民收入上升,构成了这一阶段房地产周期的核心驱动要素。

(4) 1985—1997年的过渡时期,告诉我们一个最简单的经济学原理——需求稳定时,减少供给会导致涨价,香港房地产市场也用阶段高点迎来了祖国的怀抱。进入这一阶段后,除了土地供给因素外,利率及资金环境逐渐成为房地产市场重要的驱动因素。

(5) 1997年至今,香港的房价不断创着新高,并不断成为讨论高房价阻碍经济发展时的反例。原因就在于香港房价的核心驱动因素已彻底变为利率和资金面的情况,且这种趋势并没有改变的迹象。

(资料来源:https://www.sohu.com/a/409165438_188910)

第一节 房地产概述

一、房地产的基本含义

(一) 房地产的概念

房地产是房产和地产的合称。地产是指购买土地使用权的开发投资;房产是指物业建成后的置业投资。对个人投资者来说,所说的房地产一般是指房产。家庭购买房产的目的一般有两个:其一是自己居住;其二是获得预期收益。前者是消费行为,后者是投资行为。在现实中,自住和投资并不是区分得很严格。有时自住房产也可以作为投资对象,如出租、出售等。同样,投资性的房产也可自住。

(二) 房地产的类型

1. 按照性质分类

按照性质分类,房地产主要分为以下几种:

(1) 商品房,是指由房地产开发企业开发建设并出售、出租的房屋。

(2) 安居房,是指直接以成本价向城镇居民中低收入家庭出售的住房,优先出售给无房户、危房户和住房困难户,在同等条件下优先出售给离退休职工、教师中的住房困难户,不出售给高收入家庭。

(3) 经济适用房,是指根据国家经济适用住房建设计划安排建设的住宅。由国家统一下达计划,用地一般实行行政划拨的方式,免收土地出让金,对各种经批准的收费实行减半征收,出售价格实行政府指导价,按照保本微利的原则确定。

（4）廉租房，是指政府和单位在住房领域实施社会保障职能，向具有城镇常住居民户口的最低收入家庭提供的租金相对低廉的普通住房。

2. 按照取得的时间分类

按照取得的时间分类，房地产主要分为以下几种：

第一，期房，是指从开发商取得"商品房预售许可证"可以公开发售开始，直至取得"房地产权证"之前的商品房。期房一般没有整体竣工，购房者在购买期房时签订的是《商品房预售合同》，购买后一般需要等待一段时间后才能入住。

第二，现房，是指开发商已办妥所售项目的"房地产权证"的商品房。现房必须是整体竣工并通过验收，购房者在购买现房时签订《商品房买卖合同》，购买后即可入住。

二、房地产的特性

（一）固定性

由于土地具有不可移动性，所有的房产，不论其外形如何、性能怎样、用途是什么，都只能固定在一定的地方，无法随便移动其位置。房地产的固定性可以从三个方面来理解，即自然地理位置的固定性、交通位置和社会经济位置的相对固定性。房地产位置的固定性，使得房地产的开发、经营等一系列经济活动都必须就地进行，从而使得房地产具有区域性的特点。

（二）异质性

由于每一栋房屋都会因用途、结构、材料和面积以及建造的地点、时间和气候条件等不同而产生诸多的相异之处，因此，在经济上不可能出现大量供应同一房地产的情况。这就是房地产的异质性。房地产的异质性产生了房地产投资的级差效益性，即地段的不同决定了房地产价格的不同。例如，通常处于同一城市市区的房地产，其价格就远远高于郊区的房地产。即使在市区，也会因离市中心的远近、人口的密集程度、文化教育的发展程度等不同而不同，黄金地段的房地产价格通常较为昂贵。

（三）有限性

土地自然供应的绝对有限性决定了房地产供应的有限性。虽然人类可以不断地改变和提高土地利用的技术，如填海、提高容积率、利用地下空间等方法来改变土地用途和利用强度，但这并不能有效增加土地面积总量。土地面积总量的一定，使得附着于土地的房屋等建筑物不能无限发展和扩张。

（四）耐久性

一般认为，作为有形资产和合法权益的载体的土地成本是不可毁灭的。土地可能被开采、腐蚀、淹没或者荒废，但是在地球表面上指定的位置是永远存在的。同时，土地在正常情况下是不会损坏的，它具有永恒的使用价值。土地上的建筑物一经建成，只要不是天灾人祸或人为的损坏，其使用期限一般都可达数十年甚至上百年。因此，房地产具有比一般商品更长久的使用期限。

（五）可分割性

持有权是法定权利的结合体，包括占有权、使用权、受益权和处置权。在必要及法律许可的情况下，所有权中的这些权利可以分别出售或转让给不同的生产者和消费者。例如，当国家将土地使用权以一定的方式赋予土地使用者时，其法律意义不仅仅是土地所有权和使用权的分离，而是将土地使用权的一部分有条件地转让了。

（六）保值增值性

房地产的保值性是指投入房地产领域的资金的增值速度能抵消货币的贬值速度，或者说将资金投入某宗房地产一段时间后所收回的资金，可保证完全能够买到当初的投资额可以购买到的同等的商品和服务。由于土地是不可再生的自然资源，随着社会的发展、人口的不断增长，经济的发展对土地需求的日益扩大，建筑成本的提高，房地产价格总的趋势是不断上涨，从而使房地产有着保值和增值的特性。

三、房地产投资的方式

房地产投资是以获取期望收益为目的，将货币资本投入房地产开发、经营、中介服务和房地产金融资产的经营活动。目前，房地产市场上出现的投资方式归纳起来大致可分为两类：一类是房地产实物投资；一类是房地产金融投资。

（一）房地产实物投资

1. 直接购房

投资者用现款或分期付款的方式向房主或房地产开发商直接购置房屋，可自住，也可出租或出售。这是一种传统的投资方式，也是投资者最常用的一种方式。当然，根据风险与收益对称的原理，投资者在可能获取较高收益的同时也面临较大的风险。如果投资者完全用自有资金买房，若房屋不能及时变现，投入的资金就被套牢。如果是通过贷款支付房款，就背上了长期支付利息的包袱。

2. 以租养贷

投资者先付首期房款，其余部分通过银行贷款解决，然后出租此房屋，用租金来偿还贷款，贷款还清后将完全拥有此套房屋。此种方式下，花费少量的资金即可拥有自己的房屋，同时又没有长期的还款负担，适合当前已有相当大数量资金，但以后收入可能不稳定的家庭。

3. 买"楼花"

买"楼花"即投资者购买预建的楼盘，只需支付房款的10%，待到建成一半时，再支付10%。当房屋完全建成交付使用时，再缴纳余下的房款。这种投资方式的好处之一是资金成本较低，首期付款只为楼价的10%。其次是利润高，楼价只要上涨10%，与所付的首期相比，资金报酬率可达100%。当然，买"楼花"也有较大风险，其中主要是来自市场方面的风险。从购买"楼花"到房屋建成一般需要2~3年，这期间房地产市场很难预料。因此，洞悉住房价格的走势，是这种投资方式成功的前提。

（二）房地产金融投资

1. 房地产投资券

房地产投资券是由房地产开发公司发行的一种债券。与住房实物投资不同，购买了房地产投资券的投资者不是通过出租或出售住房而获利，而是在投资券到期清盘时，由房地产开发公司与其结清本息。其特点是：流动性较好，收益稳定。

2. 房地产证券

房地产证券是指将房地产按价值单元分割成小的单位，每一单位都是具有一定价值的所有权凭证。它与普通股票有相似之处，都表明拥有所投资金的产权。但是，对中小投资者而言，购买股票只能通过变现获利，不可能真正成为公司的一员。而房地产的使用性决定了房地产证券的持有者既可在其升值时将其变现，又可根据个人需要按约定价格购买房产，一举两得。

由于目前我国房地产金融投资还处于研讨和摸索阶段，所以最常见的房地产投资主要指实物投资。

四、房地产投资的风险

投资的风险是指投资收益的不确定性，房地产投资与其他的投资一样具有投资风险。具体地说，房地产投资面临的风险主要有以下几种。

（一）流动性风险

房地产是一种比较特殊的商品，它不能移动和运输，属于不动产。因此，投资于房地产项目中的资金流动性差、变现性也差，不像其他商品那样可以轻松脱手，容易收回资金。另外，房地产企业从获得土地使用权到开发建设房屋，最后向客户出售或出租，这一过程需要很长时间，有的甚至需要几年。投资者如果急需用钱，不能像其他商品的投资一样，能迅速将商品转手变现。由于房地产存在这种不动产及买卖具有区域固定性的特征，因此，房地产投资者应该注意流动性及变现性差所带来的风险。

（二）购买力风险

由于房地产建设周期较长，占用资金又较多。因此，投资房地产还需要承担经济周期性变动所带来的购买力下降的风险。当整个社会经济出现繁荣景象时，需求的增长将促进房地产保值，并有一定幅度的增值。当整个社会经济出现萧条或通货膨胀时，房地产本身不会因此而大幅度贬值，投资于房地产的资金仍然能够起到保值的作用。但是，由于社会整体受到通货膨胀的冲击和影响，同样数量的货币能够购买的商品数量可能已远不如通货膨胀之前，无形之中，人们的购买力水平明显下降，这一下降就会直接影响到人们对房地产的消费水平。这样，虽然房地产本身能保值，由于人们已经降低了对它的消费需求，也会导致房地产投资者因房地产闲置或无人问津等因素遭受一定的损失。

（三）市场风险

任何国家的房地产都会受到社会经济发展趋势和国家相关政策的影响，如果经济繁荣、政策鼓励支持，则房地产价格看涨；相反则会看跌。因此，对投资者来说，这些因素是应该充分考虑的,若投资者不注意经济形势和宏观政策形势的变化,很可能遭受跌价带来的巨额损失。

(四) 交易风险

目前我国的房地产市场还是一个不充分的市场,其特征就是信息不充分。投资者对交易过程中的诸多细节了解得不详尽,有可能造成不必要的损失。例如,投资者购买一套住宅,由于在房屋的上、下水管道和结构上存在风险,不管是自用还是出租,投资者都要承受一定的风险,甚至遭受较大的损失。另外,房地产商品不同于一般的商品,即使是外形、尺寸、年代、风格建筑标准或任何方面都相同的建筑,只要建设位置不同,其价值就将有很大差异,这种特征也是投资者需要注意的一个不确定因素。所以,投资者在投资房地产时,一定要注意不同位置上同一类房屋价格的差距,以免遭受损失。

(五) 自然风险

房地产投资者还要承担自然灾害等人力不可抗拒因素所带来的风险,如地震、洪涝、飓风等自然现象都会使投资者遭受损失。这种风险虽不常发生,但一旦发生所带来的危害是巨大的,投资者在心理上应有所准备。

五、房地产投资的优缺点

(一) 优点

第一,可观的收益率。投资房地产的收益主要来源于持有期的租金收入和买卖差价。一般来说,投资房地产的平均收益率要高于银行存款和债券,并仅次于投资于股票的收益率。对于像我国这样一个人口众多,并且正逐渐向工业化、城市化转型的国家来说,城市房地产的增值潜力更大。我国的城市化率正逐年提高,庞大的市场潜力意味着现有城市规模的扩张,这必然伴随着一、二线城市边缘地价的升值以及城市现有土地或住房价格的升值。

第二,财务杠杆效应。财务杠杆效应,用通俗的话来说就是利用别人的钱为自己赚钱。如果一处房产其价值为 100 万元,年租金收益率为 10%,而如果你完全从银行取得贷款来投资,且贷款利息只有 5%,房屋年折旧 2%,粗略估计你就可以不用任何花费便每年净赚 3 万元,此即财务杠杆的道理。实际上,即使你以所投资的房地产为抵押,出于贷款安全性考虑,银行也不会为你提供 100% 的贷款,但在通常情况下由于房地产价值的相对稳定性,银行愿意提供所购房屋价值 60%~80% 的贷款。在上面的例子中,如果银行提供 80% 的贷款,那么你得投资自有资金 20 万元,贷款利息负担减少了 1 万元,投资 20 万元的年收益就为租金收益 10 万元减去利息费用和折旧费用的总和 6 万元,年收益率为 20%。如果全部由自有资金投资,年收益率就将下降为 8%。

从财务学的角度来看:

自有资金回报率=资产回报率+(资产回报率-债务利息率)×负债权益比率

如果资产回报率高于债务利息率,那么负债权益比率(即杠杆率)越高,自有资金回报率也越高。因此,房地产价值的相对稳定使得银行愿意对房地产投资进行较高杠杆的融资,从而为房地产投资取得较高回报创造了有利条件。

第三,所得税优势。能够得到所得税抵免是房地产投资的另一优势。尽管各国税法不同,从房产投资中所得到的税收好处也不同,但其基本原理大同小异。一般来说,在大多数西方国家,购房贷款的利息、房屋的折旧都可以抵减应税所得,这样利用银行贷款买房就比租房更合算。如果租房,只需缴纳租金;如果买房,需要付息还本。在一个均衡的市场上,房屋的租金一般要弥补占用资金的利息成本和房屋本身的折旧费用,如果将折旧看成还本,那么买房与租房的实际每年支出可能相差不多。但是房租是在税后支付的,而贷款买房,还本付息的金额是在税前支付的,这就是贷款买房的避税优势。

自有资金购房,就没有利息支出,而只能得到折旧这一部分的避税优势。如果所购房屋在以后出售,那么折旧的提取就降低了账面成本,从而增加了卖出时的资本利得。在需要对资本利得纳税的国家中,以前通过提取折旧规避的税收在卖出时又需要补上,从而使得折旧这种税收规避优势不那么明显。但是延迟纳税的好处也不可忽视。

目前,我国个人所得税制度还不完善,对住房投资不仅没有上述的税收优惠,反而还有更高的负担。因为对居民房屋出租所得还要单独征收若干的所得税。事实上,许多国家之所以对住房投资实行这样的税收制度,是基于"有恒产者有恒心"这样一个道理。有着高比例的私人所有的房地产的国家,将更稳定,并且公民会更遵纪守法。另外,立法者通常会受到拥有话语权的比较富裕的阶层的影响,从而倾向于对房产投资实行优惠政策。

第四,对抗通货膨胀。银行存款、债券的价值往往会受到通货膨胀的影响,而实物投资或者对实际财富享有所有权的投资,如房地产、股票,往往能够抵消通货膨胀造成的实际财富的损失。对我国的投资者来说,由于股票市场还不完善,投资价值不高,房地产投资无疑成为一种良好的对抗通货膨胀的手段。

在通货膨胀时期,一方面,建材价格、工资的上涨使得新建住房的成本大幅上升,从而使得住房价格上涨。另一方面,通货膨胀使得各项消费成本上升,租房费用即租金也会随之上涨。通过后面的房地产估价不难看出,不管是采用哪种估价方法,房地产价格都会上涨。另外,通货膨胀会带来有利于借款者的财富分配效应。在固定利率贷款的房地产投资中,通货膨胀在房地产价格和租金上升时,贷款本金和利息是固定的,因此投资者会发现其债务负担和付息压力实际上大大减轻,个人净资产也相应增加。

(二) 缺点

第一,缺乏流动性。一般来说,房地产不是标准化产品,也没有公开交易的二级市场,因此房地产投资的流动性相对要低一些。买卖房地产很费时,并且房地产不可能在任意时间里很容易地按市场价格或者接近市场的价格出售。此外,购买和销售的费用也很高,一般来说完成一次交易,交易各方需要承担2%~3%的税费。对于以自有资金投资的房地产,在需要流动性的时候也可向银行抵押贷款,但成本也不小,并且房地产价值评估以及银行发放贷款都需要时间。

第二,需要大笔首期投资。在房地产投资中,通常有一大笔首期投资额。例如,购买一处价值100万元的住房,投资者一般得支付20%~30%的首期投资,一开始就需要20万~30万元。

第三,房地产周期与杠杆带来的不利影响。房地产市场也呈现明显的周期性特征。在房地产市场周期中的衰退期,当房地产的价格(和租金)下降时,对投资者非常有利的财务杠杆就变得对投资者非常不利了。一旦租金收益率下降超过某个点,那么投资者的现金流将变成负数,原本有利的财务杠杆变成了债务包袱,并且此时杠杆越高越不利。

第四,风险不确定性高。房地产被许多人认为是一种本质上风险很高的投资形式。它的地理位置和固有特征一般是难以改变的。首先,当一些不利的变化发生时,房地产的市场价格和租金都会大幅下降。比如,当城市区划改变,政府增加房地产税,某地区的大公司突然搬迁,或者附近新建的楼宇相继落成等。其次,在经济衰退时期,房地产价值的下跌速度与其他投资的下跌速度一样,有时甚至会更快,此时房地产投资可能就不如持有名义资产,比如存款或者债券划算。与此同时,在对抗通货膨胀时的优势——作为债务人的财务分配效应,也变成了劣势。

第二节 房地产价格的构成及影响因素

一、房地产价格的构成

房地产价格是房屋建筑物价格和地产价格的统一,是开发、建设、经营房地产过程中,所耗费的全部社会必要劳动所形成的价值与地租资本化价格的综合性货币表现。因此,在房地产价格的构成中,一部分来源于土地开发和房屋建造安装所形成的价值,另一部分来源于土地租赁的资本化收入。

(一)房地产价格构成的基本要素

1. 土地价格或使用费

土地所有权转让或使用权出让的价格在房地产中占很大的比重。它主要取决于土地的地理位置、用途、使用时间、建筑容积率。一般而言,地价在房地产价格中所占的比重随着地价的上涨和房屋的陈旧而相应提高,随着容积率和建筑安装造价的增加而下降。

2. 房屋建筑成本

房屋建筑成本主要包括土地开发费、勘察设计费、动迁用房建筑安装工程费、房屋建筑安装工程费、管理费和贷款利息等。其中,土地开发费主要包括临时房屋搭建费,自行过渡补贴费,临时接水、电、煤气和平整土地费等。管理费主要指房屋建设中支付的各项管理费用,包括职工工资、办公费、差旅费、车辆使用费和广告费等。

3. 税金

税金主要包括城市维护建设税、教育费附加、土地增值税等,这部分税种和税率经常调整,因此,不同时期的税种和税率往往不同。

4. 利润

房地产开发企业是一个相对独立的利益主体,即开发经营目标和其他利益主体一样,追求利润最大化,因此,利润也就成了房地产价格不可或缺的一部分。

(二) 房地产价格构成的其他要素

房地产价格的构成,除了上述四大主要因素之外,还有其他一些次要因素。例如,房屋装修标准的高低及质量的好坏、房屋设备质量的好坏、房屋附属设施的完备程度等,这些因素在一定程度上也影响了房地产的价格。

1. 房屋装修

随着房屋装修的普及,人们的房屋装修标准日益提高,房屋装修成为房地产价格的重要构成要素。

2. 建筑地段、楼层和朝向

地段差价是指同一地区的同类房地产,由于所处地段不同而引起的价格差异。楼层差价是根据高层或多层房屋的间距、总层数、光照时间等具体情况的差异而形成的价格差异。朝向差价主要是根据当地的气候、主风向、光照和当地人们生活习惯等确定的房屋朝向差价。

3. 房屋的折旧和完好程度

房屋的折旧主要是指因时间的因素所造成的房屋价值的降低。房屋的完好程度主要是指在具体的使用过程中,由于使用方法不同而造成的相同房屋的不等量磨损程度。在具体的操作中,可以根据房屋的自然损耗、房屋维修和保养情况来确定房屋完损的等级。

二、房地产价格的影响因素

房地产价格受多种因素影响,根据各种影响房地产价格因素自身的性质,可以将其分为经济因素、社会因素、行政因素、自然因素和其他因素。

(一) 经济因素

经济因素对房地产价格的影响是多方面的,而且较为复杂,各种经济因素影响的程度和范围也不尽相同。影响房地产价格的经济因素主要有供求状况、物价水平、居民收入和消费水平及利率水平等。

房地产的供求状况是国民经济发展的重要反映,无论是供过于求还是供不应求,都不利于国民经济的发展和人民生活条件的改善。供求关系的平衡状况直接影响价格的变动和走势,从而促使市场趋于供求均衡的状态。

房地产的价格水平是整个社会物价水平的组成部分,社会物价水平的变动将直接影响货币的实际购买力状况和人们对商品的需求,并进而影响到房地产价格。

利率水平是资金的使用成本的反映,利率的上升不仅带来房地产开发成本的提高,也将提高房地产投资者的机会成本,进而降低房地产的社会需求,导致房地产价格的下降。但是这种影响并不是一个必然的规律,房地产的价格是受多种因素的影响,在市场投机状况严重或者利率水平较低的情况下,利率的上升并不必然使房地产价格下降。

(二) 社会因素

影响房地产价格的社会因素,主要有社会治安状况、居民法律意识、人口因素、风俗习惯、投机状况和社会偏好等多个方面。

第一，社会治安状况。社会治安状况直接影响到居民人身安全及财产的保障问题，从而对房地产的需求产生推动或抑制的作用。

第二，居民法律意识。居民法律意识是指居民遵纪守法的自觉程度，这主要和居民的素质有密切关系，如一些开发商为了促进房地产的销售就打出了"高校教师住宅区"等宣传口号来吸引投资者购买。

第三，人口因素。人口因素包括人口的密度、人口素质和家庭规模等相关内容，房地产的需求主体是人，因此人口因素对房地产价格至关重要。人口数量通常与房地产价格呈正相关。随着外来人口或流动人口的增加，房地产的需求也会上升。人口数量的衡量指标是人口密度。人口密度对房地产价格的影响是双向的：一方面，人口密度有可能刺激商业、服务业等产业的发展，提高房地产的价格；另一方面，人口密度过高造成生活环境恶化，有可能降低房地产的价格。

第四，风俗习惯。比如一些地区的居民有"看风水"的习惯，凡是被"风水先生"判定为好的产品，购买者往往愿意支付高于正常水平的价格进行购买，否则即使价格很低，也有可能销售不出去。

第五，投机状况。房地产投机是建立在对未来房地产价格预期的基础上的。房地产价格节节上升时，那些预计房地产价格还会进一步上涨的投机者纷纷抢购、哄抬价格，造成一种虚假需求，无疑会促使房地产价格进一步上涨。而当情况相反时，那些预期房地产价格还会进一步下跌的投资者纷纷抛售房地产，则会促使房地产价格进一步下跌。另外，当投机者判断失误或者被过度的乐观或恐慌的气氛驱使时，也可能造成房地产价格的剧烈波动。

第六，社会偏好。对于买房还是租房，随国情的不同有很大的差异。在买房时，不同收入、年龄、职业的人群对交通、小区环境、配套设施、房型、价格、区域、楼型、学区、开发商和物业等因素关注程度不同。社会因素对房地产价格的影响具有多方面性、复杂性和综合性等特征，它的作用方式不如经济因素那样直截了当，作用过程也比较长，是一种渗透性的影响。

（三）行政因素

影响房地产价格的行政因素，是指影响房地产价格的制度、政策、法规等方面的因素，包括土地制度、住房制度、城市规划、税收政策与市政管理等方面。土地制度明确了土地的使用权、所有权和限转期限等方面的内容，对房地产的价格将产生直接的影响。我国住房制度的改革使住宅走向社会化、市场化和商品化，从而推动了房地产价格的市场回归，而经济适用房制度、安居工程等又对房地产价格起到了调节的作用。城市规划中确定的地块的规定用途、容积率等指标对房地产价格也有很大的影响。税收政策直接影响了房地产开发、购置和投资的成本，从而对房地产的供给与需求价格产生双向的影响。此外，市政设施的配套程度和管理水平也将直接影响房地产的环境水平，并进而影响到房地产的价格。

（四）自然因素

自然因素主要是指房地产所处的位置、地质、地势、气候条件和环境质量等因素。房地产所处的位置是房地产区位的反映，位置的优劣直接影响房地产所有者或使用者的经济效益、社会影响和生活的满足程度。房地产行业有一句名言：第一是地段，第二是地段，第三还是地段。地段的好与差决定了楼价的高低。地段是决定房产能否保值、增值的关键因素之一。居住用房地产的价格，通常与周围环境、交通状况和距市中心的远近程度有密切的关系。商业用房地产的区位优劣则主要看其繁华程度及临街状况。房地产中的地段并不是一个简单的空间位置概念，它不单单指房地产的自然地理位置，更多是指房地产的经济地理位置、环境地理位置和文化地理位置，或者说是它们的综合。我们说一宗土地、一栋房屋的地段良好，不仅是因为它地处城市中心，更主要的是因为该地段商业繁荣、交通便利、生活服务及文化娱乐配套设施完善等。同时，地段不好也不是因为该房屋地处偏远，更主要的是因为经济欠发达，交通不方便，缺少生活服务及文化娱乐设施等。此外，地段是发展变化的。地段的好坏优劣是城市在长期发展中形成的，是地理条件及经济、文化、社会等多种因素相互影响、共同作用的结果，必将随着城市经济、文化、人口、市政设施的发展变化而变化。自然环境的改变、经济水平的不均衡发展、社会环境的变迁、人口的迁移、市政设施的改变等都会导致地段等级的升降。

交通状况对房地产价格的影响也是非常重要的。它包括区外交通和区内交通两个方面。交通方便，社区才有发展空间，也才有升值空间。在区外交通方面，应主要考虑小区出入是否方便，公共交通网络是否发达，交通网络与住宅区的相连是否合理、方便，未来市政发展是否有利于此处交通的改善等。居住区内的交通分为人车分流和人车混行两类。目前作为楼盘常见卖点的人车分流，即汽车在小区外直接进入小区地下车库，车行与步行互不干扰。小区内没有汽车穿行、停放、噪声的干扰，小区内步行道兼有休闲功能，可大大提高小区环境质量，但这种方式造价较高。人车混行的小区要考察区内主路是否设计得"通而不畅"，以防过境车流对小区的干扰；是否留够了汽车的泊位，停车位的位置是否合理，一般的原则是露天停放的汽车尽量不要进住宅片区，停车场若不得不靠近住宅，应尽量靠近山墙而不是住宅正面。

（五）其他因素

除了前述的几种因素外，房地产的价格还受到住房质量、开发商实力、物业管理状况、采光度等因素的影响。

第一，住房质量和开发商实力。建筑质量和装修标准是物业的内在品质。建筑方面主要考察建筑商是否拥有相应的施工资质，是否是国内外知名企业等。在装修上则要考察大堂、过道、外墙、窗、电梯的档次和质量是否达到一定的标准。开发商的实力、信誉是一个项目成功与否的关键。投资者应该着重考察的是开发商是不是国内外知名企业，在国内外曾成功开发过哪些项目，特别要考察的是开发商的承诺可兑现性有多大，信誉有多高。

第二，房型设计。优质的房型首先讲究实用性与美观性兼顾，不仅满足自住，更能兼顾出租的需要。其次也讲究房型设计的超前性，能适应未来家庭结构的变化。

第三,市政配套。齐全的市政配套是生活的保障。市政配套功能是否齐全,能否到位,能否在近、远期符合需求,居住区内配套公建是否方便合理,是衡量居住区质量的重要标准之一。

此外房屋的朝向、楼层、住户档次和周边文化环境等都是影响房价的因素。好的朝向及楼层不仅决定了室内的采光、风景及通风条件,更与楼价及有无升值潜力有着密切的关系。周边文化氛围主要考察小区周围的学校和其他文化设施,以及该地区未来发展是否有利于改善其文化水平的档次。

第三节　居住规划

一、买房

(一) 买房的步骤

1. 买房的知识准备

多数购房者,平生是第一次买房。而房地产市场是一个非充分竞争的市场,买卖双方信息都存在不对称的现象。购房者需要通过增加房地产方面的知识,主动缩小与房产中介之间在业务知识方面的差距,减少盲目购买或者上当购买的机会。尤其是购买二手房的时候,需要注意楼盘的房龄、房屋的完好程度,以及原来业主出售住房的原因等方面的情况。此外,还需要了解购房过程中涉及的房贷、税收、费用等方面的相关知识。

2. 搜集、分析房地产信息

通过房地产中介、报纸广告、房地产网站,搜集房地产信息;对于那些比较中意的房地产,可以通过看房,进一步了解相关信息。这些信息包括楼盘、房源、房价、供求情况,以及房价是否存在议价空间等。当购房者去拜访房地产中介的时候,通过与中介营销工作人员的交流,房地产中介会推荐购房者需要的房地产,这是其他渠道所无法比拟的。然而,出于自身利益的考虑,房地产中介常常会采用各种方法,影响购房者尽快做出购房决策,这会影响购房者的判断。通过房地产网站搜集信息,可以在短时间内获得大量信息。然而,这些信息可能鱼龙混杂,泥沙俱下,难辨真伪。当你在网上看到一条非常中意的房地产信息,与提供信息的中介联系时,常常会被告知"该房已经售出"。

每套住房都是不同的,不管是多层住宅、电梯房,还是别墅。所以,在搜集到一些房地产信息以后,需要认真分析、比较。在购买二手房的时候,还要注意房龄、房子的装修和保养情况,甚至要结合是否带租约、带家具和家电等因素做出综合考虑。

3. 购房实施

通过前期一系列的准备工作,购房者确定了购房的具体对象,开始与开发商(买新房),或者业主(买二手房)进行谈判磋商。这种商务磋商,对于多数没有相关交易经历的购房者而言,是一个非常艰难、充满风险的过程,变化也是比较大的,没有统一的程式,只能相机抉择。可以考虑如下几个方面：

选择自己的房屋，要从小区的整体规划入手，对整个项目有个通盘考虑。一般来讲，能占据最多小区绿化的楼盘位置最好，因为绿化不仅是赏心悦目的景观，它对隔离噪声、粉尘，制造良好的小气候，比如湿度、温度等十分有效。在购房过程中，要更多征求家人的意见，不要因售房工作人员的营销手段，而迷失了方向。开发商在楼盘的销售上有一整套的销售技巧，其中包括优惠、折扣、营造一种抢购态势等。

4. 签单与过户

在预售登记、合同签署阶段，需要征询律师的建议，因为房产纠纷的产生多半是由于合同出现了问题。近年来，一些地方政府管理部门出台许多政策，改善房地产交易环境，规范交易行为，保护购房者的利益。例如，强制实行规范合同文本，强调开发商的责任，加强对开发商的监管等。

交易与过户中的契约有预售契约和买卖契约两种，预售契约用于期房的销售；买卖契约则用于现房交易。立契过户是开发商和购房者进行交易、更换房屋产权不可缺少的重要环节。立契过户应该是买房人亲自办理的，如果不能亲自办理而需他人代办的，买房人一定要办理完整的代理委托的相关手续。对此，购房者必须清楚，代理委托之后，其交易的结果将由被委托人全部承担，所以要格外慎重，最好是亲自前往办理相关手续。

5. 验收与入住

在取得新房钥匙以后，要经过验收才能入住。验收的时候，需要注意验收房屋的标准，还需要清楚不合格的房屋是否有权向开发商拒收，这个阶段需要在专家的指导下进行。在办理入住之前，购楼者还需要交清合同款，办理结算；开发商要统一审核付款情况，每期付款的底单复印件都须立档保存，在住时以供审核。购房人持合同就可以到物业管理公司拿钥匙，拿钥匙时，要求签订物业管理公约。

装修在购房之中是一个重要环节，有部分购房者购买的是毛坯房，自己再找装修公司进行装修，此时发生的纠纷和业务已和购房没有关系。购买装修房屋的购楼者需要在验收房屋的装修时小心检查。

（二）买房贷款

1. 商业性个人住房贷款

（1）商业性个人住房贷款的概念。商业性个人住房贷款，又称按揭贷款，是银行用其信贷资金，具体指具有完全民事行为能力的自然人，购买本市城镇自住住房时，以其购买的产权住房（或者银行认可的其他的担保方式）为抵押，作为偿还贷款的保证而向银行申请的住房商业性贷款。

（2）商业性个人住房贷款可选择的贷款方式。目前商业性个人住房贷款有三种贷款担保方式可供借款人选择，这三种贷款担保方式为住房抵押贷款担保、权利质押贷款担保和第三方保证贷款担保，借款人可以根据自己的情况选择其中的一种。

第一，住房抵押贷款担保。以住房抵押作为贷款担保，贷款银行可接受的抵押物有所购买的住房、自己已经拥有的住房。如果借款人以所购住房做抵押，按贷款银行的规定，则不需要对抵押物进行评估,对借款人来说可以节省一笔评估费用;如果以自己已经拥有产权的住房做抵押,则该抵押物需要经过银行指定的评估机构进行评估,抵押人需要支付一笔评估费用,目前评估费用是按照政府规定的房地产评估收费标准收取的。以住房作为贷款担保,借贷双方要按有关法律法规,到房地产管理机关办理抵押物登记手续,抵押登记费用由借款人承担。借款人选择抵押作为贷款担保方式,还需按规定到贷款银行认可的保险公司购买抵押物财产保险和抵押保证保险,并明确贷款银行为本保险的第一受益人。采取抵押担保方式,借款人要支付抵押登记费用、保险费用和抵押物评估费用。如果借款人经济条件较为富足,这种方式是较理想的选择,也是银行最愿意接受的贷款担保方式。

第二,权利质押贷款担保。以权利质押作为贷款担保,银行可接受的质押物是特定的有价证券和存单。有价证券包括国库券、金融债券和银行认可的企业债券,存单只接受人民币定期储蓄存单。借款人申请质押担保,贷款质押权利凭证所载金额必须超过贷款额度,即质押权利凭证所载金额要至少大于贷款额度的10%。各种债券要通过银行鉴定,证明真实有效方可用于质押。人民币定期储蓄存单要有开户银行的鉴定证明及免挂失证明。借款人在与银行签订贷款质押合同的同时,要将有价证券、存单等质押物交由贷款银行保管,并由贷款银行承担保管责任。如果借款人要求进行公证,双方可以到公证机关办理公证手续,公证费用由借款人承担。选择质押贷款担保方式,要求居民家庭有足够的金融资产,依靠这些金融资产完全可以满足购房消费的需要,只是购房时难以变现或因变现会带来一定的损失而不想变现。因此,采取质押方式,只有少数人才能做到。

第三,第三方保证贷款担保。以第三方保证作为贷款担保,此种方式需要借款人提供贷款银行认可的保证人,按照贷款银行的规定,保证人必须为企业法人、为借款人提供贷款保证为不可撤销的连带责任保证。借款人选择这种担保方式,首先要了解银行认可的第三方法人保证人需具备的条件。从银行的有关贷款规定来看,借款人要提供第三方法人的营业执照复印件;第三方法人能独立核算、自负盈亏;有健全的管理机构和财务管理制度,有相当于AA级以上的企业信用等级。若第三方法人不符合这些条件或不符合其中任何一条,都不能通过贷款银行的审查。虽然资信好的非公益事业单位法人按规定也可以为本单位职工提供贷款担保,但需要贷款银行认可才行。选择第三方保证作为贷款担保有一定难度,首先第三方法人是否愿意做这种承担连带责任的保证人;其次,第三方法人做承担连带责任的保证人的资格是否会被银行认可。因此,对大多数购房借款人来说,这种方式不易成功。当然,产权单位按照房改政策出售公有住房,愿为职工提供贷款担保外,这里仍存在银行对担保资格审查的问题。

(3) 贷款条件。目前我国商业性个人住房贷款对象为具有完全民事行为能力的中国自然人,必须符合以下的贷款条件:

① 有当地常住户口或有效居留身份(如身份证、户口簿、军人证件、暂住证等)。
② 有稳定的职业和收入。
③ 信用良好,有按期偿还贷款本息的能力。
④ 有贷款人认可的资产作为抵押或质押;或借款人不能足额提供抵押(质押)时,有贷款人认可并符合规定条件,具有足够代偿能力的单位或个人作为偿还贷款本息并承担连带责任的保证人。

⑤ 贷款行规定的其他条件。

(4) 贷款期限。一般从 15 年至 30 年不等,各家银行的规定有所不同。

(5) 还款方式。首先,一次性还本付息。根据各银行的规定,贷款期限在 1 年之内(含 1 年)的,还款方式采取一次性还本付息,即一次还清期初的贷款本金加上整个贷款期内利息的总额。计算公式为:

$$到期一次还本付息额 = 贷款本金 \times [1 + 年利率(\%)] \quad (如贷款期为 1 年)$$

或

$$到期一次还本付息额 = 贷款本金 \times [1 + 月利率(‰) \times 贷款期(月)] \quad (如贷款期不到 1 年)$$

式中,月利率 = 年(名义)利率 ÷ 12。

其次,等额本金还款法。等额本金还款法是一种计算非常简便、实用性很强的还款方式。基本算法原理是在还款期内按期等额归还贷款本金,并同时还清当期未归还的本金所产生的利息。方式可以是按月还款和按季还款。由于银行结息惯例的要求,很多银行都采用按季还款的方式。其计算公式如下:

$$每季还款额 = 贷款本金 \div 贷款期季数 + (本金 - 已归还本金累计额) \times 季利率$$

再次,等额本息还款法。个人购房抵押贷款期限一般都在一年以上,除了等额本金还款法以外,最主要的还款方式是等额本息还款法,即从使用贷款的第二个月起,每月以相等的额度平均摊还贷款的本金和利息。其计算公式如下:

$$每月等额还款额 = 贷款本金 \times \frac{月利率 \times (1 + 月利率)^{还款期数}}{(1 + 月利率)^{还款期数} - 1}$$

式中,还款期数 = 贷款年限 × 12。

2. 住房公积金贷款

(1) 住房公积金贷款的定义及特点。住房公积金制度是为解决职工家庭住房问题的一种政策性融资渠道。住房公积金由国家机关、事业单位、各种类型企业、社会团体和民办非企业单位及其在职职工各按职工工资的一定比例逐月缴存,归职工个人所有。住房公积金专户存储,专项用于职工购买、建造、大修自住住房,并可以向职工个人提供住房贷款,具有义务性、互助性和保障性特点。

个人住房公积金贷款为政策性住房公积金发放的委托贷款,指缴存住房公积金的本市职工,在本市城镇购买、建造、翻建、大修自住住房时,以其所拥有的产权住房为抵押物,作为偿还贷款的保证而向银行申请的住房公积金贷款。

与个人住房商业贷款相比,住房公积金贷款有以下几个显著的特点:

① 住房公积金贷款利率比商业银行住房贷款利率低。
② 对贷款对象有特殊要求,即要求贷款人是当地公积金系统公积金缴存人。
③ 对贷款人年龄的限制不如商业银行个人住房贷款那么严格,通常没有年龄上限的限制。
④ 贷款额度一般大于商业银行个人住房贷款。

⑤ 对单笔贷款最高额度的规定也有所不同。一般来说,商业银行住房贷款对单笔贷款最高额度没有严格规定,而公积金贷款额度相对较低。

(2) 住房公积金贷款的贷款对象。住房公积金贷款的贷款对象是在本地购买自住住房,同时在当地住房资金管理中心系统缴存住房公积金的住房公积金缴存人和汇缴单位的离退休职工。

(3) 住房公积金贷款的贷款条件。

① 具有当地城镇常住户口或有效居留身份(如身份证、户口簿、军人证件、暂住证等);

② 具有稳定的职业和收入,有偿还贷款本息的能力;

③ 具有购买住房的合同或有关证明文件;

④ 符合住房资金管理中心规定的其他条件。

(4) 贷款期限。与个人住房商业贷款相类似,一般 15~30 年不等,各家银行规定有所不同。

(5) 住房公积金贷款的还款方式。与个人住房商业贷款相类似,以一次性还本付息、等额本金还款法和等额本息还款法为主,等比累进还款法、等额累进还款法、增本减息法和宽限期还款法用得较少。

二、租房

从货币角度衡量,解决居住问题,有时候租房比购房更加划算。然而,租房无法获得房地产增值带来的收益,又可能面临因为业主毁约而不断搬家的窘境,有一种漂泊、不稳定的感觉。如果能够购入"自己"的房子,那么就会有一种归属感,感觉到在一个城市得以稳定下来。当然,租房也有不少优点:一个事业尚未定型的年轻人,可能会面临多次择业的机会,探索自己未来的发展方向。如果是租房,那么就可能在新的公司附近选择新的居住地点,而不必顾忌因交通不便而放弃一份好工作。租房完全可以按照工作地点而不断变换居住地点。而且,现在很多租房都带有家具,居住方便。此外,一些经济上收入比较低、生活比较困难的人,也无法承担购房所需要的巨额支出。为此,政府将通过各种保障性的措施,为这些群体的人提供租房便利,解决他们的居住困难。

(一) 租房的类型

(1) 政策性租赁房,是指通过政府或政府委托的机构,按照市场出租价格向中低收入的住房困难家庭提供可租赁的住房。同时,政府对承租家庭按月支付相应标准的补贴。政策性租赁房的目的是解决家庭收入高于享受廉租房标准而又无力购买经济适用房的低收入家庭的住房困难。

(2) 廉租房,是政府以租金补贴或实物配租的方式,向符合城镇居民最低收入且住房困难的家庭提供的社会保障性质的住房。廉租房的分配形式以租金补贴为主,实物配租和租金减免为辅。我国的廉租房只租不售,出租给城镇居民中最低收入者。

(3) 居民住房的出租,是目前房屋租赁市场中数量最多的部分。一些居民,将自己的自住性或者投资性住房出租给他人使用。

（二）房屋租赁流程

（1）房屋租赁首先需要根据自身的经济条件、家庭人口、工作地点、居住的特殊需要（如是否需要有书房、起居室等）等因素，来考虑租赁哪种住房，如多层普通住宅、电梯房、别墅等。

（2）寻找房源信息，通过房屋中介、网络等途径，查询租赁房屋的房源信息。

（3）联系房东和看房，通过房屋中介，联系房东，实地看房。看房过程中，需要注意一些细节，尤其是要注意提供房客使用的器具是否完好等。可以多看几处，选择一处租金便宜、各方面条件较好的房屋。

（4）签订合同。租赁房屋，最好办理正规的合同。在此以前，查看房东的身份证，必要的时候，还可以到派出所查验身份证的真伪；查看房东的产权证明、房主身份证及两证的统一，并索取复印件作为合同附件。

三、购房和租房的比较

购房并非像教育规划或退休规划那样具有不可替代性。对无力购房的人，租房也是不错的选择。购房与租房的居住效用相近，最重要的差别在于购房者拥有产权，因而有使用期间的自主权，租房者则会处于相对被动的地位，如面临房东要求搬家、房东提高租金抑或房价暴涨而存在机会成本等。租房或购房应根据个人生活方式和财务状况决定。

（一）租房的优缺点

租房的优点：第一，自由度大。当你因为各种原因需要变动居住场所时，租房能提供较好的灵活性，比如更换工作地点、租金上涨、希望换更大的房子或更成熟的社区等。刚刚完成学业、正在建立自己事业的年轻人，由于没有组成家庭，存在各种变数，因此租房的可能性较高。第二，经济负担小。租房过程中，承租人主要就是负担房租和日常水电支出等公用事业费用，而不用考虑偿还月供、修缮房屋等费用，经济负担小。第三，初始成本低。租房的初始成本大大低于购房。虽然承租人要负担2~3倍于月租金的押金，但是相比较购房的首付，初始成本小了很多。

租房有明显的缺点：首先，在房价不断上涨的情况下，租房人由于没有购房，导致了房价上涨的机会成本的产生，最后可能会出现，越租房越买不起房，越买不起房只能继续租房的境地。其次，租房减少了对城市的归属感。不少的城市新移民，虽然拥有这个城市的户口，但是没有自己的房产，产生了寂寞的感觉，进而影响到工作生活。最后，租房过程容易产生法律纠纷。承租人和招租人在合同约定方面可能出现争议，导致承租人疲于应付。

（二）拥有住房的优缺点

购房的优点包括：第一，所有者的自豪感。许多购房者的主要目的是拥有自己的住房，另外稳定的住所和个性化的生活地址也非常重要。不过要清楚的一点是，在我国购买住房只是购买了住房的70年的使用权。第二，经济利益。购房的潜在利益是房产升值。特别是在高通货膨胀的经济环境中，购房是抵御通胀的好办法。第三，个性化的生活方式。虽然租房有一定的便利性，但拥有住房能更好地享受个性化生活。住房所有者可以随心所欲地装修自己的住宅,招待客人,而不用像租房那样束手束脚。购房也有不利方面。首先,经济压力。拥有自己的住房并不能保证生活美满。购房受到个人状况或经济条件的限制,首付款对大部分人来说是一笔不小的支出,每个月的月供压力也会降低生活质量。其次,活动受限制。拥有住房后,你不可能像租房一样轻易地变动生活环境。当环境变化迫使你出售住房时,你可能很难出售住房。最后,承受房价下跌和利率升高的风险。当房价不断上涨时,购房者可以享受到账面资产不断增加的快乐,但购房者也可能承受房价下跌带来的沮丧,更直接的是利率的升高会加大月供支出,从而挤占了消费支出,最终降低生活水准。

(三) 购房与租房的决策方法

购房不像子女教育与退休那样具有不可替代性。对买不起房子的人而言,租房也是不错的选择。购房与租房的居住效用相近,差别在于购房者有产权,因而有使用期间的自主权,而租房者有时会面临房东要求搬家的窘境。

租房与购房何者更加划算,涉及拥有自己房产的心理效用与对未来房价的预期。因购房者可期待房地产增值的利益,而租房者只能期待房东不要随时调涨房租。因此,同一个标的物可租可售时,不同的人可能在租购之间做出不同的选择。购房与租房应如何抉择,可以用净现值法和年成本法来计算。

1. 净现值法

净现值法是考虑在一个固定的居住期内,将租房及购房的现金流量还原至现值,支付现金流越小越好。

【例 6-1】 王先生看中一处房产,每年租金 3 万元。购买时的总价为 80 万元,假设 5 年后售房所得为 100 万元。假如王先生确定要在该处住满 5 年,以存款利率 3% 为机会成本,请对比租房及购房何者更为合算。

(1) 租房现金流量现值。由于房租每年 3 万元,房先生租房 5 年,以存款利率 3% 为机会成本计算依据。按净现值法计算租房现金流现值(PV)为:

$PV =$ 年金 3 万元 $\times$ 标准年金现值系数 $(n=5, i=3\%)$

$\quad = 3 \times (P/A, 3\%, 5)$

$\quad = 3 \times 4.5797$

$\quad = 13.7391 (万元)$

(2) 购房净现金流量现值。购房净现金流现值应该等于 5 年后售房所得的现值减去购房现值,而 5 年后售房所得现值为:

$PV = $ 5 年后售房所得 100 万元 $\times$ 标准复利现值系数 $(n=5, i=3\%)$

$\quad = 100 \times (P/F, 3\%, 5)$

$\quad = 100 \times 0.8626$

$\quad = 86.26 (万元)$

购房净现金流量现值 = 5 年后售房所得现值 − 购房现值 = 86.26 − 80 = 6.26(万元)租房净现金流量现值高于购房净现金流量现值,因此得出购房比租房划算。请大家思考,如果房价没有从原来的 80 万元上涨到 100 万元,购房和租房的决策又是怎样的?

2. 年成本法

购房者的使用成本，是首付款的资金占用造成的机会成本及房屋贷款利息；租房者的使用成本是押金的机会成本和房租。

【例 6-2】 房先生看中一处物业，每年租金 3 万元，押金为 5 000 元。购买时的总价为 80 万元，首付 24 万元，银行贷款 54 万元。假设贷款利率是 6%，存款利率为 3%。请对比租房及购房何者更为合算。

租房年成本：$30\,000 + 5\,000 \times 3\% = 30\,150$（元）

购房年成本：$540\,000 \times 6\% + 240\,000 \times 3\% = 39\,600$（元）

比较发现，租房比购房的年成本低 9 450 元，每月低 787.5 元，租房比较划算。

不过除了单纯地计算比较外，还应考虑以下因素：

第一，房租是否会调整。在通货膨胀的大环境下，月租也可能随着通货膨胀的产生而进行调整，要进行具体比较。

第二，房价上涨潜力。本例与净现值法的例子不同之处在于忽略了房价上涨的影响。若房价未来看涨，即使目前算起来购房的年居住成本稍高，未来出售房屋的资本利得，也可弥补居住期间的成本差异。

第三，利率高低。利率高低极大地影响到购房的年成本。如果预期未来利率下调，购房成本会降低，另外利率的下调也会推高房产价格，因此，利率因素是影响购房租房决策的重要原因。

四、出租房和出售房决策

闲置房屋是出租还是出售要视房屋的新旧、地段的好坏、房地产政策等综合因素而定，也就是要综合考虑房地产的价格。影响房地产价格的因素有很多，具体可归为以下四个主要方面：其一，自然因素，主要是指房地产所处的位置、地质、地势、气候条件和环境质量等因素。需要说明的是，房地产中的地段概念，不仅指其自然地理位置，而更多是指房地产的经济地理位置、环境地理位置和文化地理位置。交通状况和所在地的基础设施建设也是影响房地产价格的重要因素。其二，经济因素，主要有供求状况、物价水平、利率水平、居民收入和消费水平。由于利率水平是资金的使用成本的反映，利率上升不仅带来开发成本的提高，也将提高房地产投资者的机会成本，因此会降低房地产的社会需求，导致房地产价格的下降。但是，房地产价格受多种因素的影响，在市场投机状况严重或利率水平过低的情况下，利率的上升并不必然产生房地产价格的下降。其三，行政因素，是指影响房地产价格的制度、政策、法规等方面的因素，包括土地制度、住房制度、城市规划、税收政策与市政管理等方面。其四，社会因素。社会因素主要有社会治安状况、居民法律意识、人口因素、风俗因素、投机状况和社会偏好等方面。此外，房地产价格还受房屋质量、开发商实力、物业管理状况和采光度等因素的影响。

对于出租房还是出售房决策，投资者要全面了解以上的宏观因素和微观因素。特别应当注意的是房地产政策风险。当经济过热，政府采取紧缩的宏观经济政策时，房地产业通常会步入下降周期，房地产价格降低，房产有损失的风险。其计算同以上购房和租房决策中的净现值法和年成本法。

实训任务

房地产项目市场分析报告撰写实训

房地产项目市场分析报告,是把从房地产市场调查得到的分析结论加以整理,经过分析、综合形成文件、报告给有关领导或部门,它是认识市场、了解市场、掌握市场的主要工具。

房地产项目市场分析报告的基本结构。

(1) 标题。分单标题和双标题两种。双标题是指既有正题,又有副题。正题揭示市场分析报告的主旨,副题标明进行市场分析的对象、内容等。标题的词句应反复琢磨,要概括精练,一般只用一句话,至多两句为宜。

(2) 导语,也称前言、总述、开头。市场分析报告一般都要写一段导语,以此来说明这次市场分析的目的、对象、范围、经过情况、收获、基本经验等,这些方面应有侧重点,不必面面俱到。或侧重于市场分析的目的、时间、方法、对象、经过的说明,或侧重于主观情况,或侧重于收获、基本经验,或对领导所关注和市场分析迫切需要解决的问题做重点说明。如果是几个部门共同调查分析的,还可在导语中写上参加调查分析的单位、人员等。总之,导语应文字精练,概括性强,扣住中心内容。

(3) 主体。它是市场分析报告的主要部分,一般是写调查分析的主要情况、做法、经验或问题。如果内容多、篇幅长,最好把它分成若干部分,各加上一个小标题;难以用文字概括其内容的,可用序码来标明顺序。主体部分有4种基本构筑形式:① 分述式。多用来描述对事物多角度、多侧面分析的结果,其特点是反映业务范围宽、概括面广。② 层进式。主要用来表现对事物的逐层深化的认识,其特点是概括业务面虽然不广,开掘却很深。③ 三段式。由三个段落组成:现状、原因、对策。三段是三个层次,故称三段结构。④ 综合式。将上述各种结构形式融为一体,加以综合运用,即为综合式。例如,用"分述结构"来写"三段结构"中的"现状";用"三段结构"来写"层进结构"中的一个层次;用"总分结构"来写"分述结构"中的某一方面内容等。

(4) 结尾。① 自然结尾。如果主体部分已把观点阐述清楚,做出了明确结论,就不必再硬加多余内容。② 总结性结尾。为加深读者的印象,深化主旨,概括前文,把调查分析后对事物的看法再一次强调,做出结论性的收尾。③ 启示性结尾。在写完主要事实和分析结论之后,如果还有些问题或情况需要指出,引起思考和探讨,或为了展示事物发展的趋势,指出努力方向,就可以写一个富有启示性的结尾。④ 预测性结语。指出可能引起的后果和影响,这是在更广阔的视野上来深化主题。

市场分析报告的格式如下:

(1) 产品市场概述。① 产品市场容量:显性市场容量、隐性市场容量。② 行业分析:主要品牌市场占有率、销售量年增长率、行业发展方向(市场发展方向、产品研发方向)。③ 市场发展历程及产品生命周期。

(2) 市场竞争状况分析。① 市场竞争状况：竞争者地位分布、竞争者类型。② 产品销售特征：主要销售渠道（分销渠道）、主要销售手段、产品地位分布及策略比较、产品销售区域分布及分析、未来三年各产品销售区域市场需求及价格预测。③ 行业竞争者分析：主要开发企业基本资料、主要品牌经营策略、竞争品牌近三年发展情况、竞争者未来发展预测。

(3) 消费状况。

(4) 主要房地产品牌产品售价市场调查。

(5) 主要结论、建议。

房地产市场分析内容如表6-1所示。

表6-1 房地产市场分析内容

项目市场分析要素			
房地产项目市场分析	项目所在地总体市场分析	市场供求现状分析	需求分析
^	^	^	供给分析
^	^	^	价格分析：售价和租价
^	^	^	交易数量分析
^	^	^	空置率分析
^	项目所在地地段市场分析	房地产信贷条件分析	利率
^	^	^	贷款条件
^	^	房地产市场周期阶段分析：兴旺—平淡—萧条—复苏	
^	^	该地段限制因素分析	城市规划
^	^	^	基础设施
^	^	^	交通运输条件
^	^	^	社会环境
^	^	^	地质情况和环境保护要求
^	项目SWOT分析	类似竞争性项目的价格或租金分析	
^	^	市场需求的数量、房型分析	
^	^	市场对该地段房地产功能、档次的需求分析	
^	^	优势	
^	^	劣势	
^	^	机遇	
^	^	风险	

根据房地产市场项目的内容和撰写方法，结合本地实际情况，针对城市某一房地产项目，撰写一份研究报告。

第七章　教育规划

学习目标

（一）知识目标

1. 了解教育投资规划的重要性。
2. 了解教育投资规划的特点。
3. 理解短期教育投资规划的工具。
4. 掌握长期教育投资规划的工具。

（二）能力目标

1. 掌握教育费用估算的方法。
2. 掌握教育费用筹措的途径。

（三）思政目标

1. 明白教育投资的重要性，养成教育投资的意识。
2. 培养提前规划的习惯。
3. 在教育费用筹措中注重培养自立自强的品格。

案例导入

海外多所高校宣布涨学费

近年来，留学学费上涨备受关注。尽管留学学费高昂是众所周知的，但从近几年的学费调整趋势来看，上涨仍在进一步蔓延。一方面，通货膨胀导致教育成本增加；另一方面，为了提高教育质量与研究水平，大学也需要更多的资金支持。此外，一些国家的教育政策的调整，也会对国际学生的学费标准重新评估。

在即将进入新一轮留学申请季之际，主流的留学国家中，不少大学进一步上调学费，"天价学费"似乎已势不可挡。

美国大学学费增幅明显

近日，College Board（美国大学理事会）发布《2023年大学学费和学生资助趋势报告》（简称《报告》），对2023年学费发展趋势进行了统计。报告指出，从1993—1994学年到2023—2024学年这30年中，高等教育的学费总体呈上升趋势。其中，公立两年制大学、公立四年制大学和私立四年制大学的费用均有所增长。

对于美国各州外的学生而言，公立四年制的大学平均学费为29 150美元，与2022—

2023 学年相比，2023—2024 学年平均学费增长了 850 美元，涨幅为 3%。而私立大学的平均学费为 42 540 美元，与上一学年相比，学费平均增长了 1 600 美元，涨幅达到 4%。

在学费上涨的同时，在美留学的生活成本也不断提高。《报告》将近两年的高等教育生活成本支出进行比较。数据显示，无论是就读公立大学，还是私立大学，学生们的食宿、交通等生活成本也在不断上涨。以公立四年制大学为例，对于州外学生而言，2023—2024 学年食宿、交通平均支出 12 770 美元，与前一学年相比，增长了 460 美元。而对于公立二年制大学、私立大学而言，生活成本的增长从 360 美元到 620 美元不等。

目前，美国部分大学已发布 2024—2025 学年的学费调整消息，一些美国顶尖高校上调学费，以应对教育教学成本上升的问题。斯坦福大学董事会已批准学费上涨 5.5%，食宿费上涨 7%，全日制全额学杂费将达到 87 225 美元。普林斯顿大学的学费从 59 710 美元上涨至 62 400 美元，涨幅 4.5%。杜克大学的学费上涨 4.35%，本科生学费将达到 66 325 美元，含食宿等其他费用后，总费用将达到 86 886 美元。布朗大学 2024—2025 学年本科学费也将增长 4.5%，达到 68 612 美元。这是自 2019 年以来，布朗大学本科学费涨幅最大的一年，就读总成本也增长至 91 676 美元。而麻省理工学院本科学费从 59 750 美元上涨到 61 990 美元，增长幅度为 3.75%。

英国大学化身"学费刺客"？

随着今年英国留学签证要求的收紧，申请英国大学的国际学生数量有所下降。国际学生是英国大学的重要收入来源。据英国大学联盟（Universities UK）数据统计显示，国际学生的消费为英国经济贡献 150 亿英镑。国际学生数量的下降直接影响着学校的资金收入。据英国高等教育监管机构（Office for Student）发布的年度报告来看，2023—2024 学年估计有 40% 的英国大学出现财政赤字，对此，英国大学对国际学生的学费也是不断上调。其中，不同地区、不同学校与不同专业的学费增长幅度有所不同。

牛津、剑桥等英国知名学府，学费增长明显。在 2024—2025 学年中，剑桥大学本科课程学费从 24 507~63 990 英镑涨到 25 734~67 194 英镑，平均上涨了 4%。其中，剑桥医科类等专业学费上涨超 3 000 英镑，达到 6.7 万英镑，涨价幅度近 5%。在牛津大学发布的 2024—2025 学年学费调整信息中，本科课程学费从 27 840~39 010 英镑涨到 33 050~48 620 英镑。

此外，帝国理工学院、伦敦政治经济学院、伦敦大学学院等的学费也是一涨再涨。帝国理工学院的工程学院学费上涨至 40 940 英镑，与去年相比，增长 890 英镑。到 2024—2025 学年，伦敦政治经济学院将有 9 个本科专业的学费达到 3.4 万英镑，主要包括经济学、金融、法学、管理学、数学与经济学等专业。而伦敦大学学院的学费涨幅也在 7%~9%。

总体来看，G5 院校的学费上调增幅在 6%~10%。在英国学费不断上调的同时，英镑兑人民币的汇率在近半年内也一路飙升，再加上通货膨胀等因素的影响，英国的留学成本不断增加。

多国留学学费上涨成大势

2024 年，日本文部科学省修订大学学费管理条例，取消外国留学生学费上限。在此之前，日本的国立大学学费约为每年 535 800 日元，国内外学生的学费相同。但随着外国留学生学费上限的取消，留学生的学费有上涨的可能。

澳大利亚作为留学的热门目的地，今年的学费也普遍上涨。其中，法律、会计、商业、通信等热门专业涨幅尤为突出。昆士兰大学的工商管理本科专业，2024 年学费为 48 160 美元，与去年相比增长了近 4 000 美元，增幅达 8.74%。墨尔本大学的商业与经济学本科专业，2024 年的学费为 50 560 美元，与上一学年相比，学费涨幅为 7.05%。

加拿大的高校也对学费进行了调整，但整体看来，学费的涨幅相对较低。据加拿大统计局报告，2023—2024 学年，全日制本科课程的加拿大学生的平均学费为 7 076 加币，与上一学年相比，学费上涨 3%；研究生课程平均学费为 7 573 加币，学费上涨约 2.2%。

总体来看，虽然不少大学通过扩大经济援助计划等方式，来缓解大学生们的经济压力，但留学费用的上涨已成为不可避免的事实。对此，网友纷纷评论"读不起"。

决定留学之前做好综合考量

在"天价学费"之外，当前的"留学热"与国内就业环境的改变也值得深思。近年来，留学回国之后仍面临"海归"不再是就业市场中的"香饽饽"这一问题，在付出高昂的学习与生活成本之后，不少留学生回国却难以找到理想的工作。因此，在决定出国留学之前，学生与家长都应该做好综合考量。

对于有意愿留学的学生而言，提前了解目标院校的学费和生活成本，有助于制定详细的留学预算。与此同时，积极搜集、了解学校的奖学金、助学金以及财务援助政策，提前进行相关规划，也有助于打破信息差，减轻留学费用上涨带来的经济负担。

（资料来源：https://finance.sina.com.cn/jjxw/2024 - 07 - 31/doc - incfynpp9379322.shtml）

第一节　教育规划概述

一、教育规划的概念

教育规划，是依照教育发展规律，遵循投资管理的相关原理和原则，对教育资源和机遇进行整合，提升受教育者的潜质和能力，进而使投资收益最大化的行为。早在 20 世纪 60 年代，就有经济学家把家庭对子女的培养看作是一种经济行为，即在子女成长初期，家长将财富用在其成长培育上，使其能够获得良好的教育。这样当子女成年以后，可以获得的收益远大于当年家长投入的财富。事实上，一般情况下，受过良好教育的年轻人在开始职业生涯的时候，无论其在收入或是地位上，往往都高于那些没有受过良好教育的同龄人。从这个角度看，教育投资是个人理财规划中最富有回报价值的一种。其中，教育成本指培养每名学生所支付的全部费用。

从内容上看，教育投资规划包括个人教育投资规划和子女教育投资规划两种。个人教育投资是指客户对自己的教育投资；子女教育投资是指客户为子女将来的教育费用进行规划和投资。本节主要探讨子女教育投资规划。对子女的教育投资又可分为基础教育投资和大学教育投资。大多数国家的高等教育都不是义务教育,因而对子女的高等教育投资通常是所有教育投资项目中花费较高的一项。

二、教育规划的重要性

教育投资是一种人力资本投资,它不仅可以提高人们的文化水平和生活品位,更重要的是,它可以使受教育者在现代社会发展和激烈的竞争中掌握现代社会和企业需要的知识技能,从而促进和保证职业生涯的顺利发展。

子女教育规划的重要性,一般体现在以下几个方面:

第一,职场对学历与知识水平的要求越来越高。当今社会,信息知识变化发展异常迅速。据联合国教科文组织的统计,人类近30年来累计的科学知识占有史以来积累的科学知识总量的90%,可见信息知识流量正在呈几何级数增长,这使得人们必须更新和积累知识以适应社会竞争和职场发展的需要。

与此同时,社会分工也随之变得更加专业细致,职场中对员工的专业知识要求也越来越高。有关资料显示,在过去,一个大学生在大学期间学习和掌握的知识可以使用一生或达到一生所需知识的70%以上,而现在仅够10%,对于更新较快的学科甚至更少;职场对专业程度的要求也越来越高,一些科研性质较强的职业,通常需要获得硕士甚至更高学历学位者才能够胜任。

第二,受教育程度会直接影响收入水平。20世纪以来,全世界范围内兴起了技术革命,它深刻地改变了世界产业结构和生产工艺流程。随着"科教兴国"战略的实施,我国高等教育迅速发展。为适应市场需求,各类高校招生规模不断扩大,近年来受过高等教育的劳动者数量增长迅速,劳动力市场统计数据也反映出一个人的教育水平或学历对其工资收入水平的影响。工资收入被认定为教育投资收益的一种体现,通常情况下,教育方面的投入和未来职场的收入呈正相关关系。

高科技的快速发展、产业结构的不断升级使劳动者面临知识更新和提升技能的压力,而唯有不断学习才能适应社会发展的需要。家庭成员在职业生涯和工作中可能需要通过再教育,获得新的或更加专业的资格证书来为自己未来的发展奠定更加坚实的基础。考取一些含金量较高的专业证书,如注册会计师、司法考试证书、精算师资格等,有利于他们在职场竞争中拥有更多的升迁机会和选择,更好地实现自我价值。

三、教育规划的考虑因素

教育投资规划要综合考虑教育种类、教育经费来源和教育成本等方面的因素,统筹谋划,才能制定出有效的规划方案。

(一)教育的种类

教育是培养新生一代准备从事社会生活的整个过程,也是人类社会生产经验得以继承发扬的关键环节,主要指学校对适龄儿童、少年、青年进行培养的过程。广义上讲,凡是增进人们的知识和技能、影响人们的思想品德的活动,都是教育。狭义的教育,主要指学校教育,其含义是教育者根据一定的社会要求,有目的、有计划、有组织地对受教育者的身心施加影响,把他们培养成为社会所需要的人的活动。教育的类型有:学历教育和非学历教育;义务教育和非义务教育、终身教育等。

(二) 教育经费的来源

教育经费是以货币的形式支付的教育费用,是办学必不可少的财力条件。包括国家各级政府财政预算中实际用于教育事业的资金、各种社会力量、学生家庭及个人直接用于教育的费用等。在我国,教育经费主要是指国家用于发展各级教育事业的费用。在不同国家,教育经费的来源也不尽相同,一般有税收、学费、捐赠、经营收入、借贷款项、教育公债等,而且以前三项为主。目前,我国教育经费的主要来源就是通常所说的财、税、费、产、社、基,以及其他融资手段等。显然,如果教育经费来源较为丰富,那么学费将会较低,奖学金也会较多。

(三) 教育成本

教育成本,包括教育的直接成本和间接成本。教育的直接成本包括学生及其家庭为教育所支付的一切明显的金钱支出,即应有的书本费、学费、往返学校的交通费和额外的吃、穿、住等费用,这些成本大体上同实际金钱支出相一致,因此是容易计算的。教育的间接成本,主要是指选择上学,就要放弃就业机会,也就是放弃了就业后可能得到的收入。所以,学生求学期间就存在一个间接成本,叫机会成本,其数额等于学生求学期间放弃的收入。

四、教育规划的特点

个人和家庭能获得教育投资的经济效益和非经济效益。根据人力资本理论,在充满竞争的劳动力市场上,受过良好教育的人,通常具有比较强的竞争力,能力强,也就容易得到就业机会,谋得较好的工作,获得较高的预期收入。没有受过教育或只受过很少教育、劳动能力差的劳动者就难以得到就业机会,即使能够谋到工作,也难以获得较高的收入。个人受教育程度的高低,同预期就业机会和预期收入是成正比的。在市场经济中,由于多受教育能获得较高预期收入,因而越是享受较高教育的个人或家庭,越要根据所受教育的多少缴纳一部分或大部分学费,以补偿社会为他们所支付的费用。当然,少数没有受过良好教育的人士,在市场上打拼,也获得了成功。

除了经济效益,个人和家庭还可以从教育中获取预期的非经济效益。例如,这些人士具有比较好的个人修养,知识比较丰富。受教育程度较高的人更容易寻找到生活的乐趣,更注重生活质量;有利于形成优良的"书香门第"的传统,即世代传递效应,使下一代受教育程度也得到提高。此外,这些人士还能够获得更多的选择机会,包括进一步获得接受更高教育的机会,以及完成学业后选择职业的机会。可见,个人或家庭不仅是教育投资的直接受益者,还是最大的受益者,它必须为接受教育做出必要的投入。值得注意的是,教育投资规划还有许多其他理财业务所没有的特点。

(一) 子女教育的时间安排没有弹性

教育法规定,年满6周岁的儿童可以入学。在接受了9年义务制教育以后,接着就是高中、大学等阶段的学习。多数家庭都必须按照这个节奏来安排子女的教育,不可能因为家庭资金安排上有困难,将子女教育延后安排,这是不现实的。

(二) 子女教育的费用弹性不大

子女教育规划,起码要接受公立学校的教育。从这个意义来说,多数家庭都无法自己调整相关的学费、杂费。这些费用,都是政府统一规定的。除非少数家庭因为经济困难,有条件申请减免学费、杂费。从这个意义上来说,教育费用弹性不大。目前,我国各大城市都有不同体制的教育机构,不同经济收入的家庭,可以选择私立、民办学校教育,公立学校教育,以及出国留学等教育方式,这些教育的费用差距很大,当从这个意义上探讨子女教育费用时,其弹性就会比较大。

(三) 子女教育费用支出持续的时间长、金额大

如果从怀孕开始进行胎教算起,到子女大学毕业,教育时间可能长达25年以上。不算对子女的抚养,仅仅考虑教育费用支出,按照平均每年2万元来算,就是总额50万元的支出。至于有些家庭考虑让孩子学习各种技能、兴趣方面的知识,那么其费用将会大幅度上升,总额可能超过100万元。

(四) 不确定因素多

虽然每一阶段教育的支出时间及费用相对刚性,但考虑到子女资质、兴趣和家庭条件的不同,子女教育规划又具有极大的不确定性,意外变化情况多。具体表现为:一方面,子女的资质与学习能力是无法预测的,若孩子成绩优异并走向科研方向,那么家长可能需要准备硕士、博士甚至留学的费用来帮助他们深造;若孩子学习成绩并不是非常理想,而受"望子成龙、望女成凤"思想影响的父母又希望其能够考上名气较大的学校,那在求学期间不免需要准备补习等额外费用。另一方面,素质教育方面,一些孩子在体育、艺术方面有天赋,父母通常会利用课余时间送子女去学习这些专业技能,用于素质培养的费用不容小觑,而这笔花费在子女出生时是无法提前预知的。因此,每个家庭在对子女教育投资规划定下目标时,应当从宽计算教育费用。

第二节 教育规划方法

一、教育规划的原则

进行教育投资规划时,应注意遵循提前规划、专项积累、稳健投资三项原则,以保障教育金筹备的有效与安全。

(一) 提前规划、从宽预计

提前规划是教育金筹备过程中的首要原则。教育金属于刚性支出,不具备时间弹性,而且金额大。尽早规划可以在时间复利的帮助下,更顺利地实现教育金的积累计划,也可以给家长们更充足的时间和空间,保证教育金的积累能够适应外部条件的变化,使准备的教育金可应付未来受教育者的不同选择,及时调整投资策略。特别需要考虑的是,子女高

等教育金支付期常常与退休金准备期重叠,如果不提早进行教育投资规划,可能会因为供受教育者上大学而牺牲退休生活质量。因此,教育金最好提前规划,从宽预计,届时多余的部分可作养老金的补充。

提前规划的必要性还在于教育金会因受不同因素的影响而存在很大差异。这些因素包括教育程度、学校性质等。例如,大学本科教育、硕士教育和博士教育所需要的费用是不同的,私立学校和公办学校的费用也相差很大,国内教育与海外教育所产生的费用总额和增长速度更是不可同日而语,这些都要求家长具备提前规划和从宽预计的意识,确定好目标,做到未雨绸缪。

(二) 专项积累、专款专用

专款专用是教育金储备过程中应该遵循的重要原则。专项积累,专款专用,谨防教育金挪用。由于教育投资周期较长,大额提取往往发生在后期子女读大学期间,有的家长在前期家庭遇到临时财务困难或有其他大额消费时,难免会动用子女的教育储蓄投资。他们设想临时挪用一下,然后尽量补上,但因为资源稀缺、变化多,挪用的教育金在许多时候难以如数及时补齐。因此,设立教育资金专门储蓄、投资账户,可以有效避免由于客户定力不够,在遇到一些临时经济困难时,中途把教育金用于其他用途,造成子女需要继续深造的时候资金不足的情况。

(三) 计划周详、稳健投资

选择合适的投资工具和投资组合是成功规划教育金的关键一步。理财规划师需要根据客户的需求、财务情况和风险偏好,在保证教育金的保值增值和达到客户教育计划目标的前提下,认真制订积极稳妥的储蓄投资计划。同时需要注意的是,在投资过程中不可过分保守,也不可过分激进。有些家长只图便利,简单地把教育经费储存在银行里,但是几年后可能发现所准备的教育金并没有增值,反而由于通胀出现了贬值,最终造成子女大学期间经费紧张。为了避免这种情况的发生,理财规划师应该协助家长结合自身的实际,寻求多种理财方式或理财产品的组合,规划中包含银行储蓄、教育保险、基金投资以及其他理财产品等,实现教育投资在长期保值的基础上合理增值。同时需要注意的是,由于教育开支属于刚性需求、无多大弹性可言,所以教育金投资的目的不是获取短期的高额回报,而是着重在分散风险、安全稳健的基础上,力求长期的预期收益和教育规划目标的实现。

二、教育经费筹措的步骤和内容

子女教育伴随其整个成长过程。家庭在子女教育方面,需要投入的资金大、持续时间长。为此,要预先进行谋划。

(一) 为子女选择何种教育

教育投资策划,源于子女的教育规划。子女教育的类型、层次等,决定了教育所需要支付的费用大小。子女教育可以分为 3 个阶段:出生后到小学阶段、中学阶段、大学以及研究生等阶段。按照我国的法律,小学、初中阶段实行 9 年制义务教育。子女如果接受 9 年制义务教育,那么相关的教育费用是比较低的。如果追求高质量教育,甚至希望获得精英化的教育,那么就需要为此支付昂贵的费用。高中阶段教育,是子女能否考上名牌高校的关键环节。许多家长都是不惜投入资金,支持子女上好的高中。如果孩子考不上名牌高中,那么就上职业高中或者民办高中。我国的高等院校的录取制度公正、透明,使得一些优秀的青年能够进入这些高校进行深造。如果无法考上名牌高校,有些家长选择资助子女出国就读大学。大学毕业以后,如果选择考研,那么到底选择国内高校,还是选择国外高校深造,又是一项重要的选择。现在,有些家长资助子女从高中阶段出国就学,甚至小学阶段就支持子女出国。出国留学出现低龄化趋势,教育费用也不断上升。当然,大学、研究生阶段出国留学的情况还是比较多。

欧美、日本、澳大利亚等国家或地区,以及我国香港地区经济发展水平比较高,教育机构拥有大量优质资源。因此,这些国家或者地区的教育质量比较高。一些高收入人群的家长,希望子女接受良好的教育,把子女送到这些国家或地区接受高质量的教育是无可厚非的。一些收入水平并不高的家庭,也希望送自己的子女到国外留学。然而,这些计划需要比较大的资金的支持,因此有必要进行教育投资规划。

(二) 教育费用估算

选择好子女的教育种类后,接下来应该估算教育费用,并且对这些估算费用的增长情况做一个判断。教育费用受到通货膨胀率、市场认可程度以及供求关系等方面的影响,会不同程度地上升。如果有相关方面的打算,就需要充分考虑到相关信息。应以教育规划为依据,估算相应的教育费用。在出生后到小学阶段,通常在国内接受教育。接受幼教(或者早期教育)期间,如果安排子女上较好的私立幼儿园,每月支付费用就将达到几千元,甚至上万元。同时,如果需要聘请家教培养子女的业余爱好,课外辅导的费用也将快速上升。对小学的学费而言,私立和公立差距很大。公立学校,由于是义务制教育,费用由政府规定,相对较低。与公立小学相对应的是,私立小学的费用昂贵得多,一线城市尤其如此。初中教育还是属于义务制教育阶段,公立学校收费相对低廉,民办初中的收费相对较高。但如果在公立学校学习期间还要报读1~2个兴趣班(或者特色班),或者聘请校外辅导老师等,费用也不会在私立小学费用之下。

高中阶段的学习,可能选择出国就读或者在国内就读。如果选择高中期间出国留学,欧美的费用大致为30万~50万元人民币/年,包括学费和生活费。在一些大城市,公立的重点高中最好,但是要上重点高中需要很高的考分。如果考不上公立重点高中,可以选择民办高中。在民办高中可以接受老师的教育和辅导,但费用较高。

大学本科阶段教育,学生可以选择出国留学或者在国内就读。国内大学的学费,美术、音乐、戏剧等特殊专业的学费比较高,一般的文科、理工科的学费相对较低;国内大学与国外院校合作的专业,其学费相对较高。选择出国留学深造,大学本科阶段很难获得国外奖学金,在欧美就读,学费和生活费大致为30万~50万元人民币/年。在国外完成本科阶段教育后,选择上硕士研究生,甚至硕博连读,视专业不同,可能获得不同额度的奖学金。对于一般家庭,可以选择在国内完成本科、硕士研究生的教育,然后去国外攻读博士学位。然而,要在发达国家,包括美国、英国、日本等国相对较好的高校获得博士学位是相当困难的。对此,必须有充分的思想准备。对于多数在企业工作的本科毕业生而言,其没有必要攻读博士学位。他们可以选择攻读 MBA 或者专业硕士学位,来提高自己的学历层次,为未来的职位升迁做好准备。

此外,非学历教育也应该成为教育的重要选项之一,尤其是与工作关系密切的资格证书。例如,在会计师事务所工作的需要注册会计师证书,在证券公司工作的需要证券从业人员资格证书,在房地产行业的需要房地产经纪人资格证书,从事英语翻译工作的需要中级或者高级口译证书,在银行从事个人理财业务的需要金融理财规划师(AFP)培训合格证书,或者国际金融理财规划师(CFP)培训合格证书。这些五花八门的证书,是某个行业从业的基本资格,有些高级证书甚至比正规的硕士、博士的学位更加稀缺,更有价值。例如,金融行业的 CFA 是"特许金融分析师"(Chartered Financial Analyst)的简称,它是证券投资与管理界的一种职业资格称号,由美国"特许金融分析师学院"(ICFA)发起成立。CFA 考试共有三级,三级考试通过,持有该证书的人士,在我国市场上非常稀缺。这些资格证书考试,如果由国内机构培训、主考,那么费用就相对较低;如果由国外机构培训、主考,那么教材费用、培训费用以及考试费用就相当昂贵。

在教育经费规划中,客户需要向理财经理咨询这些费用的总额,并且请理财经理针对通货膨胀率,预测目标学校在未来几年后学费、生活费等涉及教育的各项费用的上涨趋势。这些预测工作,将会成为未来教育投资的重要依据。毫无疑问,对通胀率的预测不可能十分精确,但从财务规划的合理性角度出发,对大学费用增长率的预测是越准确越好。当理财经理无法确定未来教育支出的具体数据的时候,可以采用保守的估计值,以避免出现无法支付子女教育费用的情况。如果子女上大学后,家长发现教育投资规划筹集的资金大于实际需要支付的金额,则可以将多余的部分用做其他计划。

【例 7-1】 孙先生的孩子今年 5 岁,两年后开始上小学。初步计算,目前各阶段的年支出与就学年数,如表 7-1 所示,那么在以下两种情况下,孙先生培养孩子到大学毕业,目前需要准备多少钱?

(1) 不考虑通胀下教育成本上升,用教育金进行投资等因素。
(2) 假定教育资金的增长率为 5%,教育资金的投资回报率为 8%。

表 7-1 子女教育开销现值

学习阶段	学杂费/元	就学年数	合计/元
小学	15 000	6	90 000
初中	20 000	3	60 000
高中	20 000	3	60 000
大学	25 000	4	100 000

(1) 不考虑通胀下教育成本的上升、用教育金进行投资等因素。
子女教育资金的现值=9+6+6+10=31(万元)。
(2) 假定教育资金的增长率为 5%,教育资金的投资回报率为 8%,则
实际报酬率=(1+8%)÷(1+5%)−1=2.86%
按照财务计算期的现金流量功能计算,得到 NPV=24.7 万元。

由此看出,由于投资回报率高于教育资金的增长,所以不需要准备31万元,而是24.7万元就可以保证子女的教育资金。

(三) 教育费用的筹措

在对这些费用的支出做出估算以后,就需要考虑如何筹措这些费用。如果是一个高收入家庭,或者是一个富裕家庭,那么教育费用的支出是无须事先通过投资或者储蓄来筹措的。如果是一个中等收入的家庭,或者收入比较高但支出项目多的家庭,就需要通过投资或者储蓄等方式进行筹措。在知悉了子女各阶段教育费用的大致数量,以及这些费用因通货膨胀率因素而出现上涨的情况以后,就可以对家庭的教育费用投资做出安排。教育费用的投资安排需要考虑如下几个方面的情况:

第一,家庭当前和未来的财务状况。通常,我们可以将家庭财务状况划分为三类:高收入家庭、中等收入家庭和低收入家庭。其中,高收入家庭拥有大额的储蓄、金融资产和房地产,生活稳定,经济基础雄厚。同时,每月都有大额现金收入,投资理财观念较强,而且也有相应的理财计划和安排。中等收入水平的家庭拥有一定数量的银行储蓄、金融资产和房地产等各项资产,生活稳定,经济基础较好,能够承担国内各种教育费用支出。低收入家庭的银行储蓄、金融资产和房地产都维持在低水平上,生活稳定,经济条件不宽裕。这类家庭能够承担国内公立教育的各项支出,难以承担国内私立学校、国内中外合资项目以及国外教育的费用。

除上述当前收入状况外,还要考虑家庭收入未来的变化。例如,某些目前处于中低收入水平的家庭,其未来的收入可能会有提升的空间。另外,还要考虑高、中、低收入家庭未来的各种支出,如购房、购车,家庭男女主人自己的教育、进修等支出项目,对于这些家庭的财务状况的影响。

第二,教育费用的筹措通常有多种途径,如教育资助、奖学金、银行贷款、勤工俭学等。其中,教育资助是教育费用的主要来源。当有些家庭的子女考上大学,却无力承担大学费用的时候,可以获得政府的教育资助。教育资助,包括国家和地方政府等层面的资助。然而,这些资助通常有严格的资格限制,申请者必须充分了解相关的信息,包括资助条件、资助种类、资助期限等。由于政府的财政拨款有限,即使符合条件的申请者,也未必能够获得资助。

奖学金也是教育费用的重要来源。奖学金,包括国家、地方政府的奖学金,学校提供的奖学金等。奖学金,通常给予那些特别优秀的学生,或者人数较少、国家急需的专业学生。此外,我国政府还会出于国际关系的需要、资助友好国家的青年到中国留学等。国家励志奖学金是为了激励普通本科高校、高等职业学校和高等专科学校的家庭经济困难学生勤奋学习、努力进取,在德、智、体、美等方面全面发展,由中央和地方政府共同出资设立的,奖励资助品学兼优的家庭经济困难学生的奖学金。

贷款,是多数家庭或者子女能够获得的一种资金来源。教育贷款又叫助学贷款,主要解决学生求学过程中的各种费用支出。助学贷款分为国家助学贷款和商业助学贷款。国家助学贷款是政策性的贷款,在校期间无息,离校后收息,毕业后可以选择一次性还款免息或分期还款还息,主要面向家庭经济困难的大专院校在册学生。商业助学贷款由商业银行提供,根据用途可分为学生学杂费贷款、教育储备金贷款、进修贷款和出国留学贷款。各家商业银行在商业助学贷款的条款上可能有所差别,但基本内容相同。年满18周岁的受教育者可以本人申请贷款,也可以由其直系亲属、监护人、配偶等代理受教育人申请贷款;未年满18周岁的受教育者及出国留学贷款则必须由受教育者直系亲属、监护人等代理申请贷款。

勤工俭学,一般是经济贫困的大学生用以维持生活、就学的手段,他们利用业余时间做工赚取报酬。当然也有人并不是为了报酬,而是想多积累一些社会实践经验。调查发现,当今大学生参加勤工俭学的目的,有些学生是为了钱,但为钱的动机却不一,或为减轻家庭负担,或为增加收入,或为弥补自己的"财政赤字"。有些学生是为了培养能力,认识社会,增加自己的人生阅历,磨炼自己的意志,体验自立,而"钱"是次要的。学生一般认为,参加勤工俭学不论是有意识的还是无意识的,都能得到能力的锻炼,但对于具体能够锻炼哪些能力则认识不一。从上述分析可以看到,高收入家庭无须单独考虑教育投资项目的安排。对于中、低收入水平的家庭而言,如果仅仅考虑在国内接受公立教育,那么也是可以应付的,如果考虑在国内接受私立学校的教育,或者到发达国家接受教育,那么就需要考虑专项的教育投资规划,以此来筹措教育资金。

(四) 教育规划目标的设定

首先,计算子女教育金缺口。将现有资产与子女教育所需总费用进行比较,就可以计算出教育资金的缺口。其次,设定投资期间,即准备教育金的期间。它取决于两个因素:一是开始进行教育投资的时间;二是未来需要支付教育费用的时间。这两个时点之间的时间段即为投资期间。投资期间越长,储蓄的压力就越小。第三,设定期望报酬率。按照计算出来的资金缺口,以及可以利用的投资期间,即可计算出期望达到的投资报酬率。如果不能达到该报酬率,则到时将不能积累足够的教育资金,因此教育目标就难以实现。

【例7-2】 钱先生的儿子今年10岁,钱先生打算8年后送儿子去澳大利亚读4年大学,已知钱先生目前有生息资产10万元,并打算在未来8年内每年年末再投资2万元用于儿子出国留学的费用。就目前情况来看,澳大利亚留学需花费30万元,钱先生认为自己的投资足以凑足儿子届时留学所需资金。假设教育费用每年增加8%,年投资报酬率为4%。请你帮助钱先生计算一下,其是否可以达到目标?如果不能,那么缺口是多少?

(1) 计算8年后澳大利亚留学的费用:

$30 \times (1+8\%)^8 = 55.53$(万元)

(2) 计算钱先生8年后的投资收益总额:

$PV=10, PMT=2, i=4\%, n=8$,得到

$FV=32.11$(万元)

费用缺口:$55.53-32.11=23.42$(万元)

由此可见,钱先生目前的储蓄投资方式是无法满足他的儿子届时留学的目标的,费用缺口为23.42万元。解决资金缺口可以通过增加投资收益率、增加储蓄或两者相结合来实现。

(五) 教育金的投资组合

为了获得期望报酬率,应结合家庭收支情况和风险承受能力,综合运用教育储蓄、基

金、教育保险和子女教育信托等工具来满足资金需求,规划出最合适的子女教育投资组合方案。制定教育规划应注意风险承受能力和收益问题,在子女的不同年龄段应选择不同的投资产品。子女年龄尚小或尚未出生时,其教育支出还不多;而从家长在这一阶段的年龄、收入及支出等状况来看,其风险的承受能力较强;且距子女上大学的时间还很长,因为通货膨胀使财富缩水的效果特别明显。所以,这个阶段可充分利用时间优势,制定积极、灵活的理财规划。可以长期投资为主,以中短期投资为辅,较多地选择风险和收益都较高的积极类投资产品,保守类产品所占投资比重应较低,如以股票型、混合型基金配合一定的储蓄性保险产品。随着子女的成长,则应相应地调整理财规划中积极类产品与保守类产品的比例,提高资金的安全性和流动性,如减少股票的投资比重,加入平衡性和保本保息的银行类理财产品或债券型基金。

第三节 教育规划工具

子女从出生到接受高等教育,教育消费时间跨度长、涉及数额大,这就为子女教育规划了留下了很大的空间。在了解客户对其子女基本的教育需求、初步估算教育费用以后,理财规划师做的是分析怎样才能更好地协助客户做出合理的决策安排,帮助实现他们的教育目标。因此,教育费用筹集方式以及投资工具的选择成为教育规划的一项重要内容。

教育投资规划工具可分为长期教育投资规划工具和短期教育投资规划工具。长期教育规划工具又包括传统教育投资规划工具和其他工具。

一、短期教育规划工具

短期教育投资规划工具主要包括学校学生贷款、国家助学贷款、商业助学贷款等。教育金的来源除了客户自身拥有的资产收入和政府或民间机构的资助外,还包括政府为家庭贫困学生提供的专门的低息贷款。教育贷款是教育费用重要的筹资渠道,我国的教育贷款主要包括三种贷款形式:一是学校学生贷款,即高校利用国家财政资金对学生办理的无息贷款;二是国家助学贷款;三是一般性商业助学贷款。

(一)学生贷款

学生贷款是指学生所在学校为那些无力解决在校学习期间费用的全日制本、专科在校学生提供的无息贷款。实行专业奖学金办法的高等院校或专业,不实行学生贷款制度。学生贷款审定机构一般由学生管理部门、财务部门、教师和学生等方面代表组成。目前,在各高校的实际运作中,学生贷款的具体审定工作通常由学校学生处牵头负责。如果贷款的学生违约不能如期归还所借贷款,其担保人要承担全部还款责任,并缴纳一定数额的违约金。

(二)国家助学贷款

国家助学贷款是由政府主导、财政贴息、财政和高校共同给予银行一定风险补偿金,银行、教育行政部门与高校共同操作的,帮助高校家庭经济困难的学生支付在校学习期间所需学费、住宿费及生活费的银行贷款。国家助学贷款实行"借款人一次申请、贷款银行一次审批、单户核算,分次发放"的方式,实行"财政贴息、风险补偿、信用发放、专款专用按期偿还"的原则。其中,财政贴息是指国家以承担部分利息的方式,对学生办理国家贷款进行补贴;风险补偿是指根据"风险分担"的原则,按当年实际发放的国家助学贷款金额的一定比例对经办银行给予补偿;信用发放是指学生不提供任何形式的担保即可办理国家助学贷款;专款专用是指国家助学贷款基金允许用于支付学费、住宿费和生活费用,不用于其他方面,银行通过分次发放的方式予以控制。

(三)商业助学贷款

商业助学贷款是指银行按商业原则自主向自然人发放的用于支持境内高等院校困难学生学费、住宿费和就读期间基本生活费的商业贷款。商业助学贷款施行"部分自筹,有效担保、专款专用和按期偿还"的原则。商业助学贷款近年来得到快速发展,是对国家助学贷款的有效补充。与国家助学贷款相比,商业助学贷款财政不贴息,各商业银行、城市信用社和农村信用社等金融机构均可开办。

(四)出国留学贷款

除了上述几种教育贷款方式外,对于想让子女出国接受高等教育的家庭来说,还可以申请出国留学贷款。出国留学贷款是指商业银行向出国留学人员本人、配偶或其直系亲属发放的、用于支付出国留学人员学费、基本生活费等必需费用的个人贷款。一般来说,出国留学贷款的额度不超过国外留学学校录取通知书或其他有效入学证明上载明的报名费、一年内的学费和生活费及其他必需费用的等值人民币总和。但是,留学贷款相比国内住房信贷、汽车信贷条件要苛刻得多,手续也比较复杂。

二、长期教育规划工具

客户越早进行子女教育规划,家庭所承担的经济负担和风险相对就越低。通常情况下,理财规划师应当指导客户尽早进行子女教育投资规划。因此在各类投资规划中,教育投资规划比较重视长期工具的运用和管理。长期教育投资规划工具包括教育储蓄、银行储蓄、教育保险、基金产品、教育金信托和其他投资理财产品等。

(一)银行储蓄

通过银行储蓄进行教育金准备,是目前最为常见的方式,银行对储蓄资金安全性的保证及其便利性是吸引家长的最主要原因。一种常见的做法是在春节后,选择将孩子过年收到的压岁钱存入银行。不过,无论是活期储蓄、定期储蓄,还是教育储蓄,虽然省事省力,但在目前通胀不断攀升的环境下,常常不能达到保值增值的目的。此外,作为教育资金的银行储蓄最好独立开户,专款专用。一般来说,银行储蓄可以作为客户教育投资资金积少成多的蓄水池(等积攒到一定金额再转做其他投资选择)或资产配置的补充。

(二)教育保险

教育保险又称教育金保险、子女教育保险、孩子教育保险,是以为孩子准备教育基金为目的的保险。教育保险是储蓄性的险种,既具有强制储蓄的作用又有一定的保障功能。

目前教育金保险主要包括三种：第一种是纯粹的教育金保险，可以提供初中、高中和大学期间的教育费用；第二种是专门针对某个阶段教育金的保险，比如针对初中、高中或者大学中的某个阶段，主要以附加险的形式出现；第三种教育金保险保障范围更加广泛，不仅提供一定的教育费用，还可以提供创业、婚嫁、养老等生存金。

保费豁免是教育金保险的一个优势。一旦投保的家长遭受不幸，身故或者全残，保险公司将豁免所有未缴保费，子女还可以继续得到保障和资助。同时，大多数教育金保险，还能为子女附加各类性价比较好的医疗和意外伤害保险。教育金保险的保障功能，不仅确保了子女教育金的需求得到满足，还为家长解决了后顾之忧，保证了子女的正常生活。

教育金保险通常还具有强制储蓄的功能。家长可以根据自己对孩子未来所接受教育水平高低的预期和当前的经济情况选择险种和金额。一旦教育金保险计划启动，就必须每年存入约定的金额，之后再获得保险公司分阶段的现金给付。教育金保险实际上是一种分阶段储蓄、集中支付的方式。它的强制储蓄的功能，有效保证了教育金保险计划的完成。

教育金保险一般都具有投资分红功能。它分多次给付，回报期相对较长，能够在一定程度上抵御通货膨胀的影响。

（三）基金产品

在众多投资理财产品中，基金是教育投资规划比较常用的工具。基金产品作为教育投资的工具，有以下优势。

1. 品种选择多

基金一般分货币型、股票型、债券型、平衡型等多种，能够满足不同类型的客户教育投资规划需求；客户还可以根据自身需要如投资时间长短和自身风险偏好，选择几种基金的组合。如果子女年幼、投资时间长（如5年以上），在客户风险承受度可以接受的范围内建议多配置股票型或平衡类基金；如果离子女上大学或大笔动用教育资金的时间较短，一般建议客户降低中、高风险类基金，多持有债券型或货币型基金。

2. 专家理财

基金由基金经理及其投研团队管理，客户只要根据不同类型基金的收益与风险特征选择符合自己的产品，不需要关注具体买卖什么股票或债券以及何时买卖。实践证明，基金经理专业能力和长期的投资经验，加上基金本身分散投资和严格的配置管理约束，使得绝大多数基金的投资业绩一般优于普通投资者或市场平均水平。

3. 灵活方便

客户可以根据自身教育规划需求选择投资基金的品种、金额和时间，对大多数客户来说，基金投资没有上限，一次投资几千元或几万元都可以，每次追加投资最少要求1 000元甚至更低（定期定投下限额度更低）；开户后客户可以到金融机构网点或网上选择投资或转换基金。

4. 基金定期定额投资

由于教育规划刚性需求的属性，资金的积累时间长，且需要增值与稳健兼顾。使用定期投资的方式准备教育经费是一种常用的选择。教育规划作为一个长期的理财计划,定期定额投资可以在长年累月下积少成多,并且降低原有的风险。同时,基金定投具有投资标的价格低时购买数量加大、价格高时购买数量减少的自动调整功能,无论市场价格如何变化,都能获得一个比较低的平均持仓成本,一定程度上平摊了建仓的成本、降低了投资的风险。

(四) 教育金信托

信托一般为委托人(如家长)根据理财规划的目标,将资产所有权委托给受托人(如信托机构)、受托人按照信托协议的约定为受益人(如子女或配偶)的利益,管理、分配信托资产的行为。教育金信托比较适合以下客户:

第一,有大额整笔资金的家庭,设立一个子女教育金信托,由境外受托人来管理这份财产,投资者可以与受托人谈妥预期收益率与投资范围,并指定子女为受益人。

第二,离异家庭,原夫妻双方可以找一个独立的受托人,以子女为受益人,成立一个子女教育基金,将离婚前的共同财产交与受托人保管打理以保障子女的养育与教育费用。

第三,高资产或高收入人群,可以找适当的专业受托人,针对不同的理财目标设立各自的信托,并根据不同的达成期限与弹性目标,确认不同信托账户可承受的风险与预期报酬率。其中最重要的就是退休养老金信托与教育金信托。

(五) 其他投资理财产品

除了银行储蓄、教育金保险、基金等产品之外,目前市场上还有其他一些投资理财产品,可供客户教育规划投资选择,譬如股票、政府或公司债券、银行的其他理财产品。这些产品投资一般都有一定金额和投资期限要求,而且相对于银行储蓄来说都有中、高收益和风险的特征。理财规划师应该根据教育投资规划原则,从客户的实际需要出发,做好资产配置。

实训任务

留学教育金规划设计

李先生今年35岁,是深圳某知名计算机公司的高级工程师,太太向女士是一家大型国有企业的会计。两人的儿子小伟今年7岁,刚好小学一年级,活泼可爱。两夫妻收入稳定,每月收入超过4万元,除去开支还有1.5万元的结余。有房有车,手上存款、基金等资产有100万元左右,生活无忧,是个让人羡慕的家庭。

但是和美的家庭偶尔也会有些小烦恼。王先生最近就有点烦心,为的自然是宝贝儿子。今年7月,如火如荼的中考结束,进入招生环节,相关报道铺天盖地。将儿子教育放在第一位的王先生自然特别关注,就对其中的一篇报道上了心,报道中的一段数据充分显示了深圳市中考的严峻性和竞争的激烈程度:"深圳市今年中考考生51 852人,比去年增加近2 000人。而第一批录取的学校主要是省一级普通高中,有公办高中35所,民办高中11所,招生计划总数2.86万人。"天生对数字敏感的王先生算了一下,这表示深圳的省级普通高中的录取率只有55.2%,即深圳的初中生只有大约一半能进入省级普通高中学习。

这是一个严峻的现实,虽然儿子现在年纪小,但是中考迟早是个要跨过去的坎,未来的竞争肯定是越来越激烈。为此,王先生和太太一商量,觉得应该从现在就未雨绸缪。一般说来,如果中考考试不理想的话,只有两条出路:要不就降低要求让孩子上市一级普通高中或职中,要不就是送出国留学。王先生考虑了一下,两者相比起来,出国留学能培养孩子自力更生的能力,还可以开阔视野,算是一个不错的选择。但是出国留学是一个昂贵的教育计划,因此,王先生希望从现在起就考虑和安排孩子的留学问题,如果小伟成绩不错,自己考试没什么问题的话,这笔准备金还可以用作夫妻俩养老,算是一举多得了。

请根据王先生家庭情况制定子女留学教育金规划方案。

第八章　投资规划

学习目标

（一）知识目标
1. 认识投资规划。
2. 掌握投资工具及特点。
3. 掌握主要投资工具的风险和收益。

（二）能力目标
1. 能分析客户风险偏好及风险承受能力。
2. 能根据客户需求开展投资规划流程活动。
3. 能为客户制定投资组合方案。

（三）思政目标
1. 培养科学投资观。
2. 诚实守信。
3. 遵循职业道德和适当性原则。

案例导入

北大才子炒期货　失败落魄沿街乞讨

2015年冬，北京丰台区方庄市场门口，一名男子缩着脖子，靠在一个废弃的电话亭旁，像个木头桩子，一动也不动。只见他衣衫单薄，头发蓬乱，背着一个破旧的双肩包，手上还抓着若干个组装气球，盯着行色匆匆的路人，小声吆喝着："卖气球咯，卖气球咯……诶，大姐，给女儿买个气球吧！"走进一瞧，男子的右腿裤腿卷至膝盖上方，露出的皮肤乌漆麻黑，疑似严重的烫伤或烧伤。男子脚边，立着一个乞讨纸箱，里面散落着几枚硬币和几张小额纸币。方庄人来来往往，头也不抬，对这位疑似乞讨者与流浪汉的男子见怪不怪。只有外地游客才会好奇地驻足观看，打听一番。"他叫马骏，以前是北大高才生。"一名商铺老板漫不经心地说道。说者无心，听者震惊，身为全中国最高学府的才子，怎会落得这般田地？

北大才子，沿街乞讨。"腿咋搞的，伤成这样……"路人关心道。"你听说过贝叶斯定理吗？我们可以根据过去有限的数据来预测将来某件事的概率，只要保证每天都有人看到我，其中一定存在变量。只要变量达到至少3人，足够我今天的饭钱了。"马骏说话思路清晰，有理有据，随口就冒出一个专业名词，颇有一身学子风范。既然才学、脑子尚在，马骏大可如校友般凭借高学历求职,不说自主创业,至少也能当个普通职员,朝九晚五,吃住不愁,何至于落到衣衫褴褛、食不果腹的境地?

马骏喜欢跟三两好友喝酒玩乐,谈天说地。有一天,在一次朋友聚会中,马骏接触到了"期货",打开了新世界的大门。朋友王某穿着一身西装,戴着劳力士手表,头发油光锃亮,将宝马车钥匙轻飘飘地扔进普拉达皮包中。马骏惊讶地睁大眼睛,下巴差点掉到地上。曾几何时,王某只是一个家徒四壁的农村草根。如今,他竟然摇身一变,成了穿金戴银的暴发户。

在众人的要求下,王某慷慨地分享了自己的变富经验。"期货,你们晓得不?有商品,有金融工具,操作简单,看涨买,看跌卖,做空还是做多,要懂得判断,最好请教高人。总之胆子放大些,别怕亏钱,迟迟不敢投资,你永远都是穷人!"在这波慷慨激昂、接近"传销"的宣传下,马骏彻底沦陷了,仿佛被下了蛊,从此与期货无法分割。

马骏从未接触过金融投资,仅自学了一些皮毛,就开始投钱试水,尝试的方向是美元兑欧元。起初,马骏颇为谨慎,只投了100美元。没几天,他眼睁睁看着100美元翻了两倍。短期内的巨大收益率令马骏信心大增,在期货买卖这条路上一去不复返。为了专心炒期货,马骏辞去销售工作,白天研究期货理论,晚上熬夜看盘,日夜不休。除去每月1500元的房租与日常花销,马骏将所有的积蓄全部投入期货市场,甚至还将堂弟一起拉下水。

为了让学历匹配上未来一夜暴富的自己,2011年9月,马骏通过了专升本考试,顺利考入北大心理学系。马骏认为,期货交易中蕴含着心理学,若将人性参透,便能轻而易举获得财富。北大就读期间,马骏仍在没日没夜地炒期货,上课开小差,考试应付,就连吃饭都敷衍。由于缺乏正确的操作,账户内所有的钱都赔光了。为了东山再起,马骏厚着脸皮找朋友借钱,透支信用卡,甚至以贷还贷。由于操作过于激进,短短几天,这笔钱又亏进去了。这下,马骏彻底魔怔了,疯狂地找周围的亲朋好友借钱,但凡有点关系,他都会毫不羞愧地求助。谁承想,借钱是个无底洞,一旦有第一次,就有无数次,没完没了。2013年年底,马骏狮子大开口,向姑姑借20万元。"之前都是千儿八百,小钱,我就给了,可这是20万元,谁有这么多闲钱?他告诉我,自己炒期货赔了,借了40万元高利贷,求我帮忙,还说自己愿意放弃爷爷奶奶的遗产。"马小平回忆道。这一次,姑姑被吓傻了,严词拒绝了马骏,并劝他悬崖勒马。由于还不上钱,害怕别人找上门,马骏将债主的联系方式全部拉黑删除,把自己的信誉也赔了个精光。

背上巨额债务后,马骏不仅无心学习,还患上了行为障碍,临床表现为木僵状态,像块没有灵魂的木头,不吃,不喝,不动,不说话,持续性保持一种姿势。得病后,马骏不能见光,更不能与人交际。不久,北大劝退了他。登入学信网查询,马骏的学籍状态已经备注上"退学"二字。好好的一手牌,硬生生给打烂了。本该拥有璀璨未来的他,活活把自己给坑惨了。

(资料来源:https://www.sohu.com/a/778195035_121165148)

第一节 投资规划的基本认知

一、投资的内涵

(一) 投资的概念和特征

1. 投资的概念

投资(Investment)一般是指经济主体(政府、企业、个人)为了获取经济效益而投入资金或资源用以转化为实物资产或金融资产的行为和过程。

2. 投资的特征

投资作为一种经济行为具有以下几个特征:
(1) 投资的回报性:投资的目的是在未来获取相应的报酬。
(2) 投资的风险性:由于市场条件的变化,投资的结果通常是不可预见的。
(3) 投资的长期性:投资通常不是一次性的行为,而是持续的过程。
(4) 投资的流动性:不同的投资类型具有不同的流动性。

(二) 投资的类别

投资范畴非常广泛,按不同的标准,投资有不同分类。

1. 按投资主体分

按投资主体分为国家投资、企业投资和个人投资。

(1) 国家投资。

国家投资是指中央政府和地方各级政府所进行的投资,通常表现为财政投资,它可以由国家直接拨款来安排,无偿使用,也可以委托管理投资的专业银行或投资公司实行贷款,有偿使用。

(2) 企业投资。

企业投资是指企业作为投资主体所进行的投资。这里的企业包括国营、集体、个体、私营、企业集团、跨国公司及其子公司、金融组织及其海外分支机构等各种类型的企业,其投资范围涉及社会生产和社会生活的各个方面。

(3) 个人投资。

个人投资的主体是个人,是指个人凭手中的资金进行项目投资、实物资产或者购买证券等金融资产借以获利。

2. 按投资方式分

按投资方式分为直接投资和间接投资。

(1) 直接投资。

直接投资也叫项目投资,是投资者将货币资金直接投入投资项目,形成实物资产或者购买现有企业的投资。通过直接投资,投资者可以拥有全部或一定数量的企业资产及经营的所有权,直接进行或参与投资的经营管理。

(2) 间接投资。

间接投资是指投资者以其资本购买公司债券、金融债券或公司股票等各种有价证券,以期获取一定收益的投资。

3. 按投资对象的形态分

按投资对象的形态分为实物投资和金融投资。

(1) 实物投资。

实物投资是指投资于具有实物形态的资产,如黄金、房地产、厂房、机器设备、文物古玩、珠宝玉石等。

(2) 金融投资。

金融投资是指投资于以货币价值形态表示的金融领域的资产,如股票、债券、银行存款、外汇等。由于其投资形式主要是购买各种各样的有价证券,因此也被称为证券投资。

这里我们所指的投资是家庭或个人的金融投资(证券投资),属于间接投资的范畴。

(三) 证券投资的构成要素

投资追求的是成本、收益、风险、时间这四个维度的完美结合。

1. 成本

即投资的总支出,主要包括直接成本——购买成本与交易成本;间接成本——如基金投资中的管理费、托管费;税收成本——政府债券、金融债券利息免税,企业债券利息与资本利得按20%缴纳所得税,股票分红按20%收税,鼓励长期持有,持有超过一个月小于一年,税收减半,持有一年以上,税收全免;无形成本——机会成本。

2. 收益

投资报酬也叫投资收益,是指投资经运用后所获得并为投资者所拥有的全部净收入。它包括两部分:投资利润和资本利得(金融商品的买价与卖价之差)。

$$必要投资报酬＝无风险报酬＋风险报酬＋通货膨胀贴补$$

3. 风险

证券投资风险是指证券投资收益的不确定性,即证券投资无法达到预期收益或遭受损失的可能性。投资风险有系统风险和非系统风险。系统风险主要包括价格风险、再投资风险、购买力风险;非系统风险包括违约风险、变现风险、破产风险等。

4. 时间

投资者在证券投资中所花费的时间长短。投资应该是长期性的行为,不能够通过短期炒作获得显著的收益。

证券投资的要素是密切联系、相互作用的。一般来说,收益和风险成正比例关系;风险和时间也成正比例关系;当收益一定时,时间越长,收益率越低;收益率为正时,时间越长,绝对收益越高。

(四) 证券投资的主要工具

(1) 股票:普通股与优先股。
(2) 债券:长期债券、中期债券、短期债券;政府债券、金融债券、公司债券。
(3) 证券投资基金:股票基金、货币市场基金、债券基金、指数基金、混合型基金。
(4) 衍生品:股指期货、期权;股票期权;利率期货、期权;其他金融创新品种。
(5) 其他金融产品:银行结构性存款、保险理财产品等。

二、投资规划的内涵

(一) 投资规划的概念

1. 投资规划的含义

投资规划是指专业人员(如金融理财规划师或理财顾问)根据客户投资目标和风险承受能力,为客户制定合理的资产配置方案,构建投资组合来帮助客户实现理财目标的过程。投资规划是个人或家庭实现财务增长的关键。

2. 投资与投资规划的关系

很难严格地将投资与投资规划分离开来,概括而言,投资更强调创造收益,而投资规划更强调实现目标;前者技术性更强,后者程序性更强。要利用投资过程创造的潜在收益来满足客户的财务目标。单就一个特定投资行为来说,考察的往往就是该投资的投入、收益、风险等要素,在这一过程中,往往要运用特定的投资技术,如股票估值方法。而投资规划往往假定已经有其他专业人士提供了投资技术或者全面的投资管理服务之后,如何在合理假定(最重要的是收益率的假定)下,使用这种服务来完成客户投资目标。

3. 投资规划与理财规划的关系

理财规划一般应该涉及现金规划、消费支出规划、子女教育规划、风险管理规划与保险规划、投资规划、税收筹划、退休养老规划、财产分配与传承规划等内容。理财规划是一个全面综合的整体性解决方案,投资规划是理财规划的一个组成部分,投资是实现其他财务目标的重要手段,投资规划对于整个理财规划有重要的基础性作用。

(二) 投资规划的主要内容

一个完善的投资规划主要包括目标设定、资产配置、风险评估、投资策略、监控与调整五个方面。

1. 目标设定

目标设定是投资规划的第一步,它包括明确个人的财务目标和投资目标。财务目标可以包括短期目标(如购买汽车、装修房屋等)、中长期目标(如子女教育、退休规划等)和长期目标(如财富传承、慈善事业等)。投资目标可以包括保值增值、稳定收益、长期资本增值等。目标设定需要考虑个人或机构的风险承受能力、投资期限和收益预期等因素。

2. 资产配置

资产配置是指将投资资金分配到不同的资产类别(如股票、债券、房地产等)和不同的投资品种(如股票基金、债券基金等)中,以实现投资目标。资产配置的核心思想是分散风险,通过将投资资金分散到不同的资产类别和品种中,可以降低整体投资组合的风险。资产配置需要根据投资者的风险偏好、投资目标和市场情况等因素进行调整。

3. 风险评估

风险评估是指对投资风险进行评估和量化。投资风险可以分为系统风险和非系统风险。系统风险是指与整个市场相关的风险,如经济、政策等因素的变化;非系统风险是指与个别资产相关的风险,如公司经营状况、行业竞争等因素的变化。风险评估需要综合考虑投资品种的历史表现、市场环境、投资者的风险承受能力等因素。

4. 投资策略

投资策略是指根据投资目标、风险偏好和市场情况等因素,选择适合的投资品种和投资时机,以实现投资目标。常见的投资策略包括价值投资、成长投资、指数投资、定投策略等。投资策略需要根据个人或机构的投资目标和风险偏好进行定制化,同时需要灵活调整以适应市场变化。

5. 监控与调整

监控与调整是指定期对投资组合进行监控和调整,以确保投资策略的有效实施和投资目标的实现。监控包括对投资组合的定期回顾和风险评估,调整包括根据市场情况和投资目标的变化进行资产配置的调整。监控与调整需要根据投资组合的特点和投资目标的变化频率来确定。

拓展阅读

树立正确的投资理念

投资规划的起点是树立正确的投资理念。如果没有正确的投资理念,任何投资技巧都发挥不了作用。理财从业人员要树立正确的投资观念,并且要与客户达成共识,这样才能帮助客户树立正确的投资理念。

理财从业人员首先要指导客户认识金融产品的风险性,因为任何投资都是有风险的。从理论上来说,收益是对风险的补偿,即风险与收益呈正相关关系。对一般投资者而言,投资的安全性至关重要,投资的每项资产高收益必然面临高风险。

其次,理财从业人员要正确评估金融产品的收益,这往往是投资者最关心在意的问题。投资者在研究金融产品或购买金融产品的时候,最关心的是这项投资的收益性如何,常常追求收益的最大化。很多投资者都希望自己投资理财能赚得高收益、获得高回报,甚至希望投资收益能迅速翻倍。实际上,这是不正确的。因为在追求收益最大化的同时,资产的安全性就会降低,即收益越高,风险越大。

最后,投资者往往很容易忽略金融产品的流动性。流动性是指金融资产在短时间内转变为现金而本金不受损失的能力。流动性主要关注两点,即卖出该金融资产的时间和卖出该金融资产的价格是否合理。比如投资者持有一只股票,当在市场大量抛售这只股票的时候,这只股票就只能低于市场价卖出,甚至卖不出去,那么这只股票流动性很差。

低风险、高收益和高流动性是投资任何金融产品都需要进行权衡的三个关键要素。但是这三者不能同时存在,做投资时需要在三者之间进行取舍。比如投资者追求低风险、高流动性,那活期存款、货币市场基金、活期理财就是最佳选择。但劣势是这类金融产品获得的收益率普遍不高,活期存款则更低。如果投资者不想承担太大的风险,希望金融产品能保证流动性和保值,那么选择这类型产品就比较合适。

如果投资者希望金融产品在提高收益的同时风险还要低,那就只能选择牺牲流动性。比如从活期理财转向定期理财、银行定期存款、封闭式基金等。以封闭式基金为例,该类产品的封闭期为1~2年甚至更高,一定程度上避免了短期波动影响,相比于开放式基金则风险较小、预期收益较高。实质上是用时间换空间,获得投资产品的长期回报。再比如某家庭将10万元存了两年期的银行定期存款,一年之后,因家里突发变故急需用这笔钱,由于两年的定期期限还没到,如果强行取出,收益仅是活期存款利息,这也就是在收益和流动性之中选择了流动性而牺牲收益。

如果选择高收益、高流动性的产品,那就必须牺牲风险。类似的投资方式品种很多,比如股票、期货甚至赌博和买彩票都可以视为高风险、高收益、高流动性的"三高"品种。但是在选择产品时务必注意,这种高风险的产品往往收益波动幅度大,涨跌和过山车一样惊险,所以投资者不能只关注高收益,而无视了背后的风险。在投资者产生错误判断时,理财从业人员一定要加强投资者教育工作。但这类产品的好处是,只要把握好短期机会的确可以获得收益颇丰的回报,而且流动性相对较好,基本在交易时间内随时可以买卖或者申赎。

由此可见,在投资之前,理财从业人员一定要指导客户正确认识金融产品,树立正确的风险、收益和流动性理念,从而使金融产品能够满足客户的客观投资目标。

(资料来源:1+X职业技能等级证书配套教材《家庭理财规划(中级)》)

第二节　投资规划流程

科学的投资规划是从客户的需求出发,满足客户需求的过程,其基本流程主要包括客户分析、拟定投资目标、资产配置、投资品种选择、投资绩效评价五个方面。

一、客户分析

理财规划师为客户制定的投资规划方案是否适合客户的实际情况,关键取决于理财规划师是否对客户的基本情况、财务信息,以及与投资相关的非财务信息和客户的期望目标有充分的了解。在充分掌握客户所有相关信息的基础上,分析客户信息,准确判断客户的风险承受能力和投资偏好,才能更好地满足客户的需求。

(一)搜集与投资规划相关的客户信息

与投资规划相关的客户信息主要有四个方面。

1. 反映客户现有投资组合的信息

详细列明客户现有资产的种类、各种资产的投资额(当前价值)及其在客户总投资中所占的比重。掌握反映客户对于投资的收益以及投资收益用途的各项相关信息。

2. 反映客户的风险偏好的信息

一般来说,客户的风险偏好可以分为五种类型,即保守型、轻度保守型、中立型、轻度进取型和进取型。这种类型的划分是根据客户购买金融资产的类型及其组合确定的。根据客户所提供的投资组合基本信息对客户的风险偏好状况做出初步判断。

3. 反映客户家庭预期收入情况的信息

客户的收入支出信息是客户最重要的财务信息之一,客户家庭预期收入是客户未来现金流入的主要来源,也是客户投资的主要依据。

客户的收入由经常性收入(如工资薪金、奖金、利息和红利)和非经常性收入共同构成。

需要掌握的信息主要有以下三类:反映客户当前收入水平的信息;客户家庭日常支出(经常性支出和非经常性支出)收入比;客户结余比率是客户一定时期内(通常1年)结余和收入的比值,主要反映客户提高其净资产水平的能力,税后收入才是其真正可支配收入。

4. 反映客户投资目标的各项相关信息

客户往往不能明确地指出自己的投资目标,需要理财规划师通过适当的方式,循序渐进地加以引导,帮助客户将模糊的、混合的目标逐步分析、细化、具体化。

理财规划师根据投资规划所需的相关信息编制特定表格,搜集与投资规划相关的客户信息。主要表格有客户现有投资组合细目表、客户目前收入结构表、客户目前支出结构表、客户的投资偏好分类表、客户投资需求与目标表等。

(二) 分析与投资规划相关的客户信息

1. 分析客户家庭预期收入信息

家庭预期收入信息是理财规划师为客户制定投资规划的时候最重要也是最基本的信息。分析家庭预期收入信息主要是分析家庭收入来源、收入规模、收入结构等,在此基础上,预测家庭预期收入。

预测家庭预期收入时需注意:理财规划师不仅要对客户未来收入情况进行相对准确的预测,而且要注意客户的收入结构。理财规划师出于谨慎考虑,主要对经常性收入部分的未来变化情况进行预测。预测经常性收入变化时重点确定各种变化比率,如GDP增长率、通货膨胀率、投资收益率、利率和税率等;非经常性收入不固定,对于确有可能在下年出现的非经常性收入项目,理财规划师应对其实现的可能性进行充分的分析,谨慎地将其纳入未来收入预测中。

财务信息分析目的是分析出影响客户投资规划的因素。

2. 分析宏观经济形势

宏观经济会在基础层面上对投资预测和投资收益进行影响。分析宏观经济形势主要分析经济统计信息、各种宏观经济因素,如利率、汇率、税率变化、宏观指标的历史数据和历史经验、财政货币政策意图、政府及科研机构的分析、评论等。

3. 分析客户现有投资组合信息

分析客户现有投资组合信息就是根据经验或者规律，对客户投资组合情况做出评价。主要是明确客户现有投资组合中的资产配置状况、分析客户现有投资组合的突出特点等。

4. 分析客户风险偏好状况

掌握客户的风险偏好是为客户量身定做投资规划方案的基础。分析客户风险偏好状况主要是分析客户的风险偏好类型、客户的风险承受能力。

(1) 风险态度。

一般人们普遍倾向于追逐利益、规避风险，但"趋利避害"并不是绝对地厌恶风险。如面对相同的风险时，人们总会优先选择能够带来更高收益的，或是支出更低的投资项目；如在既定收益条件下，投资者往往会更倾向选择风险较低的理财产品。人们肯定不愿意承担较高的风险，而去追求较低的投资收益。"风险与收益对等"被认为是普遍的投资原则，但实际情况可能更复杂。因为人们通常很难判断风险的大小，就像对一杯咖啡和一块面包很难做出比较。面对同样的选择时，不同人会做出不同的决策。比如同样的一小时，有的人选择外出逛街，有的人选择在家休息。投资实践中，有的人厌恶风险，有的人则喜好风险，还有的人态度中立。这分别代表了三种不同的风险态度，即风险厌恶型、风险偏好型和风险中立型，其中风险偏好型更愿意承担较高的风险去追逐更高收益。

从风险态度来看，大部分人属于风险厌恶者，本质是不喜欢不确定性，不愿意去承担不确定的损失。例如，对于风险厌恶者而言，损失100元带来的心理痛苦，远远要大于赚得100元的快乐。更确切地讲，面对确定性和不确定性的两种收益，多数人往往更倾向于选择"金额确定但相对收益较少的产品"。

(2) 风险承受。

人们的风险态度是异质性的，尽管大部分人是风险厌恶者，但也存在很多风险偏好者。无论如何，人们首先要明晰自身的风险承受能力，再做出与其相匹配的投资选择。所谓风险承受能力，可以理解为当遇到投资亏损时损失多少不至于影响家庭正常生活。通常，投资者的风险承受能力与年龄、家庭结构、职业及收入稳定性、个人财富、教育程度、投资目标和期限、投资知识和经验等因素密切相关。

风险承受能力与年龄呈负相关，即年龄越大，风险承受能力越低，尤其对于老年人，收入获取能力下降，抗风险能力较低，投资时不宜冒大的风险。如果其他条件相同，则已婚者相对于单身者的家庭责任更重，因而风险承受能力较低。但考虑就业情况后，已婚家庭拥有双重收入来源，其风险承受能力可能高于单身者。有抚育、赡养义务的家庭，其日常支出更大，其风险承受能力可能要低于没有相关义务的家庭。如果个人或家庭成员的工作较稳定，则现金流也会比较稳定，如公务员、事业单位员工等，其风险承受能力较高；而个体户、小微企业员工，由于工作缺乏稳定性，收入现金流不稳定，其风险承受能力相对偏弱。个人或家庭财富越多，其风险承受能力越强。比如同样金额的损失，富人要比穷人在财力和心理上的承受能力更强。无负债的个人或家庭的风险承受能力相对要高。例如，无房贷家庭比有房贷家庭的风险承受能力要高。受教育程度与风险承受能力通常呈正相关。调查显示,高学历者获得高收入的机会要多于低学历者,大多数情况下,前者往往更富有,其风险承受能力更高一些。具有一定的投资专业知识、投资时间较长、投资经验丰富的人,要比缺乏投资知识和经验的人,拥有较高的风险承受能力。

(3) 风险属性评估方法。

① 风险态度评估。

风险态度或风险承受意愿,其具有较强的主观性,是指个人或家庭在心理上能够承受多大的风险或损失。客户承受风险的意愿越高,意味着其愿意为获得更多收益而承担较高的风险。

了解客户的风险承受态度,可以从以下几个方面展开:

◆ 客户能容忍的最大投资损失比例。

◆ 投资目标是获得长期利得,还是短期差价,或是保证本金?

◆ 投资亏损到一定程度后,是加码摊平,还是等待反弹,还是卖出止损?

◆ 投资亏损对个人心理和家庭生活的影响如何?是寝食难安,还是泰然处之,抑或所有波动均能接受?

评估客户的风险承受态度,可依据客户对本金可容忍的损失程度以及其他心理因素进行测评。影响因素主要有:

◆ 对本金可容忍的损失程度。评估方法如下:总分50分,不能容忍任何损失得0分,容忍度每增加1%加2分(1年内),能容忍25%以上得50分。

◆ 其他心理因素。投资目标、认赔行为、赔钱心理、行情关注和投资成败因素(见表8-1),都是决定客户风险承受度的其他心理因素,总分50分。对本金可容忍的损失程度(50分)和其他心理因素(50分),可知风险承受态度评估总分为100分,得分越少,代表风险承受态度越低,如表8-2所示。

表8-1 决定风险承受态度的其他心理因素评分表

风险态度	10分	8分	6分	4分	2分
投资目标	赚短期差价	长期利得	年现金收益	抗通胀保值	保本保息
认赔行为	预设止损点	事后止损	部分认赔	持有待回升	加码摊平
赔钱心理	学习经验	照常过日子	影响情绪小	影响情绪大	难以入眠
行情关注	几乎不看	每月看月报	每周看一次	每天收盘价	即时看盘
投资成败	可完全掌控	可部分掌控	依靠专家	随机靠运气	无发财运

注:具体得分等级情况参见下表。

表8-2 风险承受态度等级表

风险态度	20分以下	20～39分	40～59分	60～79分	80分及以上
低	√				
中低		√			

续 表

风险态度	20 分以下	20~39 分	40~59 分	60~79 分	80 分及以上
中等			√		
中高				√	
高					√

② 风险承受评估。

风险承受能力主要反映客户能够负担多大程度的投资损失,具有明显的客观性。评估风险承受能力是为客户提供适当服务的重要前提,可以根据年龄、就业、家庭负担、资产状况、投资知识及经验等进行测评。

◆ 年龄因素:共 50 分,25 岁以下 50 分,每增加 1 岁减 1 分,75 岁以上 0 分。
◆ 其他因素。表 8-3 中罗列出的就业情况、家庭负担、资产状况、投资经验、投资知识都是对客户风险承受能力评估的其他因素,总分 50 分。

表 8-3 决定风险承受能力其他因素评估表

项 目	10 分	8 分	6 分	4 分	2 分
就业情况	公职人员	工薪族	佣金收入	自营职业	失业
家庭负担	未婚	双薪无子女	双薪有子女	单薪有子女	单薪养三代
资产状况	投资不动产	自宅无房贷	房贷<50%	房贷>50%	无自用住宅
投资经验	10 年以上	6~10 年	2~5 年	1 年以下	无
投资知识	有专业证书	财经专业	自修有心得	懂一些	无

风险承受能力评估总分 100 分,最低 10 分,得分越高者代表风险承受能力越强。考虑到年龄因素的重要性,对客户年龄的考察占比 50%。具体得分对应等级情况参见表 8-4。

表 8-4 风险承受能力等级表

项 目	20 分以下	20~39 分	40~59 分	60~79 分	80 分以上
低	√				
中低		√			
中等			√		
中高				√	
高					√

(4) 风险特征矩阵。

根据"投资者适当性原则",投资者在购买理财产品时,金融机构要先对其进行风险测评和分类,再将合适的产品销售给适合的投资者。风险等级测评和分类是确定客户风险承受态度和风险承受能力的基础,也是金融机构对客户进行分类管理的必备条件,进而才能选择与其相匹配的投资组合。实际工作中,金融机构主要通过风险属性问卷调查的方式进行综合测评,并根据风险等级测评结果,为投资者推荐合适的投资产品。

在为客户进行投资规划时,应将定性分析和定量分析相结合,从客户的主观意愿和客观条件双重因素出发,全面考虑风险承受态度和风险承受能力,综合形成客户的风险特征矩阵(见表8-5),进而选择合适的投资组合。

表8-5 客户风险特征矩阵 单位:%

风险承受态度	投资工具	风险能力				
		低能力(0~19分)	中低能力(20~39分)	中等能力(40~59分)	中高能力(60~79分)	高能力(80~100分)
低态度(0~19分)	货币	70	50	40	20	10
	债券	30	40	40	50	50
	股票	0	10	20	30	40
中低态度(20~39分)	货币	40	30	20	10	10
	债券	50	50	50	50	40
	股票	10	20	30	40	50
中等态度(40~59分)	货币	40	30	10	0	0
	债券	30	30	40	40	30
	股票	30	40	50	60	70
中高态度(60~79分)	货币	20	0	0	0	0
	债券	40	50	40	30	20
	股票	40	50	60	70	80
高态度(80~100分)	货币	0	0	0	0	0
	债券	50	40	30	20	10
	股票	50	60	70	80	90

当前,市场上不同金融机构的风险等级测评方式并不相同,但主要类型可以归结为R1(保守型)、R2(稳健型)、R3(平衡型)、R4(成长型)、R5(进取型),如表8-6所示。同时按照客户风险属性的测评结果,可以将客户大体分为保守型、稳健型、平衡型、成长型、进取型五种类型。与这五种投资类型相对应,将客户的风险承受度由低到高排列,分为C1(低风险)、C2(中低风险)、C3(中等风险)、C4(中高风险)、C5(高风险)五个等级。

表8-6 客户风险属性的分类情况

客户风险承受等级	R1(保守型)	R2(稳健型)	R3(平衡型)	R4(成长型)	R5(进取型)
C1(低)	√				
C2(中低)		√			

续　表

客户风险　承受等级	R1(保守型)	R2(稳健型)	R3(平衡型)	R4(成长型)	R5(进取型)
C3(中等)			√		
C4(中高)				√	
C5(高)					√

在实际购买金融产品的业务中,客户在首次购买理财产品前,必须先在金融机构(网点或网上银行、手机银行等渠道)进行风险测评,评估结果通常有效期为1年,超过有效期或有效期之内客户的财务状况发生较大变化,或有其他可能影响风险承受能力的情况发生时,需要重新进行风险评估。

拓展阅读

适当推荐——风险匹配

案件详情：叶××、深圳××公司管理有限公司金融委托理财合同纠纷一案中,法院查明,案涉风险调查问卷等反映投资者属于稳健型投资者,而案涉私募产品为较高风险产品,将其销售给该投资者并不匹配。法院据此认定涉案基金管理人履行适当性义务存在不当,并综合管理人未实际履行承诺的基金风险控制措施导致基金财产遭受损失,以及利用所管理的基金为自己牟取利益等情形,判令其赔偿投资者全部本息损失。[〔2021〕粤03民终16338号]

案件点评："卖者尽责"是"买者自负"的前提条件,作为投资理财从业人员,应严格遵循"了解客户、了解产品、适当销售"这三项原则和底线,履行投资者适当性义务,避免因未履行投资者适当性义务陷入投资者索赔纠纷,或被监管部门或自律组织采取监管措施或自律管理措施。

二、拟定投资目标

投资目标是指客户通过投资规划所要实现的目标或者期望,往往是要实现或者达到生活的某个具体的目标。根据对根据客户的特征、投资需求和期望目标的了解与分析,理财规划师和客户经过充分的商讨,可以初步拟定客户的投资目标。

(一)将投资目标按时间进行分类

投资目标可以分为短期目标(1年以内)、中期目标(1～10年/2～5年为中短期,5～10年为中长期)和长期目标(10年以上)。常见的证券投资目标如表8-7所示。

表8-7　证券投资目标

投资期限	投资目标	资产选择
短于2年	保持流动性并获得收益	存款账户、货币市场基金、短期债券
2～5年	稳定收益	中期债券、高分红股票、平衡型基金

续 表

投资期限	投资目标	资产选择
6～10年	更高收益	长期债券、股票、增长型基金、房地产
10年以上	长期的高收益	增长型股票、贵金属、房地产

(二) 帮助客户拟定投资目标

根据影响投资决策因素的分析和投资者的投资需求,帮助客户拟定短期、中期和长期投资目标。以下问题将帮助客户建立有效的投资目标:

(1) 你有多少钱用于投资?既有资金的用途是什么?
(2) 目前拥有的钱财能否满足投资的需要?
(3) 你如何得到用于投资需要的钱财?负债投资是否可行?
(4) 你希望的投资收益是什么?
(5) 你愿意为投资计划承担多大风险?
(6) 你的投资周期大约多长?
(7) 你想参与的投资品种是什么?
(8) 发生什么状况时你会改变投资目标?

(三) 确定投资资金的数额和投资时间

根据各种不同的目标,分别确定实现各个目标所需要的投资资金的数额和投资时间。

值得注意的是:初步拟定客户的投资目标后,应征询客户的意见并得到客户的确认。如果客户明确表示反对,理财规划师应要求客户以书面的方式提出自己的投资目标;如果理财规划师对已经确定的投资目标有所改动,必须向客户说明并征得客户同意。

三、资产配置

根据客户的投资目标和对风险收益的要求,将客户资金在各种类型资产上进行配置,确定用于各类型资产的资金比例。

(一) 选择投资工具

常用的证券投资工具有储蓄、债券、股票、基金、保险、信托、期货、期权、外汇等。投资工具的选择应该与投资目标一致,并应考虑投资收益、风险和价值的平衡。常用的投资工具比较情况如下:

投资工具	安全性	获利性	变现性
储蓄	*****	*	*****
国债券	*****	**	***
公司债券	****	**	***
基金	***	***	****
股票	**	****	*****
期货	*	*****	****

（二）构建分散化的投资组合

规划投资分散化是指通过持有一定数量的不同投资工具以增加投资收益,降低投资风险。理财规划师根据客户的目标和风险偏好,确定客户总资产在各类投资产品之间的合理比例,为客户确定出合适的投资组合。投资组合包括投资工具组合、投资时间组合、投资比例组合。

投资组合的方式有:

（1）风险等级组合(高、中、低)——冒险的、中庸的、保守的;
（2）时间组合——长期与短期组合、一次与分期组合;
（3）不同收益形式组合——固定收益投资和可变收益投资组合;
（4）不同性质对象组合——实体投资和金融投资组合;
（5）不同性质权益组合——主权性投资和债权性投资组合。

（三）不同类型客户的资产配置

不同风险类型客户的投资风格或行为会相差较大,对不同类型客户进行画像,再针对性地为其制定投资规划建议,如表8-8所示,可以有效遵循"适当性原则",并增强理财从业人员与客户之间的默契程度,同时也能够使客户更清晰地认知"风险与收益对等"的投资规则,树立正确的投资理念,明确投资目标。

表8-8 不同风险类型客户的理财建议

类型	项目	内容
保守型	风险特征	风险承受能力低;目标是保证本金不受损失和保持资产的流动性,希望投资收益保持稳定,不愿承担风险以换取收益
	人群画像	老年人群;低收入家庭;成员较多、负担较重的家庭;性格谨慎的投资者
	理财建议	为此类客户选择投资工具时集中在低等风险范围,首先考虑本金安全程度,然后才考虑收益。可以国债、银行存款作为主要配置,另外补充货币与债券基金等中低风险产品;整体的理财选择是偏重于风险程度低的理财产品,基本不做高风险高收益的投资品种的配置
稳健型	风险特征	风险承受能力中低;目标是在尽可能保证本金安全的基础上能有一些增值收入,追求较低的风险,对投资回报的要求不高
	人群画像	临近退休的中老年人士;公务员、教师、医生、军人等工作较稳定的人群
	理财建议	为此类客户选择投资工具时集中在中低等风险及以下的范围,一方面配置国债、存款、银行理财产品,另一方面配置债券型基金,适量定投混合型基金、指数型基金;整体的理财选择是偏重于风险程度较低的理财产品,在高风险高收益的投资品种上占比较低
平衡型	风险特征	风险承受能力中等;目标是愿意接受一定的本金损失风险来获得一定收益,适合投资于有一定升值能力,而投资价值温和波动的投资工具
	人群画像	中高收入企业员工;对金融行业有一定了解的人员
	理财建议	为此类客户选择投资工具时集中在中等风险及以下的范围,在保险及储蓄产品配置完善的基础上选择基金、股票作为主要配置,补充金融衍生工具等投资工具。如满足合格投资者要求,可适量持有私募基金、资产管理计划及信托产品;整体的理财配置是追求风险与收益的平衡,将中等风险金融产品作为重点布局

续　表

成长型	风险特征	风险承受能力中高;目标是愿意接受较高本金损失风险来获得较高收益,偏向于较为激进的资产配置,了解投资产品,对风险有清醒的认识
	人群画像	企业财务人员、企业高级管理人员;金融从业人员;企业主、创业者
	理财建议	为此类客户选择投资工具时集中在中高等风险及以下的范围,可配置开放式股票基金、股票等,另补充股型的基金以降低非专业操作风险。如满足合格投资者要求,可适量持有资产管理计划及信托产品;整体的理财配置是高风险理财产品的比重较高,同时搭配一定比例的中高或者中等风险的金融产品
进取型	风险特征	风险承受能力高;目标是获取可观的资本增值,资产配置以高风险投资品种为主,投机性强,愿意承受较大的风险,有心理准备可能损失部分或全部投资本金
	人群画像	外汇、股票专业投资者;金融投机者;专业操盘投资者
	理财建议	为此类客户选择投资工具时集中在高等风险及中高等风险范围,以创业板、中小板股票为主要配置,补充期权、期货、外汇、股权等高风险投资工具,以股票型基金、指数型基金作为风险平衡手段。可根据客户偏好配置小众投资,如艺术品、海外资产等高风险投资工具

不同风险类型客户所适用的理财建议存在一定差异,与其相对应的理财产品也不同,其实这些理财产品也具有不同的风险等级。现实中,尽管不同金融机构的理财产品类型不一样,但仍可按照投资性质将其风险等级大致分类。通常按照从低到高的风险等级,可将理财产品划为 P1(低风险)、P2(中低风险)、P3(中等风险)、P4(中高风险)、P5(高风险)五个等级,如表 8-9 所示。

表 8-9　客户风险承受等级与理财产品风险等级匹配表

客户风险承受等级	客户类型	理财产品风险等级与可选择配置的投资工具		匹配的理财产品风险等级
C1	R1 保守型	P1	存款、大额存单、结构性存款、智能存款国债、货币市场基金、以投资货币市场为主的商业银行理财产品年金险、健康险	P1
C2	R2 稳健型	P2	债券基金养老保障产品以投资债券为主的商业银行理财产品	P1、P2
C3	R3 平衡型	P3	混合型基金、股票型基金、指数型基金 A 股、B 股、信托产品、资产管理计划、黄金	P1、P2、P3
C4	R4 成长型	P4	创业板、中小板股票分级基金 B 份额私募基金	P1、P2、P3、P4
C5	R5 进取型	P5	外汇、期货、期权及其他金融衍生品	P1、P2、P3、P4、P5

在为客户提供投资规划服务时,要遵守"风险匹配原则",向客户推荐或配置风险评级等于或低于其风险承受度的理财产品。例如,若某客户的风险承受等级为 C2(稳健型),而向其推荐了风险等级 P5(高风险)的理财产品,就违反了"投资者适当性管理"的监管规定。具体操作时,理财从业人员应坚持"了解产品"和"了解客户"的经营理念,结合各金融

机构的不同类型产品特征,向客户推荐与其风险等级匹配的理财产品。

四、投资品选择

投资品选择就是投资标的的选择。不同的证券有不同的品种,个别投资品的选择影响投资回报率、投资者所要承受的风险等,直接影响投资决策的准确性和成功率。

(一) 投资品种分析

第一类基本分析。

基本分析指通过对公司的经营管理状况、行业的动态和一般经济情况的分析,进而研究投资品的价值,即解决"购买什么"的问题。主要评估投资品种的价值是高估还是低估。

第二类技术分析。

技术分析的目的是预测投资品,尤其是证券价格涨跌的趋势,即解决"何时购买"的问题。擅长利用过去价格变动来预测未来的价格变动。

(二) 投资品种选择

投资品的选择包括两个方面,一是选择证券的能力,二是选择投资时机的能力。

选择证券的能力,就是根据投资品种分析能够预测个别投资品的价格走势及波动情况的能力;选择投资时机的能力就是根据投资品种分析预测和比较各种不同类型投资品种的价格走势及波动情况,对市场系统风险的把握,监督投资组合的表现,随着市场行情的变化动态调整资产结构,以此来获取超额利润的一种盈利能力。

五、投资绩效评价

证券投资绩效评价是对投资者在证券市场上的投资行为和投资策略进行评估和度量的过程。通过绩效评价,可以了解投资者的投资收益、风险承受能力和投资策略的有效性,为投资者提供决策依据和优化投资组合的方法。

(一) 绩效评价的指标

在证券投资绩效评价中,常用的指标包括收益率、风险指标、超额收益率和相对收益率等。收益率是衡量投资绩效的主要指标之一,可以通过计算资产的价格变动和分红收益来确定。风险指标则反映了投资者所承担的风险水平,包括标准差、Beta系数和下行风险等。超额收益率是指投资组合或资产相对于一些基准的超额收益,它可以用来衡量投资者的主动管理能力。相对收益率则是指投资组合或资产相对于其他投资组合或资产的收益率差异。

(二) 绩效评价的方法

在实际的证券投资绩效评价中,常采用单期和多期的评价方法。单期评价方法主要关注其中一特定时期的投资绩效,通过计算收益率、风险指标等指标来衡量。多期评价方法则关注整个投资周期的绩效表现,通过累计收益率、年化收益率等指标综合评价。

(三) 绩效评价的模型

除了以上指标和方法,还可以采用各种评价模型来进行证券投资绩效评价。常用的模型包括套利定价模型（APM）、风险调整的绩效指标模型（Sharpe Ratio、Treynor Ratio、Jensen's Alpha 等）、因子模型、事件研究法等。这些模型和方法可以更全面地评价投资绩效，并考虑了不同的市场环境和投资者需求。

拓展阅读

合适的产品卖给合适的投资者

根据证监会《证券期货投资者适当性管理办法（2022修正）》第三条的规定，"投资者适当性"，是指向投资者销售证券期货产品或者提供证券期货服务的机构应当在销售产品或者提供服务的过程中，勤勉尽责，审慎履职，全面了解投资者情况，深入调查分析产品或者服务信息，科学有效评估，充分揭示风险，基于投资者的不同风险承受能力以及产品或者服务的不同风险等级等因素，提出明确的适当性匹配意见，将适当的产品或者服务销售或者提供给适合的投资者，并对违法违规行为承担法律责任。

"资管新规"明确提出金融机构发行和销售资产管理产品，应当坚持"了解产品"和"了解客户"的经营理念，加强投资者适当性管理，向投资者销售与其风险识别能力和风险承担能力相适应的资产管理产品。禁止欺诈或者误导投资者购买与其风险承担能力不匹配的资产管理产品。金融机构不得通过拆分资产管理产品的方式，向风险识别能力和风险承担能力低于产品风险等级的投资者销售资产管理产品。

第三节 证券投资工具

一、投资股票

股票投资是指企业购买其他企业发行的股票以获取股利或股票买卖的价差收益并持有股票的一种投资活动。

（一）股票投资的目的

（1）为了获取股利收入及股票买卖价差，或为了配合企业对资金的需求，调剂现金的余缺，使现金余额达到合理的水平；

（2）购买某一公司的大量股票，达到控制该公司的目的。

（二）股票估价

进行股票估价是为了确定股票的内在价值，投资时将股票价值与股票市价进行比较以确定如何操作。一般情况下，只有当股票价值大于股票价格时，进行投资才是有利的选择。

股票价值是指股票为投资者带来的未来现金流入的现值。股票给投资者带来的现金流入量包括两部分：股利收入和未来出售时的售价。

1. 股票估价的基本模型

普通股基本估价模型：

$$P_0 = \frac{D_1}{(1+R_s)^1} + \frac{D_2}{(1+R_s)^2} + \cdots + \frac{D_n}{(1+R_s)^n} + \cdots = \sum_{t=1}^{\infty} \frac{D_t}{(1+R_s)^t}$$

式中，P_0 表示股票价值；D_t 表示第 t 期的股利；R_s 表示贴现率，资本成本率或投资者的必要收益率；t 表示期数。

2. 长期持有、股利零成长股票的估价模式

假设每年股利固定不变，即预期股利增长为零，则所获取的股利收入是一个永续年金，这种情况下股票价值为：$P_0 = \dfrac{D}{R_s}$

【例 8-1】 假设丽青公司购买 A 股票，每年分配股利 2 元，该公司要求的最低报酬率为 16%，则 A 股票的价值为：$P_0 = \dfrac{2}{16\%} = 12.50(元)$。

这就是说，A 股票每年带来 2 元的收益，在市场利率为 16% 的条件下，它相当于 12.50 元资本的收益，所以其价值是 12.50 元。

3. 长期持有、股利固定成长股票的估价模型

假设股份公司今年的股利为 D_0，预期未来股利增长率为 g，则 t 年的股利应为：

$$D_t = D_0 \times (1+g)^t$$

根据股票估价的基本模型，固定成长股票的价值为：

$$P_0 = \sum_{t=1}^{\infty} \frac{D_0 \times (1+g)^t}{(1+R_s)}$$

通常情况下 $R_s > g$，则上式可简化为：

$$P_0 = \frac{D_1}{R_s - g}$$

【例 8-2】 假设丽青公司拟投资购买 A 股票，该股票上年每股股利为 2 元，预计以后每年以 12% 的增长率增长。该公司要求的最低报酬率为 16%，A 股票的价格为多少时，该公司才能购买？

$$P_0 = \frac{2 \times (1+12\%)}{16\% - 12\%} = 56(元)$$

只有当证券市场上 A 股票在 56 元以下时，该公司才能投资购买，否则，就无法获得 16% 的报酬率。

4. 非固定成长股票估价模型

在实际中，有些公司股利是不固定的。例如，在一段时期内高速增长，在另一段时期内正常增长或固定不变。在这种情况下，要分段计算才能确定股票价值，其步骤为：

第一步，计算出非固定增长期间的股利现值。

第二步,根据固定增长股票估价模型,计算非固定增长期结束时股票价值,并求其现值。
第三步,将上述两个步骤求得的现值加在一起,所得到的就是阶段性增长股票的价值。

【例8-3】 假设丽青公司准备购买凌锋公司的股票,预期凌锋公司未来5年高速增长,年增长率为20%,在此之后转为正常增长,年增长率为6%。普通股投资的必要收益率为15%,最近支付股利2元。当前该股票的价格为20元。

第一步,计算高速增长期的股利现值(见表8-10)。

表8-10 股利现值表

年 份	股利(D)	复利现值系数 $R=15\%$	现 值
第1年	$2\times(1+20\%)=2.4$	0.870	2.088
第2年	$2\times(1+20\%)\times2=2.88$	0.756	2.177
第3年	$2\times(1+20\%)\times3=3.456$	0.658	2.274
第4年	$2\times(1+20\%)\times4=4.147$	0.572	2.372
第5年	$2\times(1+20\%)\times5=4.977$	0.497	2.474
合 计	—	—	11.385

第二步,计算第5年底的股票价值并折算成现值。

$$P_5=\frac{D_6}{R_s-g}=\frac{4.977\times(1+6\%)}{15\%-6\%}=58.62$$

$$PV=\frac{58.62}{(1+15\%)^5}=29.133$$

第三步,计算股票价值。

$P_0=11.385+29.133\approx40.52$

第四步,判断是否值得购买该股票。

因为当前的股票的价格(20元)低于其价值(40.52)元,所以值得购买。

(三) 股票收益率的衡量

股票预期报酬率＝预期股利收益率＋预期资本利得收益率

只有股票的预期报酬率高于投资人要求的最低报酬率,投资才是有利的。
最低报酬率是投资的机会成本,通常用市场利率来衡量。

二、投资债券

(一) 债券投资的目的

企业进行债券投资的目的是获得利息收入,或配合企业对资金的需求,调剂现金的余缺,使现金余额达到合理的水平。

(二) 债券估价

一般情况下,只有当债券价值大于债券价格时,进行投资才是有利的选择。债券的价值是指债券未来现金流入量的现值,债券给投资者带来的现金流入量包括债券的利息收入和到期归还的本金。

1. 债券估价的基本模型

一般情况下,债券每期计算并支付利息、到期归还本金。按照这种模式,债券价值估算的基本模型是:

$$V=\frac{I_1}{(1+R)^1}+\frac{I_2}{(1+R)^2}+\cdots+\frac{I_n}{(1+R)^n}+\frac{M}{(1+R)^n}=\sum_{t=1}^{n}\frac{I_t}{(1+R)^t}+\frac{M}{(1+R)^n}$$

式中,V 表示债券价值;I_t 表示第 t 期的利息;M 表示到期的本金;R 表示贴现率,投资者要求的必要报酬率,一般采用当时的市场利率;n 表示债券到期前的年数。

2. 债券估价的扩展模型

(1) 典型债券估价模型。

典型债券通常是固定利率债券,每期计算并支付利息、到期归还本金,这种债券价值的计算公式为:

$$V=I\times(P/A,R,n)+M\times(P/F,R,n)$$

【例 8-4】 假设某债券面值为 100 元,票面利率为 6%,期限 3 年,丽青公司要对这种债券进行投资,当前的市场利率为 5%,问债券价格为多少时才能进行投资?

$$V=I\times(P/A,R,n)+M(P/F,R,n)$$
$$=100\times6\%\times(P/A,5\%,3)+100\times(P/F,5\%,3)$$
$$=102.72(元)$$

即该种债券的价格必须低于 102.72 元才值得购买。

(2) 一次还本付息且不计算复利的债券估价模型。

$$V=(M+I\times n)\times(P/F,R,n)$$

【例 8-5】 假设丽青公司拟购买一份面值为 100 元,期限为 5 年,票面利率为 6%,不计复利的债券,当前市场利率为 8%,该债券发行价为多少时,企业才能购买?

$$V=(M+I\times n)\times(P/F,R,n)$$
$$=(100+100\times6\%\times5)\times(P/F,8\%,5)p=88.48(元)$$

即该种债券的价格必须低于 88.48 元才值得购买。

(3) 零息债券的估价模型。

有些债券以贴现方式发行,到期按面值偿还,这种债券被称为"零息债券",其估价模型为:

$$V=M\times(P/F,R,n)$$

【例 8-6】 假设丽青公司准备购买某债券,该债券面值为 100 元,10 年期,以贴现方式发行,到期按面值偿还,当时市场利率为 10%,其价值为:

$$V=M\times(P/F,R,n)$$

$$= 100 \times (P/F, 10\%, 10)$$
$$= 38.55(元)$$

即该种债券的价格必须低于 38.55 元才值得购买。

(4) 永久债券的估价模型。

永久债券是指没有到期日,永不停止支付利息的债券。优先股实际上也是一种永久债券。永久债券的价值计算公式如下:

$$V = \frac{I}{R}$$

【例 8-7】 假设丽青公司拟购买一优先股,该优先股承诺每年支付优先股息 40 元。假设折现率为 10%,该优先股的价值为多少?

$$V = \frac{40}{10\%} = 400(元)$$

该优先股的价值为 400 元。

(三) 债券收益率的衡量

债券的收益水平通常用到期收益率来衡量。债券到期收益率是指自企业债券购买日至到期日可获得的收益率。它是考虑资金时间价值,按复利计算的投资收益率,是指使债券投资未来现金流入的现值等于债券买入价格时的贴现率,是净现值为零的贴现率,计算公式如下:

$$P = \frac{I_1}{(1+i)^1} + \frac{I_2}{(1+i)^2} + \cdots + \frac{I_n}{(1+i)^n} + \frac{M}{(1+i)^n}$$

式中,P 表示债券价格;I 表示每期利息;M 表示债券面值;n 表示到期的年数;i 表示贴现率,债券到期收益率。

在上式中将贴现率 i 求解出来,即为债券到期收益率。

三、投资基金

证券投资基金(简称"基金")是一种利益共享、风险共担的集合证券投资方式,即通过发行基金单位,集中投资者的资金,由基金托管人托管,由基金管理人管理和运用资金,从事股票、债券等金融工具投资,并将投资收益按基金投资者的投资比例进行分配的一种间接投资方式。

(一) 证券投资基金的特点

1. 规模效益

基金可以最广泛地吸收社会闲散资金,集腋成裘,汇成规模巨大的投资资金,可能享有大额投资在降低成本上的相对优势,从而获得规模效益的好处。

2. 分散风险

基金可以凭借其雄厚的资金,在法律规定的投资范围内进行科学的组合,分散投资于多种证券,实现资产组合多样化。一方面使每个投资者面临投资风险变小;另一方面达到分散投资风险的目的。

3. 专家管理

基金实行专家管理制度,尽可能地避免盲目投资带来的失败。

(二) 证券投资基金的分类

(1) 按基金的组织形式不同,基金可分为契约基金和公司型基金。

契约型基金又称为单位信托基金,是指把投资者、管理人、托管人三者作为基金的当事人,通过签订基金契约的形式发行受益凭证而设立的一种基金。

公司型基金以公司形态组建,以发行股份的方式募集资金,一般投资者则为认购基金而购买公司的股份,也就成为公司的股东,凭其持有的股份依法享有投资收益。

(2) 以基金是否可自由赎回为标志,基金可分为封闭式基金和开放式基金。

封闭式基金是指基金的发起人在设立基金时,限定了基金单位的发行总额,筹集到这个总额后,基金即宣告成立,并进行封闭,在一定时期内不再接受新的投资,基金单位的流通采取在证券交易所上市的办法,投资者日后买卖基金单位都必须通过证券经纪商在二级市场上进行竞价交易。

开放式基金是指基金发起人在设立基金时,基金单位的总数是不固定的,可视投资者的需求追加发行。投资者也可根据市场状况和各自的投资决策,或者要求发行机构按现期净资产值扣除手续费后赎回股份或受益凭证,或者再买入或受益凭证,增持基金单位份额。为了满足投资者中途抽回资金实现变现的要求,开放式基金一般在基金资产中保持一定比例的现金。这虽然会影响基金的盈利水平,但作为开放式基金来说,这是必需的。

(3) 根据投资标的划分为国债基金、股票基金、其他投资基金。

国债基金是一种以国债为主要投资对象的证券投资基金。股票基金是指以股票为主要投资对象的证券投资基金。

(4) 根据投资目标划分成长型基金、收入型基金、平衡型基金。

成长型基金是基金中最常见的一种,它追求的是基金资产的长期增值。

收入型基金主要投资于可带来现金收入的有价证券,以获取当期的最大收入为目的。

平衡型基金的投资目标是既要获得当期收入,又要追求长期增值,通常是把资金分散投资于股票和债券,以保证资金的安全性和盈利性。

(三) 基金资产的估值与基金资产净值的计算

1. 基金资产的估值

(1) 估值的目的。

无论哪一种基金,在初次发行时即将基金总额分成若干个等额的整数份,每一份即为一"基金单位"。在基金的运作过程中,基金单位价格会随着基金资产值和收益的变化而变化。为了比较准确地对基金进行计价和报价,使基金价格能较准确地反映基金的真实价值,就必须对某个时点上每份基金单位实际代表的价值予以估算,并将估值结果以资产净值公布。

(2) 估值日的确定。

通常都规定,基金管理人必须在每一个营业日或每周一次或至少每月一次计算并公布基金的资产净值。

(3) 估值暂停。

基金管理人虽然必须按规定对基金净资产进行估值,但遇到下列特殊情况时,有权暂停估值:基金投资所涉及的证券交易场所遇法定节假日或因故暂停营业时;出现巨额赎回的情形;其他无法抗拒的原因致使管理人无法准确评估基金的资产净值。

2. 基金资产净值的计算

基金资产净值的计算包括基金资产净值的计算和基金单位资产净值的计算。

(1) 基金资产净值的计算。

基金资产净值＝基金资产总值－基金负债总额

基金负债总额包括:依基金契约规定至计算日止对托管人或管理人应付未付的报酬;其他应付款,包括应付购买证券款项等。基金债务应以逐日提列方式计算。需要说明的是,如果遇到特殊情况而无法或不按上述要求计算资产净值总额,管理人应依照主管机关的规定办理。

(2) 基金单位资产净值的计算。

基金单位资产净值的计算主要有两种方法:

① 已知价计算法:已知价又叫历史价,是指上一个交易日的收盘价。已知价计算法就是基金管理人根据上一个交易日的收盘价来计算基金所拥有的金融资产,包括股票、债券、期货合约和认股权证等的总值,加上现金资产,然后除以已售出的基金单位总额,得出每个基金单位的资产净值。采用已知价计算法,投资者当天就可以知道单位基金的买卖价格,可以及时办理交割手续。

② 未知价计算法:未知价又称期货价,是指当日证券市场上各种金额资产的收盘价,即基金管理人根据当日收盘价来计算基金单位资产净值。运用这种计算方法时,投资者当天不知道其买卖的基金价格是多少,要在第二天才知道单位基金的价格。

四、证券投资组合

证券投资组合是指投资者依据证券的风险程度和年获利能力,按照一定的原则进行恰当的选择、搭配以实现在保证预定收益的前提下使投资风险最小或在控制风险的前提下使投资收益最大化的目标的投资策略。

(一) 证券投资组合的基本原则

证券投资组合的基本原则是:在同样风险水准之下,投资者应选择收益较高组合;在相同收益水准的时候,投资者应选择风险最小的组合。

(二) 证券投资组合策略

1. 保守型投资组合

保守型投资组合是投资者以选择较高股息的股票作为主要投资对象的投资组合的技

巧。这种投资技巧的主要依据是,由于将资金投向具有较高股息的股票,在经济稳定成长的时间,能够获取较好的投资回报;即令行情下跌,他仍能够领取较为可观的股息红利。

保守型投资组合的资金分布是将80%左右的资金用于购买股息较高的投资股,以领取股息与红利,而只将20%左右的资金偶作投机操作。

保守型投资组合策略主要适宜于在经济稳定增长的时期采用。

2. 投机型投资组合

投机型投资组合是投资者以选择价格起落较大的股票作为主要投资对象的股票组合的技巧。

投机型投资组合的资金分布是将80%左右的资金用于购买价格波动频繁且涨跌幅度很大的股票,而将20%左右的资金用作买进其他比较稳定的投资股,或为准备再做追价与摊平用。由于这种组合方式的投机比重很大,故称作投机型投资组合。

投机型投资组合策略不适宜初涉股市的投资者,中小额投资者应谨慎使用。

3. 随机应变型投资组合

随机应变型投资组合是投资者根据股市走向变化而灵活调整证券组合的投资技巧。当判定股市走向看好时,则将资金的大部分投放在投资股票上,而后认为股市走向是看跌时,则将大部分资金转入购买公债等风险较小的证券或持有现金以待买入时机。

(三) 计算证券组合的风险收益率

【例8-8】 某公司持有A、B、C三种股票构成的证券组合,它们的β系数分别是2.0、1.0和0.5,它们在证券组合中所占的比重分别是60%、30%和10%,股票的市场收益率为14%,无风险收益率为10%,确定该种证券组合的风险收益率。

(1) 确定证券组合的β系数。

$$\beta p = \sum Xi \cdot \beta i = 60\% \times 2.0 + 30\% \times 1.0 + 10\% \times 0.5 = 1.55$$

(2) 计算该证券组合的风险收益率。

$$Rp = \beta p \cdot (Km - Rf) = 1.55 \times (14\% - 10\%) = 6.2\%$$

实训任务

为姜先生制定投资规划方案

客户姜达,27岁研究生毕业,某外贸公司高级顾问,单身。父亲姜任时,50岁,本科毕业,现任某建筑公司高级工程师;母亲王妍霞,48岁,本科毕业,现任某公立学校初中教师。姜先生近几年手上也有了一些积蓄,他希望能够利用这些闲置的资金进行合理的投资,希望能够有专业的理财顾问提出建议,以帮助他获得更高的投资收益。经问卷测试得知,姜先生的风险承受能力属于中高能力,风险态度属于中高态度。

实训要求:根据表8-11～表8-13,分析适合姜先生的投资组合;根据投资组合制定投资理财方案。

表 8-11 姜先生家庭现金流量表

项目		金额/元
收入	工资和薪金	463 620
	奖金和佣金	157 660
	总收入	621 280.00
支出	日常生活支出	144 000
	房屋支出	69 738.12
	汽车支出	6 000
	商业保险费用	11 800
	医疗费用	4 200
	其他支出	15 000
	总支出	250 738.12
	结余	370 541.88

表 8-12 姜先生家庭资产负债表

项目			金额/元
金融资产	现金与现金等价物	现金	8 000
		活期存款	100 000
		定期存款	300 000
	其他金融资产	债券	55 000
		股票	90 000
实物资产	自住房		1 800 000
	机动车		200 000
	家具家电		100 000
	珠宝和收藏品		150 000
资产总计			2 803 000.00
负债	住房贷款		708 028.35
负债总计			708 028.35
净资产			2 094 971.65

表 8-13 风险矩阵

风险矩阵	风险能力	低能力	中低能力	中能力	中高能力	高能力
风险态度	工具	0~19分	20~39分	40~59分	60~79分	80~100分
低态度 0~19分	货币	70%	50%	40%	20%	10%
	债券	30%	40%	40%	50%	50%
	股票	0	10%	20%	30%	40%
中低态度 20~39分	货币	40%	30%	20%	10%	10%
	债券	50%	50%	50%	50%	40%
	股票	10%	20%	30%	40%	50%
中态度 40~59分	货币	40%	30%	10%	0	0
	债券	30%	30	40%	40%	30%
	股票	30%	40%	50%	60%	70%
中高态度 60~79分	货币	20%	0	0	0	0
	债券	40%	50%	40%	30%	20%
	股票	40%	50%	60%	70%	80%
高态度 80~100分	货币	0	0	0	0	0
	债券	50%	40%	30%	20%	10%
	股票	50%	60%	70%	80%	90%

第九章 税收规划

学习目标

（一）知识目标

1. 了解税收规划的定义、分类和主要方法。
2. 了解个人所得税的基本概念、征收项目、减免税项目。
3. 了解个人所得税税收规划的基本概念、原则、步骤。

（二）能力目标

1. 能掌握税收规划时理财规划师的注意事项。
2. 能运用个人所得税知识进行个税计算。
3. 能在生活中运用税收知识进行税收规划。

（三）思政目标

1. 弘扬尽职尽责的敬业精神。
2. 增强依法纳税的社会责任感。

案例导入

从明星偷税漏税谈起，说说他们那点儿丑事

"阴阳合同"早已成惯例

明星偷税漏税行为，触犯的不仅仅是道德底线，更是触犯了法律法规。近年来，有关部门加强了对包括明星在内的高收入群体的纳税监管，但随着明星片酬一路水涨船高，明星需要缴纳的税费也在增加，避税花样仍然较多。签订"阴阳合同"成为影视明星变相偷税漏税的惯用伎俩。所谓的"阳合同"，将报酬标得很低，用于欺骗税务部门，而"阴合同"才是体现真实报酬的合同。

中国社科院法学所经济法研究室副主任席月民曾在《光明日报》撰文指出：一些内地歌手、影视演员的演艺合同，有的连公章都没有，给个人偷漏税造成极大"可利用空间"，同时，经纪公司与制片方制造假合同偷漏税也已成为影视行业公开的秘密。

涉嫌偷税漏税明星不完全盘点

1. 毛某敏偷税漏税近 4 万元

1989 年，年仅 26 岁的毛某敏在黑龙江表演 5 天，赚了 6 万元，却偷税漏税近 4 万元，经媒体报道后，导致全国公愤，被原单位关了 3 个月的"禁闭"。据悉，当时的罚款总额高达 60 多万元。而 5 年后，毛某敏再次堕入税案风云，依据新华社当时的通稿，毛某敏因偷

税,需补缴的税款为27万元。

2. 刘某庆因偷税入狱

1996年,刘某庆成立的北京晓庆文化艺术有限责任公司接了不少单子,为了多赚一点,通过虚假申报等手段偷税漏税达1458.3万元。2000年,北京市公安局依法对刘某庆进行刑事拘留,经法院审判在铁窗内待了422天。

3. 林某玲补税140万元

2016年,据台湾媒体报道,林某玲6年前被台湾税务局要求补税,上诉后遭台北高等行政法院判决败诉。林某玲因为漏报3年薪资收入,被要求补税与罚款819万余元新台币。随后,林某玲提出行政诉讼,抗税失败,虽然罚135万余元新台币撤销,但还是得补缴684万余元新台币(约合140万元人民币)税金。

4. 大S、小S补缴税款高达3000万元新台币

2006年7月,大S(徐某媛)、小S(徐某娣)被台湾税务部门列为头号追税对象。据悉,5年来两人少报收入近亿元新台币,按条文规定计算,两人须补缴税款高达3000万元新台币。

5. 范×冰偷逃税上亿元

记者从国家税务总局以及江苏省税务局获悉,2018年6月初,群众举报范×冰"阴阳合同"涉税问题后,国家税务总局高度重视,即责成江苏等地税务机关依法开展调查核实,目前案件事实已经查清。从调查核实情况看,范×冰在电影《大轰炸》剧组拍摄过程中实际取得片酬3000万元,其中1000万元已经申报纳税,其余2000万元以拆分合同方式偷逃个人所得税618万元,少缴营业税及附加112万元,合计730万元。此外,还查出范×冰及其担任法定代表人的企业少缴税款2.48亿元,其中偷逃税款1.34亿元。

明星偷漏税的后果有多严重?

大部分明星偷税漏税最后都以补缴税款并以罚款的方式告终。但是,即便有严厉的国家税法,还是阻挡不了一些艺人的贪欲。在现行法律法规下,明星偷税漏税会有怎样的后果?

按照刑法的规定,纳税人或者扣缴义务人涉嫌逃税,经税务机关依法下达追缴通知后,补缴应纳税款,缴纳滞纳金,已受行政处罚的,不予追究刑事责任。

不过,在两种情况下才会被追究刑责:一是逃税款数额占应纳税额10%以上的;二是5年内因逃税受过刑事处罚或者被税务机关给予二次以上行政处罚的。

偷税漏税的帮凶:经纪人以及各种社会关系

首先可以肯定的是,一些明星的经纪人无形中充当了这样的角色,因为很多费用往来其实是经纪人在中间经手,那么这些经纪人大部分都知道自己的老板是不是偷税漏税。如果他们明知不报,或者是从中分取利益,这样的行为自然可以视为偷税漏税的帮凶。而另外一些为明星提供屏障的社会关系的人物,在明星的偷税漏税中似乎都扮演了一种不光彩的角色。

(资料来源:https://www.sohu.com/a/234052194_351788?qq-pf-to=pcqq.group)

第一节 税收规划概述

一、税收规划的定义

税收规划是指在遵循税收法律、法规的情况下,个人、企业为实现自身价值最大化或股东权益最大化,在法律许可的范围内,自行或委托代理人,通过对经营、投资、理财活动的安排和筹划,以充分利用税法所提供的包括减免在内的一切优惠,对多种纳税方案进行优化选择的一种财务管理活动。

纳税人在不违反法律、政策规定的前提下,通过对经营、投资、理财活动的安排和筹划,尽可能减轻税收负担,以获得"节税"利益的行为,都属于税收规划。税收规划在西方国家的研究与实践起步较早,在20世纪30年代就引起社会的关注,并得到法律的认可。1935年英国上议院议员汤姆林就税收规划提出:"任何一个人都有权安排自己的事业,依据法律这样做可以少缴税。为了保证从这些安排中谋到利益……不能强迫他多缴税。"他的观念赢得了法律界的认同,英国、澳大利亚、美国在以后的税收判例中经常援引这一原则精神。近几十年来,税收规划在许多国家都得以迅速发展,日益成为纳税人理财或经营管理决策中必不可少的一个重要部分。许多企业、公司都聘请专门的税收规划高级人才或委托中介机构为其经济活动出谋划策。

在我国,税收规划自20世纪90年代初引入以后,其功能和作用不断被人们所认识、所接受、所重视。税收规划是对我国税收制度和法律的正确理解和灵活运用。

二、税收规划的分类

税收规划由于其依据的原理不同,采用的方法和手段也不同,主要可分为避税筹划、节税筹划、税负转嫁筹划。

(一)避税筹划

避税筹划是指纳税人在充分了解现行税法的基础上,通过掌握相关会计知识,在不触犯税法的前提下,对经济活动的筹资、投资、经营等活动做出巧妙的安排,这种安排手段处在合法与非法之间的灰色地带,达到规避或减轻税负的目的。其特征有:

(1)非违法性。逃税是违法的,节税是合法的,只有避税处在逃税与节税之间,属于"非违法"性质。

(2)策划性。逃税属于低素质纳税人的所为,而避税者往往素质较高,通过对现行税法的了解甚至研究,找出其中的漏洞,加以巧妙安排,这就是所谓的策划性。

(3)权利性。避税筹划实质上就是纳税人在履行应尽法律义务的前提下,运用税法赋予的权利,保护既得利益的手段。避税并没有不履行法律规定的义务,避税不是对法定义务的抵制和对抗。

（二）节税筹划

节税筹划，即采用合法手段，利用税收优惠和税收惩罚等倾斜调控政策，为客户获取税收利益的筹划。

1. 节税的定义

节税筹划是指纳税人在不违背税法立法精神的前提下，充分利用税法固有的起征点、减免税等一系列优惠政策，通过纳税人对筹资活动、投资活动和经营活动的巧妙安排，达到少缴或不缴税的目的。这种巧妙安排与避税筹划最大的区别在于避税是违背立法精神的，而节税是顺应立法精神的。换句话说，顺应法律意识的节税活动及其后果与税法的本意相一致，它不但不影响税法的地位，反而会提高税法的地位，从而使当局利用税法进行的宏观调控更加有效，是值得提倡的行为。

2. 节税规划的特征

（1）合法性。避税不能说是合法的，只能说是非违法的，逃税则是违法的，而节税是合法的。

（2）政策导向性。如果纳税人通过节税筹划最大限度地利用税法中固有的优惠政策来享受其利益，其结果正是税法中优惠政策所要引导的，因此，节税本身正是优惠政策借以实现宏观调控目的的载体。

（3）策划性。节税与避税一样，需要纳税人充分了解现行税法知识和财务知识，结合企业全方位的筹资、投资和经营业务，进行合理合法的策划。没有策划就没有节税。

3. 节税和避税的区别

节税和避税不同。避税是以非违法的手段来达到逃避纳税义务的目的，因此在一定程度上它与逃税一样有损国家税法，直接后果是将导致国家财政收入的减少，间接后果是税收制度有失公平和社会腐败。故节税不需要反节税，而避税需要反避税。

作为纳税主体的纳税人想争取不交税或少交税采取的方式方法，节税与避税仍是具有共同点的。两者之间有时界限不明，往往可以互相转化。在现实生活中，节税和避税难以分清。

（三）税负转嫁筹划

1. 基本定义

税负转嫁筹划是指纳税人为了达到减轻税负的目的，通过价格的调整和变动，将税负转嫁给他人承担的经济行为。其主要特点是：纯经济行为，以价格为主要手段，不影响财政收入，促进企业改善管理、改进技术。

税负的转嫁与归宿在税收理论和实践中有着重要地位，与逃税、避税相比更加复杂。税负转嫁结果是有人承担，最终承担人称为负税人。税负落在负税人身上的过程叫税负归宿。所以说，税负转嫁和税负归宿是一个问题的两个说法。在转嫁条件下，纳税人和负税人是可分离的，纳税人只是法律意义上的纳税主体，负税人是经济上的承担主体。

2. 税负转嫁筹划的主要方法

税负纳税筹划的主要方法有降低计税依据、降低适用税率、增加可抵扣税额和推迟纳税时间。计税依据,是指计算纳税人应纳税额的依据。在税率既定的情况下,减少计税依据就意味着减少纳税人的应纳税额。降低计税依据是节税的最基本方法。

存在不同税率的情况下,通过各种筹划方法,使用相对较低的税率从而减少应纳税额。采用该方法的前提是:存在税率差异。税率差异是指同一税种对不同的纳税人或者不同的征税对象采用不同的税率,包括4种情形:税法根据不同纳税人或征税对象具体情况不同制定不同的税率;减税和免税;优惠税率;累进税率。

在税率和计税依据既定的情况下,增加抵税税额就意味着纳税人实际缴纳税款的减少。增加抵扣税额采用的方法简称扣除法,主要包括税额扣除、盈亏互抵、税收饶让、投资抵免、再投资退税、出口退税等。税额扣除是指税法规定纳税人在计算缴纳税款时,对于以前环节缴纳的税款准予扣除。增值税、消费税、资源税、企业所得税、个人所得税等都有相关规定。

推迟纳税时间的基本思路可以归结为:一是推迟收入的确认,二是费用应当尽早确认。

三、税收规划时理财规划师注意事项

(一) 做到合法和合理

税收规划的重要前期工作,就是熟练掌握有关法律法规,理解法律精神和了解税务机关对"合法和合理"纳税的法律解释和执法实践。不同国家对于"合法和合理"的法律解释是不同的。在中国,熟悉税法的执法环境非常重要。要了解税务机关对合法尺度的界定,可以从以下3个方面着手:从宪法和现行法律了解"合法和合理"的尺度;从行政和司法机关对"合法和合理"的法律解释中把握尺度;从税务机关组织和管理税收活动和裁决税法纠纷中来把握尺度。

(二) 了解客户的基本情况和需求

理财规划师在遇到客户有税收筹划需求、给予其相关帮助和建议时,必须明白3点:一是自己是否具备相关专业资格和能力;如果不是这一领域的专家,理财规划师的主要工作是协调客户和会计师或税务专家之间的沟通和促成客户税负规划的落实、执行;二是了解行业理财规划师的工作职责和业务管理规定,避免违规违法甚至导致因失误而产生的法律责任;三是任何税收规划建议内容必须合规合法。

(1) 婚姻状况。客户的婚姻状况会影响某些税种的扣除。例如,在美国所得税法中就存在未婚客户和夫妻共同申报使用不同宽免额的法律规定。已婚夫妇也可以选择单独申报或合并申报。我国个人所得税过去只针对个人,现在也开始注重经济生活单位了。

(2) 子女及其他赡养人员。如果抚养子女及赡养其他人员,在很多国家和地区可以享有一定的扣除、抵免或免税,从而会对客户的应纳税额产生影响。例如,我国最新改革后的个人所得税法也充分照顾了抚养子女的情况。

(3) 财务情况。税收规划是理财计划的一部分,只有在全面和详细地了解客户财务情况的基础上,才能制定针对客户的有效税收规划。

(4) 对风险的态度。节税与风险并存,节税越多的方案往往也是风险越大的方案,两

者的权衡取决于多种因素,包括客户对风险的态度这个因素。了解客户对风险的态度及对风险的承受程度,可以更好地按客户要求进行税收规划。

(5) 纳税历史情况。虽然税收规划是对客户以后的纳税进行筹划,但了解个人之前的纳税历史会对目前的纳税筹划有所帮助。客户的纳税历史情况包括以前所纳的税种、纳税金额和减免税的情况。客户对税收规划的共同要求肯定是尽可能多地节税。节税的目的是增加客户的财务利益,而在这一点上,不同客户的要求可能是有所不同的,这也是税收规划必须注意的一点。

(三) 税收规划方案的跟踪执行

等纳税筹划实施后,理财规划师需要经常、定期地关注纳税筹划的执行情况和执行效果,保持与客户的沟通,在出现不利情况或新的变化时,及时调整方案。

拓展阅读

解密瑞士银行

据英国《金融时报》7日报道,世界最大的离岸金融中心瑞士承诺,将自动向其他国家交出外国人账户的详细资料。这对各国政府而言是巨大的进步,在全球金融危机和一连串税务丑闻后,它们发起了一场联合打击逃税的行动。如果要"撬开"纳税人的隐秘账户,瑞士的配合至关重要。

数百年来,瑞士银行因严格的银行保密制度而闻名于世。至今瑞士银行的存款已占全球总储蓄额的1/3,瑞士银行管理着2.2万亿美元的离岸资产。与此同时,有不少人利用这一法律钻空子,或偷税漏税,甚至转移藏匿不法资产。

瑞士——欧洲的世外桃源

"二战"期间,由于瑞士特殊的中立国地位,瑞士成为纳粹德国和其他国家进行黄金交易的主要地点,各国纷纷向瑞士央行买卖黄金,以换取硬通货瑞士法郎。

据称,当时纳粹德国的帝国银行90%的黄金交易就是通过瑞士央行进行的。

16世纪,随着基督教加尔文教派的兴起,大量受迫害的新教徒从法国和意大利逃到瑞士日内瓦,这些新教徒也带来了大量金钱,交给日内瓦银行家打理。

1933年,德国政府要求德国公民必须交代自己在外国的资产。

在瑞士,负责追查德国公民在外财产的纳粹盖世太保假装成普通客户,径直走入银行,拿出一沓钱,对银行职员说,将这笔钱存入某某的账户(这些都是遭到纳粹怀疑的人)。如果钱能够存入,则说明了该人在瑞士银行拥有账号。然而,那些使用匿名账户的客人,就能安全地逃过此劫。一年之内,有三个德国人因在瑞士拥有银行账号而被处死。三条人命给了瑞士充分的理由来加强银行保密法。

1934年,瑞士当局颁布了《联邦银行法》,该法第47条明确规定:① 任何银行职员,包括雇员、代理人、清算人、银行委员会成员、监督人、法定审计机构人员,都必须严格遵守保密原则,保守其与客户往来情况及客户财产状况等有关机密。上述人员,包括引诱银行职员泄露客户和银行信息的第三人,都将面临最低6个月到5年的监禁,以及最高5万法郎的罚款。② 如因为疏忽而泄露客户和银行信息,将酌情处罚,罚金不超过3万法郎。③ 保密协议终身生效。不因为银行职员离职、退休、解雇而失效。

因此,瑞士成了欧洲的世外桃源,欧洲的富人们都愿意把金银财宝放在这个地方。

恪守保密传统　备受全球信赖

瑞士各银行为加强保密,普遍采用了密码账户、化名代号等管理方式,即储户只在第一次存款时写真实姓名,之后便把户头编上代码。为了替储户严格保密,在苏黎世和日内瓦有116家专门办理秘密存储业务的银行——这还不算各大银行内设的私人存储窗口。在这些银行里,不准拍照,不讲姓名,有些甚至不设招牌,只标有经营者的名字。而且,办理个人秘密户头的职员要绝对可靠,大都是子承父业,世代相传,经过学徒制度的良好职业教育。

长期以来瑞士恪守银行保密传统,赢得了全球客户的信赖,成为全球离岸金融中心,同时也是外国人的"避税天堂"。

全球50%资金在"避税天堂"中转

除了瑞士以外,"避税天堂"还有列支敦士登、奥地利、卢森堡、安道尔、摩纳哥、百慕大群岛、巴哈马群岛以及英属维尔京群岛等43个国家或地区,全球50%的资金经这些"避税天堂"中转。

其中,维尔京群岛是目前全世界所有能自由进行公司注册的避税港中,要求最低,监管力度最小的。在那里,设立注册资本在5万美元以下的公司,最低注册费仅为300美元,加上牌照费、手续费,当地政府总共收取980美元,此后每年只要交600美元的营业执照续费即可。

在与世界金融机构的合作过程中,摩纳哥、列支敦士登和安道尔被称为不合作避税地,原因是他们在情报交换方面进展缓慢。

在"避税天堂"国家中,欧洲金融机构最爱选择英属泽西群岛,是因为这里的法律制度相对宽松。

百慕大群岛被视为处理保险及再保险业务的最佳地区之一,是家族企业的最佳管理地点之一。

中美洲的巴拿马目前拥有数百家银行和数千家注册公司,因为这里能迅速注册公司,免去了企业主对其行为不符合国际法规定的担心。

瑞士银行饱受争议 遭各国围攻

长期以来,瑞士银行的保密制度一直饱受争议。

例如,瑞士银行曾吸纳了阿根廷前总统梅内姆和伊拉克前总统萨达姆等来路不明的钱,以及在"9·11"事件发生后,瑞士银行中发现多个恐怖嫌疑分子开设的账户。

2000年,瑞士曾做过一个民意调查,1/3的人认为瑞士银行保密制度只为富人和奸商提供好处,10%的人希望彻底废除该制度。他们认为,偷税漏税已经不是简单的财政问题,而是一种严重的犯罪行为。

美国和部分欧洲国家因瑞士等"避税天堂"国家吸纳本国避税客户对其积怨已久,只是难以找到对付的办法。2008年开始的金融危机让瑞士银行遮掩富人逃税之事更加公开化。美国和欧洲为保证税收收入,开始向瑞士施加压力。

美国先以瑞银集团帮助美国富人逃税为由,把这个瑞士最大的银行告上法庭。瑞银不但交了巨额罚金,还破天荒地提供了250余名客户的名单。随后,法国、德国又威胁要把瑞士放到经合组织制定的"黑名单"里,以此要求瑞士提供更多的银行信息。

各国仍然不依不饶,就在周二,法国巴黎举行的一次部长级会议中,瑞士同意签署新的《全球自动信息交换标准》,意味着瑞士结束了数百年来保护银行私人账户隐私的传统,同时也意味着瑞士2.2万亿美元私人账户将完全曝光。对全球范围来说,这将是爆发金融危机之后打击跨国公司逃税行为的关键一步。

除去瑞士之外,另有44个国家签署了这一协议,其中包括其他经合组织(OECD)成员国,G20集团主要国家,还有开曼群岛等离岸金融中心。

在这一背景下,其他未签署协议的世界知名离岸金融中心将备受压力。G20集团已经着手对拒绝公开信息的国家采取制裁,OECD也将在今年晚些时候公布拒绝银行账户透明化国家的黑名单。

(资料来源:https://finance.ifeng.com/news/special/ruishi/)

第二节　个人所得税概述

个人所得税是指以个人的各种所得为课税对象的多个税种组成的课税体系。

所得税的税基即应纳税所得额。对个人来说,应纳税所得额是指纳税人的各项所得按照税法规定扣除为取得收入所需费用之后的余额。要点包括确认应税收入和规定所得宽免范围和费用和扣除项目。税率形式包括比例税率、累进税率和定额税率。

一、个人所得税基本概念

个人所得税是国家对本国公民、居住在本国境内的个人的所得和境外个人来源于本国的所得征收的一种所得税。在有些国家,个人所得税是主体税种,在财政收入中占较大比重,对经济也有较大影响。自2019年1月1日起,内地个税免征额调至5 000元。

个人所得税有哪些功能呢?首先,个人所得税可以筹集财政资金收入。其次,个人所得税可以调节个人收入分配的差距。最后,个人所得税可以维持宏观经济稳定。因而个人所得税成为世界上大多数国家,尤其是西方发达国家税制结构中最为重要的税种。

二、税收管辖权及纳税人

税收管辖权是国家管辖权的派生物,是主权国家在纳税方面所拥有的权力。国际公认的确立和行使税收管辖权的基本原则有两项:一是属人主义原则;二是属地主义原则。按照属人主义原则确立的税收管辖权称为居民或公民税收管辖权。按照属地主义原则确立的税收管辖权称为地域税收管辖权或称收入来源地税收管辖权。

法定对象是指我国个人所得税的纳税义务人。个人所得税纳税义务人包括居民个人和非居民个人。居民个人是指在中国境内有住所,或者无住所而一个纳税年度内在中国境内居住累计满 183 天的个人。居民个人从中国境内和境外取得的所得，依法缴纳个人所得税。在中国境内无住所的个人，在中国境内居住累计满 183 天的年度连续不满 6 年的，经向主管税务机关备案，其来源于中国境外且由境外单位或者个人支付的所得，免予缴纳个人所得税；在中国境内居住累计满 183 天的任一年度中有一次离境超过 30 天的，其在中国境内居住累计满 183 天的年度连续年限重新起算。非居民个人是指在中国境内无住所又不居住，或者无住所而一个纳税年度内在中国境内居住累计不满 183 天的个人。非居民个人从中国境内取得的所得，依法缴纳个人所得税。

三、个人所得税征收项目

自 2018 年个税改革后，一共有 9 个征收项目，他们是工资薪金所得、劳务报酬所得、稿酬所得、特许权使用费所得、经营所得、利息、股息、红利所得、财产租赁所得、财产转让所得、偶然所得。

（一）工资薪金所得

工资薪金所得是指个人因任职或者受雇取得的工资、薪金、奖金、年终加薪、劳动分红、津贴、补贴以及与任职或者受雇有关的其他所得。注意：个人因任职、受雇从上市公司取得的股票增值权所得和限制性股票所得，按照"工资、薪金所得"项目计缴个税。兼职律师从律师事务所取得工资、薪金性质的所得按照"工资、薪金所得"项目计缴个税，不按"劳务报酬所得"项目计缴个税。

（二）劳务报酬所得

个人从事劳务取得的所得，包括从事设计、装潢、安装、制图、化验、测试、医疗、法律、会计、咨询、讲学、新闻、广播、翻译、审稿、书画、雕刻、影视、录音、录像、演出、表演、广告、展览、技术服务、介绍服务、经纪服务、代办服务以及其他劳务取得的所得。值得注意的是，劳务报酬所得与工资、薪金的区别在于没有任职或雇佣关系。在商品营销活动中，对非雇员的营销业绩奖励要按照"劳务报酬所得"项目计缴个税。证券经纪人从证券公司取得的佣金收入，按照"劳务报酬所得"项目计缴个税。

（三）稿酬所得

稿酬所得是指个人因其作品以图书、报刊等形式出版、发表而取得的所得。作者去世后，财产继承人取得的遗作稿酬，按照"稿酬所得"项目计缴个税。改革后的稿酬所得的概念与老版概念的差别就在这个"等"字。这个"等"字是顺应时代潮流，囊括的形式更多样，从传统的纸媒过渡到了现在的网媒，乃至移动互联网端新媒体，体现出时代的进步和中国特色社会主义发展的成果。

（四）特许权使用费所得

特许权使用费所得是指个人提供专利权、商标权、著作权、非专利技术以及其他特许权的使用权取得的所得。提供著作权的使用权取得的所得，不包括稿酬所得。作者将自己的文字作品手稿原件或复印件公开拍卖取得的所得，按照"特许权使用费所得"项目计缴个税。个人取得特许权的经济赔偿收入，按照"特许权使用费所得"项目计缴个税。编剧从电视剧的制作单位取得剧本使用费,不再区分剧本的使用方是否为其任职单位,统一按照"特许权使用费所得"项目计缴个税。

(五) 经营所得

经营所得是指个体工商户从事生产、经营活动取得的所得,个人独资企业投资人、合伙企业的个人合伙人来源于境内注册的个人独资企业、合伙企业生产、经营的所得。经营所得主要包括以下所得:

(1) 个人依法从事办学、医疗、咨询以及其他有偿服务活动取得的所得。

(2) 个人对企业、事业单位承包经营、承租经营以及转包、转租取得的所得。

(3) 个人从事其他生产、经营活动取得的所得。

个人独资企业和合伙企业的个人投资者以企业资金为本人、家庭成员及相关人员支付与生产经营无关的消费性支出与财产性支出,视为利润分配,按照"经营所得"项目计缴个税。没有办理登记,实质上属于个体经营性质的个人所得也适用于这个税目。

(六) 利息、股息、红利所得

利息、股息、红利所得是指个人拥有债权、股权等而取得的利息、股息、红利所得。除个人独资企业、合伙企业以外的其他企业个人投资者,以企业资金为本人、家庭成员及相关人员支付的与生产经营无关的消费性支出与财产性支出,视为企业对个人投资者红利分配,按照"利息、股息、红利所得"项目计缴个税。按现行规定,储蓄存款利息不用缴税,投资上市公司取得的分红,如果持有股票超过 1 年,也可以不用缴税;持有超过 1 个月不到 1 年的,按一半缴税。

(七) 财产租赁所得

财产租赁所得是指个人出租不动产、土地使用权、机器设备、车船以及其他财产取得的所得。个人取得的房屋转租收入,按照"财产租赁所得"项目计缴个税。

(八) 财产转让所得

财产转让所得指个人转让有价证券、股权、合伙企业中的财产份额、不动产、机器设备、车船以及其他财产取得的所得。例如,通过网络收购玩家的虚拟货币,加价后出售取得的收入,按照"财产转让所得"项目计缴个税。个人通过招标、竞拍或者其他方式购置债权以后,通过相关司法或者行政程序主张债权而取得的所得,按照"财产转让所得"项目计缴个税。

(九) 偶然所得

偶然所得是指个人得奖、中奖、中彩以及其他偶然性质的所得。得奖指的是参加各种有奖竞赛活动,取得名次得到的奖金;中奖、中彩指的是参加各种有奖活动,如购买彩票,经过规定程序,抽中、摇中号码而取得的奖金。

(十) 其他所得

其他所得是指除上述 9 项应税项目以外的其他所得。由国务院税务主管部门确定征收。

> **拓展阅读**
>
> **网络红包需要缴纳个人所得税吗？**
>
> 互联网时代，网络红包十分盛行。亲朋好友间网上发个红包表达一声问候与祝福。企业也纷纷效仿，为广告、宣传或扩大企业用户等目的而通过网络随机向个人派发红包。那这些网络红包需要缴纳个人所得税吗？企业在业务宣传、广告等活动中，随机向本单位以外的个人赠送礼品(包括网络红包)，以及企业在年会、座谈会、庆典和其他活动中向本单位以外的个人赠送礼品，个人取得的礼品收入，按照"偶然所得"项目计算缴纳个人所得税。对个人取得企业派发的且用于购买该企业商品(产品)或服务才能使用的非现金网络红包，包括各种消费券、代金券、抵用券、优惠券等，以及个人因购买该企业商品或服务达到一定额度而取得企业返还的现金网络红包，属于企业销售商品(产品)或提供服务的价格折扣、折让，不征收个人所得税。
>
> 因此，个人之间派发的现金网络红包，不属于个人所得税法规定的应税所得，不征收个人所得税。所以亲朋好友之间发网络红包不用担心个税的问题。
>
> (资料来源：https://m.thepaper.cn/baijiahao_3779074)

四、个人所得税的计算

(一) 计税依据

个人所得税的计税依据是纳税人取得的应纳税所得额。应纳税所得额是个人取得的每项收入减去税法规定的扣除项目或扣除金额之后的余额。应纳税所得的形式包括现金、实物、有价证券和其他形式的经济利益。所得为实物的，应当按照取得的凭证上所注明的价格计算应纳税所得额。所得为有价证券的，根据票面价格和市场价格核定应纳税所得额。所得为其他形式的经济利益的，参照市场价格核定应纳税所得额。正确计算应纳税所得额，是依法计征个人所得税的基础和前提。

(二) 综合所得税的计算

居民个人取得工资、薪金所得，劳务报酬所得，稿酬所得，特许权使用费所得称为综合所得。综合所得按纳税年度合并计算个人所得税。扣缴义务人向居民个人支付工资、薪金所得时，按照累计预扣法计算预扣税款时，以纳税人在本单位截至本月取得工资、薪金所得累计收入减除累计免税收入、累计减除费用、累计专项扣除、累计专项附加扣除(见表9-1)和累计依法确定的其他扣除后的余额为累计预扣预缴应纳税所得额。适用个人所得税预扣率见表9-2和表9-3。计算累计应预扣预缴税额，再减除累计减免税额和累计已预扣预缴税额，其余额为本期应预扣预缴税额。余额为负值时，暂不退税。纳税年度终了后余额仍为负值时，由纳税人通过办理综合所得年度汇算清缴，税款多退少补。具体计算公式如下：

本期应预扣预缴税额＝(累计预扣预缴应纳税所得额×预扣率－速算扣除数)－累计减免税额－累计已预扣预缴税额

累计预扣预缴应纳税所得额 = 累计收入 − 累计免税收入 − 累计减除费用 − 累计专项扣除 − 累计专项附加扣除 − 累计依法确定的其他扣除

公式中,累计减除费用,按照5 000元/月乘以纳税人当年截至本月在本单位的任职受雇月份数计算。

表9-1 专项附加扣除表

扣除项目	可扣除情况	扣除标准	扣除分配	备 注
3岁以下婴幼儿照护（2022年起新增）	未满三周岁的子女在照护期	每个子女2 000元/月 24 000元/年	父母双方可分别按每孩1 000元扣除或其中一方按照2 000元扣除	
子女教育	子女处于学前教育阶段或者接受全日制学历教育（幼儿园到博士）	每个子女2 000元/月 24 000元/年	父母双方可分别按每孩1 000元扣除或其中一方按照2 000元扣除	
继续教育	学历继续教育	4 800元/年 400元/月		
	专业技术职业教育	3 600元/年		按证书
大病医疗	个人负担超过15 000元的医药费用支出	80 000元/年为限		办理年度汇算清缴时,限额内据实扣除
住房贷款	首套住房贷款利息	1 000元/月 12 000元/年	其中一方扣除	具体扣除方式在一个纳税年度内不能变更
扣除项目	可扣除情况	扣除标准	扣除分配	
住房租金	直辖市、省会城市	1 500元/月 18 000元/年	1. 配偶及个人纳税人在工作城市没有自有住房; 2. 主要工作城市相同,只能由一方扣除房租支出	纳税人及其配偶在一个纳税年度内不能同时分别享受住房贷款利息和住房租金专项附加扣除
	市辖区户籍人口超100万	1 100元/月 13 200元/年		
	市辖区户籍人口小于100万及其他	800元/月 9 600元/月		
赡养老人	独生子女	3 000元/月 36 000元/年	由赡养人均摊或约定分摊,也可以由被赡养人指定分摊	被赡养人是指年满60周岁（含）的父母,以及子女均已去世的年满60周岁的祖父母、外祖父母
	非独生子女	每人最高1 500元/月,18 000元/年		

表 9-2 个人所得税预扣税率表（综合所得适用）——按月份

个人所得税预扣税率表（综合所得适用）			
级 数	月应纳税所得额 含税级距	税 率	速算扣除数
1	不超过 3 000 元的	3%	0
2	超过 3 000 元至 12 000 元的部分	10%	210
3	超过 12 000 元至 25 000 元的部分	20%	1 410
4	超过 25 000 元至 35 000 元的部分	25%	2 660
5	超过 35 000 元至 55 000 元的部分	30%	4 410
6	超过 55 000 元至 80 000 元的部分	35%	7 160
7	超过 8 000 元的部、分	45%	15 160

表 9-3 个人所得税预扣税率表（综合所得适用）——按年

个人所得税预扣税率表（综合所得适用）			
级 数	年应纳税所得额 含税级距	税 率	速算扣除数
1	不超过 36 000 元的	3%	0
2	超过 36 000 元至 144 000 元的部分	10%	2 520
3	超过 144 000 元至 300 000 元的部分	20%	16 920
4	超过 300 000 元至 420 000 元的部分	25%	31 920
5	超过 420 000 元至 660 000 元的部分	30%	52 920
6	超过 660 000 元至 960 000 元的部分	35%	85 920
7	超过 960 000 元的部分	45%	181 920

（三）其他综合所得（劳务报酬、稿酬、特许权使用费所得）预扣预缴个人所得税计算

扣缴义务人向居民个人支付劳务报酬所得、稿酬所得和特许权使用费所得的，按以下方法按次或者按月预扣预缴个人所得税：

劳务报酬所得、稿酬所得、特许权使用费所得以每次收入减除费用后的余额为收入额；其中，稿酬所得的收入额减按70%计算。

预扣预缴税款时，劳务报酬所得、稿酬所得、特许权使用费所得每次收入不超过4 000元的，减除费用按800元计算；每次收入4 000元以上的，减除费用按收入的20%计算。

劳务报酬所得、稿酬所得、特许权使用费所得，以每次收入额为预扣预缴应纳税所得额，计算应预扣预缴税额。劳务报酬所得适用个人所得税预扣率表（见表9-4），稿酬所得、特许权使用费所得适用20%的比例预扣率。

表9-4 个人所得税预扣率表(居民个人劳务报酬所得预扣预缴适用)

级 数	预扣预缴应纳税所得额	预扣率	速算扣除数
1	不超过20 000元	20%	0
2	超过20 000元至50 000元的部分	30%	2 000
3	超过50 000元的部分	40%	7 000

居民个人办理年度综合所得汇算清缴时,应当依法计算劳务报酬所得、稿酬所得、特许权使用费所得的收入额,并入年度综合所得计算应纳税款,税款多退少补。

(四)经营所得税率

经营所得适用5级超额累进税率,最低一级为5%,见表9-5,最高级为35%。经营所得以每一纳税年度的收入总额减除成本、费用以及损失后的余额,为应纳税所得额。即:全年应纳税所得额＝全年收入总额－成本、费用以及损失;应纳税额＝全年应纳税所得额×适用税率－速算扣除数。

成本、费用,是指生产、经营活动中发生的各项直接支出和分配计入成本的间接费用以及销售费用、管理费用、财务费用;所称损失,是指生产、经营活动中发生的固定资产和存货的盘亏、毁损、报废损失,转让财产损失,坏账损失,自然灾害等不可抗力因素造成的损失以及其他损失。

取得经营所得的个人,没有综合所得的,计算其每一纳税年度的应纳税所得额时,应当减除费用6万元专项扣除、专项附加扣除以及依法确定的其他扣除。专项附加扣除在办理汇算清缴时减除。

从事生产、经营活动,未提供完整、准确的纳税资料,不能正确计算应纳税所得额的,由主管税务机关核定应纳税所得额或者应纳税额。

表9-5 经营所得税率表

级 数	年纳税所得额	税 率	速算扣除数
1	不超过30 000元的部分	5%	0
2	超过30 000元至90 000元的部分	10%	1 500
3	超过90 000元至300 000元的部分	20%	10 500
4	超过300 000元至500 000元的部分	30%	40 500
5	超过500 000元的部分	35%	65 500

五、个人所得税计算流程

(一)居民个人和非居民个人

个人所得税纳税义务人包括居民个人和非居民个人。居民个人是指在中国境内有住所,或者无住所而一个纳税年度内在中国境内居住累计满183天的个人。居民个人从中国境内和境外取得的所得,依法缴纳个人所得税。在中国境内无住所的个人,在中国境内居住累计满183天的年度连续不满6年的,经向主管税务机关备案,其来源于中国境外且由境外单位或者个人支付的所得,免予缴纳个人所得税;在中国境内居住累计满183天的任一年度中有一次离境超过30天的,其在中国境内居住累计满183天的年度连续年限重新起算。非居民个人是指在中国境内无住所又不居住,或者无住所而一个纳税年度内在中国境内居住累计不满183天的个人。

(二) 预扣预缴

预扣预缴是指预先计算扣缴税款。预扣预缴是在新个税法当中提出的概念,居民个人取得综合所得,按年计算个人所得税;有扣缴义务人的,由扣缴义务人按月或者按次预扣预缴税款。公式为:

累计预扣预缴应纳税所得额 = 累计收入 − 累计免税收入 − 累计减除费用 − 累计专项扣除 − 累计专项附加扣除 − 累计依法确定的其他扣除

应预扣预缴税额 = (累计预扣预缴应纳税所得额 × 预扣率 − 速算扣除数) − 累计减免税额 − 累计已预扣预缴税额

当且仅当居民个人取得综合所得时,才存在预扣预缴的情形。因为,居民个人取得综合所得时,应纳税额是按年计算,而扣缴义务人是按月或按次计算扣缴的。综合所得应纳税额计算方式与扣缴义务人扣缴时间的不同导致预扣预缴的产生。

非居民个人取得综合所得中工资、薪金所得,劳务报酬所得,稿酬所得和特许权使用费所得,是不按年计算的,有扣缴义务人的,由扣缴义务人按月或者按次代扣代缴税款,不办理汇算清缴。

(三) 综合所得年度汇算

2019年1月1日起实行的新个人所得税法,首次建立了综合与分类相结合的个人所得税制。在综合税制下,居民个人需要合并全年综合所得,按年计算税款,办理年度汇算。

年度汇算的"年度"即为纳税年度,也就是公历1月1日起至12月31日。年度汇算时的收入、扣除,均为该时间区间内实际取得的收入和实际发生的符合条件或规定标准的费用或支出。例如,实际取得年终奖是在2019年的12月31日,那么它就属于2019年度;实际取得年终奖是在2020年的1月1日,那么它就属于2020年度。在取得综合所得的次年3月1日至6月30日内办理年度汇算。

1. 年度汇算的意义

一方面,年度汇算可以更加精准、全面落实各项税前扣除和税收优惠政策,更好保障纳税人的权益。尤其是平时未申报享受的扣除项目,以及大病医疗等年度结束才能确定金额的扣除项目,可以通过办理年度汇算补充享受。因此,年度汇算给纳税人"查遗补漏"机会,以确保充分享受改革红利。另一方面,通过年度汇算才能准确计算纳税人综合所得全年应该实际缴纳的个人所得税,进而多预缴了退还、少缴了补缴。税法规定,纳税人平时取得综合所得时,仍需要依照一定的规则,先按月或按次计算并预扣预缴税款。实践中,因个人收入、支出情形各异,无论采取怎样的预扣预缴方法,很难使所有纳税人平时已预缴税额与年度应纳税额完全一致,此时两者之间就会产生"差额",而这一"差额"需要通过年度汇算来多退少补,以达到相同情况的个人税负水平一致的目标,这也是世界各国的普遍做法。

2. 不需要办理年度汇算的情形

当居民个人需要补税但综合所得年收入不超过12万元;年度汇算需补税金额不超过400元;已预缴税额与年度应纳税额一致或不申请年度汇算退税的,不需要办理年度汇算。

3. 年度汇算办理

需要办理年度汇算的纳税人,应当在取得所得的次年3月1日至6月30日内,向任职、受雇单位所在地主管税务机关办理纳税申报,并报送《个人所得税年度自行纳税申报表》。纳税人有两处以上任职、受雇单位的,选择向其中一处任职、受雇单位所在地主管税务机关办理纳税申报;纳税人没有任职、受雇单位的,向户籍所在地或经常居住地主管税务机关办理纳税申报。

纳税人办理综合所得年度汇算,应当准备与收入、专项扣除、专项附加扣除、依法确定的其他扣除、捐赠、享受税收优惠等相关的资料,并按规定留存备查或报送。

4. 年度汇算计算

(1) 居民个人取得工资、薪金所得,劳务报酬所得,稿酬所得,特许权使用费所得称为综合所得。综合所得按纳税年度合并计算个人所得税。

(2) 居民个人的综合所得,以每一纳税年度的收入额减除6万元以及专项扣除、专项附加扣除和依法确定的其他扣除后的余额,为应纳税所得额。劳务报酬所得、稿酬所得、特许权使用费所得以收入减除20%的费用后的余额为收入额。稿酬所得的收入额减按70%计算。

(3) 专项扣除、专项附加扣除和依法确定的其他扣除,以居民个人一个纳税年度的应纳税所得额为限额;一个纳税年度扣除不完的,不会结转以后年度扣除。

六、个人所得税计算案例分析

【例9-1】 居民个人赵先生在甲企业任职,2023年1~12月,每月在甲企业取得工资薪金收入16 000元,无免税收入;每月缴纳三险一金2 500元,从1月份开始享受子女教育和赡养老人专项附加扣除共计为5 000元,无其他扣除。另外,2023年3月,赵先生从乙公司取得劳务报酬收入3 000元,稿酬收入2 000元;6月,赵先生从丙公司取得劳务报酬收入30 000元,特许权使用费收入2 000元。

(一)预扣预缴

1. 工资薪金所得预扣预缴计算

(1) 2023年1月。

2023年1月累计预扣预缴应纳税所得额=累计收入-累计免税收入-累计减除费用-累计专项扣除-累计专项附加扣除-累计依法确定的其他扣除=16 000-5 000-2 500-5 000=3 500(元),对应税率3%。

2023年1月应预扣预缴税额=(累计预扣预缴应纳税所得额×预扣率-速算扣除数)-累计减免税额-累计已预扣预缴税额=3 500×3%=105(元)。

2023年1月,甲企业在发放工资环节预扣预缴个人所得税105元。

(2) 2023年2月。

2023年2月累计预扣预缴应纳税所得额=累计收入-累计免税收入-累计减除费用-累计专项扣除-累计专项附加扣除-累计依法确定的其他扣除=16 000×2-5 000×2-2 500×2-5 000×2=7 000(元),对应税率3%。

2023年2月应预扣预缴税额=(累计预扣预缴应纳税所得额×预扣率-速算扣除数)-累计减免税额-累计已预扣预缴税额=7 000×3%-105=105(元)。

2023年2月,甲企业在发放工资环节预扣预缴个人所得税105元。

(3) 2023年3月。

2023年3月累计预扣预缴应纳税所得额=累计收入-累计免税收入-累计减除费用-累计专项扣除-累计专项附加扣除-累计依法确定的其他扣除=16 000×3-5 000×3-2 500×3-5 000×3=10 500(元),对应税率3%。

2023年3月应预扣预缴税额=(累计预扣预缴应纳税所得额×预扣率-速算扣除数)-累计减免税额-累计已预扣预缴税额=10 500×3%-105-105=105(元)。

2023年3月,甲企业在发放工资环节预扣预缴个人所得税105元。

表9-6 2023年1—12月工资薪金个人所得税预扣预缴计算表

单元:元

月份	工资薪金收入	费用扣除标准	专项扣除	专项附加扣除	应纳税所得额	税率	速算扣除数	累计应纳税额	当月应纳税额
1月	16 000	5 000	2 500	5 000	3 500	3%	0	105	105
2月	16 000	5 000	2 500	5 000					
累计	32 000	10 000	5 000	10 000	7 000	3%	0	210	105
3月	16 000	5 000	2 500	5 000					
累计	48 000	15 000	7 500	15 000	10 500	3%	0	315	105
4月	16 000	5 000	2 500	5 000					
累计	64 000	20 000	10 000	20 000	14 000	3%	0	420	105
5月	16 000	5 000	2 500	5 000					
累计	80 000	25 000	12 500	25 000	17 500	3%	0	525	105
6月	16 000	5 000	2 500	5 000					
累计	96 000	30 000	15 000	30 000	21 000	3%	0	630	105
7月	16 000	5 000	2 500	5 000					
累计	112 000	35 000	17 500	35 000	24 500	3%	0	735	105
8月	16 000	5 000	2 500	5 000					
累计	128 000	40 000	20 000	40 000	28 000	3%	0	840	105

续 表

月份	工资薪金收入	费用扣除标准	专项扣除	专项附加扣除	应纳税所得额	税率	速算扣除数	累计应纳税额	当月应纳税额
9月	16 000	5 000	2 500	5 000					
累计	144 000	45 000	22 500	45 000	31 500	3%	0	945	105
10月	16 000	5 000	2 500	5 000					
累计	160 000	50 000	25 000	50 000	35 000	3%	0	1 050	105
11月	16 000	5 000	2 500	5 000					
累计	176 000	55 000	27 500	55 000	38 500	10%	2 520	1 330	280
12月	16 000	5 000	2 500	5 000					
累计	192 000	60 000	30 000	60 000	42 000	10%	2 520	1 680	350

2. 其他综合所得(劳务报酬、稿酬、特许权使用费所得)预扣预缴个人所得税计算

(1) 2023年3月,取得劳务报酬收入3 000元,稿酬收入2 000元。

劳务报酬所得预扣预缴应纳税所得额=每次收入-800=3 000-800=2 200(元)。

劳务报酬所得预扣预缴税额=预扣预缴应纳税所得额×预扣率-速算扣除数=2 200×20%-0=440(元)。

稿酬所得预扣预缴应纳税所得额=(每次收入-800)×70%=(2 000-800)×70%=840(元)。

稿酬所得预扣预缴税额=预扣预缴应纳税所得额×预扣率=840×20%=168(元)。

赵先生3月劳务报酬所得预扣预缴个人所得税440元;稿酬所得预扣预缴税额个人所得税168元。

(2) 2023年6月,取得劳务报酬30 000元,特许权使用费所得2 000元。

劳务报酬所得预扣预缴应纳税所得额=每次收入×(1-20%)=30 000×(1-20%)=24 000(元)。

劳务报酬所得预扣预缴税额=预扣预缴应纳税所得额×预扣率-速算扣除数=24 000×30%-2 000=5 200(元)。

特许权使用费所得预扣预缴应纳税所得额=每次收入-800=2 000-800=1 200(元)。

特许权使用费所得预扣预缴税额=预扣预缴应纳税所得额×预扣率=1 200×20%=240(元)。

赵先生6月劳务报酬所得预扣预缴个人所得税5 200元;特许权使用费所得预扣预缴税额个人所得税240元。

(二)年度汇算

年收入额=工资、薪金所得收入+劳务报酬所得收入+稿酬所得收入+特许权使用费所得收入=16 000×12+(3 000+30 000)×(1-20%)+2 000×(1-20%)×70%+2 000×(1-20%)=221 120(元)。

综合所得应纳税所得额＝年收入额－60 000－专项扣除－专项附加扣除－依法确定的其他扣除＝221 120－60 000－2 500×12－5 000×12＝71 120(元)。

应纳税额＝应纳税所得额×税率－速算扣除数＝71 120×10％－2 520＝4 592(元)。

预扣预缴税额＝工资、薪金所得预扣预缴税额＋劳务报酬所得预扣预缴税额＋稿酬所得预扣预缴税额＋特许权使用费所得预扣预缴税额＝1 680＋440＋5 200＋168＋240＝7 728(元)。

年度汇算应补退税额＝应纳税额－预扣预缴税额＝4 592－7 728＝－3 136(元)，年度汇算应退税额3 136元。

七、个人所得税减免税项目

(一) 免征个人所得税

下列各项个人所得，免征个人所得税：

(1) 省级人民政府、国务院部委和中国人民解放军军以上单位，以及外国组织、国际组织颁发的科学、教育、技术、文化、卫生、体育、环境保护等方面的奖金；

(2) 国债和国家发行的金融债券利息；

(3) 按照国家统一规定发给的补贴、津贴；

(4) 福利费、抚恤金、救济金；

(5) 保险赔款；

(6) 军人的转业费、复员费、退役金；

(7) 按照国家统一规定发给干部、职工的安家费、退职费、基本养老金或者退休费、离休费、离休生活补助费；

(8) 依照有关法律规定应予免税的各国驻华使馆、领事馆的外交代表、领事官员和其他人员的所得；

(9) 中国政府参加的国际公约、签订的协议中规定免税的所得；

(10) 国务院规定的其他免税所得。

前款第十项免税规定，由国务院报全国人民代表大会常务委员会备案。

(二) 减征个人所得税

有下列情形之一的，可以减征个人所得税，具体幅度和期限，由省、自治区、直辖市人民政府规定，并报同级人民代表大会常务委员会备案：

(1) 残疾、孤老人员和烈属的所得；

(2) 因自然灾害遭受重大损失的。

国务院可以规定其他减税情形，报全国人民代表大会常务委员会备案。

(三) 免税减税的情况

独生子女补贴、执行公务员工资制度未纳入基本工资总额的补贴、托儿补助费、差旅费津贴、误餐补助，这些不属于工资、薪金性质的补贴、津贴，所以不征个人所得税。

注意：不征税的误餐补助，是指按财政部门规定，个人因公在城区、郊区工作，不能在工作单位或返回就餐，确实需要在外就餐的，根据实际误餐顿数，按规定的标准领取的误餐费。而一些单位以误餐补助名义发给职工的补贴、津贴,是不免税的,应当并入"工资薪金所得"计征个人所得税。

国债利息免税、储蓄存款利息免税。一般情况下,股票转让所得暂不征收个人所得税。这是指对个人在上海证券交易所、深圳证券交易所转让从上市公司公开发行和转让市场取得的上市公司股票所得,免征个人所得税。

根据财政部的文件,依法批准设立的非营利性研究开发机构和高等学校(简称"非营利性科研机构和高校")根据《中华人民共和国促进科技成果转化法》规定,从职务科技成果转化收入中给予科技人员的现金奖励,可减按50%计入科技人员当月"工资、薪金所得",依法缴纳个人所得税。

关于适用个税扣除的商业健康保险,个人按照《国家金融监督管理总局关于适用商业健康保险个人所得税优惠政策产品有关事项的通知》(金规〔2023〕2号)的规定,自2023年8月1日开始,适用个税扣除的商业健康保险产品范围扩大了,由原来的医疗保险扩展为医疗保险、长期护理险、疾病保险三类险种。

拓展阅读

2018年改革以后的个人所得税改革后的3大特点

2018年改革后的个人所得税的第一个特点是实行综合加分类的征收模式,世界各国实行个人所得税制度的,一般有3种征收模式:分类所得税制、综合所得税制、混合所得税制。这3种征收模式各有所长。我国目前实行的是分类加综合模式。也就是说,将个人取得的收入分为九大类,并将其中的工资薪金所得、劳务报酬所得、稿酬所得、特许权使用费所得合并为综合所得,单独适用于计税办法。剩下的5类所得分别计税。再看第二个特点,超额累进税率与比例税率并用。累进税率可以合理调节收入分配,体现公平;比例税率计算简便,体现效率。我国的个人所得税利用了这两种税率的优点。第三个特点是费用扣除办法灵活多样。费用扣除时可以采用定额、定率、计算扣除的办法。第四个特点是采取源泉扣缴和个人申报2种征纳方法。在既有源泉扣缴为主的征管制度的基础上,对综合所得实行"按年计税、自行申报,汇算清缴、多退少补,优化服务、事后抽查"的征管模式。个税改革也体现了国家对人民的关爱之情,贯彻以人民为中心的发展思想,使得个税制度更加公平合理,使纳税人享受减税红利。

(资料来源:https://www.163.com/dy/article/DIIF76L10519M40P.html)

第三节 个人所得税税收规划

一、个人所得税税收规划概述

(一) 个人所得税税收规划的基本概念

个人所得税税收规划就是纳税个人在法律法规允许的范围内,通过对其经营活动或投资理财等涉税事项做出事先筹划安排,以达到少缴税或延迟缴纳目标、实现整体税后经济利益最大化的活动。

(二) 个人所得税税收规划的原则

1. 合法合规原则

合法合规是指必须符合国家政府相关法规,这是前提;否则,与偷税漏税或逃税无区别,更谈不上专业化服务。

2. 经济利益最大化原则

纳税筹划牵涉纳税人经营投资的安排,并且许多时候需要聘请专业人士顾问策划。如果最终结果是纳税人税负减少了,但是相关的支出、费用大幅度增加,甚至因此降低或影响纳税人生产经营活动收入或投资收益,客户整体经济利益降低,那就是得不偿失。经济利益最大化原则,包括纳税筹划的执行便利性和节约性方面的考虑。

3. 收益与风险相平衡原则

收益与风险平衡需要充分考虑到纳税筹划方案执行及其客户相应的活动安排中可能发生的政策、市场变化等不利风险。

(三) 个人所得税税收规划的步骤

1. 了解客户(纳税人)的基本情况和要求

在本章第一节讨论了税收规划中理财规划师应该注意的事项时,强调了税务规划首先要了解客户的基本情况和要求,需要掌握的客户情况包括(但不限于)家庭婚姻、子女赡养、薪资财务、风险偏好、纳税历史和客户需求等。

2. 研究熟悉相关税务法律法规

作为专业人士,理财规划师或税务顾问应该有税务基础知识和税收规划基本技能;但是,在面对个性化的客户和客户需求时,必须进一步熟悉和准确理解税收规划方案中涉及的规定条文和操作规范。

3. 制定税收规划

制定税收规划是税收规划中的核心内容,也是体现顾问专业价值的地方;要求在实现减免客户税负要求、提高客户税后整体经济利益的目标的同时,兼顾前面强调的几点税收规划原则。

4. 实施税收规划方案、跟踪执行

在这一阶段,理财规划师或其他税务顾问主要关注税收规划的执行情况以及执行效果,保持与客户的沟通,在出现不利情况或新的变化时,及时调整方案。

二、个人所得税税收规划案例分析

(一) 纳税范围的规划

【例9-2】 某作家欲创作一本小说,需要到外地去体验生活,预计全部稿费收入25

万元,体验生活等费用支出 10 万元,请做出规划方案。

方案一:如果该作家自己负担费用,则应纳税额为:250 000×(1－20％)×20％×(1－30％)＝28 000(元)。

方案二:如果改由出版社支付体验生活费用,则实际支付给该作家的稿酬为 15 万元,应纳税额为:150 000×(1－20％)×20％×(1－30％)＝16 800(元)。

28 000－16 800＝11 200(元)

方案二比方案一节税 11 200 元。

(二)年终奖的规划

【例 9-3】 居民个人小孙 2023 年 1 月从单位取得 2022 年度全年绩效奖金 300 000 元,2023 年全年工资 120 000 元,不考虑五险一金,无其他所得收入,专项附加扣除 12 000 元。如何计缴个人所得税?

全年一次性奖金单独申报适用税率表如表 9-7 所示。

表 9-7 全年一次性奖金单独申报适用税率表

级 数	应纳税所得额(摊到每月)	税 率	速算扣除数
1	不超过 3 000 元	3％	0
2	超过 3 000 元至 12 000 元的部分	10％	210
3	超过 12 000 元至 25 000 元的部分	20％	1 410
4	超过 25 000 元至 35 000 元的部分	25％	2 660
5	超过 35 000 元至 55 000 元的部分	30％	4 410
6	超过 55 000 元至 80 000 元的部分	35％	7 160
7	超过 80 000 元的部分	45％	15 160

方案一:如选择全年一次性奖金 300 000 元单独计算:

确定适用税率和速算扣除数:300 000÷12＝25 000(元)。

适用税率 20％,速算扣除数 1 410。

全年一次性奖金应纳个人所得税＝300 000×20％－1 410＝58 590(元)

综合所得应纳个人所得税＝(120 000－60 000－12 000)×10％－2 520＝2 280(元)

全年应纳个人所得税＝58 590＋2 280＝60 870(元)

方案二:如选择全年一次性奖金 300 000 元并入 2023 年综合所得计算纳税,适用税率 25％,速算扣除数为 31 920 元。

全年应纳个人所得税＝(300 000＋120 000－60 000－12 000)×25％－31 920＝55 080(元)

选择并入纳税更优惠,主要差别是在速算扣除数,单独计算时扣除月扣除数,并入计算时扣除年扣除数。

方案三:自主分配,将奖金调成 36 000 元单独发放,另外 264 000 元并入当月工资发放并纳入综合所得。确定适用税率和速算扣除数:36 000÷12＝3 000(元)。

适用税率 3％,速算扣除数 0。

年终奖应纳个人所得税=36 000×3%=1 080(元)

综合所得应纳个人所得税=(264 000+120 000−60 000−12 000)×25%−31 920=46 080(元)

全年应纳个人所得税=46 080+1 080=47 160(元)

可见自主分配,全年一次性奖金单独计算最优。

(三) 劳务报酬规划

【例9-4】 某大学王教授受北京一家企业邀请,为该企业管理层人士授课,支付劳务报酬为1 000 000元(含税)人民币,王教授的所得属于劳务报酬,请做出规划方案。

方案一:以个人劳务报酬所得缴纳税收。

应纳税所得额=1 000 000×(1−20%)=800 000(元),税率为40%,速算扣除数为7 000元,王教授需要缴纳个税=1 000 000×(1−20%)×40%−7 000=313 000(元)。

方案二:以个人独资企业形式缴纳税收。

增值税:1 000 000÷(1+3%)×3%=29 126(元)。

附加税:29 126×12%=3 495(元)。

生产经营所得的个税:1 000 000÷(1+3%)×10%×20%−10 500=8 917(元)。

方案二比方案一节税313 000−8 917=304 083(元),节税比例高达97%。

🔍 **拓展阅读**

避税天堂沦陷　21万亿美元资产无处藏身

"穷人割肉缴税,富人花式避税"长期为人诟病。然而从今往后,隐匿富人们巨额财富的避税天堂,很可能将不复存在。本月起,中国首次与其他部分国家交换CRS(海外金融账户共同申报准则)信息,中国税务机关将掌握个人境外收入,一旦被列为高风险的纳税人,在面临巨额资金来源不明审查的同时,还得补缴大额的个人所得税。另外,修改后的个人所得税法首次设立反避税条款,将给予中国税务机关有力的法律依据。简言之,中国打击国际避税的大网正式打开,隐形富豪们将无处遁形。

CRS+反避税条款海外逃避税的富人们瑟瑟发抖

国家税务总局官网信息显示,从本月(2018年9月)起,国家税务总局将与多个国家(地区)税务主管当局第一次交换信息。这种信息交换即"金融账户涉税信息自动交换"。为打击海外账户避税问题,经济合作与发展组织(OECD)在2014年的G20布里斯班峰会上,正式发布了金融账户涉税信息自动交换标准。

其中有一个重要的协议,叫作共同申报准则(Common Reporting Standard,CRS)。简单而言,它就是各国政府互助合作,相互通报对方公民在自己国家财产信息的标准,以共同打击纳税人利用跨国信息不透明进行逃税漏税及洗钱等行为。

公开资料显示,早在2017年9月,百慕大、英属维尔京群岛、开曼群岛、卢森堡等"避税天堂"就已经进行了第一次信息交换。截至2018年8月7日,已有103个国家(地区)签署了《金融账户涉税信息自动交换多边主管当局间协议》。

而在中国，按照此前计划，中国内地、中国香港和中国澳门都在今年9月同其他CRS参与国完成第一次信息交换，此外还包括新加坡、巴哈马、巴林等，共47个国家和地区。这意味着，中国税务部门通过这个方式可以轻松了解和掌握中国税收居民海外资产收入信息。

具体而言，对于在其他国家或地区金融机构拥有账户的中国税收居民，只要财富所在国家（地区）签署了互换协议，那么该居民的个人信息以及账户收入所得将会被财富所在国的金融机构收集并上报给该国相关政府部门，该国政府再与中国的相关政府部门进行信息交换。这种交换每年进行一次。互换的信息主要包括以下三大方面的内容：海外机构的账户类型、资产信息类型、账户内容。

据《第一财经》报道，普华永道中国私人客户服务中区主管合伙人王蕾表示，随着CRS（"海外金融账户共同申报准则"）的实施，反避税在个税层面的立法变得迫切。举个简单的例子：中国个人A在海外通过BVI（避税天堂维尔京群岛）空壳公司进行投资，BVI公司的利润只要不分配到个人股东层面，在现行税法下，个人A无须缴税；而反避税条款下，中国税务机关可以以受控关联公司的名义将没有商业实质的BVI公司取得的利润视同个人直接取得而课税。CRS的不断推进实施与新个税法中反避税条款的加持，热衷在"避税天堂"开账户、偷偷藏钱的有钱人，或涉及洗钱、漏税的，但凡有不合规的行为统统都会有大麻烦。

澳洲、新西兰的大批华人账户已被封

早在一个多月前，外媒便发布重大消息，新西兰、澳洲各大商业银行冻结了数千个账户，并要求确认开户人是否属于外国纳税人，其中也涉及大量的中国居民。

澳洲国有企业Kiwibank的发言人表示，银行在5月底向大约3000名客户发送了信件，并给客户14天的期限来补充他们所需的海外税务状况信息。

澳大利亚最大的银行ANZ表示，一周时间冻结了大约200位客户的账户，并将按照税法规定的要求，每周继续冻结账户。西太平洋银行（Westpac）和BNZ也做了相同的反应。

事实上，早在6月初，新西兰媒体就放出消息，如果不提供涉外纳税信息，新西兰银行将冻结你的账户。从7月1日起，还没有按照银行规定补全海外欠款的，统统冻结账户，没有人可以例外。当然，冻结账户中的资金将留在账户中，但客户无法访问。

目前，澳、新两国银行已经冻结了上千个账户，而范围仍将持续扩大。

值得一提的是，中国、澳大利亚及新西兰，都在今年9月首次交换信息的名单之中。所有在澳洲开户的非澳洲居民的基本信息，比如姓名、身份证号码、住址、生日、账户号码、账户余额，还有每年出现的重大交易，另外还有银行存款账户、托管账户、保险合同等信息都会实现中澳两国税务局的共享。

21万亿美元资产"藏"在11大避税天堂

长期以来，很多富人都悄无声息地将自己的巨额资产转移到国外。他们看中的地方便是所谓的"避税天堂"，如巴哈马、开曼群岛、维尔京群岛、卢森堡、瑞士……为吸引外国资本流入、繁荣本国（地区）经济，这些有"避税天堂"之称的国家（地区）有一些共同点：对前来注册登记设立的公司只收极少的年度管理费；对公司股东信息、股权比例、收益状况等给予高度保密;不征税或税负极低;无外汇管制;监管宽松。同时,在这些国家(地区)设立的公司几乎被所有国际大银行承认,可在银行开立账号。

于是,一大波想要隐藏财富、逃税甚至洗钱的"隐形富豪"来到这些避税天堂。这些富人往往会高薪聘用一些税务行业、私人银行业、会计行业和投资行业的专业能手,来为他们量身定做诸如跨国并购、地下钱庄、影子公司、比特币交易等项目来躲避监管,继而实质上完成资产转移。

事实上,这样的避税现象及监管难题并不单单存在于中国。根据哥本哈根大学,加州大学伯克利分校和美国经济研究平台国家经济研究局(NBER)的三位经济学家的分析,全球企业一年的利润为11.515万亿美元,其中85%由当地公司创造,其余15%由外国控制公司创造。

然而,在外国公司获得的1.703万亿美元利润中,近40%即总额达到6160亿美元,已转移到其本国以外的其他税收管辖区。其中92%转至11个国家,这些国家随后获得了臭名昭著的避税天堂称号。美国是转移利润最大的国家,利润转移高达1420亿美元,其次是英国610亿美元,德国550亿美元。这三国也是巴拿马文件中利润转移至避税天堂损失最大的国家。

对于较小的国家来说,转移到国家的利润几乎与该国所有企业利润的总和一样多,这正好说明了为什么它们可以成为避税天堂。与较大的经济体相比,百慕大当地利润为96%,加勒比为95%,马耳他为86%,尽管爱尔兰、瑞士和新加坡等国家仍有超过50%的国内利润转移。

据估计,这些避税天堂的资产规模超过21万亿美元,其中大部分不受税务人员管辖。

就个人财富方面来看,据Business Insider去年9月援引世界银行的数据,全球GDP总和约为75.6万亿美元,也就是说,超级富豪们隐匿了约7.5万亿美元的财富。

形势严峻,CRS的出台,也正是为了打击这样的海外账户避税问题。有人可能要说,那把资产转移到非CRS成员国就好了。据了解,暂时没有签署的不代表以后不会签署,现在已经有了信息互换标准,只要签署协议,信息就可以随时交换。

(资料来源:金融界.富人们颤抖!避税天堂沦陷 21万亿美元资产无处藏身.2018年9月3日.)

实训任务

大学生自主创业的相关税收调研报告

2023年3月19日,第十三届"挑战杯"中国大学生创业计划竞赛在北京落下帷幕。本届"挑战杯"共有超过33万个项目报名参赛,参赛学生人数为142.4万人,比上一届多出50多万人,最终评选产生154个金奖项目、309个银奖项目和1079个铜奖项目。比创意、赛想法、拼实力,围绕创新创业激烈角逐,彰显了当代大学生朝气蓬勃、勇于创新、实干创业的良好精神风貌。

青年大学生是国家创新创业人才的源头活水,是建设科技强国的重要力量。作为一项具有导向性、示范性和群众性的全国竞赛活动，"挑战杯"赛事举办二十多年来，在青年学生中推动形成了激发创新精神、促进创业实践的良好氛围，培育了一批批积极投身创新创业的人才。借助"挑战杯"这场"科创盛宴"，许多青年大学生把自己的人生追求同国家发展进步紧密结合起来，把创新创业的理想追求融入党和国家事业之中，在创新创业中展示自身才华，实现用聪明才智服务社会的目标。

创新创业之路注定不会一帆风顺，尤其是在校大学生相关经验不足，初入创新创业领域可能遭遇困难、陷入迷茫。这时国家政策的支持就显得尤为重要。《关于进一步支持大学生创新创业的指导意见》明确，要加强大学生创新创业服务平台建设，优化大学生创新创业环境。良好的环境之于创新创业就像阳光雨露一样不可或缺，只有提供更优质的服务和更广阔的平台，各怀所长的有志青年才会大胆去闯、勇敢去创，在不懈创新、矢志奋斗中创造亮眼的实绩。相关部门要关注青年愿望、帮助青年发展、支持青年创业，为广大青年成长成才、创新创造、奔跑追梦做好服务保障工作。这既是推进科技创新、提高自主创新能力的题中之义，也有助于破解高校毕业生就业难问题。

（资料来源：殷雷.为大学生创新创业保驾护航.2023年03月22日）

国家给青年建功立业提供了无比广阔的舞台，请大家分小组讨论，调研国家对于大学生自主创业的相关税收制度，完成小组调研报告并汇报。

第十章　养老规划

学习目标

（一）知识目标
1. 认识养老风险。
2. 了解养老规划原理。
3. 掌握养老规划应用。

（二）能力目标
1. 培养团队合作能力。
2. 培养金融计算能力。
3. 培养养老规划能力。

（三）思政目标
1. 增强制度自信、树立正确的历史观。
2. 坚持尊重隐私、诚信服务原则。
3. 培养爱岗敬业、追求卓越的品质。

案例导入

你有养老焦虑吗？

如今，不仅老年人和中年人在认真思考如何养老，年轻人也开始加入规划养老生活的队伍中来。"养老"这个看似离年轻人很远的话题，已经悄然渗透到了当代年轻人的思想和行为中，规划养老的风潮已经蔓延到 90 后，甚至 00 后群体之中。年轻人在社交平台上热烈讨论"养老规划"，小红书上搜索"养老"有 45 万多篇笔记，微博上＃年轻人不生孩子该如何养老＃、＃年轻人的养老智慧＃、＃这届年轻人是懂养老的＃、＃当代年轻人养老图鉴＃等话题都有着超高的热度。其中有人讨论"攒多少钱才够养老""养老年金保险值不值得买"，有人注重考察老年后的医疗和看护水平，有人关注养老院和养老社区的设施条件，有人提前打造晚年和朋友们"抱团养老"的居所，还有人想要"永远在路上"，寻觅志同道合一起"旅居养老"的伙伴……身处当下"老龄化"和"少子化"共存的年代，"年轻开始养老规划"逐渐从新奇的谈资转变为普遍切身的关切。除了人口红利减少、经济潜在增长率下降带来的经济和社会结构的变革，年轻人婚育观念也在变化，不婚、丁克、家庭小型化等情况日益增加。这样的现状让许多人焦虑起来。

（资料来源：https://mp.weixin.qq.com/s/q_Keo8lTVs_vf05OJFPUaw）

第一节 养老规划概述

一、养老风险概述

(一) 我国人口老龄化现状

老龄化是经济社会进步下人口再生产方式转变的结果,由低生育率和寿命延长共同作用,已成为全球普遍现象。社会国家统计局的数据显示,到 2023 年年底,我国 60 岁及以上人口达 29 697 万人,占全国人口的 21.1%,其中 65 岁及以上人口 21 676 万人,占全国人口的 15.4%。我国 60 岁及以上人口占总人口的 21.1%,标志着我国已经迈入中度老龄化社会;预计 2035 年前后,全国老年人将突破 4 亿,占总人口 30% 左右,进入深度老龄化社会;到 21 世纪中叶,老年人口将达到 5 亿左右,占总人口 40% 左右。我国老年人口规模和结构呈现出基数大、速度快、趋势猛的特征,积极应对人口老龄化已经上升为国家战略。随着人口老龄化程度的不断加深,对养老财富需求将显著增加。

(二) 常见养老方式及其风险

从养老主体来看,我国目前一般主流的退休养老方式有养儿防老、国家社保养老和自己干到老三种。这三种养老方式都存在一定的风险。

1. 养儿防老的风险

"养儿防老"是我国优秀传统文化的组成部分。中国人常说的多子多福,也是最原始的退休规划。当传统的农业社会向工业社会转变的时候,整个社会生活都会发生重大变化。家庭为了适应生产方式、生活方式的变化,也会发生相应的变革,由结构复杂、规模庞大的家庭向结构简单、规模较小的核心家庭转化。

随着计划生育政策的实施和国人生活观念变化,家庭趋向小型化、核心化、多样化,传统的依靠子女养老的模式发生改变,家庭养老功能弱化,必须借助社会的力量实现养老。随着社会和观念的变化,想要实现养儿防老愈发困难。

如果要靠养儿防老需要同时满足三个条件,第一是子女的经济能力强,第二是父母与子女感情浓厚,第三是子女的配偶非常配合,否则将会迎来非常凄凉的老年生活。

2. 社保养老的风险

工业化社会之后社会养老的理念逐步盛行。社会养老就是通过政府立法建立正式的规范化的制度,为老年人的物质生活、劳务服务和精神文化生活等方面提供全面的保障和服务。现在社会多数人的理念是,在年轻的时候缴够养老保险,等到退休时领取社会基本养老保险金,俗称以养老金来养老。我国社会基本养老保险由城镇职工基本养老保险和城乡居民基本养老保险两个制度组成,发挥社会养老保障"保基本、兜底线"的功能,广覆盖、低保障的社会养老保障制度,只能给老年人提供最基本的生活保障。

我国社保养老形势非常严峻,随着人口老龄化加剧,养老金发放压力逐渐增加。目前,部分地区的养老金缴费基数偏低,领取养老金的人数却在快速增长,导致养老金不够支付的情况出现。一些地方政府面临养老金支付困难的挑战。

3. 活到老干到老的风险

退休养老规划是协调即期消费和远期消费的关系,或者说是衡量即期积累和远期消费。人的一生,职业生涯充满不确定性,可能面临被解雇、公司破产,还有自身的健康状况的影响,不一定能活到老一直干到老的。此外,人类的预期寿命在不断延长。2017年国家卫健委公布我国居民人均预期寿命已经达到76.7岁。随着寿命增长,患病的概率和医疗费用等支出大幅度提升,人们面临"人活着,钱没了"的长寿风险。在持续通货膨胀的环境下,财富在时间面前严重"缩水",也大大增加了人们未来养老的经济压力。

二、退休养老理财规划概述

(一) 定义

退休养老理财规划是指在退休前若干年,为保证能够在年老时期有一个自立、尊严、高品质的退休生活而积累足够养老金的财务规划过程。退休养老规划的时间是在退休前,是从现在开始。退休养老理财规划的目标是老年时期能够拥有自立、尊严、高品质的退休生活。退休养老理财规划的内容是从现在开始筹集和积累养老资金。退休养老理财规划属于我们个人理财规划的七大规划之一,也是个人理财规划中非常重要的规划内容。

(二) 内容

退休养老理财规划过程主要包括三个子规划,分别是退休后生活规划、职业生涯规划和为弥补养老金缺口而进行的储蓄投资规划。通过对退休生活目标的设计可以测算出退休后到底需要花多少钱,然后由职业生涯状况推算出届时可领多少退休金,据此计算出退休后需要花费的资金和可受领的资金之间的差距,也就是应该自筹的退休资金。然后制定投资规划,选择退休理财工具,执行计划,并根据规划的反馈进行调整形成闭环。

(三) 原则

1. 及早规划原则

要使退休后的生活过得丰富且有意义,就要未雨绸缪,预先做规划与安排。准备养老基金,就像攀登山峰一样,同样一笔养老费用,如果25岁就开始准备,好比轻装登峰,不觉得有负担,一路轻松愉快地直上顶峰;要是40岁才开始准备,可能就会感到有些吃力,犹如背负背包,气喘吁吁才能登上顶峰;若是到50岁才想到准备的话,就好像扛着沉重负担去攀登悬崖一样,非常辛苦,甚至会力不从心。

2. 弹性化原则

退休养老规划的制定,应当视个人的身心需求及实践能力而定,若发现拟定的目标高远、窒碍难行,那么可以适当地调整一下,取而代之的是可行的策略与目标。同时,在规划未来退休生涯的目标时,可能会遇到一些未定的事件,比如,很可能未来十几年或者更长时间的经济不景气,导致投资收益率下降,或者所在工作单位近期效益不佳,导致收入水平下降,等等。因此,退休养老规划应具有弹性或缓冲性,以确保能根据环境的变动而做出相应调整,以增加其适应性。

3. 退休金收益原则

为了保证退休后的生活,比较传统的做法就是增加储蓄。事实上,在增加储蓄的时候,应当注意这部分储蓄的收益大小,因为任何资金都是有时间价值的。准备的退休基金在投资中应遵循稳健性原则,但是这并不意味着要放弃退休基金去追求投资的收益。通常,投资者总是在稳健性和收益性之间寻求一个折中方案,在保持稳健性的前提下,寻求收益的最大化。

4. 谨慎性原则

大多数人容易对自己退休后的经济状况过于乐观,或者高估退休后的收入,或者低估退休后的开支。造成这种乐观估计的原因有多种,如认为退休后的社会保障、企业年金和储蓄足以保障自己的养老生活,认为退休后的开支会显著下降,认为医疗保障会承担所有的医疗费用等。另外,部分家庭会因家庭负担过重或者个人的生活方式不同(如崇尚及时行乐,而较少考虑未来)无法进行养老规划。在制定退休养老规划的过程中,应当本着谨慎性原则,多估计些支出,少估计些收入,使退休后的生活有更多的财务资源。

三、退休养老理财规划步骤

一个完整的退休养老理财规划是建立在一个相对明确的退休目标的基础上,根据退休目标估算退休后支出,根据职业及家庭财务具体情况来估算退休后收入,进一步匡算养老金是否存在缺口,如果存在缺口,制定养老理财投资规划方案进行缺口弥补并不断完善的过程。

(一)确定退休养老目标

退休养老规划的第一步是确定退休养老目标,就是确定退休年龄和退休生活质量。

(二)估算退休后支出

确定好退休目标后需要估算退休后支出,也就是测算养老金需求。通常来说,退休后支出的估算主要通过人们退休后第一年费用、退休生活费用年均增长率、退休金投资报酬率、退休后余寿来进行测算。

(三)估算退休后收入

目前国家提供的社会公共养老金是大多数人的退休收入主要来源,企业年金以及个人储蓄方面个体差异较大,这部分需要根据具体家庭情况来计算。根据退休目标估算出的退休后支出与退休后收入,可以确定在退休时是否有足够的退休养老资金。如果资金充裕,则需要注重资金的安全性。多数情况下会存在养老金缺口,需要对养老金缺口进行弥补。

(四)制定养老金缺口弥补方案

制定养老金缺口弥补方案,可以定期定额投资,一次性筹集一笔钱或者房屋倒按揭。如果以上方式仍然无法弥补缺口,可以调整退休目标,采用延长工作年限推迟退休,减少退休后花费等方式修改退休养老计划。

(五)执行和调整退休养老规划方案

此时,理财规划师应找出目前计划中不合理的部分并加以修改。在修改过程中,理财规划师应主动邀请客户讨论,并鼓励客户提出意见。通常,理财规划师可以利用提高储蓄的比例、延长工作年限并推迟退休、进行更多高收益率的投资、减少退休后支出和参加额外的商业保险计划等途径来实现对退休养老规划方案的进一步修改。退休养老规划方案调整主要有降低即期消费、降低退休消费、推迟退休年龄、退休后兼职收入、提高现有收入以及提高养老金投资收益率等。

四、退休养老理财规划的影响因素

退休养老理财规划有六个影响因素,分别是两个年龄、两个比率和两个状况。退休年龄越早,养老金压力越大;预期寿命越长,养老金需要准备得越多;通货膨胀率越高,养老金压力越大;投资回报率越高,养老压力越小;退休后期望生活水平越高,所需养老金越多;现有良好积极的资产状况及尽早规划能大幅度降低养老金压力。

(1) 退休年龄。退休年龄是退休养老规划的关键时点,直接影响退休规划的两个方面:一是退休后生活时间的长短,所带来的养老金消耗,决定了退休后生活费用的多寡,二是工作时间不同带来的养老金的积累多寡,决定了退休前财富积累量。退休越早意味着准备养老金的时间越短,消耗养老金的时间越长。

(2) 预期寿命。一个人现在的年龄是确定的,但预期寿命期不一定,所以影响退休养老理财规划的第二个年龄就是预期寿命。随着科技医疗环境的改善和经济生活水平的提高,人们的预期寿命不断延长。根据国家卫健委发布的数据,2016 年我国人均预期寿命是 69 岁,到 2017 年是 76.7 岁。2022 年,国家发展和改革委员会等部门印发的《"十四五"公共服务规划》显示,2025 年中国人均预期寿命达 78.3 岁。未来这个数字还会持续增加。

做养老规划的初衷是应对人在,钱没了的风险,需要对预期寿命进行充分的预估。需要综合考虑性别差异、家族平均寿命、社会平均预期寿命以及未来寿命的增长等多种因素的影响,避免出现实际寿命高于预期而带来的养老金准备不足的隐患,但将预期寿命设为 90 岁、100 岁也没有必要,需要根据个人自身情况来分析。

(3) 通货膨胀率。通货膨胀率也称为物价变化率,在生活中都能够感受到它的存在。同等购买力在不同的时间,不同的通货膨胀率下,所需的货币量是不同的。人们目前的家庭消费支出的所需的货币量并不是 10 年、20 年退休后的支出金额,同时退休后第一年的支出也不是退休后 10 年、20 年之后生活的费用。所以不管退休前还是退休后我们都必须考虑到通货膨胀对养老费用计算的影响。通货膨胀率越高,退休后所需的货币量越大,反之同理。

(4) 投资回报率。投资回报率的影响包括退休前的投资回报率和退休后的投资回报率。退休前可以一次性和定期定额投资的方式来积累养老金,投资回报率越高,退休前养老金积累得越多。需要注意的是,退休后抗风险能力下降,投资应充分重视资金的安全,对投资回报率的追求主要以抵抗通货膨胀为主,从而实现资产的保值。投资收益率对我们养老金的积累有着非常积极的影响。

（5）退休后生活状况。人们对退休后生活状况的不同设想决定了退休后开支的多少。退休后质量层次越高，所需的养老金准备就越多。要想退休后过上高品质的生活肯定需要更多的养老资金。

（6）现有资产状况。现有资产状况是进行退休养老理财规划的财务基础和起点。现有资产状况的多少、未来家庭成员的职业发展状况、家庭成员结构变化，以及目前是否参与社会基本养老保障、是否参与企业年金、与子女关系是否浓厚，这些都会影响养老金的积累以及退休后收入来源。

第二节 养老需求分析

一、马斯洛需要层次理论与养老需求

根据马斯洛需求理论，老年人的需求满足也将从生理需求、安全需求、爱和归属感、尊重和自我实现需求逐渐提升。从基本生理需求到自我实现高层次养老需求，可概括为三方面内容：

首先，满足老年人的基本物质生活需要，包括衣食住行用及医疗等方面的需要。

其次，老年生活照顾服务的需要。老年人随着年事增高，生活自理能力日益下降，需要有专门的人员或相对固定的人员为其进行照护服务。

最后，精神文化需要。社会和家庭为其提供情感交流的环境和条件，让老年人得到社会尊重，有发挥余热自我实现的存在感。随着社会生产力的发展和人们生活水平的不断提高，对老年人的生活服务和照顾应当越来越周到，直到发展为社会化的专业服务。

进入工业化社会以后，除传统的精神生活方式外，社会化的精神文化生活，日益成为老年人退休生活的主要内容。把老年人的精神文化生活作为一项社会化的内容来发展，也充分体现了社会的文明进步程度，是人民生活水平提高的一种表现。

养老保障包含经济保障、服务保障和精神保障。退休养老规划的目标是为老年期储备养老基金，特征是期限长、风险不确定。随着第一代独生子女进入退休期，我国老年人的消费结构也悄然发生改变，老人们的消费需求从基本生存型向质量提升型转变。我国老年人越来越追求物质生活的好品质、精神生活的高品位、社会生活的深参与，其服务需求从简单的生活照料需求向多层次、多样性、个性化需求转变，社会角色也从过去被动接受照顾型向主动寻求社会参与型转变。

中国老龄科学研究中心发布的《中国城乡老年人生活状况调查报告（2018）》指出，除了上门看病、做家务、康复护理等服务位居需求前列以外，10.6%的老年人需要心理咨询或聊天解闷服务，10.3%的老年人需要健康教育服务。老年人的闲暇生活更加注重品质和时尚，旅游日益成为老年人精神生活的新选择。消费结构的变化，明显特征是老年人有了经济消费能力和自主消费意识，更彰显了退休养老规划对老年消费升级的重要性。必须通过多层次的养老金收入，在基本公共养老金的基础上，通过职业年金及商业养老保险得到更好的补偿，并为养老目标基金、银行养老理财产品等工具配置不同风险的养老基

金,应对老年人消费结构的新变化需求。

拓展阅读

养老服务需求呈现5大特征

2023年4月19日,中国消费者协会发布《2022年养老消费调查项目研究报告》。报告发现,老人居家养老需求重在家政清洁、餐饮、老年饭桌等"日常所需"。机构养老需求重在"医养结合",特殊护理用品、辅助用品需求增加。低龄老年人消费更具活力,升级型消费需求明显,高龄老人养老亟须加大支持力度。整体而言,老年人消费环境仍需"适老化"提升。

一是老人居家养老更关注家政餐饮等"日常所需"。家政、清洁(24.6%),餐饮、老年饭桌(23.4%),社会交往(23.4%)是居家养老需要的服务内容,其中80岁及以上的老年人还需要康复护理和日间照料服务。但老人需求转化为实际消费行为的比例较低,购买过家政清洁等日常照料服务的受访者占比27.84%,慢性病诊疗及康复护理等医疗服务的购买者占比22.48%,购买过餐饮服务、老年饭桌等服务的占比20.59%。近四成老年消费者对相关服务的认同感不高,价格不透明(29.3%)、泄露过多个人信息(25.2%)、遭遇其他亲情销售(23.1%)为主要不认同点。

二是机构养老的需求重在"医养结合",服务性价比更受关注。养老机构提供的服务已经从基本的生活照料拓展至医疗服务(81.86%)、娱乐休闲(54.85%)、文化教育(41.35%)等。分不同地区来看,中部城市养老机构提供日常生活服务比例最高,东部城市养老机构提供医疗服务的比例更高。从服务提升需求来看,消费者对养老机构医疗服务水平提升需求最大(51.48%),其次是娱乐休闲服务(35.02%),再次是日常生活服务(31.65%)。表明随着老人吃饱穿暖的基础性生活需求得到满足之后,对医疗、休闲娱乐等服务有了更多需求。超过四成消费者认为养老机构收费合理性一般,对养老机构服务质量满意度为62.03%。遇到的主要服务问题包括食品安全事故(26.58%),随意增加或调整费用(26.16%),摔倒等人身安全事故(24.47%)。机构养老的老人对翻身机(28.3%)、按摩椅(27.8%)、助卧助浴(18.1%)和特殊用品(16.5%)需求度更高。失能老人对特殊用品(成人尿不湿、护理品)的需求度最大。

三是低龄老人升级型消费需求明显,专用食品受老人认可。调查显示,低龄老年人更具消费活力。一是收入水平相对较高,受教育程度高,消费观念能够与时俱进;二是身体健康程度更好,生活爱好丰富多元,外出社交场景多,除了基本日常生活品的购买需求,对文化娱乐、时尚服饰、电子产品、保健产品购买意愿更加强烈。消费者对老年保健品和专用食品认同度较高。45.35%的消费者认为老年保健品和专用食品有效果,食用有益健康;36.67%的消费者不确定食用实际效果,但愿意尝试。

四是身心和观念影响老年人的消费选择和消费过程。居家养老是老人首选,对机构养老尚有多重顾虑。从养老方式观念来看,有53.81%的老人更希望和儿女家人同住养老,41.20%的老人在身体允许条件下,愿意居家和配偶或独自居家养老。本次调查中,老年人对机构养老的担忧较多,33.72%的人认为养老机构条件不好,32.37%的人认为养老机构稳定性差不可靠,29.24%的人认为养老机构收费太高不划算。老年人出于身体自理情况、年龄、收入等客观因素,倾向于"主动"选择在熟悉的环境中养老。近四成老人不愿子女安装监控。37.88%的老人不愿意子女安装监控,认为这样侵犯其隐私;30.87%的老人表示部分接受,可在不涉及隐私的公共区域安装。近六成的老年人使用电子产品时存在困难。字体小、操作复杂学不会、声音小是主要问题,表明老人在跨越"数字鸿沟",充分享受信息技术带来的便捷生活上,仍需更多的帮助。

五是消费环境需更加"适老",老年人维权意识有待加强。60.91%的老年消费者遇到过打"亲情牌"进行营销的情况。老年人遇到的最常见的消费问题包括故意夸大质量(62.88%)、虚假折扣优惠(54.74%)、商品或服务质量差以次充好(53.06%)、价格不透明(49.60%)等。当遇到消费纠纷时,41.99%的老人找商家或购物平台理论,26.25%的老人打电话向消费者协会等机构投诉,19.99%的老人自认倒霉,表明老年人在消费维权方面仍缺乏必要的引导与帮助。

(资料来源:中国消费者协会《2022年养老消费调查项目研究报告》)

二、养老金需求测算原理

通常会从退休后支出角度预测养老金需求。退休后到底还可以活多久非个人所能控制,退休后的预期余寿并不是简单地用平均死亡年龄减退休年龄,每个人可以根据自己的健康状况或家族是否皆长寿的遗传因素估计自己的终老年龄。值得注意的是,退休后所面临的风险并不是死得太早的风险,而是活得太久以至于生活费用不够的风险。因此,越保守的人应该假设自己可以活得越长,比如超过了平均年龄,或超过了平均余寿,甚至假设自己可以活到90岁,并以此为基础,计算自己的退休总需求。随着医学科技的迅猛发展,应当充分考虑未来人类寿命普遍大幅提高带来的养老支出问题。

退休后选择不同的生活状态必然对应着不同的资金需求。确定了退休目标之后,就应当进一步预测退休后的资金需求。进行这一预测的简单方法就是以当前的支出水平和支出结构为依据,将通货膨胀等各种因素考虑进来之后分析退休后的支出水平和支出结构的变化。这样,按差额调整以后,就大体得到了退休后的资金需求。当然,在预测资金需求时,不可能非常准确,因为许多不确定性因素都会存在,理财规划师所能做的就是根据自己的专业知识进行大体估算。每个家庭的消费习惯不同,但同一个家庭的消费习惯并不会因退休而有大幅改变。

假使客户现在就有记录家庭收支的习惯,通过目前支出细目的相应调整来编制退休后的支出预算,会让退休后的生活目标更容易实现。具体来说,在调整的时候可遵循以下四个原则:

(1) 按照目前家庭人口数与退休后家庭人口数的差异调整膳食和购买衣物的费用。例如,假设现在的家庭是上有两个父母、下有一个儿子和女儿的六口之家,预计退休后,子女已经独立,因此生活费用可以按四人计算。

(2) 去除退休前可支付完毕的负担,如子女的高等教育费用、房屋还贷每月应摊的本息、限期缴纳的保险费等都应该在还有工作收入时负担完毕,计算退休费用时可以将这些费用从现有费用中减去。

(3) 减去因工作而必须额外支出的费用,如交通费和上班衣着费用,加上退休后根据规划而增加的休闲费用及因年老而增加的医疗费用。

（4）调整完以后的费用就是根据目前的价格水平所计算出来的退休时所要花费的费用,然后再参考上一年度的物价变化,设定通货膨胀率,最后就可以测算出退休后第一年的生活费用。

根据上面的程序算出来的只是退休后第一年的生活费用,随着人均寿命的延长,退休生活的年限逐渐增加,而且越早退休其退休后的生活期间越长。退休时要准备多少钱才能安度余生？最简单的算法是,不考虑这笔钱的投资收益率与以后每年的通货膨胀率,或假设两者相互抵消,则退休时需准备的退休养老基金应该等于退休后第一年的生活费用乘以退休后余寿。若退休养老基金的投资收益率和通货膨胀率不相等,需要计算实际回报率。把退休后每年的生活费用按照实际收益率折现到退休这个时间计算退休时这个期初时点需要的全部养老费用。

三、养老金测算步骤

科学合理地测算退休时需要多少养老钱,可以采用养老金需求测算三步法。

（一）确定退休养老目标

确定什么时候退休,退休后每年花多少钱。关于退休年龄的选择,大多数人选择法定退休年龄,也有提前退休或者延迟退休以及退休后继续其他工作的。具体退休年龄的确定一般取决于个人意愿、身体状况和经济情况。同时在现实生活中我们经常也看到有些人将实现财务自由的年龄作为退休年龄,比如设定自己40岁、50岁或者60岁退休等。我国目前法定退休年龄是男性60周岁、女性管理人员55岁,女性工人55周岁,目前正逐步延迟退休年龄。

退休后支出可以用家庭目前的支出水平进行推算,总体来说退休后的生活可以划分为四个层次,退休后满足基本的生活需求、和目前同水平的生活、更高品质生活、给子女留遗产。第一个层次是满足退休后的基本生活需求。即退休后过着三餐温饱并支付一些小病医疗费的生活。第二层次是退休后维持与目前同水准生活。俗话说"由俭入奢易,由奢入俭难",退休后大部分人都不愿意降低生活水平,如果要维持目前生活水平需要考虑通货膨胀的影响。利用公式,依据目前的生活费用和通货膨胀率可以推算出退休后维持与目前同水准生活的费用。第三层次是退休后想过较目前水准更高的生活。步入退休期后大多数人都希望能够维持独立、自主、有尊严高品质的退休生活,也就是除了基本的日常生活开支外,在旅游、高端医疗、外出就餐以及其他休闲娱乐上花费不菲。第四层次是想留给子女遗产。

不同的退休生活方式的选择决定了退休后的支出,也就决定了不同的退休理财规划方案。

（二）测算退休后第一年所需费用

确定了退休养老目标,测算退休后第一年的费用。家庭目前花的钱或根据退休目标调整后需要的钱,在物价上涨的影响下,几十年后同等购买力所需的货币量,就是已知现值求终值,可以使用Excel中FV函数计算。

（三）测算退休时所需全部养老费用

如果退休后投资回报率和物价上涨率相等,投资收益与物价上涨抵消,相当于退休后每年所需的费用不变,可以直接用退休第一年费用乘以退休后余寿。

如果退休后投资回报率高于物价上涨率,那么投资收益大于物价上涨,需要计算实际回报率。把退休后每年的生活费用按照实际收益率折现到退休这个时间计算退休时这个期初时点需要的全部养老费用,这个过程就是已知年金求现值的过程,可以借助 Excel 中的 PV 函数计算。

【例 10-1】 姜先生养老金需求测算。

姜先生,今年 40 岁,打算 60 岁退休,预期寿命 80 岁,家庭目前支出 12 万元,退休后预计按照目前购买力每个月 5 000 元够用。姜先生平时也做投资,收益率年化 5% 左右。姜先生 60 岁退休时大概需要多少养老金呢?

第一步,确定姜先生退休养老目标。确定完姜先生什么时候退休和退休后花多少钱。姜先生打算 60 岁退休,预期寿命 80 岁,距离退休还有 20 年,退休后余寿 20 年。姜先生对自己退休后的支出结构做了调整,去掉房贷和子女教育,增加医疗和旅游支出,按目前购买力觉得退休后每个月 5 000 块钱够用。

第二步,计算姜先生预计退休每月花的钱到 20 年退休后第一年变成多少货币量。姜先生调整后支出是每年 6 万元(=5 000×12),距离退休年限 20 年,通货膨胀率,我们按国家统计局公布的数据计算,3% 左右,可以用 Excel 表格中 FV 函数得到姜先生退休后第一年所需费用为 11 万元。

第三步,我们要测算姜先生退休时所需全部养老费用。假如姜先生退休后投资收益率和退休前一样,直接乘以余寿即可。但姜先生投资收益率年化 5%,高于物价上涨率 3%,如果投资收益率大于物价上涨率那么会有一个实质收益率,要用年金现值进行计算,不能直接简单相乘。根据公式:实质收益率 = $\frac{名义收益率-通货膨胀率}{1+通货膨胀率}$ = [即投资收益率-物价上涨率÷(1+物价上涨率)],姜先生的实质收益率 1.94%[=(5%-3%)÷(1+3%)],退休后余寿 20 年,退休后每年生活费用 111 万元,在 Excel 中使用 PV 函数计算,得到姜先生退休时所需全部养老费用的年金折现值为 184.4 万元。所以,姜先生 60 岁退休时需要的全部养老费用是 184.4 万元。

拓展阅读

《国务院关于渐进式延迟法定退休年龄的办法》

坚持以习近平新时代中国特色社会主义思想为指导,深入贯彻党的二十大和二十届二中、三中全会精神,综合考虑我国人均预期寿命、健康水平、人口结构、国民受教育程度、劳动力供给等因素,按照小步调整、弹性实施、分类推进、统筹兼顾的原则,实施渐进式延迟法定退休年龄。为了做好这项工作,特制定本办法。

第一条 从 2025 年 1 月 1 日起,男职工和原法定退休年龄为五十五周岁的女职工,法定退休年龄每四个月延迟一个月,分别逐步延迟至六十三周岁和五十八周岁;原法定退休年龄为五十周岁的女职工,法定退休年龄每二个月延迟一个月,逐步延迟至五十五周岁。国家另有规定的,从其规定。

第二条 从2030年1月1日起,将职工按月领取基本养老金最低缴费年限由十五年逐步提高至二十年,每年提高六个月。职工达到法定退休年龄但不满最低缴费年限的,可以按照规定通过延长缴费或者一次性缴费的办法达到最低缴费年限,按月领取基本养老金。

第三条 职工达到最低缴费年限,可以自愿选择弹性提前退休,提前时间最长不超过三年,且退休年龄不得低于女职工五十周岁、五十五周岁及男职工六十周岁的原法定退休年龄。职工达到法定退休年龄,所在单位与职工协商一致的,可以弹性延迟退休,延迟时间最长不超过三年。国家另有规定的,从其规定。实施中不得违背职工意愿,违法强制或者变相强制职工选择退休年龄。

第四条 国家健全养老保险激励机制。鼓励职工长缴多得、多缴多得、晚退多得。基础养老金计发比例与个人累计缴费年限挂钩,基础养老金计发基数与个人实际缴费挂钩,个人账户养老金根据个人退休年龄、个人账户储存额等因素确定。

第五条 国家实施就业优先战略,促进高质量充分就业。完善就业公共服务体系,健全终身职业技能培训制度。支持青年人就业创业,强化大龄劳动者就业岗位开发,完善困难人员就业援助制度。加强对就业年龄歧视的防范和治理,激励用人单位吸纳更多大龄劳动者就业。

第六条 用人单位招用超过法定退休年龄的劳动者,应当保障劳动者获得劳动报酬、休息休假、劳动安全卫生、工伤保障等基本权益。国家加强灵活就业和新就业形态劳动者权益保障。国家完善带薪年休假制度。

第七条 对领取失业保险金且距法定退休年龄不足一年的人员,领取失业保险金年限延长至法定退休年龄,在实施渐进式延迟法定退休年龄期间,由失业保险基金按照规定为其缴纳养老保险费。

第八条 国家规范完善特殊工种等提前退休政策。从事井下、高空、高温、特别繁重体力劳动等国家规定的特殊工种,以及在高海拔地区工作的职工,符合条件的可以申请提前退休。

第九条 国家建立居家社区机构相协调、医养康养相结合的养老服务体系,大力发展普惠托育服务体系。

第三节 养老供给分析

养老金的供给主要有三个方面,分别是国家层面的社会基本养老保险、企业层面的企业年金或职业年金和个人层面的养老准备。

一、第一支柱:社会基本养老保险

(一) 社会基本养老保险

社会基本养老保险的目的是保障人们老年的基本生活,是社会保障制度的重要组成部分。

社会基本养老保险的资金构成由个人缴费和企业缴费共同组成。缴费比例中个人部分都是8%，企业缴费比例为20%左右，每个省、市、自治区之间不尽相同。养老金个人账户始终属于个人，退休后个人账户余额会根据退休年龄计发月数来进行发放。而单位缴费的部分进入的是养老金统筹账户，退休后领取多少和现在单位缴纳多少并没有太大关系，而是和退休时当地社会平均工资紧密相关。养老保险的缴费基数主要与本人的工资基数相关。大部分人的缴费基数是自己上年度月平均工资。如果实际收入额过高或过低，那么这个基数需要调整。当上年度月均收入大于当地社平工资的3倍的时候，就以当地社平工资的3倍作为个人缴费基数，这是最高缴费基数。如果上年度月均收入低于当地社平工资的60%，那么就以当地社平工资的60%作为个人缴费基数，这是最低缴费基数。每年社保局都会在当地社保局网站，在固定的时间（3月或者7月，各地时间略有差异）核定社保基数，并发布最新的最低基数和最高基数。

【例10-2】 小美的养老保险缴费情况。

小美毕业后去北京工作。如果小美上年度月平均工资5万元、1万元或者4000，这三种不同收入情况下，养老保险的个人部分和单位部分分别缴纳多少？

要解决这个问题，我们需要知道三个数据，分别是北京市养老保险个人缴费比例、单位缴费比例和当地上年度社会平均工资。通过查询，我们了解到北京市养老保险个人缴费比例是8%，单位缴费比例是16%，2019年当地社会平均工资8 467元。根据前面的学习我们知道缴费基数是有上下限的，所以可以计算出北京市养老保险最高缴费基数分别是25 401元（=8 467×3）和5 080.2元（=8 467×60%）。

先来计算三种不同收入情况下小美个人缴费部分。假如小美上年度月平均工资是50 000元，显然超过了最高缴费基数，只能按照最高缴费基数来计算，所以就是2 032.08元（=25 401×8%）；假如小美的上年度月平均工资是4 000元，低于北京的养老保险最低缴费基数，那么就是406.42元（=5 080.2×8%）。如果小美上年度月平均工资是1万元，在上下限之间，就直接按小美实际上年度月平均工资1万元乘以8%等于800元。

接下来计算单位缴费部分。如果小美上年度月平均工资是50 000元，那么小美养老保险单位缴费部分按照最高缴费基数25 401元乘以单位缴费比例16%，等于4 064.16元；如果是4 000元，那么就是最低缴费基数5 080.2元乘以单位缴费比例16%，等于812.83元。如果小美上年度月平均工资是1万元，就直接按小美实际上年度月平均工资1万元乘以16%等于1 600元。

（二）社会基本养老保险制度变迁

我国社会基本养老保险制度变迁划分为五个阶段，分别是政府养老阶段、企业职工养老保险的建立、农村养老保险的建立、城镇居民养老保险的实施和机关事业单位养老保险并轨改革阶段。

1. 第一阶段

在养老保险制度建立之前，我国实行的是退休金制度。1951年，国家颁布了《劳动保险条例》，在企业内推行退休金制度。劳动保险的各项费用全部由实行劳动保险的企业行政方面或资方负担。这时候的企业具有强烈的国家所有特征，所以这一时期的养老保障制度更多体现的是国家责任。在职的,企业发工资;退休了,企业给发退休金,是退休金,不是养老金。

2. 第二个阶段

随着我国社会经济由国家控制的计划经济向市场调节转变,人们的经济生活进入高风险社会。当时,由于改革开放和国企改革等,出现了很多非国有体制人员,比如民营企业人员、外企工作人员、合资企业工作人员、下岗灵活就业人员以及个体户等。于是国家进行了养老制度的根本性改革。原有的退休制度已经不适合这些人员,他们成了"门外人"。而且这些人的队伍还在日渐扩大,将来如何养老成了国家必须考虑解决的民生问题和社会问题。第二个阶段借鉴并引用了西方退休制度的做法,根本性地改变了我国此前的退休制度。这次改革以1997年国务院颁布的《关于建立统一的企业职工基本养老保险制度的决定》(以下简称《决定》)为标志,主张养老制度按照效率优先兼顾公平的原则进行改革,突出了个人责任,加速了养老保险的市场化和社会化进程。由此我国基本养老保险制度开启。这是一次实质性的改革。

这个时期出现了第一次身份划分。也就是1997年《决定》实施前,已经退休的人员为"老人"。1997年7月1日以前参加工作,且《决定》实施后退休的人员被称为企业"中人",1997年7月1日以后参加工作和退休的职工就是企业"新人"了。

3. 第三个阶段

这个阶段把农民纳入养老保险范围。2009年,《国务院关于开展新型农村社会养老保险试点的指导意见》颁布,标志着政府首次为农村养老保险直接提供支持。新型农村社会养老保险简称"新农保",用来保障农村居民老年基本生活。新农保基金由个人缴费、集体补助、政府补贴构成。

4. 第四个阶段

将城镇中非企业从业人员也就是城镇居民纳入养老保险范围。2011年,城镇居民养老保险制度试点实施。这项制度和城镇企业职工养老保险体系、新型农村社会养老保险制度共同构成我国社会养老保险体系。城居保的资金来源主要是由个人缴费和政府补贴两部分组成。

2014年,国务院决定将新农保和城居保两项制度合并实施,在全国范围内建立统一的城乡居民基本养老保险。

5. 第五个阶段

2014年,国务院发布了《关于机关事业单位工作人员养老保险制度改革的决定》,实现了企事业单位养老金的并轨改革。当时,由于非国有体制人员和国有体制人员退休存在较大差异,机关事业单位人员退休前无须缴费,退休后养老金优厚,有失社会公平,因此国家推出了养老金并轨制改革。这次改革出现了第二次身份划分,是针对体制内人群的。将机关事业单位人员分为老人、中人、新人。2014年10月1日前参加工作,此前已经退休的公职人员为"老人"。"中人"是2014年10月1日前参加工作,此后退休的人员。2014年10月1日后参加工作,此后退休的人员为"新人"。

养老保险改革至今,形成了城镇职工基本养老保险制度和城乡居民基本养老保险制度两个制度平台。城镇职工主要包含企业人员和机关事业单位工作人员;城乡居民包含的是农村居民和城镇居民。我国社会基本养老保险机制实现了城镇职工和城乡居民的全覆盖。

(三) 社会基本养老保险的领取条件及计发政策

1. 社会基本养老保险的领取条件

养老保险领取的条件:第一是达到法定退休年龄,第二是累计缴费满15年。这里给大家分析得更加细致些。

(1) 退休年龄。

目前我国法定退休年龄是男性满60周岁,女干部55周岁,女工人50周岁。依据是1978年印发的《国务院关于安置老弱病残干部的暂行办法》和《国务院关于工人退休、退职的暂行办法》的文件规定。但是法定退休年龄不是一成不变的。2015年10月14日,人社部部长尹蔚民介绍了"十二五"以来就业和社会保障工作成就,称我国是目前世界上退休年龄最小的国家,平均退休年龄不到55岁。经中央批准后,人社部将向社会公开延迟退休改革方案,通过小步慢走,每年推迟几个月,逐步推迟到合理的退休年龄。

(2) 缴费年限。

缴费年限包括视同缴费年限和实际参保年限。这里的缴满是累计缴满15年,可以是连续15年也可以是累计15年。如果缴费不满15年,也不补缴的话,将个人账户本息累计额一次性支付参保人,养老保险关系同时终止,退休后不能按月领取。缴费年限只是领取养老金的条件之一,还有另一个条件是达到法定退休年龄办理退休手续才能领取。

思考:换工作了养老保险怎么办?

生活中很多人肯定会有跳槽的经历,如果换工作,养老保险怎么办呢?换工作分两种情况,第一种是换工作不换城市,只需要把你的社保包括养老保险全部转移到新的工作单位就可以了。第二种情况是换工作并且换了城市,这个就很不一样了,个人缴纳的个人账户可以全部转走,单位为你缴纳的部分即统筹账户,根据现行规定只能按综合的12%转移。

【例10-3】 小王在深圳参加社保,因为个人原因回到老家工作,需要转移社保。显然小王就属于又换工作又换城市情况。小王的个人账户储蓄总额是10 000元,统筹账户储蓄额为20 000元,在转移时,个人账户的10 000元可以全部转移,但统筹账户中只能转移12%,也就是2 400元(=20 000×12%)。

2. 养老保险计发办法

养老保险计发中两个关键要素分别是身份认定和不同身份的计发政策。从养老保险制度变迁中了解到企业职工以及机关事业单位职工因为养老保险制度的改革而分为老人、中人和新人。其中1997年是企业身份认定时间点,2014年是机关事业单位身份认定点。

(1) 新人新办法。

新人社会基本养老金的支付由基础养老金账户和个人养老金账户两部分组成。

$$\text{基础养老金账户} = \left[\text{全省上年度所有职工的月平均工资} + \text{本人指数化月平均缴费工资}\right] \div 2 \times \text{缴费年限} \times 1\%$$

个人账户养老金 = 个人账户的余额 ÷ 计发月数

公式1中,全省上年度所有职工月平均工资可以在退休当地社保局查询,缴费年限也容易知道。需注意的是本人指数化月平均缴费工资。

$$\text{本人指数化月平均缴费工资} = \text{基本养老保险平均缴费指数} \times \text{参保人退休时上年度本市在岗职工月平均工资}$$

$$\text{参保人基本养老保险平均缴费指数} = \frac{\text{参保人退休时缴费年限的每月缴费指数之和}}{\text{缴费年限的月数}}$$

$$\text{参保人基本养老保险每月缴费指数} = \frac{\text{参保人每月缴费工资}}{\text{缴费时上年度本市在岗职工月平均工资}}$$

个人养老金账户中养老金计发月数有专门对应的表格,55岁对应的计发月数是170,60岁对应的计发月数是139。这两个是目前比较常见的。

【例10-4】 企业"新人"小王的养老金测算。

小王25岁,是养老保险身份认定中企业"新人"。小王养老保险单位缴费比例是20%,也就是单位每个月会按照小王上年度月平均工资的20%缴费进入统筹基金账户,小王自己个人每个月缴费工资的8%进入个人养老账户。这样可以推算出小王退休时个人养老金账户余额。

小王个人以本人上年度月平均工资为基数,缴费比例是8%,所以小王个人账户到退休时累计余额有168 000元[=5 000×8%×12×(60−25)]。

那么退休时小王个人账户养老金月发放标准为1 209元(=168 000÷139)。

小王退休时月基础养老金=(全省上年度所有职工的月平均工资+本人指数化月平均缴费工资)÷2×缴费年限×1%。当地平均工资是4 000元,小王上年度月平均工资5 000元,个人平均缴费指数一般预算养老金时估算为1,所以也就是1 575元(=[(4 000+5 000×1)÷2×35×1%])。

最后,小王退休每月领取2 784元(=1 209+1 575)。值得注意的是此处计算基于小王35年都不涨工资,35年社会平均工资也不涨的假设基础之上。

(2) "中人"过度法。

"中人"与"新人"最大的不同,就是除了个人账户养老金+基础养老金,多了一个过渡性养老金。前两个账户和新人计发办法是一样的。多出来的过渡性养老金=本人指数化月平均缴费工资×统账结合前的缴费年限×计发系数(1~1.4%)。这是因为中人在改革前是没有缴费的,需要特殊处理。事业单位的"中人"要注意的是,目前事业单位"中人"采用十年补贴过渡法。但是,在2024年9月30日后办理退休的"中人"就不再享过渡期待遇了,而是直接执行与"新人"相同的养老金计发办法。

【例 10-5】 企业"中人"李阿姨的养老金测算。

李阿姨 1973 年 7 月参加工作,1981 年 7 月参加社保,2007 年 7 月满 55 周岁退休。从未中断缴费,缴费年限共计 26 年。李阿姨是企业职工养老保险的"中人"身份。李阿姨视同缴费年限 8 年。平均缴费指数为 1.38,个人账户储存额为 57 698 元,计发系数为 1.3%,2006 年当地在岗职工平均工资为 2 289 元。

中人退休养老金等于个人账户养老金、基础养老金和过渡性养老金三部分之和。

① 个人账户养老金＝个人账户的余额÷计发月数。

② 月基础养老金＝(全省上年度所有职工的月平均工资＋本人指数化月平均缴费工资)÷2×缴费年限×1%。

③ 过渡性养老金＝本人指数化月平均缴费工资×统账结合前的缴费年限×计发系数

李阿姨个人账户养老金月领金额:个人账户余额为 57 698 元,李阿姨 55 岁退休对应的计发月数是 170,所以李阿姨个人账户养老金等于 57 698 元除以 170 等于 339.4 元。

李阿姨基础养老金账户月领金额:2006 年当地在岗职工平均工资为 2 289 元,李阿姨平均缴费指数是 1.38,缴费年限为 26 年,根据公式可以计算得到李阿姨月基础养老金为 708.22 元。

李阿姨过渡性养老金账户月领金额:李阿姨属于"中人",还有过渡性养老金这一部分,李阿姨视同缴费年限是 8 年,计发系数是 1.3%,根据公式计算得到李阿姨过渡性养老金账户有 328.52 元。

三个账户合计为 1 376.14 元。李阿姨退休每个月 1 000 多块的退休养老金就是这么算出来的。

(3) "老人"老办法。

不管企业还是机关事业单位的"老人"都是在改革之前已经退休的人员。他们无须缴纳社会保险费用,按国家原有规定发给基本养老金,并随以后基本养老金调整而增加养老保险待遇。从年份上来看,目前企业退休的老人现在已经在 82 岁以上,机关事业单位的老人退休现在在 65 岁以上了。一般根据原工龄与退休金的计发比例,35 年以上 90%、30 年以上至不满 35 年 85%、20～30 年的 80%、10～20 年 70%的比例计发退休金。

二、第二支柱:企业年金或职业年金

(一) 企业年金起源与发展

世界上多数实行市场经济的国家都推行了企业补充养老保险。1875 年,在美国快递公司诞生了世界历史上第一个企业年金。401(K)作为美国最庞大的企业年金计划,其运作的巨大成功使其成为许多国家的借鉴对象。美国的基本养老金相当于退休前平均工资的 40%,补充养老金约为 30%,大约有 70%的企业建立了企业年金。日本年金制度是日本长期发展并在第二次世界大战之后逐渐确立起来的养老制度。与国民年金一起成为日本公共年金制度的两大支柱。日本参加了厚生年金的民营企业 60%实行了补充养老保险制度。

根据 2016 年 12 月 20 日人力资源和社会保障部第 114 次部务会审议通过,财政部审议通过的《企业年金办法》中对企业年金的定义是这样的,企业年金是指企业及其职工在依法参加基本养老保险的基础上,自主建立的补充养老保险制度。目的是提高职工退休后生活水平,对国家基本养老保险进行重要补充的一种养老保险形式。

我国的企业年金制度比较年轻,发展大概是这样的。我国企业年金制度始于 20 世纪 90 年代末,经过 20 年的发展,已经成为我国基本养老保险的重要补充了。人社部 2004 年颁布了《企业年金试行办法》,2018 年完善并正式颁布了《企业年金办法》。企业年金制度不断完善。由于企业自身认知程度不够以及相关配套政策不全等,我国真正实行企业年金的数量还比较少,目前主要是以大型国企为主。所以大家要注意的是,不是所有的企业都建立企业年金制度的。

(二) 企业年金的资金来源

根据《企业年金办法》第三章第十四条,企业年金基金由下列各项组成:一企业缴费;二职工个人缴费;三企业年金基金投资运营收益。企业年金实行信托制,由具有资质的基金管理机构投资运营。企业缴费部分每年不超过本企业职工工资总额的 8%,个人缴费不超过本企业职工工资总额的 4%。具体所需费用及方案,由企业和职工协商确定,应当经过职工代表大会讨论通过。

1. 企业年金的账户

企业年金分设职工个人账户和企业账户,职工企业年金个人账户中个人缴费及其投资收益自始归属于职工个人。企业缴费及其投资收益,企业可以与职工一方约定其自始归属于职工个人,也可以约定随着职工在本企业工作年限的增加逐步归属于职工个人,完全归属于职工个人的期限最长不超过 8 年。

2. 企业年金的领取

企业年金需要职工达到法定退休年龄,并且经批准退休后才可以领取。可以从本人企业年金个人账户中按月、分次或者一次性领取企业年金,也可以将本人企业年金个人账户资金全部或者部分购买商业养老保险产品。另外,出国(境)定居人员的企业年金个人账户资金,可以一次性支付给本人。没有达到退休年龄的职工或退休人员死亡,其个人账户余额由其指定受益人或法定继承人一次性领取。

3. 企业年金基金投资范围

企业年金基金投资范围主要包括银行存款、国债、中央银行票据、债券回购、万能保险产品、投资连结保险产品、证券投资基金、股票等金融产品。《企业年金基金管理办法》第 48 条:企业年金投资股票等高风险产品的比例,不得高于 30%。企业年金追求的是长期稳健的投资回报,收益不会太高,当然风险也不高。

4. 企业年金的转移

企业职工发生工作变动时,如果新单位建立企业年金则原单位和新单位企业年金费用可合并计入个人企业年金账户,如果新单位没有建立企业年金的,则个人账户暂由原经办机构代为管理。另外,企业年金执行个人所得税递延纳税优惠政策,也就是领取时再缴税。

单位破产倒闭了,企业年金怎么办呢?假如单位暂时亏损,企业年金是可以暂停缴纳的。以后公司重新盈利了,可以继续缴纳,甚至把之前没交的部分进行补缴。万一公司破产倒闭了,之前公司和自己交的钱都会给到我们,不过这笔钱还是要等到退休才能拿来使用。

(三) 职业年金

机关事业单位提供为其职员提供的职业年金。学习过我国养老保险制度变迁,我们知道 2014 年我国机关事业单位实行了并轨改革,机关事业单位员工开始缴纳养老保险,同时建立职业年金制度。职业年金制度就是指机关事业单位及其工作人员在参加机关事业单位基本养老保险的基础上,建立的补充养老保险制度。

1. 职业年金的含义

职业年金虽然是机关事业单位工作人员的补充养老保险,但它不是社会保险,也不是商业保险,而是一项单位福利制度,具有强制性。

2. 职业年金的资金来源

职业年金也是个人和单位共同缴费。目前机关事业单位职业年金的缴费比例分别是单位为员工缴纳 8%,个人缴费缴纳 4%,未来根据经济社会发展状况,国家适时调整单位和个人职业年金缴费的比例。

缴费基数部分,公务员及参公人员的缴费基数是上年工资和津贴补贴,事业单位人员缴费基数再增加一个绩效工资部分。

3. 职业年金账户

职业年金账户部分,个人缴费实行实账积累,缴纳的年金全部进入个人账户。财政全额供款的单位缴费采用记账办法计入职业年金个人账户,每年按国家统一公布的记账利率计息。财政非全额供款的单位缴费采用实账积累形成的职业年金基金,实行市场化投资运营,按实际投资收益计息。

4. 职业年金的领取

职业年金的领取有两个选择。职业年金可以一次性用于购买商业养老保险产品,然后按保险约定按月领取待遇,也可以退休后选择按退休时对应的计发月数计发,发完为止。但是,这两个必须选择其中一种方式且不得更改。出国(境)定居,可一次性支付给本人。在职期间死亡的,其职业年金个人账户余额可以继承。

【例 10-6】 公务员职业年金测算案例。

假设一名基层公务员,月薪 6 000 元,个人缴纳职业年金 240 元(=6 000×4%)/月,单位实际缴纳职业年金 480 元(=6 000×8%)/月。等到 60 岁退休的时候,计发月份:139 月,职业年金滚存总额 30 万元。除退休金外,可再领取 2 158.27 元(=300 000/139)/月,领 139 个月。

(四) 企业年金和职业年金的区别

企业年金是指企业及其职工在依法参加基本养老保险的基础上,自主建立的补充养老保险制度。职业年金是机关事业单位及其工作人员在参加机关事业单位基本养老保险的基础上建立的补充养老保险制度,是一项单位福利制度,具有强制性。企业年金、职业年金是人们除了社会基本养老保险基本保障外的有效养老补充,能够提高人们未来退休生活水平。

企业年金和职业年金有三点不同:

第一缴费对象不同。机关事业单位缴纳的是职业年金,企业单位缴纳的是企业年金。

第二参保性质不同。职业年金是强制性的,企业年金则是企业自愿的。

第三缴费标准不同。职业年金,单位和员工个人的缴费比例是固定的,单位8%,个人4%;而企业年金并不固定,文件只规定了缴费比例的上限,单位不超过8%,单位和个人的合起来不超过12%。

三、第三支柱:个人养老金

(一) 个人养老金制度建立

党的二十大报告提出,发展多层次、多支柱养老保险体系。个人养老金制度,作为中国养老保险体系"第三支柱"的重要制度设计,于2022年11月25日正式实施。个人养老金制度的实施,是适应我国社会主要矛盾变化,满足人民群众多层次多样化养老保障需求的必然要求,有利于在基本养老保险和企业年金、职业年金基础上,再增加一份积累,退休后能够再多一份收入,让老年生活更有保障、更有质量。

个人养老金是指政府政策支持、个人自愿参加、市场化运营、实现养老保险补充功能的制度。个人养老金实行个人账户制,缴费完全由参加人个人承担,自主选择购买符合规定的储蓄存款、理财产品、商业养老保险、公募基金等金融产品,实行完全积累,待遇水平取决于领取时个人养老金资金账户的积累额,体现个人的养老责任。

政策支持主要体现为税收优惠政策。在缴费环节,个人向个人养老金资金账户的缴费,按照12 000元/年的限额标准,在综合所得或经营所得中据实扣除;在投资环节,计入个人养老金资金账户的投资收益暂不征收个人所得税;在领取环节,个人领取的个人养老金,不并入综合所得,单独按照3%的税率计算缴纳个人所得税,其缴纳的税款记入"工资、薪金所得"项目。

(二) 个人养老金缴费与领取

个人养老金的参加人应当是在中国境内参加城镇职工基本养老保险或者城乡居民基本养老保险的劳动者。个人可以办理具有个人养老金缴费、交易资金划转、收益归集、支付和缴纳个人所得税、信息查询等功能的个人养老金资金账户。通过国家社会保险公共服务平台、全国人力资源和社会保障政务服务平台、电子社保卡等全国统一线上服务入口或者商业银行渠道,在信息平台开立个人养老金账户。之后,选择一家符合规定的商业银行开立或者指定本人唯一的个人养老金资金账户。资金账户具有唯一性,参加人只能选择一家符合条件的商业银行确定一个资金账户,商业银行只能为同一参加人开立一个资金账户。个人养老金资金账户内资金用于购买符合规定的银行理财、储蓄存款、商业养老保险、公募基金等金融产品,由参加人自主选择。个人养老金产品由金融监管部门确定,并在信息平台和金融行业平台公布。个人养老金资金账户内资金应购买信息平台和金融行业平台共同公布的产品。

在领取方面,参加人达到领取基本养老金年龄,或者完全丧失劳动能力、出国(境)定居,以及符合国家规定的其他情形,可以领取个人养老金。领取时,可以按月、分次或者一次性领取个人养老金,并归集至本人社会保障卡。参加人死亡后,其个人养老金资金账户中的资产可以继承。

拓展阅读

我国个人养老金发展历程

一、提出制度

1991年,中国发布《国务院关于企业职工养老保险制度改革的决定》提出,"逐步建立起基本养老保险与企业补充养老保险和职工个人储蓄性养老保险相结合的制度"。

二、试点个人税延型养老保险

2018年4月,为贯彻落实党的十九大精神,推进多层次养老保险体系建设,对养老保险第三支柱进行有益探索。中国财政部等五部委联合发布《关于开展个人税收递延型商业养老保险试点的通知》,自2018年5月1日起,在上海市、福建省(含厦门市)和苏州工业园区实施个人税收递延型商业养老保险试点工作。

2018年5月16日,为促进个人税收递延型商业养老保险健康发展,保护各方当事人的合法权益,中国银行保险监督管理委员会印发《个人税收递延型商业养老保险业务管理暂行办法》。

2019年1月12日,中国社会保险学会发布年度重点课题《建立中国特色第三支柱个人养老金制度》。课题组建议,为保证2019年5月第三支柱按时顺利出台,中央应高度重视制度顶层设计。

三、构建部署

2020年1月,银保监会、财政部、人社部等多部门对构建多层次养老保险体系,推动养老保险第三支柱发展做出部署。

2021年2月26日,国务院新闻办举行就业和社会保障情况新闻发布会。人社部副部长游钧表示,经过充分的研究论证,借鉴国际上的经验,总结国内一些试点经验,已经形成了初步思路。总的考虑是,建立以账户制为基础、个人自愿参加、国家财政从税收上给予支持,资金形成市场化投资运营的个人养老金制度,正在紧锣密鼓地推出。

2022年4月21日,国务院办公厅发布《关于推动个人养老金发展的意见》简称《意见》。《意见》明确,参加人每年缴纳个人养老金的上限为12 000元。

十四届全国人大二次会议政府工作报告说,城乡居民基础养老金月最低标准提高20元,继续提高退休人员基本养老金,完善养老保险全国统筹。在全国实施个人养老金制度,积极发展第三支柱养老保险。

四、个人养老金先行城市

2022年7月,四川省人力资源社会保障厅会同财政厅、国家税务总局四川省税务局,面向全省21个市(州)开展了四川省个人养老金先行城市申报工作。通过各城市自愿申报、申报城市陈述、组织专家评审,并经省政府同意,确定成都为四川省个人养老金先行城市。

2022年7月22日,人力资源和社会保障部相关负责人在人社部新闻发布会上表示,人社部将继续完善企业职工基本养老保险全国统筹配套政策,制定2022年调剂资金调拨方案并做好资金调拨工作,进一步统一规范各省养老保险政策。会同相关部门制定配套政策,确定个人养老金制度试行城市。

五、税收优惠

2022年9月26日,国务院总理李克强主持召开国务院常务会议,会议决定,对政策支持、商业化运营的个人养老金实行个人所得税优惠:对缴费者按每年12 000元的限额予以税前扣除,投资收益暂不征税,领取收入的实际税负由7.5%降为3%。政策实施追溯到2022年1月1日。

六、启动实施

2022年11月17日,《人力资源社会保障部办公厅、财政部办公厅、国家税务总局办公厅关于公布个人养老金先行城市(地区)的通知》发布。个人养老金制度在北京市、天津市等36个先行城市或地区实施。在先行城市(地区)所在地参加职工基本养老保险或城乡居民基本养老保险的劳动者,可参加个人养老金。可通过国家社会保险公共服务平台、全国人社政务服务平台、电子社保卡"掌上12333"App等全国统一线上服务入口或商业银行等渠道建立个人养老金账户。

2022年11月25日,人力资源和社会保障部宣布,个人养老金制度启动实施。中国邮政储蓄银行作为首批银行在全国36个个人养老金制度先行城市或地区,正式上线个人养老金资金账户和基金交易业务。

2023年9月5日消息,国家金融监督管理总局发布了关于个人税收递延型商业养老保险试点与个人养老金衔接有关事项的通知。

2023年12月,民政部、全国老龄办发布《2022年度国家老龄事业发展公报》。公报显示,截至2022年年末,全国参加基本养老保险人数105 307万人,比上年末增加2 436万人。全国共有各类养老机构和设施38.7万个,养老床位合计829.4万张。个人养老金参加人数1 954万人。

2024年1月24日,从人力资源和社会保障部举行的新闻发布会上获悉,在36个城市及地区先行实施的个人养老金制度,目前运行平稳,先行工作取得积极成效。下一步将推进个人养老金制度全面实施。

第四节 养老金缺口弥补计划

一、养老金缺口弥补方案

(一) 养老金弥补的方法

养老金弥补方法主要有薪酬比例法、固定供款法、储蓄法和趸缴法。

1. 薪酬比例法

薪酬比例法是按薪酬的一定比例向养老金基金供款,这符合理财的先储蓄或消费的原则,也能和薪酬水平进行匹配。假设薪酬目前每月5 000元,按照薪酬的10%进行定期投入,那么每个月则向养老金基金投入500元。随着收入的提高,每月的金额也会提高,一方面能强制储蓄为养老准备,另一方面也在经济承受范围之内。

2. 固定供款法

固定供款法是在一定期限内按一个固定的数额供款。假设小王今年35岁,打算未来5年内做好自己的养老规划,那么在这5年内,他每年固定投入2万元去购买商业年金养老保险,等到60岁退休时每年领取1万元商业养老金直到去世,来保障退休后的生活。

3. 储蓄法

储蓄法是依据目前的资产或薪酬进行灵活供款,优点在于能够按照自己的意愿来供款,缺点在于没有强制性,养老金供给水平存在风险。这种方法需要极强的自律和执行力,否则很容易因为突发情况而中断养老金筹备计划。

4. 趸缴法

趸缴法是一次性大额供款。这种方法的优点是能规避逐期供款过程中面临的断供风险,缺点是一次性供款金额过高,供款压力大。

这四种方法可以根据自身当下不同情况和所处生命周期阶段进行选择,同时随着年龄收入和家庭所处生命周期的变化而进行灵活调整。

【例10-7】 姜先生养老缺口弥补方案。

前述案例中姜先生对自己的养老金需求和供给做了测算,发现自己养老金存在缺口,向理财规划师王经理请教如何弥补。

根据世界银行提出的多层次养老保障体系,社会福利与救济是零支柱,国家基本养老金是养老第一支柱,企业年金是养老第二支柱,第三支柱是个人养老储备,家庭的代际经济支援是非正规的保障形式。因此,一名理财规划师通常建议客户首先能参与国家社会基本养老保险,作为未来养老的最低生活保障。其次建议客户在有条件的情况下参与企业年金或职业年金,作为养老资金的补充。如果没有企业年金或职业年金,客户根据自身偏好选择购买一定额度的商业性养老保险来保障未来的养老生活品质,同时客户也可以依据风险属性、投资期限建立有效投资组合或者直接参与养老目标基金来满足自己高品质的养老生活。

姜先生由于个人自身问题没有参加国家基本养老保险,也没有职业年金或企业年金,从养老金筹集工具的角度来说,姜先生可选的是商业性养老保险、养老目标基金、养老储蓄、为养老建立专门投资账户或者购买房产等。

王经理姜先生一直都在做投资,具备一定投资能力和风险承受能力,倾向于养老目标基金或者构建专门的养老投资组合。在倾听姜先生个人意愿的基础上,王经理在给姜先生讲解养老金筹集具体方法时,姜先生个人偏好是趸缴法或者固定供款法,想了解两种方法各自所需的金额再决定。

假设姜先生建立的养老投资组合年投资收益率为6%,采用趸缴法,钱先生现在需要一次性投入38.36万元;如果采用按年定期固定投入的话,每年需要投入3万元左右。

假设姜先生建立的养老投资组合年投资收益率为10%,采用趸缴法,钱先生需要一次性投入17.6万元;如果按年定投需要每年定投1.8万元。可以看到,采用趸缴法,不管在什么样的收益率情况下,资金压力相对都比较大。通常,适合大部分的人的筹集方式是定期投入。

姜先生最终考虑采用定期投入的方式即固定供款法来弥补养老金缺口。从上面的方案中,我们可以看到都是采用定投的方式,收益率6%和10%的情况下,每年定投的金额相差近一半,所以选择构建一个合适的养老投资组合非常重要。

姜先生因其具备一定的投资经验和风险承受能力,所以他选择的是基金定投的方式筹集养老金。在生活中,比较适合大多数人养老的基础养老工具是国家基本养老保险、商业性养老保险和养老目标基金,也是理财规划师对大众的规划建议。当然,理财规划师需要根据客户的具体情况来选择养老金筹集工具和方法。

(二) 养老资金缺口弥补的工具

养老金缺口的出现是养老金供需不平衡导致的,可以分别从需求端和供给端采取措施,要么减少需求,要么增加供给。通常,人们都会把优先考虑增加养老金供给,作为积极的规划措施。在这样的情况下,仍然无法达成目标,再考虑削减退休需求。所以,人们主要把增加养老金供给作为养老金缺口弥补的积极措施。

1. 养老资金缺口弥补的工具

养老金供给来源主要有四个部分,分别是国家参与的社会基本养老保险、企业参与的企业年金或机关事业单位的职业年金、个人养老准备以及子女赡养等。能作为养老金缺口弥补的具体工具有社会养老保险、企业年金/职业年金、商业养老保险、养老目标基金、为养老做的储蓄和投资以及房产等其他资产性收入。

2. 养老金资产特性

能作为养老金资产需要具备以下特性:
第一,养老金资产需要具有稳定的资金来源,在稳健的基础上追求收益性;
第二,以生存为支付条件,待遇支付与生命等长;
第三,以年金方式支付并随物价指数的变化而调整;
第四,领取上掌握主动权,保证老年生活的尊严。

其中，国家社会基本养老保险中个人账户和统筹账户的资金均由专门机构进行投资增值，个人缴费满15年且达到法定退休年龄后可以按月领取养老金，直到去世，且养老金的金额会随着社会平均工资增长而增加，属于个人法定权益，以上均满足养老金资产所需的属性，所以参加国家社会基本养老保险是每个人养老规划的最基础最重要的工具，是未来养老生活的最基本保障。企业年金或者职业年金是部分企业或者机关事业单位与其员工共同出资缴纳的补充养老金部分，也都满足养老金资产属性，企业年金或职业年金能为未来养老补充资金，实现更高养老生活水平。

3. 常见的个人养老金准备工具

现有养老理财工具中符合养老资产特性，同时能作为个人进行养老储备的有商业性养老保险和养老目标基金。

（1）商业性养老保险。

商业性养老保险，是弥补养老金缺口的工具之一。商业性养老保险以人的生命或身体为保险对象，在被保险人年老退休或保期届满时，由保险公司按合同规定支付养老金，是社会养老保险的补充。

商业性养老保险是个人缴费增加养老保障的个人行为，这种保险是年金保险的一种特殊形式。所谓年金保险就是投保人缴纳保险费的时间间隔相等、保险费的金额相等、整个缴费期间利率不变且计息频率与付款频率相等。通常，年金险可以用来作为教育规划和养老规划的工具。

商业性养老保险和国家社会基本养老保险的区别如下：

① 责任主体不同。社会保险由政府发起，责任主体是政府，是国家强制性的社会保障，是一种社会政策，国家通过法律手段来强制推行。商业保险是投保人自愿选择投保险种，保险公司无权强制人们投保，责任主体是个人。

② 缴费主体不同。社会保险费或税的征收、给付待遇的规定都是强制性的，由企业和个人共同缴费。商业保险是建立在双方平等互利、自愿签约的基础之上，投保人可根据自身面临的风险自愿选择投保险种，协议保险金额，决定保障的标准和档次，个人缴费。

③ 保障程度不同。社会保险的对象是社会劳动者，目的在于保障他们老弱病残和失业时的基本生活，也就是能满足最低生活保障。商业保险是以获得一定的经济补偿为目的。它可以使人们在退休时，能够获得和以前一样的生活品质。

【例10-8】 养老补充案例。

钱先生每年缴1万元，缴纳保费的时间间隔相等金额相等，到60岁每年领取11 258.7元养老金，是典型的商业养老年金险。如果是终身领取的年金险，能够有效对冲长寿风险。活多久领多久，定时、定量以及收益确定，即使被保险人十分长寿，后期的生活也有一定的保障，和退休养老需求非常匹配。这是商业养老年金险最大的优势。2021年市面上各保险公司提供的最高年金险产品预计利率在4.025%。随后一直下降，根据监管要求，截至2024年7月，预定利率已经下调至3%以下。由于回报固定，这样在出现零利率或者负利率的情况下，也不会影响已经购买的商业养老年金险的回报利率。

不过，商业养老年金险也存在劣势。它的缺点就是很难抵御通胀的影响，因为购买的产品是固定利率的。保险行业的严监管决定了国内保险资金只能投资于低风险的债券、股票、房产等，整体收益率不可能很高。如果通胀率比较高，从长期来看，就存在贬值的风险。

保险姓保，起到的是保障的作用，如果追求高收益需要选择其他品种。如果你想的是不求收益多高，只要保住本金，能稳健地保值增值，那商业养老保险就是个不错的选择。适合的人群主要是比较保守，年龄偏大的人。

（2）养老目标基金。

2018年8月正式推出养老目标基金，属于新兴养老投资品种，它和国家社会保险养老金不同，也不是商业养老保险产品，同时也不同于一般的基金产品。它是一种创新型的公募基金。根据《养老目标证券投资基金指引（试行）》第二条规定，养老目标基金是指以追求养老资产的长期稳健增值为目的，鼓励投资人长期持有，采用成熟的资产配置策略，合理控制投资组合波动风险的公开募集证券投资基金。

养老目标基金的四个特点：公募FOF形式、定期开放式产品鼓励长期持有、成熟的资产配置策略以及追求养老资产长期稳健增值。第一养老目标基金目前主要采用基金中基金（FOF）形式，不直接投资股票或债券，而是在现有基金产品中精选优质基金，能大大降低投资风险和投资成本。第二养老目标基金采用定期开放式的形式。设置封闭期或最短持有期限通常1~3年，主要是为了避免短期频繁申购赎回对基金投资策略及业绩产生影响。第三所谓成熟资产配置策略，主要有两种，分别是养老目标日期策略和养老目标风险策略两种，对应两种养老目标基金分别是养老目标日期基金和养老目标风险基金。

养老目标基金主要分为养老目标日期基金和养老目标风险基金两大类（见表10-1），目标日期基金是一个生命周期解决方案，而目标风险基金是一个配置工具型品种。目标日期型基金（TDFs）也称为生命周期基金，这类基金一般名称里带一个退休年份，投资者根据退休年份买入即可，买入后持有到期。它的优点适合投资小白，或者无暇顾及账户资产管理的人群，缺点是风险组合比例调整过于机械。目标风险型基金（TRFs）又称为生活方式基金，相较于目标日期，它考虑到了投资者受教育程度和工资收入不同，风险承受能力也有所不同，这类基金根据不同风格类型保持股债比例基本恒定，投资者可以结合自身情况选择更透明、更灵活的目标风险基金。通常根据风险等级不同，主要分为激进型、平衡型、稳健型、保守型等。

养老目标日期基金，是从时间维度进行的分类。以投资者退休日期为目标，根据不同生命阶段风险承受能力通过下滑曲线进行投资配置的基金。它假定投资者随着年龄增长，风险承受能力逐渐下降，因此会随着所设定目标日期的临近，逐步降低权益类资产（股票、股票基金、混合型基金等）的配置比例，增加非权益类资产的配置比例，符合养老投资随年龄增长风险降低的要求；倡导长期投资理念，重视投资权益资产，间接分享经济发展红利。养老目标风险基金是从风险的维度进行的分类，其中"目标风险"是根据不同的风险偏好为不同阶段的人提供选择，如成长型、稳健型和保守型等类别。根据特定的风险偏好来设定权益类资产、非权益类资产的配置比例的基金。目标风险基金的主要目的是向大众提供具有不同层次风险目标的投资方案。

表 10-1 养老目标日期基金和养老目标风险基金

	养老目标日期基金	养老目标风险基金
定位	预先设定目标日期的生命周期解决方案	预先设定风险承受水平的配置工具型产品
产品设计	基于年龄周期设计,目的是满足投资者生命周期需求	基于投资者当前生活状态设计,目的是满足投资者风险承受水平
配置策略	随着投资者生命周期的延续和目标日期的临近,基金的投资风格逐渐转向保守,权益类资产比例逐步下降	锚定风险,限定波动率,在养老投资这种大时间跨度的投资过程中为投资者提供适合自身风险收益特征的解决方案
业绩基准	简单跟踪指数/指标或主动定制指数	简单跟踪指数/指标或主动定制指数
细分类型	阶梯型和曲线型	激进型、稳健型和保守型等
识别标志	名称中常包含"20××年"	名称中常包含"积极、平衡、稳健"等关键词

【例 10-9】 养老目标基金案例。

首批 14 只养老目标基金的一款,华夏养老目标日期 2040 三年持有。这个基金的目标日期是 2040 年,即适合 2040 年退休的人群,三年持有的意思是购买后必须持有三年,三年后可以随时赎回,而不是只能到 2040 年。首批 14 只养老目标基金的中银安康稳健养老目标一年定期开放就是养老目标风险基金产品。目标风险是稳健,适合风险偏好稳健的人群,锁定期为一年。

养老目标日期基金和养老目标风险基金的区别主要有:第一,从投资基准来看,养老目标基金的基准是退休时点,养老目标风险基金则是风险承受能力和偏好。第二,从风险管理角度,目标日期基金是以基金管理来控制风险水平,目标风险基金则是投资者自身来进行控制。第三,资产配置方面,目标日期基金是管理者根据退休时间调整日益稳健,目标风险基金则是管理者平衡资产组合维持初始风险特征,最后适应性方面。目标日期基金适合懒人投资,目标风险基金需要投资者主动决策。

养老目标基金的风险收益分析。从风险角度来看,养老目标基金是多种基金组合在一起,风险较小,同时还可以根据退休时间进行动态调整,在权益类和固定收益类组合中进行权衡,比较稳健。收益方面,养老目标基金可以设置优惠的费率,并通过差异化费率安排,鼓励投资者长期持有,费用较低。同时国家政策方面,有投资免税或税收递延等支持政策。

养老目标基金选择的标准通常有:

第一,选择养老目标日期基金还是养老目标风险基金。首先,投资者根据自身情况选择日期基金或目标风险基金,投资小白或者比较忙碌无暇顾及账户的人群可以直接按照退休年龄来进行选择。由于现阶段产品大部分 5 年一设置,如果没有精确匹配的退休年龄基金,可以就近选择。如果投资者清晰自己的养老需求且具有一定投资能力,对自身投资风险偏好和承受能力都非常清晰,可以选择养老目标风险基金。

第二,选择哪一家基金公司发行的。不同目标日期基金或目标风险基金下还有很多基金公司,通常从以下三个方面来进行判断:管理的基金公司能否借鉴国外养老目标基金投资经验;是否具有全球视野的资产配置,能够调低波动率;养老投资团队是否具有丰富经验。

拓展阅读

养老目标基金的发展

伴随着国内人口的老龄化日益加剧,我国现行养老金体系面临越来越多的挑战,退休人员数量增加使基本养老金面临严重的支付压力,同时劳动人口相比退休人员数量的下降也造成养老金替代率不断下降,亟须第三支柱的补充助力,而养老目标基金就是其中之一。

2018年3月3日,证监会发布《养老目标证券投资基金指引(试行)》,正式拉开公募基金助力养老金第三支柱建设帷幕。《指引》提出:推出"养老目标基金"有利于发挥公募基金专业理财在居民养老投资中的作用;形成专门养老投资的基金产品类别,便于投资者识别选择投资;有利于养老目标基金长期持续健康发展。作为养老第三支柱的重要补充,公募养老产品目前以养老目标FOF产品为主。根据Wind数据,截至2022年9月30日,目前我国公开募集的养老目标基金有195只,其中7只属于股票型或者混合型基金,另外188只属于FOF基金。截至2022年第三季度,基金规模达到1 181.15亿元。养老目标基金在2014—2016年发展较为缓慢,2018年证监会《养老目标证券投资基金指引(试行)》出台,推动我国养老目标基金迅速发展,2018年新增12只,2019年新增51只,2020年新增40只,2021年新增49只,2022年前三季度新增37只。根据Wind数据,截至2022年9月30日,目前我国195只养老目标基金有51家基金管理人,从中选取13家规模较大的进行比较,基金规模最大的是交银施罗德基金,基金规模208.70亿元,其次是兴证全球基金,基金规模113.60亿元,值得关注的是交易施罗德基金中交银安享稳健养老一年这款基金规模近200亿元。

(3) 养老理财产品。

银行具有最广泛的客户资源和普惠金融服务优势,占据金融行业的核心和主体地位。调查显示,银行是广大居民获取养老投资或理财产品的最主要渠道,银行储蓄也是居民养老投资的首选方式。银行拥有数量庞大的营业网点和客户资源,几乎所有居民的日常生活都离不开银行服务,国人也有储备偏好,基于不可比拟的优势,银行通过发行养老理财产品,可满足客户追求养老资产长期稳健投资的需求。

理财产品指的是由商业银行或其他金融机构设计并发行的金融产品,将产品销售资金汇聚形成募集资金后将会按照理财产品合同约定投资于权益类资产、固定收益类资产等,获得投资收益之后按照合同约定规则分配给投资者,由相关机构收取管理费、托管费等费用。理财产品是一种收益共享、风险共担的金融产品。

养老理财产品指的是银行理财子公司发行的适用于进行养老资金规划的一类理财产品,是一种特殊的理财产品。银行养老理财产品大部分都带有"养老"或类似的字样;有的则指明是针对老年客户的产品。银行养老理财产品投资期限有长有短,主要是结合客户年龄的不同等因素而设计,有的是着眼于客户未来的养老问题,有的是帮助老年客户对闲置资金进行保值增值。养老理财产品特点主要有:非母行第三方独立托管,较好地实现风险隔离,提高安全性;产品期限呈现长期性;产品准入门槛低、理财费率低,具有普惠性;业绩比较基准较高,设置在 4.7%～8%,具有高收益率;中或中低风险等级,且设置风险保障机制,稳健性强;实行长期资产配置策略,80%左右资金配置于固定收益类资产,0～20%资金配置于权益类或金融衍生类;通过设置提前赎回机制、定投机制等提供必要的流动性。

2021年9月15日,银保监会发布《关于开展养老理财产品试点的通知》,四家理财子在四个城市试点。到2022年3月,试点范围进一步扩大,"四地四机构"扩展至"十地十机构",且已经开展试点的四家理财公司单家机构最高募集额由100亿元提高到500亿元,养老理财业务进入加速发展阶段。

(4) 养老金信托产品。

2024年,中央金融工作会议明确指出,做好科技金融、绿色金融、普惠金融、养老金融、数字金融五篇大文章。其中,养老金融首次被列入国家金融的重点工作。作为养老金融中的一个子类,养老信托主要是指信托公司开展的养老金融业务。养老金信托是指养老保险经办机构将单位和个人按照有关法律法规规定缴纳的养老保险费作为信托资产,交给金融信托机构管理和经营,职工退休后获益的一种信托形式。在我国,这种养老金管理方式虽未形成规模,但已有了探索和尝试。

养老信托产品主要包括养老金信托、保险金信托、养老财产信托、养老消费信托等。

养老金信托是指信托机构作为受托人,管理有关企业的养老金,在雇员退休后以年金形式支付的信托形式。养老金信托特点包括3个方面:一是专业性。作为财产管理的专业机构,信托公司通过养老资金的规模效应,充分发挥理财优势。二是安全性。养老基金作为信托财产,其不受信托公司与委托人财务状况变化的影响,即使任何一方破产也不会影响信托财产的顺利分配。三是收益性。信托公司秉承诚实、谨慎、有效等基本原则管理养老资金,能够确保养老资金保值与增值。1974年,美国颁布了《雇员退休收入保障法案》,其对养老金的受托方式进行了强制规定,即养老金必须以信托形式设立。截至20世纪末,在美国联邦政府与州政府两级政府养老金计划中,超过17万亿美元的养老金以信托形式成立,且私人养老金信托规模超过3万亿美元。关于美国养老金信托产品,主要包括两大类:一类信托产品的资金来源于国家控制的基本养老保险基金。为保证资金稳健保值,投资范围仅限于政府发行的特别国债。另一类信托产品资金来源于各州政府养老金和私营养老金,其投资方向相对多样,包括投资股票、投资债券等类型的产品。

所谓保险金信托,是一项结合保险与信托的金融服务产品,以保险金给付为信托财产,由保险投保人和信托机构签订保险信托合同书,当被保险人身故,发生理赔或期满保险金给付时,由保险公司将保险金交付受托人(即信托机构),受托人依信托合同约定,为受益人管理、运用信托财产,并于信托终止或到期时,交付剩余资产给信托受益人。关于保险金信托的作用,其主要包括以下3个方面:一是实现被保险人生前的理财愿望,如为下一代分配信托利益;二是通过结合人寿保险与信托,达到投保、储蓄与投资理财的多重目的;三是规避遗产税,从而实现信托财产收益最大化。2014年5月,作为首次引入国内的保险金信托产品,终身寿险兼具资产管理与事务管理等功能,立足消费终端产品层面,实现了信托服务与保险服务的创新融合。核心特色为"资产传承"。通过提供不同保险金给付方案,为拥有不同资产规模的客户创造更大的资产保值与传承空间。具体而言,通过设计起售点为 800 万元的产品,配之以专属定制服务,为客户提供全方位金融服务体验。

养老财产信托是指委托人为获得稳定利息收入,将土地、房产等资产交由信托公司,由其进行管理经营的信托产品。养老财产管理信托的发起方以委托人为主,受托人在我国一般是信托公司。受托人在向客户提供养老咨询服务的过程中,为客户设计特定的养老保障计划,并接受委托人的财产信托,履行信托财产的管理运营等受托职责。养老财产信托的财产管理模式可归为"反按揭"模式。例如,相关机构通过评估房产所有者抵押给其的房产价值,在考虑通货膨胀、人均寿命、资产所有者的健康状况等因素的基础上,由精算师计算出每月应当支付给资产所有者的金额。养老财产信托的主要特征在于,其存续期较长,直至财产所有者去世,届时相关财产所有权归属信托机构。但正如前文所言,由于该"反按揭"模式基于信托框架设计,因此兼具公平性与灵活性。

养老消费信托作为养老信托的一种典型产品,养老消费信托指信托公司通过与养老服务机构合作,实现投资者获得现金收益与养老服务权益的双重愿望。与其他类型养老信托产品相比,养老消费信托有如下特点:一是能够使消费者获得全方位消费体验,加深对信托产品多功能性的认知;二是能够为信托公司增加获客渠道与客户黏性,能够结合自身优势加强产业链布局;三是有助于提升养老产业发展及整体服务质量提升。2014 年 12 月,我国首支养老消费信托产品"养老消费信托"落地。金融机构、养老机构以及健康管理公司通过合作,努力实现为老年人提供高性价比养老消费产品,满足老年人理财、照护、保健、救援等多重需求。自信托生效之日起,一方面,老年人能够获得稳定且具有竞争力的现金收益回报,满足财富管理需求;另一方面,老年人能够获得居家养老服务、社区医养服务以及紧急救援服务等,满足养老需求。此外,消费者还可自行采购其他另付费医养服务项目,并享受超值优惠。

实训任务

案例一:社会基础层退休养老规划方案制定

(1) 客户背景资料:苏州市的洪先生今年 40 岁,为一家传统制造行业公司的技术主管,年税后收入为 10 万元,夫人李太太今年 40 岁,为一家国有企业的行政专员,年税后收入为 6 万元,随着儿子即将大学毕业,夫妻俩开始考虑自己的养老问题。家庭年生活支出现值为 10 万元。家庭资产有:自住房价值 200 万元(夫妻联名),自用车价值 6 万元,其中现金类资产 10 万元,固收类资产 40 万元,夫妻双方在 30 岁左右均购买了基础的重大疾病保险,保额分别为 20 万元(先生)、20 万元(太太)。洪先生和李太太均有社保,养老金均已经缴费满 15 年,社保替代率分别为 20%(先生)、20%(太太)。

(2) 退休管理理财目标:夫妻双方计划按法定退休年龄退休,期望退休后在家安享晚年,并尽可能解决子女婚嫁金的问题。

(3) 退休养老规划基本假设:收入增长率、通货膨胀率均为 3%,本案例暂不考虑汇率、税收、政策改革等风险因素。洪先生风险承受能力为低,风险容忍度为中低,属于保守型投资者。

作为理财规划师,请为洪先生家庭制定家庭退休养老规划解决方案。

案例二:大众家庭的退休养老规划方案制定

(1) 客户背景资料:深圳市的冯先生今年40岁,为一家高科技企业的技术部经理,年税后收入为30万元,夫人刘女士今年37岁,为一家国有企业的财务部主管,年税后收入为15万元。随着儿子即将大学毕业,夫妻二人开始考虑自己的养老问题。家庭年生活支出现值为18万元。家庭资产有:自住房价值350万元(冯先生名下),家庭投资性住房200万元(刘女士名下),目前年租金收入5万元,自用车价值15万元,其中现金类资产20万元,权益类资产30万元,夫妻双方在30岁左右均购买了基础的重大疾病保险,保额分别为40万元(先生)、30万元(太太)。冯先生和刘太太均有社保,养老金均已经缴费满15年,社保替代率分别为20%(先生)、40%(太太)。

(2) 退休管理理财目标:夫妻双方计划按法定退休年龄退休。夫妻双方由于平时工作较忙未能体验生活,期望在退休安享晚年后尽可能保证现有的生活品质不变,且能够在退休后一段时间内以四处旅游、偶尔和子女住的方式安享晚年。

(3) 退休养老规划基本假设:收入增长率、通货膨胀率均为3%,本案例暂不考虑汇率、税收、政策改革等风险因素。冯先生风险承受能力为中高,风险容忍度为中,属于稳健型投资者。

作为理财规划师,请为冯先生家庭制定家庭退休养老规划解决方案。

第十一章　财产分配与传承规划

学习目标

（一）知识目标

1. 掌握财产分配与传承规划的相关概念。
2. 学习了解财产分配规划的相关内容。
3. 学习了解财产传承规划的相关内容。

（二）能力目标

1. 能制定财产分配规划方案。
2. 能制定财产传承规划方案。

（三）思政目标

1. 坚持社会主义核心价值观。
2. 建立社会主义法治思维。
3. 树立正确的世界观、人生观、价值观。

案例导入

一位企业家的传承规划

党的二十大以后，我们国家社会发展日新月异，全面进入小康社会，人民生活水平不断提高，对财产分配和传承规划的需求日益旺盛。社会上关于此类案例层出不穷，也可以给我们很好的借鉴，同时伴随 2020 年《中华人民共和国民法典》的颁布，人民对法律知识的了解更为全面。

A 董是一名医疗器械领域的企业家，直接及间接经营多家有限责任公司，且在该领域深耕二十余载，从白手起家到资产数十亿元。A 董曾有过两段婚姻，与前两任妻子分别生育了一子、一女，均已成年，现与第三任 M 国籍妻子已步入婚姻的殿堂。A 董在第二段婚姻关系出现危机期间找到律师，该律师担任其私人法律顾问，见证了 A 董第二次离婚及第三段婚姻的建立。

法律顾问帮助 A 董完成以下事件的厘清：① 厘清公司资产、夫妻财产及个人财产；② 保全公司资产、实现公司控制权；③ 提供家企资产隔离方案、完成企业家家企资产隔离；④ 提供协议离婚方案、完成协议离婚；⑤ 提供跨境婚姻咨询及登记指引、完成跨境婚姻结合；⑥ 提供婚前婚内财产方案、完成夫妻财产及夫妻财产制度规划；⑦ 提供财产传承方案、完成财产传承规划；⑧ 担任遗产管理人、保障财富有效传承。

我们先来看一下 A 董的婚姻子女情况：

A 董经历了三段婚姻，育有两个子女。A 董与第一任妻子生育了一个儿子，与第二任妻子生育了一个女儿，两个子女均已成年。现 A 董与第三任 M 国籍妻子 B 已步入婚姻的殿堂，暂未生育子女。A 董的第一段婚姻非常短暂，儿子出生之后不久婚姻便出现了裂痕并迅速解体。在第一段婚姻期间，双方都未积累任何财富，一纸协议离婚仅解除了婚姻及处理了子女抚养问题。后来，A 董又经历了他的第二段婚姻，该段婚姻维系了二十余年，完成了主要的财富积累，因与第二任妻子白手起家，因此对于家庭资产及公司资产都没有做任何规划。

A 董属于非常乐观型的企业家，热爱事业，也非常热爱生活，即便是已经历了两段失败的婚姻也依然相信爱情。在第二段婚姻关系解除之后，在疫情防控期间，他结识了现任 M 国籍妻子 B。A 董在恢复单身时，已经是身价不菲的企业家，即便是再婚也不会被爱情冲昏头脑，他认为理性地对待婚姻和金钱才是对感情和财富最大的保障。

A 董对两名成年子女未来的成长也有一定的安排，目前儿子已婚并育有子女，现在公司任职，并担任公司管理层，A 董希望儿子将来能够接手与公司相关的所有事务；女儿刚大学毕业，没有太强的事业心，属于享受生活型，A 董希望能够为女儿提供充分的物质条件，保障其一生无忧。此外，A 董的母亲已去世，父亲年迈，也需要满足其生活所需的必要照料。

我们再来看一下关于 A 董的资产情况：

① 有限责任公司。A 董名下最重要的资产便是数家医疗器械公司，医疗器械属于大健康领域，属于朝阳行业，未来也将会有不可预期的发展，这是 A 董最主要的收入来源。由于 A 董的专业深耕及敬业经营，再加上赶上时代发展的红利，A 董的商业版图越来越大。基于公司经营的需要，部分公司股权不便以 A 董名义直接持有，便通过亲朋好友的名义设立公司，自己间接持股的方式控制公司经营权。② 房产、车辆。A 董在国内外还有多处豪宅、住宅、小产权房、车辆，作为其固定资产，也是对生活的基本保障。由于房地产限购政策的出台，部分房产通过子女等他人名义持有。③ 个人名义对外投资。④ 生效债权。⑤ 名表、首饰等收藏品。⑥ 理财保险、现金类资产。

本案例的难点分析：

（1）家庭关系复杂。

A 董经历两段婚姻关系的解体，又经历跨境婚姻的结合，涉及两个同父异母的成年子女的成长及财富传承规划问题。对于已名利双丰收的 A 董而言，已有的两名成年子女再加上跨境婚姻的结合，A 董希望自己辛苦打下的江山既不受子女婚变的影响，也不受自己婚变的影响。一方面，需要从上一段婚姻中厘清个人财产获得公司控制权，保护已有个人资产与现有婚姻资产的隔离；另一方面，则是两个子女成长规划、财富传承安排及资产如何有效传承。涉及婚姻的解体与组合，涉及多子女利益问题。为此，对 Z 董婚姻家庭筹划、个人财富传承规划尤为重要。

（2）资产情况复杂。

A 董属于典型的创一代，从白手起家到如今身价数十亿元，身处朝阳行业且商业版图还在不断地扩张。从婚姻阶段分类的话，需要处理的资产包含第二段婚姻关系存续期间的夫妻共同财产、离婚后获得的个人资产、第三段婚姻关系建立后新增资产及原有资产的增值；从资产类别分类的话，需要处理的资产包含公司股权、商品房、小产权房、汽车、项目投资、生效债权、理财保险、名贵物品的收藏等；从持有状态分类的话，需要处理的资产包含直接持有资产、间接持有资产；从资产地域分类的话，需要处理的资产包含境内资产、境外资产。家庭情况复杂、资产种类繁多，为案件办理增加难度。

解决思路及过程：

结合 A 董个案的情况，经过充分的沟通、研讨，我们围绕婚姻家事与财产传承规划两个方面为 A 董提供企业家私人法律顾问服务。

首先，为 A 董筹划婚姻危机应对方案并协助其完成落地。具体为：① 厘清公司资产、夫妻财产及个人财产，为第二段婚姻解除过程中涉及的夫妻共同财产分割做准备。② 获得公司完整经营权、实现目标资产控制权，包含直接持有与间接持有资产的控制权，撇清第二任妻子与公司持股与经营等关系，为争取离婚后获得公司股权做准备。③ 提供企业家家企资产隔离方案，避免公司资产与个人资产、家庭资产混同，导致财产减损。④ 提供协议离婚方案、起草离婚协议书，协助完成第二段婚姻关系解除及夫妻共同财产分割。

其次，为 A 董筹划结婚方案并协助其完成落地。具体为：① 提供婚前婚内资产规划方案、提供夫妻财产制度规划及相关协议起草，保全婚前个人财产及婚前个人财产在婚内的增值，防止婚前婚内资产混同。② 提供跨境婚姻关系建立的咨询及登记指引。

最后，为 A 董筹划财富传承规划方案并协助其完成落地。① 灵活运用不同遗嘱类别及相关文件，妥善处理不同类别资产。② 灵活运用与遗嘱相关的配套协议，如意定监护等，保障生前无意识状态的人格权益和财产权益。③ 担任遗产管理人，保障 A 董现有及未来或有资产能够按照其真实意愿的有效传承。

完成这些工作之后，无论 A 董的婚姻状况如何，无论明天和意外谁先到来，A 董的基本权益都能按照其真实意愿得到保障。本案例的亮点在于不仅帮助客户按照其意愿实现离婚，也帮助客户按照其意愿实现结婚；不仅帮助客户完成财产传承规划，也通过担任遗产管理人的方式保障客户的财富有效传承。

（来源：刘艳华.88讲解决婚姻家庭 法律问题[M].法律出版社，2023年1月）

第一节 财产分配与传承规划概述

一、财产分配与传承规划的基本概念

财产分配是指为了将家庭财产在家庭成员之间进行合理分配而制定的财务计划。而传承规划是指当事人在其健在的时候通过选择遗产管理工具和制定遗产分配方案，将拥有或控制的各种遗产或负债进行安排，确保在自己去世或丧失行为能力时能够实现家庭财产的代际相传或安全让渡等特定目标。

财产分配和传承理财规划在个人理财规划中起着至关重要的作用。它不仅有对个人及家庭财产进行合理合法配置的作用，它还是个人及家庭规避风险的一种保障机制。当个人及家庭遭遇现实中存在的风险时，这种规划有助于隔离风险或降低风险带来的损失。

(一)财产分配与传承规划的对象

财产分配与传承规划的对象是当事人的资产和负债,甚至还包括企业经营。对当事人资产和负债进行妥善安排,对企业经营顺利让渡,可以确保财产得到顺利传承,降低财产损失风险。具体财产分配与传承规划的对象不仅包括财产权,还包括股权、管理权等。

(二)财产分配与传承规划的受益人

财产分配与传承规划都是基于特定受益人或继承人,而特定受益人大多是家庭中重要的成员。在确定受益人时,规划要考虑的不仅仅是财产的安全性,还要关注由此给当事人家族成员未来生活带来的影响。因此,财产分配与传承规划是否顺利关系到家族未来生活是否和谐、幸福。这一特点决定了财产分配与传承规划不可避免地涉及大量的民事法律关系的协调和处理。

(三)财产分配与传承规划的风险

1. 家庭经营风险

对于其成员共同从事商业经营的家庭而言,经营收益是该家庭的主要收入来源,维持着整个家庭的正常生活,一旦该经营实体受到商业风险的冲击,整个家庭的经济状况就有可能下降,甚至威胁到家庭成员的正常生活、教育、工作等。

2. 夫妻中一方或双方丧失劳动能力或经济能力的风险

夫妻是家庭组织的核心,如果其中一方或者双方都丧失了劳动力,如工伤、意外事故造成身体残疾,或者丧失了经济能力,如对外欠债导致被追索等情形,都会导致家庭经济支付能力的下降,影响家庭的正常生活。

3. 离婚或再婚风险

离婚意味着夫妻关系的结束和一个家庭的解体,无论对家庭还是夫妻任何一方都会产生重大的影响,其中最突出的方面体现在家庭财产如何分割上。现实生活中经常会发生这样的情况,即离婚时,夫妻其中一方有转移、隐匿、变卖财产等侵害另一方财产权益的行为,导致出现受害一方的生活质量下降及经济能力减弱等不良后果。再婚是离异或丧偶的男女重新组建家庭的开始,很多再婚人士,特别是曾经有过离异经历且事业鼎盛时期的一些人,在再婚前都会在私人财产保护和个人安全感上有所考虑,对对方与自己结婚的动机产生怀疑,有孩子的还会担心再婚伴侣对前子女的影响,事实上,也确实有一些人企图借婚姻达到一些特定目的。因此,再婚本身也存在风险。

4. 家庭成员的去世

家庭成员去世后,其遗嘱财产的分配会使得家庭其他成员个人的财产增加或减少,对整个家庭财产也会产生影响。同时,由于多数家庭没有事先立遗嘱的意识,遗产分割很容易在家庭内部产生纠纷,即使有的立了遗嘱,也会因为遗嘱内容表达不清,在执行过程中出现财产被恶意侵吞或者不按遗嘱人意愿进行分配等情况。

二、财产分配与传承规划的步骤

财产分配与传承规划的具体步骤主要分为四步。

(一) 计算和评估客户的财产价值

进行财产分配与传承理财规划的第一步是计算和评估客户的财产价值。财产评估表如表 11-1 所示。

首先,通过计算和评估,客户可以对自己的财产种类和价值有一个总体的了解;其次,可以使客户了解财产传承时的有关税收支出。表中需要注意的是:第一,资产价值计算的是目前的市场价值,而不是其购买时的支付价格。这一点对于房地产的价值计算特别重要。房产的价格每年都会有较大幅度的变化,其市场价和历史购价通常相差甚远。此外,对于股票、债券等投资也需要准确估计其价值和相关收益。第二,不要遗漏某些容易被忽略的贷款和负债项目。很多客户对自身的财务状况不是十分了解,所以在填写有关内容时容易遗漏一些重要的项目,从而高估或低估了其财产价值。比如,资产项目中的无形资产(如著作权等),负债项目中的临终医疗费等,都是容易被忽略的项目,但这些项目往往对客户财产规划有着重要的影响。

(二) 确定财产分配和传承的规划目标

在对客户财产进行估值后,理财规划师应该对客户现实的财产状况有了较多的了解,下一步就要帮助客户确定规划目标,这可以通过客户填写调查表的形式完成。由于规划管理的特殊性,建议理财规划师采取与客户面谈的方式来了解其规划目标。如果客户在表达自己意愿时有所顾忌,理财规划师应该做适当的推测,并征求客户的意见。

(三) 制定财产分配与传承理财规划方案

由于每位客户的具体情况不同,所以每位客户财产规划中的工具和策略的选择也有着很大的差别。不同种类的客户包括已婚且子女已成年客户,已婚但子女未成年客户,未婚或离异客户。

(四) 定期检查和修改

客户的财务状况和策划目标处于变化中,财产规划必须能够满足其不同时期的需要,所以对财产分配和传承理财规划方案的定期检查是必须的,这样才能保证规划的可变性。理财规划师应该建议客户在每年或半年对规划进行重新修订。

表 11-1 财产评估表

资 产		负 债	
种类	金额	种类	金额
现金等价物			
银行存款		贷款	
储蓄账户		消费贷款	
货币市场账户		一般个人贷款	
人寿保单赔偿金额		投资贷款(房地产贷款等)	
其他现金账户		房屋抵押贷款	
小计		人寿保单	

续 表

资　产		负　债	
投资		小计	
股票		费用	
债券		预期收入纳税额支出	
共同基金		遗产处置费用	
合伙人收益权益		医疗费用	
其他投资收益		葬礼费用	
小计		其他费用	
退休基金		小计	
养老金(一次性收入现金)		其他负债	
配偶/遗孤年金收益(现值)		负债总计	
其他退休基金			
小计			
其他房产			
收藏品			
汽车			
家具			
珠宝和贵重衣物			
其他个人资产		资产总计(＋)	
小计		负债总计(－)	
其他资产			
资产总计		净资产总计	

三、财产分配与传承规划的影响事件

(一) 子女的出生

子女的出生对家庭的影响不言而喻,其成员关系、家庭财务也会因此产生变化。

子女出生需要关注的两种情况:子女未出生时则要注意到法律关于胎儿必留份额的规定,即遗产分割应当保留胎儿的继承份额。如果应当为胎儿保留遗产份额却没有保留,应从继承人所继承的遗产中扣回。为胎儿保留的遗产份额,这里还有两种情况:一是胎儿出生后死亡的,由其继承人继承;二是如胎儿出生时就是死体的,由被继承人的法定继承人继承。如果子女已经出生,则要考虑到子女为法定顺序继承人,被继承人就要在继承人数和继承财产份额上有所调整。

注意,客户不能或不愿意为子女安排继承份额时,要了解我国法律对遗产自由进行的限制,遗嘱应当对缺乏劳动能力或没有生活来源的继承人保留必要的财产份额。

(二) 配偶或其他继承人死亡

配偶或者其他继承人的死亡,有可能导致客户的财产状况或者数额发生重大变化。因此,如果配偶去世,家庭中属于配偶的那部分财产就要按法律的规定或者配偶遗嘱确定的方式进行分配,那么客户的财产传承理财规划中与配偶共有财产状况可能就要发生变化。

比如共有房子,属于配偶的那部分要通过适当的遗产分割方式在继承人之间进行分配,这就会引起客户财产状况的变动。不过配偶的死亡通常会引起客户财产总额的增加,毕竟客户本身也是其配偶的法定第一顺序继承人。同样,客户的其他继承人的死亡,也会对客户的财产数额及状况产生影响。当然,对于客户的财产传承理财规划来讲,变动最大的还是客户遗属中的继承人和所设立信托中的受益人的调整。

(三) 本人或亲友身患重病

本人或者亲友身患重病,客户会有大笔医疗费用支出,可能会导致财产传承理财规划中资产的种类和数额减少,或者一些事项的变动,比如存款的减少;一些可即时变现资产的变化,或者引起一些保险事项的变化,比如一些健康险的赔付等。

(四) 家庭成员成年

家庭成员成年,通常是客户的子女成年、参加工作,客户的经济负担就会有所减轻,以前的费用支出会相对缩减,因此,财产传承理财规划也要适当调整。

(五) 遗产继承

客户作为继承人接受遗产当然会引起财产变化,具体财产形态视继承财产形态而定,比如房产、存款等。

(六) 结婚或离异

结婚或者离异会导致客户家庭财产的形成或者分配。对于结婚的客户,会有费用支出的增加,也会有财产种类和规模的扩大,比如购置房屋、家电等家庭生活必备的大件财产。而离婚的客户可能面对家庭财产的分割等问题。这些都会导致客户自身财产的变化。

(七) 财富的变化

财产直接增加、减少,都是财富的变化。遗嘱中的债务是影响遗产变化的常见因素。

继承人的债务具有以下特征:被继承人的债务是其生前所欠债务。被继承人死亡后的殡葬费用不属于被继承人的债务,而是其继承人的债务,因此继承人有殡葬被继承人的义务。被继承人的债务是用于被继承人个人需要所欠债务,也就是说用来满足被继承人某种特殊需要而欠下的债务,属于个人债务,应用被继承人个人财产偿还。以被继承人的名义所欠的,用于家庭生活需要所欠的债务,属于家庭共同债务,应用家庭共有财产偿还。因继承人不尽赡养义务,被继承人迫于生活需要所欠的债务属于赡养义务人的个人债务。换言之,因继承人能尽而不尽赡养义务所欠的债务,即使遗产不足清偿,继承人仍应负清债责任。继承开始后,处理继承事务所发生的与继承有关的费用,如遗产管理费用、遗产分割费用等,属于在遗产分割前遗产本身的消耗花费,可直接从遗产中扣除。根据权利和义务相一致的原则,继承人接受继承,应当继承被继承人的财产权利和义务,不能只继承权利而不继承义务。

(八) 有关税制和遗产法的变化

国际上采用的对财产传承理财规划影响较大的税种主要是遗产税和赠与税,但我国目前还没有开征,所以财产传承规划中不必设计有关规避遗产税收和赠与税的内容。

(九) 房地产的出售

客户房地产的出售,是客户对其财产的处分,也是对其现有财产形式的改变,通常会引起财产总值的增加或者是不同财产种类的调整,体现在财产传承理财规划中,比如现金流的增加等。

四、财产分配与传承规划的作用

财产分配与传承规划为人生的必经阶段,进行财产分配与传承规划是理财的重要内容。随着年龄的增长当事人除了进行退休养老规划,必然要考虑自己死后毕生积累的财产如何分配,以达到照顾不同家庭成员的需要和其他财务目标。根据生命周期理论,在进入退休期之后,当事人对财产保障和传承的需求会逐渐增大。进行财产分配与传承规划,不仅仅意味着一份简单的遗嘱,而应该是一整套根据传承人特有的财务状况、意愿,结合家庭成员或社会财务安排的需求,量身定制的周密的法律与财务操作方案。财产分配与传承规划主要有以下几项作用。

(一) 避免遗产继承纠纷

受到我国传统文化影响,加上在过去相当长的时间里普通老百姓生活水平偏低、身后遗产相当有限,我国居民在财产分配和保障方面的意识并不强,也不习惯通过财产分配和传承规划有效进行遗产分配。由于没有明确安排身后相关事宜,一旦当事人遭遇疾病或意外去世后,很容易出现相关财产分配和传承纠纷频发,财产创造和积累中断,并伴随重大经济损失。未雨绸缪、提前制定财产分配和传承规划有利于解决这一问题,减少甚至消除亲人反目、争斗的法律风险,维持社会安定和家庭和睦。

(二) 维持家庭成员生活质量

一般而言,富裕群体的家庭关系复杂,部分富裕群体的子女数量,尤其需要照顾的亲友和涉及的财务安排数量比较多。在财产分配与传承规划的过程当中,法律层面的分配方案往往与财产拥有者的个人意愿有较大的分歧。通过选择合理的财产转移工具或方法,如设立不可撤销的信托,通过信托受益权的方式可以保障法律上弱势继承方的权利。制定周密的财产分配与传承规划,能够使部分家庭成员未来的生活质量不至于受到影响或相互差距太大,家庭成员的关系也不至于因突发事件而紧张。

(三) 降低财产损失风险

俗话说"富不过三代"。部分富裕群体的子女由于生活条件优越,很多情况下不仅不能继续创造财富,而且有可能快速消耗掉家庭积累的财富。通过合理的财产分配与传承规划方案设计,财产拥有者可以保证家族的后代能够持续稳定地获得基本的生活保障以及充足的生活、教育等经费,而不必担心整个家族因下一代家族掌舵人的经营失误陷入生活困境。

(四) 降低税收风险

税收风险方面,以遗产税、赠与税最为显著。我国经历了经济快速发展后,富裕群体中移民已经是普遍现象,虽然我国暂未征收遗产税与赠与税,但是富裕人群移民去向的国家和地区大部分都已经征收了此类税收。其中美国、英国都明确征收遗产税、赠与税,加拿大虽然法律上不直接征收,但对遗产增值部分征收个人所得税或增值税,这也是一种变相的遗产税。因此,如何在中国和移民国家分配财富财产是需要谨慎考虑的事宜,通过更多地在低税率或免征遗产税、赠与税的国家和地区托管财富财产可以有效地规避税收对财产带来的损害。

世界上的遗产税按课征方式来划分可以分为以下三类:

(1) 总遗产税制度:以死者的遗产总额来征税,继承人人数及分配方向不作为影响因素,主要代表国家有美国。

(2) 分遗产税制度:根据继承人与死者关系的亲疏及继承财产的多少分别课征税,主要代表国家有日本。

(3) 总分遗产税制度:对死者留下的遗产先课征一次遗产税,然后在税后的遗产分配给各继承人时,再就各继承人的继承份额来征继承税,也称混合遗产税制,主要代表国家有意大利。

在遗产税实行的过程中,也有些许国家及地区取消了遗产税:澳大利亚于1978年取消,新西兰于1992年取消,瑞典于2005年取消,中国香港地区于2006年取消,新加坡于2008年取消,挪威于2014年取消。取消原因大多是取消遗产赋税后有利于投资环境,许多富裕阶层的人更倾向于移民至无遗产税的国家以使自己更多的财富能够传与子孙后人。

虽然我国现在尚未征收遗产税,但遗产税是我国税制改革的重要内容,未来有可能实施,这就需要富裕群体提前做好相关税收规划。

第二节 财产分配规划

一、客户家庭成员关系

理财规划师要为客户财产分配规划提供咨询服务,首先要正确界定围绕客户财产产生的各种关系。下面我们将对家庭成员关系进行系统的梳理和说明。

(一) 婚姻关系

婚姻是家庭财产关系形成的前提,婚姻是否有效直接影响到婚姻关系双方的财产界定和分配结果。婚姻关系对一个家庭的结构、财产状况有着重要影响,不仅对夫妻权利义务关系的形成有重要的意义,而且对子女的身份、家庭利益分配也会产生重大影响。

(1) 婚姻关系成立的条件。

婚姻关系的成立包括形式要件和实质要件。

结婚登记是婚姻成立的形式要件,是婚姻成立的法定程序,它是婚姻取得法律认可和保护的方式,同时,也是夫妻之间权利义务关系形成的必要条件。

婚姻成立还需要实质要件,这是婚姻关系成立的关键。婚姻成立的实质要件又称为结婚条件,即婚姻当事人双方本身的情况以及双方之间的关系必须符合法律的规定,包括婚姻当事人必须具备的条件和必须排除的条件。

必备条件包括结婚双方当事人自愿;双方需达到法定年龄,男不得早于22周岁,女不得早于20周岁。结婚的禁止条件包括禁止一定范围内血亲结婚;禁止患有一定疾病的人结婚;结婚当事人不能与第三者有婚姻关系存在。

(2) 婚姻关系成立的时间。婚姻关系成立的时间以批准登记时间为准。

(3) 夫妻之间的权利和义务。夫妻之间的权利和义务,是基于婚姻关系的建立而产生的。

夫妻之间有相互扶养义务。即在夫妻关系存续期间,夫妻双方在物质上和生活上互相扶助、互相供养的义务。

夫妻对共同财产的平等处分权。即夫妻对共同所有的财产有平等地占有、使用、收益和处分的权利,不能根据某一方收入的多少和有无来决定或改变其处理共同财产权利的大小。夫妻双方在对财产进行处理时,应当平等协商、达成一致,任何一方都无权违背另一方意志擅自处理夫妻共同财产。

夫妻有相互继承遗产的权利。财产的传承是遗产秩序的重要组成部分,而继承是其中核心一环。夫妻在婚姻关系存续期间所获得的共同财产,除事先约定的以外,在分割财产时,应当先预配偶所拥有的双方共同财产的一半,剩余的则为被继承人的遗产,并且夫妻互为第一顺序法定继承人。

(二) 子女

子女是家庭成员的重要组成部分,包括婚生子女和非婚生子女。父母对子女有抚养教育的义务;子女对父母有赡养扶助的义务。父母不履行抚养义务时,未成年或不能独立生活的子女有要求父母付给抚养费的权利。子女不履行赡养义务时,无劳动能力或生活困难的父母,有要求子女付给赡养费的权利。

(三) 父母

在家庭关系中,父母是相对于子女而言的概念。在一个家庭里,父母与子女互为家庭成员,是承担亲属间抚(扶)养权利义务的基本主体,具有密切的人身和财产关系。法律上的父母子女关系可以分为两类:一类是自然血亲的父母子女关系,包括父母与婚生子女、父母与非婚生子女;另一类是拟制血亲关系,包括养父母与养子女、继父母与受其抚养教育的继子女。

(四) 兄弟姐妹

兄弟姐妹是血缘关系中最近的旁系血亲。依法律规定,兄弟姐妹在一定条件下,相互负有法定的扶养义务。有负担能力的兄、姐,对于父母已经死亡或父母无力抚养的未成年弟、妹,有抚养义务;有负担能力的兄弟姐妹,对于无劳动能力而且生活困难的兄弟姐妹,应给予经济上的帮助。

(五) 祖父母、外祖父母

祖父母、外祖父母是孙子女、外孙子女除父母以外最近的直系亲属。依据有关规定,有负担能力的祖父母、外祖父母,对于父母已经死亡或父母无力抚养、未成年的孙子女、外孙子女,有抚养义务。因此,在一定条件下,祖父母、外祖父母与孙子女或外孙子女具有一定的人身和财产关系。

二、家庭财产状况分析

(一) 家庭财产的内容

家庭财产既可以是作为生活资料使用的财产,也可以是作为生产资料使用的财产,主要包括以下四个方面:

(1) 合法收入。家庭合法收入是指家庭成员通过各种合法途径取得的货币收入与实物收入,如劳动收入,接收继承、赠与、遗赠的收入以及由家庭财产产生的天然孳息和法定孳息等。

(2) 不动产。家庭不动产主要指房屋。房屋是家庭生活中的重要财产,可以通过自建、购买、继承、赠与等方式取得房屋所有权。房屋是不动产,按照法律规定必须依法登记后才能取得完全的法律效力。

(3) 金融资产。随着居民家庭收入的不断增加以及金融市场的不断发展,金融资产在家庭财产中占据的份额越来越大,品种也越来越多,主要包括储蓄、债券、保险、基金、股票等。

(4) 其他财产。除以上所列资产外,家庭中还包括其他一些资产,如家庭所拥有的家电、家具、珠宝首饰、家庭收藏的古董字画等。

(二) 指导客户填写财产登记表

通过填写客户财产登记表的方式收集客户家庭财产信息,如表 11-2 所示。

表 11-2 财产登记表

财产类别	数　量	价　值	取得时间	备　注

三、制定财产分配方案

(一) 确定财产分配的原则

1. 保证财产分配方案的可变通性

财产分配从制定到生效有一段不确定的时间,而在该时间内的客户财产状况和目标都是处于不断变化中的,其财产分配方案也一样。因此,理财规划师要时常与客户沟通,不断对规划方案做出调整,以保证满足客户的不同需要。

2. 确保财产分配的现金流动性

遗产要先用于支付相关的税收、遗产处置费用及相关债务,如法律和会计手续费、丧葬剩余的部分才可以分配给受益人。所以,如果客户遗产中的现金数额不足,反而会导致其家人陷入债务危机。为避免这种情况发生,理财规划师必须帮助客户在其遗产中预留足够的现金以备支出。现金收入的来源通常有银行存款、存单、可变现的有价证券等。客户应该尽量减少遗产中的非流动性资产,如房地产、珠宝和收藏等,这些资产不仅无法及时变现,还会增加遗产处置的费用,所以,理财规划师可以建议客户将它们出售或赠给他人,从而降低现金支出。

(二) 分析财产分配工具

1. 遗嘱信托

(1) 优点。

遗嘱信托可以延伸个人意志,妥善规划财产,使财产永续传承。借助该工具,委托人可以使财产在受托人的保管下代代相传。遗嘱信托的受托人需具有一定专业管理能力和专业技能,可以使遗产得到有效的保值、合理的配置和安全的传承,可促使遗产发挥其最大功效。

(2) 适用范围。

作为一种灵活的财产分配工具,它自身具有一定的适用范围,或者说适合一些有特殊需求的人群。例如,名下有可观的财产,担心将来在财产分配上会有困扰的人;继承人属于有身心障碍或者没有能力处理、管理财产,甚至无法控制自己的人;想立遗嘱却不懂得怎么规划的人;对遗产管理及配置有专业需求的人。

(3) 处理程序。

一般采取书面形式,它包括三个当事人,即委托人、受托人、受益人,其中的受托人可以是个人或组织。遗嘱信托体现了对财产的管理和整合,因此受托人一般是具有理财能力的律师、会计师、理财规划师、信托投资机构等专业人士或专业机构。

遗嘱信托的处理程序分为八个步骤:设立个人遗嘱、确立遗嘱信托、编制财产目录、安排预算计划、结清税捐款项、确定投资政策、编制会计账目、进行财产的分配。

2. 遗嘱

(1) 优点。

如果没有设立遗嘱,则在公民死亡后按照法律规定的继承人范围、先后顺序,以及遗产的分配原则来实现对遗产的安排和分配。设立遗嘱体现了遗嘱人对其财产自由安排的意愿,是公民保护自己私有财产的一种有效方式。它的优点主要体现在:遗嘱是法律对公民财产所有权予以全面保护的最佳体现;遗嘱有利于发挥家庭养老育幼的功能;遗嘱有利于发展社会福利事业;遗嘱有利于减少和预防纠纷。

(2) 风险。

这个风险包括遗嘱的效力风险和设立遗嘱执行人的风险。前者是指大部分遗嘱都有被推翻的可能性,只要认为自己有权继承遗产却被排除在外的都可以到法庭申诉,由法院来裁决。后者是指执行人没有及时处理遗产、编制遗产清单以及妥善保管好财产,而是侵夺和争抢财产。我国法院并不会主动去指定遗嘱继承人,一旦遗嘱执行人不正当履行职责被撤销资格,或者不具有执行遗嘱能力的情况发生时,还是要由继承人按照遗嘱人的遗嘱分割财产。

拓展阅读

一个关于遗产分配的狗血剧情

假如有一个大款,有老婆,但是外遇对象肚里有了孩子。大款突然死了,没留遗嘱。不管婚生还是非婚生的孩子待遇是一样的,肚里的小孩好像也该分得遗产份额的。再假设这份额还很大,比如说好几个亿。该大款的老婆很生气,派人把外遇对象痛打一顿,孩子因此流产了。这里有几个疑问:① 外遇对象能得到遗产吗?② 大款老婆算不算不当得利?③ 这种造成小孩流产的打人行为算不算谋杀?

【分析】

1. 外遇对象能得到遗产吗?

答案肯定是不能。因为她不是法定继承人,没有继承权。就算孩子生下来,也只有孩子有,而她没有。

2. 大的款老婆算不算不当得利?

不算。因为大款的财产,本来就是他们夫妻的共同财产,就应该是属于她的。

3. 这种造成小孩流产的打人行为算不算谋杀?

不能称之为谋杀,因为胎儿还不享有生命权。不过,如果把这位外遇对象打伤了,可以做司法鉴定,视伤害程度,追究打人者的法律责任。如果是轻伤害,可以在追究打人者的刑事责任的同时,要求其赔偿医疗等各项费用。如果是轻微伤,则只能要求赔偿医疗等费用。

不当得利有两种,一种是基于错误的给付,给付原因失去效力而造成不当得利;另一种基于自然事件或者事实行为产生。不当得利需要使一方获得利益,一方受到损失,且有关系而产生债务关系。在这里,大款老婆实施的是伤害他人身体的侵权行为(不法行为),权行为并没有产生不当得利的债务。

《中华人民共和国民法典》(简称《民法典》)第十六条:"涉及遗产继承、接受赠与等胎儿利益保护的,胎儿视为具有民事权利能力。但是,胎儿娩出时为死体的,其民事权利能力自始不存在。"《民法典》第一千一百五十五条:"遗产分割时,应当保留胎儿的继承份额。胎儿娩出时是死体的,保留的份额按照法定继承办理。"我国把胎儿的生长作为一种事实,从而给未来的出生者保留一定的份额。

正因为如此,我国法律也没有把剥夺胎儿生命的行为视作故意杀人。如果上述故事中的事情真实存在,我们只能说大款的老婆做事非常狠,了解自己的行为引发的后果所承担的法律责任并不重,而可以获得全部的遗产。

3. 人寿保险信托

(1) 财产风险隔离。

委托人将财产转移至受托人处,则该信托财产所有权为受托人所有,由信托财产产生的信托收益归受益人。此种法律上所有权与受益权分离的原则,优点在于委托人不但可以免管理之责,且可免被债权人追索。而受托人的债权人也无法对信托人财产实施主张,因为受托人仅有名义上的所有权而无实质上的所有权。至于受益人的债权人,则因为受益人实质上的所有权是依照信托规定享受信托收益的权利,所以受益人的债权人不能直接对该财产本身有任何主张,至多只能代受益人请求受托人依照信托规定配发信托收益。

(2) 专业财产管理。

通过专业的财产管理服务,可以减轻自行管理运用的负担,尤其是资产市场存在的风险,如果没有一定的专业知识充分占有资讯,则很难实现有效的管理。

(3) 家庭生活保障。

通过保险金信托的运用,由专业信托机构妥善管理运用信托财产则可以避免保险金遭到不当运用,从而使受益人最大限度地享受保险金的利益,特别当受益人是未成年人、身心障碍者、老年人、疾病者时。

(4) 规避经营风险。

人寿保险信托可以运行在企业中,还可以在企业合伙人或股东之间相互投保,一旦出现意外就可以用人寿信托产生的信托收益购买其企业股权,防止企业经营股权外流,规避企业经营风险。

第三节 财产传承规划

一、法定继承

(一) 法定继承的概念及特征

法定继承和遗嘱继承是《民法典》中的两种基本继承制度。法定继承又称为无遗嘱继承或非遗嘱继承,是指全体继承人按照《民法典》规定的继承人范围、继承人顺序、遗产分配原则等继承遗产的一种继承方式。当被继承人生前未立遗嘱处分其财产或遗嘱无效时,应按法定继承的规定继承。法定继承制度直接体现了国家意志,而不直接体现被继承人的意志,只是依推定的被继承人的意思进行继承。

在现代法上,法定继承制度作为一种对遗嘱继承的补充和限制,是与遗嘱继承并存的一种继承方式,并且在许多国家仍是主要的继承方式。

法定继承的特征包括以下几个方面:

(1) 法定继承是遗嘱继承的补充。目前,《民法典》中,法定继承与遗嘱继承同为继承方式,是一种主要的继承方式。在适用效力上,法定继承的效力低于遗嘱继承,遗嘱继承的效力优于法定继承。在继承开始后,被继承人如果留有合法有效的遗嘱,则优先适用遗嘱继承。不适用遗嘱继承时，才适用法定继承。因此，法定继承是对遗嘱继承的补充。

（2）法定继承是对遗嘱继承的限制。在法定继承中，法律的规定是对被继承人意志的推定，但在遗嘱继承中，遗嘱不能违背法律的限制性规定。

（3）法定继承中法定继承人是基于一定的身份关系而确定的，法定继承是以身份关系为基础的。

（4）法定继承中有关继承人的范围、继承的顺序以及遗产的分配原则的规定有强行性。被继承人死亡后，有遗赠扶养协议的，首先执行遗赠扶养协议；其次是遗嘱；最后是依照《民法典》第一千一百五十四条的规定，有下列情形之一的，遗产中的有关部分按法定继承来办理：遗嘱继承人放弃继承或受遗赠人放弃受遗赠；遗嘱继承人丧失继承权或者受遗赠人丧失受遗赠权；遗嘱继承人、受遗赠人先于遗嘱继承人死亡或者终止；遗嘱无效部分所涉及的遗产；遗嘱未予处分的遗产。

（二）法定继承人的顺位

法定继承人是指由法律直接规定的可以依法继承被继承人遗产的人，其范围即在法律上规定哪些人可以继承遗产。各国法律规定的法定继承人，一般都是以血缘关系和婚姻关系为基础的。《民法典》考虑到我国的传统习惯以及我国现实的家庭关系的实际情况，虽然也是以婚姻关系和血缘关系而产生的亲属关系为基础来确定法定继承人的范围，但是《民法典》确定的法定继承人范围相对狭窄，仅限于近亲属。法定继承人的继承顺序是指法律直接规定的法定继承人参加继承的先后次序，又称为法定继承人的顺位。

《民法典》第一千一百二十七条　遗产按照下列顺序继承：

第一顺序：配偶、子女、父母；

第二顺序：兄弟姐妹、祖父母、外祖父母。

继承开始后，由第一顺序继承人继承，第二顺序继承人不继承；没有第一顺序继承人继承的，由第二顺序继承人继承。注意，所称子女，包括婚生子女、非婚生子女、养子女和有扶养关系的继子女。所称父母，包括生父母、养父母和有扶养关系的继父母。所称兄弟姐妹，包括同父母的兄弟姐妹、同父异母或者同母异父的兄弟姐妹、养兄弟姐妹、有扶养关系的继兄弟姐妹。

夫妻关系是家庭关系的核心和基础关系。夫妻之间有着最密切的人身关系和财产关系，有相互扶养的义务。无论从血缘关系上还是从扶养关系上看，子女都应为第一顺序的法定继承人。子女先于被继承人死亡的，由子女的晚辈直系血亲代位继承，因此子女及其晚辈直系血亲均为第一顺序继承人。

法律是根据丧偶儿媳或丧偶女婿与公婆、岳父母之间存在事实上的扶养关系而确认其为第一顺序法定继承人的。《民法典》第一千一百二十九条规定了丧偶儿媳对公、婆，丧偶女婿对岳父、岳母，尽了主要赡养义务的，作为第一顺序继承人。

（三）代位继承和转继承

代位继承又称间接继承，是指被继承人的子女先于被继承人死亡时，由该先于被继承人而死的晚辈直系血亲代替其位继承被继承人遗产的一种法定继承方式。于继承开始前死亡的被继承人的子女称为被代位继承人,简称被代位人;代位继承被继承人遗产的继承人的子女的晚辈直系血亲为代位继承人,简称代位人。

1. 代位继承的条件

根据《民法典》的规定,代位继承作为法定继承制度的一个不可分割的组成部分,其构成条件为:

(1) 需有被继承人的子女先于被继承人死亡这一法律事实。死亡包括自然死亡和宣告死亡。宣告死亡应以人民法院的确定判决宣告的时间为死亡时间。继承人如果与被继承人同时死亡,互有继承权的人同时死亡,互不继承遗产,不会发生代位继承。

(2) 被代位人是被继承人子女的直系晚辈血亲。被继承人的子女,包括非婚生子女、养子女、有扶养关系的继子女。根据《民法典》的有关规定,被继承人的养子女、已形成扶养关系的继子女的生子女代位继承;被继承人亲生子女的养子女可代位继承;被继承人养子女的养子女可代位继承;与被继承人已形成扶养关系的继子女的养子女也可以代位继承;丧偶儿媳对公、婆,丧偶女婿对岳父、岳母,无论其是否再婚,依据《民法典》第一千一百二十九条规定,作为第一顺序继承人时,不影响其子女代位继承。

代位继承不受辈数的限制,根据《民法典》规定,被继承人的直系晚辈血亲中有子女、子女的子女,即孙子女、外孙子女也可以代位继承。如孙子女、外孙子女也先于继承人死亡的,其曾孙子女、外曾孙子女可以成为代位继承人。被继承人的配偶、父母、兄弟姐妹等被继承人的旁系血亲或长辈直系亲属均没有代位继承权。

(3) 被代位人需具有继承权。被代位人丧失继承权的,其晚辈直系血亲没有代位继承权。如该代位继承人缺乏劳动能力又没有生活来源,或对被继承人尽赡养义务较多的,可适当分给遗产。

(4) 代位人需为被代位人的晚辈直系血亲。代位继承的顺序以亲等近者为先。即按子女,孙子女、外孙子女。曾孙子女、外曾孙子女等辈分先后为顺序。

应继份额:根据《民法典》第一千一百二十八条规定,代位继承人一般只能继承他们的父亲或母亲有权继承的遗产份额。即使有几位代位继承人,也是如此。

代位继承人缺乏劳动能力又没有生活来源,或者对被继承人尽过主要赡养义务的,分配遗产时,可以多分。代位继承只适用于法定继承,不适用于遗嘱继承。

2. 转继承

转继承又称为转归继承、再继承或者连续继承(即第二次继承),是指继承人在继承开始后实际接受遗产前死亡时,继承人有权实际接受的遗产转归其法定继承人承受的一项法律制度。即被继承人死亡后,继承人在尚未实际取得遗产之前就死亡了,其应继承的份额转由他(她)的法定继承人继承。

未能实际接受遗产而死去的人,称为被转继承人;实际接受遗产的继承人的法定继承人,称为转继承人。

《民法典》未明确规定转继承,但最高人民法院《关于贯彻执行〈中华人民共和国民法典若干问题的意见》第五十二条规定:"继承开始后,继承人没有表示放弃继承,并于遗产分割前死亡的,其继承遗产的权利转移给他的法定继承人。"

转继承的性质,转继承只是将被转继承人应继承的遗产份额转由其继承人承受。转继承所转移的不是继承权,而是遗产所有权,因此,应将转继承人应继承的遗产份额视为其同配偶的共同财产。转继承的客体,即转继承人承受的是被转继承人应取得的遗产份额,但不是被转继承人应取得的全部遗产份额。

在遗产分割前,继承人死亡的,不是由死亡的继承人的法定继承人代其参加继承被继承人的遗产,而是由其法定继承人直接参加遗产的分割,其性质类似于其他共有关系中共有人死亡后,由其继承人参与分割其共有财产,因此,转继承是发生了又一次继承,称为连续继承或者二次继承更为恰当。

3. 转继承与代位继承的区别

(1) 性质不同。转继承是连续发生两次继承,针对前一次继承来说,转继承人享有的是实际分割遗产的权利,在第二次继承中,转继承人正是基于对被转继承人的遗产的继承权才得以直接承受被继承人的遗产。

代位继承是一次继承,代位继承人是基于其代位继承权而直接参加继承被继承人遗产的继承,从而取得遗产转继承,不具有连续继承的性质,因而代位继承具有替补继承的性质。

(2) 发生的时间和条件不同。转继承只能发生于继承开始后、遗产分割前,且任何一个法定继承人都可以成为被转继承人。

而代位继承只能是在享有继承权的被代位继承人于继承开始前死亡的情形下发生,并且只有被继承人的子女先于被继承人死亡的,才会发生。

(3) 主体不同。在转继承中,享有转继承权的人是被转继承人死亡时生存的所有法定继承人。

而在代位继承中,代位继承人只能是被代位继承人的晚辈直系血亲,而不能是其他的法定继承人。

(4) 适用的范围不同。转继承可以发生于法定继承中,也可以发生于遗嘱继承中。而代位继承只能发生在法定继承方式中。代位继承属于法定继承方式中的一个内容,从代位继承人范围到代位继承时的遗产分配原则,无一不受法律的直接约束,他人无权任意变更。

(四) 法定继承的遗产分配

1. 法定继承的遗产分配原则

法定继承的遗产分配原则是指在按照法定继承方式继承被继承人遗产时,应当如何确定各参加继承的法定继承人应继承的遗产份额(应继份)。在法定继承人为多人的情况下,就发生每个继承人应继承多少遗产的问题,这就涉及遗产的分配原则。

依照《民法典》第一千一百五十三条规定,法定继承人遗产的分配应遵循如下的原则分割遗产,应当先将共同所有的财产的一半分出为配偶所有,其余的为被继承人的遗产。

依照《民法典》第一千一百三十条规定,同一顺序继承人继承遗产的份额,一般应当均等。

《民法典》第一千一百五十五条规定,遗产分割时,应当保留胎儿的继承份额。胎儿娩出是死体的,保留的份额按照法定继承办理。

依照《民法典》第一千一百五十三条第二款至第五款规定,下述几种情况在分配遗产份额上可以不均等:

第一,对生活有特殊困难又缺乏劳动能力的继承人,分配遗产时,应当予以照顾,照顾目的是保障生活有特殊困难又缺乏劳动能力的继承人的生活的基本需要。

第二,对被继承人尽了主要扶养义务或者与被继承人共同生活的继承人,分配遗产时,可以多分。在被继承人生前,对被继承人提供了主要经济来源或者在劳务方面给予了主要扶助,即尽了主要扶养义务。与被继承人共同生活的人,与被继承人之间在感情上更深些,在经济上联系得更紧密些,而且与被继承人生活在一起的继承人一般是配偶、未成年子女或者年迈的父母,所以应当多分。

第三,有扶养能力和扶养条件的继承人,不尽扶养义务的,分配遗产时,应当不分或者少分。

第四,继承人协商同意的,也可以不均等。

2. 非继承人对遗产的取得

《民法典》第一千一百三十条规定:"对继承人以外的依靠被继承人扶养的人,或者继承人以外的对被继承人扶养较多的人,可以分给他们适当的遗产。"这一类人又称为继承人以外的遗产取得人,可分得遗产的人。可分得遗产的人是得参加继承的继承人以外的不得参加继承的人,一般是非法定继承人。可分得遗产的人是基于法律规定的可以取得遗产的特别条件,而不是基于继承权。法律之所以赋予这些人可以分得遗产的权利,是基于他们与被继承人之间存在特别的扶养关系。两种情况:继承人以外的依靠被继承人扶养的,缺乏劳动能力又没有生活来源的人;继承人以外的对被继承人扶养较多的人。扶养,包括经济上的扶助、劳务上的扶助、精神上的慰藉,只有对被继承人扶养较多的人,才可以分得适当的遗产,有量上的比较,也有时间上的比较。一般来说,可分得遗产的人应当酌情分给适当的遗产。对于缺乏劳动能力又没有生活来源的人,应依被继承人扶养的情况而定,应分给适当的遗产份额,但应以满足其基本需要为限。对于对被继承人扶养较多的人,应依其对被继承人扶养的情况而定其应得的遗产份额,但也可以多于继承人所继承的遗产份额。可分得遗产的人的分得遗产的权利受法律的保护。在其权利受到侵害时,得请求司法保护。

拓展阅读

遗产未做早规划,亲情财物两落空

归国华侨赵先生在国外打拼多年,年老后落叶归根返回故里。其终身未婚,唯一的表弟早已去世,没留下儿女。老人留下了一大笔财产:除了多处房产、大量存款,还有数件清朝瓷器。由于老人此前没有留下任何遗嘱,赵先生表弟的外甥、女婿等就遗产继承对簿公堂。最后,因他们都不符合法律关于继承人的条件,依据《民法典》的规定,赵先生财产被收归国有。

二、遗嘱继承

谈到遗嘱继承，首先要了解什么是遗嘱。遗嘱是遗嘱人生前在法律允许的范围内，按照法律规定的方式对其遗产或其他事物做出个人处分，并于遗嘱人死亡时才发生法律效力的法律行为。遗嘱是发生遗嘱继承的前提。遗嘱继承，是指按照被继承人生前所立的遗嘱来确定遗嘱继承人及其继承的遗产种类、数额的一种继承方式。

遗嘱继承是指法定继承的对称，是指于继承开始后，继承人按照被继承人生前所立的合法有效的遗嘱进行继承的一种继承制度。在遗嘱继承中，继承人的范围、继承顺序和继承份额均由被继承人生前做成的遗嘱来确定，因此，遗嘱继承又称"指定继承"。其中，立遗嘱的人叫遗嘱人，根据遗嘱规定有权继承被继承人遗产的法定继承人叫遗嘱继承人。

(一) 遗嘱继承的特征

(1) 发生遗嘱继承的法律事实构成包括两个方面，即被继承人的死亡和被继承人生前立有合法有效的遗嘱。遗嘱是一种单方面法律行为，只要有遗嘱一方的意思表示即可成立，无须征得他方的同意。遗嘱继承还需有被指定的遗嘱继承人接受继承的意思表示。

(2) 遗嘱直接体现了被继承人的意愿。在遗嘱继承中，继承人、继承人的顺序、继承人继承的遗产份额或者具体的遗产都是由被继承人在遗嘱中指定，按照遗嘱进行继承也就是充分体现尊重被继承人对自己财产的处分的自由。

(3) 遗嘱是遗嘱人独立的民事行为。遗嘱是被继承人生前对自己财产的处分，只能由被继承人亲自设立，既不需征得他人的同意，也不能由他人代为设立。只有反映遗嘱人真实意愿的遗嘱才具有法律效力。

(4) 遗嘱是于遗嘱人死亡后才发生法律效力的民事行为。遗嘱是否合乎法律规定的条件，能否有效，一般应以遗嘱人死亡时为准，遗嘱人死亡前，遗嘱继承人不享有主观意义上的继承权。遗嘱人可以随时变更或者撤销遗嘱，即遗嘱的撤回性。

(5) 遗嘱继承实际上是对法定继承的一种排斥。在遗嘱继承中，被继承人在遗嘱中指定的遗嘱继承人只能是法定继承人中的一人或数人。

(6) 遗嘱是一种要式民事行为。遗嘱虽然是单方法律行为，但涉及继承人、继承人以外的人以及国家和社会的利益，因此，各国法律都对遗嘱的形式予以严格的限制，规定了遗嘱所必须采用的方式。

(7) 遗嘱是必须依法律规定做出的民事行为。遗嘱人立遗嘱，是自由处分自己财产的意思表示，但遗嘱人处分财产的自由受到法律的限制，不得违反法律和社会公德。

(二) 遗嘱继承的适用条件

在被继承人死亡后，只有具备以下条件，才能按遗嘱继承办理：

(1) 被继承人立有合法有效的遗嘱。遗嘱继承应有合法有效的遗嘱存在。设立遗嘱是遗嘱继承得以运转的前提，没有被继承人合法有效的遗嘱就不存在遗嘱继承。有效的遗嘱应当由具有遗嘱能力的被继承人做出真实的意思表示，且受益人应当具有遗嘱继承的受益资格；而在形式意义上来讲，遗嘱应当有有效的存在方式以及合适的见证人。

(2) 遗嘱中指定的遗嘱继承人未丧失继承权，也未放弃继承权，具有继承资格。被继承人设立遗嘱并不必然地发生遗嘱继承。如果遗嘱所指定的继承人放弃继承,则需按照法定继承来处置遗产。

(3) 遗嘱继承不能对抗遗赠抚养协议中约定的条件。遗赠是公民以遗嘱方式将个人财产赠给国家、集体或者法定继承人以外的人,而于其死亡时发生法律效力的民事行为。遗赠与遗嘱继承都是通过遗嘱方式处分财产,主要区别体现在:

遗嘱继承人与受遗赠人的范围不同。遗嘱继承人只能是法定继承人范围以内的人,而受遗赠人可以是法定继承人以外的公民,也可以是国家或集体单位。

遗嘱继承人在继承开始后、遗产分割前未明确表示放弃的,即视为继承。而受遗赠人在知晓或应当知道受遗赠后六十日内未做出接受遗赠表示的,视为放弃,即丧失受遗赠权。

(三) 遗嘱的形式与见证

依据《民法典》第一千一百三十三条至第一千一百三十九条的规定,遗嘱的法定方式有以下几种。

1. 公证遗嘱

公证遗嘱指经过公证机关公证的遗嘱。这是最为严格的遗嘱方式,更能保障遗嘱人意思的真实性,是证明遗嘱人处分财产的意思表示的最有力最可靠的证据。办理公证遗嘱的程序如下:

(1) 遗嘱人亲自申请办理公证。公民应带身份证明到公证机关以书面或口头形式提出办理遗嘱公证的申请。如果确有困难,可以要求公证人员到其住所地办理,不能由他人代理。

(2) 遗嘱人于公证人员面前亲自书写遗嘱或者口授遗嘱。办理公证遗嘱应有两个以上的公证人员参加。遗嘱人亲笔书写遗嘱的,要在遗嘱上签名或者盖章,并注明年、月、日。遗嘱人口授遗嘱的,由公证人员做记录,然后公证人员须向遗嘱人宣读,经过确认无误后,由本场的公证人员和遗嘱人签名、盖章,并应注明设立遗嘱的地点和年月日。

(3) 公证人员依法做出公证。公证人员审查遗嘱的真实性和合法性,认为遗嘱人有遗嘱能力,遗嘱确属遗嘱人的真实意思表示,遗嘱的内容不违反法律规定的,由公证人员出具《遗产公证书》;公证书由公证机关和遗嘱人分别保存,公证人员在遗嘱开启前,有为遗嘱人保守秘密的义务。

2. 自书遗嘱

自书遗嘱指遗嘱人亲笔书写的遗嘱。这种方式简便易行,而且可以保证内容真实,便于保密。其制作应符合如下要求:

(1) 须由遗嘱人亲笔书写下其全部内容,要用笔写下来。

(2) 须是遗嘱人关于嗣后财产处置的正式意思表示。关于遗书,《关于贯彻执行中华人民共和国继承法若干问题的意见》第四十条规定:"公民在遗书中涉及其死后个人财产处分的内容,确为死者真实意思表示,有本人签名并注明了年月日,又无相反证据证明的,可按自书遗嘱对待。"

(3) 须由遗嘱人亲笔书写,签名。这是自书遗嘱的基本要求。盖章捺指印无效。

(4) 须注明年月日。遗嘱中时间的记载是确定遗嘱人的遗嘱能力的依据。地点，一般与遗嘱的真实性、合法性无关。

3. 代书遗嘱

代书遗嘱指遗嘱人自己不能书写遗嘱或者不愿亲笔书写遗嘱，可由他人代笔制作书面遗嘱。

《民法典》第二千一百三十五条规定："代书遗嘱应当有两个以上的见证人在场见证，由其中一人代书，注明年月日，并由遗嘱人、代书人、其他见证人签名，注明年、月、日。"要求：① 须有遗嘱人口授遗嘱内容，而由一名见证人代书。代书人忠实记载遗嘱人的意思，只是遗嘱的文字记录者。② 须有两个以上的见证人在场见证，其中一人可作代书人。只有代书人一人在场的代书遗嘱不具有法律效力。③ 代书人，其他见证人和遗嘱人须在遗嘱上签名，并注明年月日。代书人在代书完遗嘱后，应向遗嘱人宣读遗嘱，在其他见证人和遗嘱人确认无误后，在场的见证人和遗嘱人都须在遗嘱上签名。签名的见证人不少于两人。

4. 录音遗嘱

录音遗嘱指以录音方式录制下来的遗嘱人的口述遗嘱。这种形式的遗嘱较口头遗嘱更为可靠，且取证方便，不须他人的复述。但是，录音带、录像带容易被人剪辑、伪造。

《民法典》第一千一百三十七条规定：以录音形式立的遗嘱，应当有两个以上的见证人在场见证。遗嘱人和见证人应当在录音录像中记录其姓名或者肖像，以及年、月、日。

5. 口头遗嘱

口头遗嘱指由遗嘱人口头表述而不以任何方式记载的遗嘱。法律对这种遗嘱方式给予了严格的限制：

（1）这是一种特殊方式的遗嘱，立遗嘱人只有处在危急的情况下，不能以其他方式设立遗嘱，才允许立口头遗嘱。所谓"危急情况下"一般是指立遗嘱人的生命处于危急之际（如遇险、病危、前线战场等生死未卜的情况下），随时都有生命危险，而来不及或者无条件设立其他形式的遗嘱的情况。

（2）口头遗嘱应当有两个以上见证人在场见证。危急情况解除后，遗嘱人能够用书面或者录音形式立遗嘱的，所立的口头遗嘱无效。

（四）遗嘱见证人条件

根据民法典的规定，代书遗嘱、录音遗嘱、口头遗嘱都必须有两个以上的见证人在场见证。遗嘱见证人是证明遗嘱真实性的第三人。见证人证明的真伪直接关系着遗嘱的效力，关系到对遗产的处置。因此，遗嘱见证人必须是能够客观公正地证明遗嘱真实性的人。遗嘱见证人应具备的条件：

（1）具有完全民事行为能力，对事物能够认识和判断自己行为的后果。

（2）与继承人、遗嘱人没有利害关系。

（3）根据《民法典》第一千一百四十条规定，下列人员不能作为遗嘱见证人，其证明达不到见证的效力：

第一，无行为能力、限制行为能力人以及其他不具有见证能力的人。

第二,继承人、受遗赠人。他们与遗嘱有着直接的利害关系,由他们作为见证人难以保证其证明的真实性、客观性。

第三,与继承人、受遗赠人有利害关系的人。

继承人能否取得遗产以及取得遗产的多少会直接影响其利益的人,包括继承人或者受遗赠人的近亲属,债权人、债务人,共同经营的合伙人等。

(五) 遗嘱的内容和效力

1. 遗嘱的内容

遗嘱的内容是遗嘱人在遗嘱中表示出来的对自己财产的处分的意思,是对其财产以及相关事宜的处置、安排。遗嘱的内容应明确、具体,便于执行。遗嘱的内容应包括以下几个方面:

(1) 指定继承人、受遗赠人。遗嘱人可以指定法定继承人中的一人或者数人为遗嘱继承人。应在遗嘱中记明继承人的名字。遗赠人遗赠财产的要记明受遗赠的单位的名称或者个人的姓名。

(2) 指定遗产的分配办法或者份额。遗嘱人应当在遗嘱中列明自己留下的遗产的清单,说明财产的名称、数量以及存放的地方等,应当说明每个指定继承人应继承的具体财产;如指定由数个继承人共同继承遗产,应说明对遗产的分配办法或者各人的应继份额。如未做说明,则推定为由数个继承人均分遗产。遗赠财产的,要具体说明将某一财产遗赠给何人、何单位。

(3) 遗嘱中可以对遗嘱继承人或者受遗赠人附加义务,即遗托。

(4) 再指定继承人。再指定继承人是指遗嘱人于遗嘱中指定在被指定的继承人不能参加继承时由某人继承,又称为候补继承人或者补充继承人。如果指定的继承人先于被继承人死亡或者丧失继承权或者放弃继承权时,再指定继承人不能或者不参加继承,那么指定由该继承人继承的遗产须依法定继承办理。为避免这种情况的发生,法律应允许遗嘱人在遗嘱中指定候补继承人。后位继承人,是指遗嘱人在遗嘱中指定的在遗嘱继承人死亡时继承该遗产。后位继承是在遗嘱中规定,遗产的继承权不是直接授予指定的继承人,而是在满足某些条件或前位继承人放弃继承权之后,后位继承人才能取得继承权。后位继承制度虽然赋予了遗嘱人以更大范围的遗嘱自由,然而却妨碍和限制了前位继承人行使自己的财产所有权的自由,因而违背了法律的公平原则。后位继承使前位继承人所得的遗产处于静止状态,不利于民事流转,也妨碍了商品经济的发展。如果遗嘱人想给予后位继承人或者后位受遗赠人以某种利益的话,可以通过对遗嘱继承人或者受遗赠人附加义务的方式解决,不应承认后位继承和后位遗赠。

(5) 指定遗嘱执行人。例如,未指定,不影响遗嘱的成立。

(6) 其他事项。例如,丧事的安排要求等。

2. 遗嘱的有效和无效

遗嘱是一种法律行为,只有具备法律规定的一定条件,才能发生法律效力。

(1) 遗嘱的有效。

遗嘱有效就可以按遗嘱处置被继承人的遗产,实现遗嘱人的意思表示。遗嘱可执行,称为遗嘱具有执行力。

遗嘱有效须具备的条件为：

第一，立遗嘱人在立遗嘱时必须有民事行为能力。无民事行为能力人所立遗嘱，即使其本人后来有了行为能力，仍属无效遗嘱。立遗嘱人立遗嘱时有行为能力，后来丧失了行为能力，不影响遗嘱的效力。

第二，遗嘱必须是遗嘱人的真实意思表示。遗嘱以被继承人最后于遗嘱中所表示意思为准。受胁迫、欺骗所立的遗嘱无效，伪造的遗嘱无效；遗嘱被篡改的，篡改的内容无效。

第三，遗嘱的内容必须合法。遗嘱不得违反法律和社会道德，否则，遗嘱无效。《民法典》第二千一百四十一条规定，遗嘱应当对缺乏劳动能力又没有生活来源的继承人保留必要的份额。另外，不得取消或减少尚未出生的胎儿的应继承份额。

第四，遗嘱的形式必须符合法律规定。《关于贯彻执行中华人民共和国继承法若干问题的意见》第三十五条规定，民法典实施前订立的，形式上稍有欠缺的遗嘱，如内容合法，又有充分证据证明确为遗嘱人真实意思表示的，可以认定为遗嘱有效。

（2）遗嘱的无效。

不符合法定条件的遗嘱是仅具有遗嘱的外形而其实并不符合法律要求的遗嘱，这样的遗嘱无效。遗嘱的无效主要有以下几种情况：

第一，无民事行为能力人或者限制民事行为能力人所立的遗嘱无效。

第二，受胁迫、欺诈所立的遗嘱无效；一方当事人故意告知对方虚假情况或者故意隐瞒真实情况，诱使对方当事人做出错误意思表示的认定为欺诈行为；以给公民以及其亲友的生命、健康、荣誉、财产等造成损害为要挟，迫使对方做出违背真实意思表示的，可以认定为胁迫行为。

第三，伪造的遗嘱无效。

第四，被篡改的遗嘱内容无效。

第五，遗嘱人以遗嘱处分了不属于自己的财产的，遗嘱的这一部分内容认定无效。《关于贯彻执行中华人民共和国继承法若干问题的意见》第三十八条规定："遗嘱人以遗嘱处分了不属于自己的财产，遗嘱的这部分应认定无效。"

第六，遗嘱没有为缺乏劳动能力又没有生活来源的继承人保留必要份额的，对应当保留的份额的处分无效。

四、制定财产传承规划方案

（一）制定财产传承理财规划的原则

所谓财产传承理财规划，是指当事人在其健在时通过选择遗产策划工具和制定遗产计划，将拥有或控制的各种资产或负债进行安排，从而保证在自己去世或丧失行为能力时尽可能实现个人为其家庭（也可能是他人）所确定目标的安排。做好财产传承理财规划首先要注意以下几项原则。

1. 减少遗产纳税金额

多数客户都希望能够留下尽可能多的遗产，然而，在遗产税很高的国家，客户（尤其是遗产数额较大者)的遗产往往要支付较高的遗产税。而且遗产税不同于其他税种,受益人要在将全部遗产登记并计算和缴纳税金以后,才可以处置财产。因此,受益人必须先筹一笔现金,把税款缴清,才可获得遗产。所以,减少税收支出也是规划中的重要原则之一。由于各个国家的税制有所差异,个人理财规划师需要根据不同客户的情况进行处理。一般可采用捐赠、不可撤销信托和资助慈善机构等方式减少纳税金额。

在未开征遗产税的国家,个人理财规划师在制定财产规划方案时首先考虑如何将遗产正确地分配给客户希望的受益人,而不是减少纳税额。即使在遗产税率较高的国家也不能过于强调遗产税的影响,因为客户的目标和财产状况在不断变化,如果为了降低纳税而采用许多减少财产规划方案可变性的遗产管理工具,可能会导致客户的最终目标无法实现。

2. 保证规划方案的可变性

客户向理财规划师征求规划意见就是为了在其突然去世或丧失行为能力时确保其财产有一个适当的安排。所以说,客户在制定财产传承规划时也无法确定何时会执行。如果客户在较长一段时间内不会执行,其价值取向、财务状况、目标期望、投资偏好等往往发生变化,其规划方案也可能会随之发生改变。确保可变性在财产传承规划中极其重要,理财规划师在为客户制定规划方案时应该留有一定的变化余地,并且要让客户进行定期或不定期的审阅和修改。

拓展阅读

财产传承方案的可变性

某客户现年43岁,已婚并育有一儿一女,他计划将子女送到外国接受高等教育,他当前拥有的资产包括公司股权、投资基金和房产等。他的财产传承规划目标是在保障妻子的生活水平后将剩余财产留给子女作为教育基金。这时的规划方案是将大部分财产留给一对儿女。但是,在五年后,该客户身体健康,离婚并再婚,又有了新的子女;客户的财政状况也发生了变化,他在结束大多数公司业务后主要持有基金股票和债券;且对前儿女的态度和43岁时不同了,更疼爱与现任妻子共同养育的女儿。由此,理财规划师要根据客户现状重新调整规划方案的内容。

(二) 财产传承理财规划的目标和特点

1. 财产传承理财规划的目标

财产传承理财规划的主要目标是帮助投资者高效率地管理遗产,并将遗产顺利地转移到受益人的手上。

以下是几个具体的遗产规划目标:

(1) 确定遗产的继承人即受益人,以及受益人所要获得的份额。

(2) 为继承人提供足够的财政支持。

(3) 在保证传承规划目标一致的情况下,将遗产转移成本(如死亡税)等降到最低。

(4) 确定遗产继承人接受该遗产的方式,是直接接收资产还是通过信托方式,如果运用信托还要考虑信托条款、条件、期限以及受托人。

(5) 保证规划的流动性。

(6) 确定清算遗产的管理人,这就涉及遗嘱执行人或遗产联合执行人的问题。

希望把自己的财产最大限度地留给后人,或者保证后续治疗费用,或是为子女和妻子做好安排,这都是财产传承理财规划中的内容。最重要的是要了解规划的目标,这样才能有目的地去规划、安排,给自己的财产规划画上一个圆满的句号。当然,不同客户在生命所处的不同时期,其制定传承理财规划的目标不同,理财规划师应该在与客户的交谈中更深入地了解其期望。无论客户最终实现什么目标,都需要将其目标的具体要求明确记下来,这样理财规划师才能在制定财产传承理财规划时加以综合考虑。

2. 财产传承理财规划的特点

财产传承理财规划中最重要的特点就是可变性。客户通过理财规划师制定规划的目的就是防止在其突然去世或丧失行为能力时确保其资产能得到适当的安排。所以,客户根本无法确定其规划生效及实施的具体日期,从而在规划制定到生效期间里,客户的价值取向甚至是期望目标都有可能发生变化,而其财产传承规划也会随着产生变化。

财产传承规划的可变性将会降低的三种情形:财产中有客户与他人共同拥有的财产;客户将部分财产作为礼物捐赠给他人;客户在财产传承规划中采用了不可撤销性信托条款。

(三) 财产传承规划的工具

1. 遗嘱

遗嘱是财产传承规划中最重要的工具,却时常会被客户所忽略。客户需要依程序订立遗嘱文件,明确如何分配自己的遗产,然后签字认可,遗嘱即可生效。一定的客户需要在遗嘱中指明各项遗产的受益人。

遗嘱给予了客户很大的遗产分配权。为了确保遗嘱的有效性,理财规划师应该建议客户采用正式遗嘱形式,并及早拟定相关的文件。

理财规划师需要提醒客户在遗嘱中列出必要的补遗条款,因为借助该条款客户再希望更改其遗嘱内容时不需要制定新的遗嘱文件,而在原来文件上修改即可。另外,在遗嘱的最后,客户还需要签署剩余财产条款声明,否则该遗嘱文件将不具有法律效力。

尽管理财规划师不能直接协助客户订立遗嘱,但他们仍有义务为客户提供有关的信息。例如,订立遗嘱需要的文件、在遗嘱订立过程中可能出现的问题等。这需要理财规划师对遗嘱术语、影响遗嘱的因素和有关法规有充分的了解。

2. 遗产委托书

遗产委托书是财产传承理财规划的另一种工具,它授权当事人指定的一方在一定条件下代表当事人指定其遗嘱的订立人,或直接对当事人遗产进行分配。客户通过遗产委托书,可以授权他人代表自己安排和分配其财产,从而不必亲自办理有关的遗产手续。被授予权力代表当事人处理其遗产的一方称为代理人。在遗产委托书中,当事人一般要明确代理人的权力范围,后者只能在此范围内行使其权力。

财产传承理财规划涉及的遗产委托书有两种:

普通遗产委托书和永久遗产委托书。如果当事人去世或丧失了行为能力,普通遗产委托书就不再有效。所以必要时,当事人可以拟定永久遗嘱委托书,以防范突发意外事件对遗产委托书有效性的影响。

永久遗产委托书的代理人,在当事人去世或丧失行为能力后,仍有权处理当事人的有关遗产事宜。所以,永久遗产委托书的法律效力要高于普通遗产委托书。在许多国家,对永久遗产委托书的制定有着严格的法律规定。

3. 遗产信托

遗产信托是一种法律上的契约,当事人通过它指定自己或他人来管理自己的部分或全部遗产,从而实现各种与财产传承理财规划有关的目标。遗产信托可以作为遗嘱补充来规定遗产的分配方式,或用于回避遗嘱验证程序,或增强规划的可变性,或减少遗产税的支出。采用遗产信托进行分配的遗产称为遗产信托基金,被指定为受益人管理遗产信托基金的个人或机构称为托管人。

根据遗产信托的制定方式,可将其分为生命信托和遗嘱信托。生命信托是当事人仍健在时设立的遗产信托。例如,某客户在其生前为儿女建立遗产信托,并指定自己或他人为信托的托管人,儿女为受益人。这样,客户的儿女并不拥有该信托的所有权,却享有该基金产生的收益。生命信托包括可撤销性信托和不可撤销性信托。前者具有很强的可变性,它允许随时修改,较受大众欢迎。此类信托不但可以作为遗嘱的替代文件帮助客户进行遗产安排,而且可以节约昂贵的遗嘱验证费用。而不可撤销性信托只能在有限的情况下才可以修改,但它能享有一定的税收优惠,所以当客户不打算对信托中的条款进行调整时,可以采用这一信托形式。

遗嘱信托是根据当事人的遗嘱条款设立的遗产信托,是在当事人去世后、遗嘱生效时,将信托财产转移给托管人,由托管人依据信托内容来管理处分信托财产。

4. 人寿保险

人寿保险产品在遗产规划中也有着很大作用。客户如果购买了人寿保险,在其去世时就可以获得一大笔保险赔偿金,而且它是以现金形式支付的,所以能够增加遗产的流动性。因此,人寿保险在财产传承理财规划中比较受理财规划师和客户的重视。然而,人寿保险赔偿金和其他遗产一样,也要支付税金。此外,客户在购买人寿保险时,需要每年支付一定的保险费。如果客户在保险合同规定的期限内没有去世,则可以获得保险费总额及其利息,但利率通常低于一般的储蓄利率。

5. 赠与

赠与是指当事人为实现某目标将某项财产作为礼物赠送给受益人,而使该项财产不再出现在遗嘱条款中。客户采取这种方式一般是为了减少税收支出。这种方法的缺点就是,一旦赠与他人,当事人就失去对该财产的控制,将来也无法将其收回。

拓展阅读

遗产节税规划

虽然我国现在还没有开征遗产税和赠与税,但未来不排除有征收的可能性。因此,可以比照国外遗产税的节税方式,帮可能会留下高额遗产的高净值客户做好遗产节税规划。

1. 安排高额保单将应税遗产转为免税遗产

投保人可在生前投保高额终身寿险保单,按照自己的意愿指定家属受益人。如果不投保,现金遗产是要纳税的。被保险人身故后,保险金可被视为受益人的财产,而不是被保险人留下的遗产,不用缴纳遗产税。

2. 利用赠与税免税额分年赠与

提前规划,利用赠与税免税额分年赠与,以时间换取节税空间。如果每年的赠与免税额是50万元人民币,赠与20年,就可以免税转移1 000万元人民币的财产。如果赠与的是未上市公司以账面价值计算的股权,因为股权的实际价值一般都高于账面价值,节税的效果更好。

3. 利用生前信托冻结高增值财产的价值

可以用股权或艺术收藏品等高增值的财产成立信托,以子女为受益人。此类信托成立时要缴赠与税,信托合同可设定为在委托人身故后将信托财产转移给受益人,此时不用再缴纳遗产税,可规避高增值财产应缴纳的遗产税。

4. 利用婚姻扣除额

由于生前赠与配偶的财产不用征赠与税,可利用此规定,利用税率相等化策略,使夫妻名下留下来的财产相差不大,避免将遗产集中在一个人身上,否则要按照累进税率缴纳高额的遗产税。

5. 利用慈善捐赠

生前的慈善捐赠不用缴纳赠与税,在所得30%的限额下不用缴纳所得税,捐赠遗产时也不用缴纳遗产税。高净值客户做慈善事业,可以赠与股权的方式成立以公益慈善为目的的基金会,安排家人担任基金会的执行长。这种安排可在降低遗产额的同时仍可以让家人掌控股权,既得到了慈善名声,也达到了节税的目的。

实训任务

个体户刘甲丧偶后,与24岁的儿子刘乙一起经营副食店为生,商店资产约为8万元。2000年,刘甲与丧偶妇女杨丙再婚,婚后杨的10岁女儿张丁随母与刘甲一起生活。刘家父子经营商店,杨丙操持家务,小日子过得很是幸福美满。2002年,因刘乙准备结婚,急需住房,经刘甲同意,欲将商店赚的钱购买商品房,遭到杨丙的反对,由此引发矛盾。

2004年1月,刘甲向法院起诉,要求与杨丙离婚。经法院调解,杨丙同意离婚,但对夫妻共同财产分割未达成一致协议。杨丙认为:"商店现有资产是我操持家务,让刘甲专事经营挣来的,且刘乙恋爱中已经花了不少钱,因此,商店现有的财产是夫妻共同财产,我要分一半。张丁是刘甲抚养的继女,享有婚生子女的权利和义务,离婚后,刘甲应承担张丁每月抚养费500元,直到其能独立生活为止。"刘甲认为:"商店现有资产是我和儿子挣来的,杨丙未做任何贡献,我倒养了她们母女俩几年,因此,我坚决不同意分割财产。张丁不是我的亲生女儿,离婚后我没有抚养她的义务。"经法院查明,商店现有资产32万元。

思考：

1. 商店现有资产是否属于夫妻共同财产，为什么？
2. 杨某是否有权分得商店的部分资产？
3. 法院应当怎样分割才合法？
4. 刘甲是否有继续抚养张丁的义务，为什么？

模块三　个人理财综合规划

第十二章　个人理财综合规划

学习目标

（一）知识目标
1. 掌握综合理财规划的基本知识。
2. 掌握设计综合理财规划建议书的工作程序。
3. 熟练运用所学知识制定完整的理财规划建议书。

（二）能力目标
1. 能够针对具体案例展开综合理财规划。
2. 能够评价理财规划方案的有效性和可行性。
3. 能够实施理财方案。

（三）思政目标
1. 增强诚信服务意识。
2. 养成严谨的工作态度。
3. 培养团队合作精神。

案例导入

鲁迅和胡适的财富管理小故事

鲁迅主要的收入来源就是写书的稿费、大学任教的工资和担任教育部官职的工资，从当时的物价来看，鲁迅是实打实的高收入人群了。他非常善于财富管理，有记账习惯，《鲁迅日记》中有他写得十分详细的日常生活各种收入与支出记录；还不准别人拖欠稿费，可以说是锱铢必较；另外，他也和现在很多人一样贷款买房。鲁迅也梦想着早日实现财务自由："在钱下呼吸，实在太苦，苦还不妨，受气却难耐……我想此后只要以工作赚得生活费，不受意外的气，又有点自己玩玩的余暇，就可以算是幸福了。"

1917年，27岁刚刚留学回国的胡适，在北京大学任教授时的月薪为280银圆。1931年，胡适月薪600银圆，加上他著作的版税、稿酬等，估算每月收入能有1500银圆，可以说是生活非常富裕。但是，胡适不注重理财，用现在的话来说，是一个典型的月光族，长期没有积蓄。战争爆发后，胡适的生活开始拮据起来。到了晚年，他经常告诫身边的人，年轻时要注意多留点积蓄。

从单身、新婚、有子女、中年到老年，不同时期的家庭，理财规划师如何设计理财方案？一份完整的理财方案包括哪些要素、经过哪些流程？而当理财方案完成后，理财规划师的工作是否就已经结束了呢？实际上，在提供综合理财规划服务的过程中，客户的理财因人而异，因此理财规划师往往需要在理财目标制定、理财工具选择、实施时间安排等方面，根据客户需求进行差异性的分析。在制定完毕后的实施过程中，理财规划师仍然需要定期评估规划方案，监督客户的财务状况及实施效果，并且对理财效果进行评价。

（资料来源：https://www.sohu.com/a/202029325_99904305）

第一节　综合理财规划

一、综合理财规划

（一）综合理财规划的内涵

综合理财规划又称理财规划（Financial Planning），是指运用科学的方法和特定的程序为客户制定切合实际的、具有可操作性的某方面或综合性的财务方案。

综合理财规划是由专业理财人员提供个性化的服务，通过对个人或家庭各方面财务需求的整体评估，明确客户理财目标，分析客户的生活、财务现状，从而帮助客户制定出可行的理财方案的一种综合性金融服务。

综合理财的目的在于能够使客户不断提高生活品质，即使到年老体弱或收入锐减的时候，也能保持自己所设定的生活水平。理财规划主要是为了实现两个层次的需求：财务安全和财务自由。

综合理财以客户分析为基础，在对目标客户的财务、风险偏好和理财需求进行全面分析的基础上，对其人生发展、现金与流动性管理、消费与住房投资、风险与保障管理、金融投资、税收筹划等进行综合性规划。

因此，综合理财规划师为客户提供的是一种综合性的金融服务。理财规划不仅仅是某个阶段的规划，更是针对理财对象个体或者家庭生命周期进行的综合性规划。在了解客户财务、生活状况以及风险偏好的基础上，进一步明确特定的财务需求和理财目标，制定出切实可行并且进行定期的监控、反馈和调整的理财方案。

它不局限于提供某种单一的金融产品，而是针对理财对象的综合需求进行有针对性的金融服务的组合创新，是一种全方位、分层次、个性化的理财服务。这种个性化的理财服务在20世纪七八十年代已经在国际上较发达城市拥有成熟的市场。理财规划师为客户进行的理财，主要是根据客户的资产状况与风险偏好，关注客户的需求与目标，以"帮助客户"为核心理念，采取一整套规范的模式提供包括客户生活方方面面的全面财务建议，为客户寻找一个最适合的理财方式，包括保险、储蓄、股票、债券、基金等，以确保其资产的保值与增值。

（二）综合理财规划的基本原则

在进行理财规划的整体设计过程中，需要遵循六大基本原则，才可以为客户做好资金管理与配置，提供更加有效的理财服务。

1. 整体规划原则

整体规划原则既包含规划思想的整体性，也包含理财方案的整体性。因为综合理财规划贯彻整个生命周期，不是单一性规划，涉及现金规划、消费支出规划、教育规划、风险管理与保险规划、税收筹划、投资规划、退休养老规划、财产分配与传承规划等内容，是内在综合性的规划。

2. 提早规划原则

要及早地实现财务自由就要未雨绸缪，预先做好规划和安排，因为通过理财规划达到预期的财务目标，与时间长短有很直接的关系。一方面，可以尽早地利用"钱生钱"的复利功效；另一方面，凭借较长的准备期，可以减轻各个阶段的经济压力。

3. 现金保障优先原则

现金保障规划应是理财规划师首先考虑和重点安排的内容，只有建立了完备的现金保障，才能考虑其他的专项规划。现金规划内容通常包括日常生活覆盖准备和意外现金储备。

4. 风险管理优于追求收益原则

追求收益最大化应基于风险管理基础之上，应根据客户不同生命周期及风险承受能力制定不同的理财方案。

5. 消费、投资与收入相匹配原则

理财规划应该正确处理消费、资本投入与收入之间的矛盾，实现资产的动态平衡，确保在投资达到预期目的的同时保证生活质量的提高。

6. 家庭类型与理财策略相匹配原则

根据不同的家庭生命周期，在理财策略上有所侧重。例如，青年家庭理财风险承受能力强，规划的核心策略可为进攻型；中年家庭理财风险承受能力居中，可以采取攻守兼备型；老年家庭的理财风险承受能力较低，应采取防守型理财策略。

（三）综合理财工作流程

综合理财规划遵循一定的流程，基本上包括以下几个步骤。

1. 收集客户相关信息

（1）确定客户关系。通过与客户的交谈和沟通，在确认客户有真实的理财需求并且有委托意向的情况下，理财规划师应与客户签订规划服务合同，正式确立客户关系。

在建立客户关系以后，理财规划师就要开始进一步收集客户的相关信息，因为最终的理财规划方案是否符合客户的实际需要，关键取决于是否充分和准确地了解了客户相关信息，因此各国的理财资格标准中，明确指出将收集客户信息作为理财规划的基础。

（2）收集方式。客户信息需要通过直接和间接途径来获取。直接途径包括理财规划师与客户直接沟通和交谈。除了收集与客户直接相关的信息外，还需要获取由政府部门或金融机构公布的公开宏观经济信息，如经济周期、物价和通货膨胀率、金融市场和监管、个人税收、社会保障等相关信息，以作为理财规划设定经济假设前提的备用数据。

（3）信息分类。客户信息可以分成财务信息和非财务信息。财务信息具体包括客户目前的收支情况、资产负债情况和其他财务安排以及这些信息的未来变化状况。财务信息是理财规划的依据，本书第二章中已经阐述过财务信息的收集方法。

非财务信息是指其他相关的信息，包括客户的社会地位、年龄、投资偏好、价值观、风险承受能力。掌握客户的非财务信息能够进一步了解客户，直接影响理财规划的制定。

2. 分析客户财务信息

在收集了完整的个人财务信息和非财务信息以后，接下来是对这些零散的信息进行整理。可以采取类似编制企业财务报表的方式处理这些信息，使其成为一系列个人财务表。同样，客户的财务信息可以整理归类到个人资产负债表、个人收入支出表以及现金预算表。

个人资产负债表反映的是某一时点客户个人资产和负债状况的总结，由资产、负债以及净资产组成，而净资产恰恰可以体现个人累积财富的程度。需要注意的是，在实际运用时，个人理财规划与公司规划不一样，在编制的时候以客户的家庭情况和工作习惯进行具体的格式设计。

个人收入支出表反映的是一段时间内的财务活动状况，包括收入、支出和结余（或赤字）。这张表格可以帮助规划师深入了解客户的现金流情况，发现实际发生的费用和预算数字、所得收入与花费之间的差异。从某种意义上来说，个人收入支出表比个人资产负债表更能体现客户存在的财务问题，为进行财务现状分析和理财目标设置提供基础资料。

现金预算表主要对客户未来的现金流量表进行一定的预算和估测，包括预测未来客户的现金收入和支出。在对未来收入进行预测时需要注意两点：一是估计客户收入最低时的情况，这将有助于客户了解自己基本的生活质量；二是根据客户以往收入和宏观经济情况对其收入进行调整。预测客户未来支出时则要注意，首先要考虑满足客户基本生活的支出，再次要了解客户期望实现的支出水平。

3. 分析客户风险特征

风险是对预期的不确定性，是可以被度量的。同样的风险在不同的主体那里会有不同的感受，因此每个客户对待风险的态度都是不一样的。客户的风险特征是进行理财顾问服务要考虑的重要因素之一。客户的风险特征可以从风险偏好、风险认知度、实际风险承受能力三个方面来进行说明。

4. 确认客户理财目标

俗话说："知道目标等于完成了行程的一半。"在家庭理财领域管理家庭财务，如果没有一个具体的目标，就像驾驶一辆不知道驶向何处的汽车，是很难到达目的地的。可见，能否给自己的家庭理好财，其关键是有没有明确的理财目标。在提供服务的诉求时，理财规划师需要帮助客户实现从基础需求到高级需求的转换。

5. 制定理财规划方案

（1）现金管理规划。建立应急基金，保障个人和家庭生活质量和状态的持续稳定。

（2）消费支出规划。即为客户制定开源节流的生活规划，包括住房消费规划、汽车消费规划以及信用卡与个人信贷消费规划，以达到适度消费，稳步提高生活质量的目的。

（3）教育规划。在收集客户信息、分析教育费用的变动趋势并估算教育费用的基础上,为客户选择适当的教育费用准备方式及工具,制定并根据因素变化调整教育规划方案。子女教育规划已经成为理财规划方案中非常重要的一部分。

(4) 风险管理与保险规划。通过对风险的识别、衡量、评价,选择与优化组合各种风险管理技术,对风险实施有效控制和妥善处理风险所致损失的后果,以尽可能小的成本去争取最大的安全保障和经济利益。

(5) 税收筹划。税收筹划是指纳税人在符合国家法律及税收法规的前提下,按照税收政策法规的导向,事前选择税收利益最大化的纳税方案处理自己的生产、经营和投资、理财活动的一种筹划行为。

(6) 投资规划。根据客户投资理财目标和风险承受能力,为客户制定合理的资产配置方案,构建投资组合来帮助其实现理财目标的过程。为客户制定合适的投资规划是理财规划师个人水平的充分体现,合适的投资规划是为不同客户或同一客户不同时期的理财目标而设计的,不同的理财目标要借助不同的投资产品来实现。

(7) 退休养老规划。退休养老规划是为了保证客户在将来有一个自立、有尊严、高品质的退休生活,而从现在开始积极实施的规划方案。其核心在于退休需求的分析和退休规划工具的选择。主要包括社会养老保险、企业年金、商业养老保险、储蓄、其他投资方式。

(8) 财产分配与传承规划。财产分配与传承规划是个人理财规划中不可或缺的部分。从形式上看,制定财产分配和传承规划能够对个人及家庭财产进行合理合法的配置;从更深层次的角度看,财产分配与传承规划为个人和家庭提供了一种规避风险的保障机制,当个人及家庭在遭遇现实中存在的风险时,这种规划能够帮助客户隔离风险或降低风险带来的损失。

6. 执行理财规划方案

依照制定的整体理财规划方案实施,首先是取得客户授权,这是执行规划的第一步,包括代理授权和信息披露授权;其次是签署客户声明,包括资质声明、客户许可、实施效果等声明;最后就是对执行时间、人员、资金做出合理的安排。

7. 监控理财方案实施

提供持续的理财服务,定期对理财规划方案进行评估,当宏观经济的重要参数发生变化、金融市场或客户自身的情况发生改变时,都要对理财规划方案进行调整。

二、综合理财规划书制作

(一) 综合理财规划建议书的基本概念

综合理财规划建议书是指在对客户的家庭状况、财务状况、理财目标及风险偏好等详尽了解的基础上,通过与客户的充分沟通,运用科学的方法,利用财务指标、统计资料、分析核算等多种手段,对客户的财务现状进行描述、分析和评议,并对客户财务规划提出方案和建议的书面报告。综合理财规划建议书的内涵主要表现在它的目标指向性上。通过调查分析,指出问题所在,进而提出改正方案和积极进取的建议。

理财规划建议书是针对客户具体情况的个性化方案,不同理财规划师对理财产品的理解也不同,因此理财方案并没有确定的、标准的模式。

(二)综合理财规划建议书的作用

综合理财规划建议书能够帮助客户认识当前财务状况,明确现有问题,改进不足之处,选择最优方案,实现家庭理财效益最大化。

(1) 对于客户具有以下作用:

① 是一种向客户传达财务策划建议的媒介,可以让客户有充足的时间,对方案充分考虑。

② 通过书面形式,可以让客户记住。

(2) 对于理财规划师具有以下作用:

① 减少法律风险。

② 增强客户对所提出方案的好感。

③ 可以建立一个良好的机制,促使规划师考虑全面。

(三)综合理财规划建议书的特点

(1) 操作的专业化。其专业性主要体现在参与人员的专业要求;分析方法的专业要求;建议书行文语言的专业要求。

(2) 分析的量化性。数量化分析和数量化对比是理财规划的操作方法,同时也体现了理财规划建议书的专业性特点。

(3) 目标的指向性。综合理财规划建议书写作的目的是指向未来的。分析客户一定时期的财务状况属于回顾,回顾的目的是为今后更好地进行理财规划获得充分、真实的决策依据。

(四)综合理财规划建议书制作的步骤和内容

综合理财规划建议书的制作步骤主要有八步:

第一步:制作封面及前言。

(1) 封面。理财规划建议书的封面一般包括标题、执行该理财规划的单位、出具报告的理财服务的人员。

(2) 前言。

① 致谢。通过撰写致谢辞对客户信任本公司并选择本公司的服务表示感谢。具体写法如"尊敬的××先生/女士"。然后换行写致谢辞,如可以简介公司的概况、执业年限和经历、下属理财规划师的资历,表达对客户信任公司的感谢,并提出希望与客户保持长期合作关系。

② 理财规划建议书的由来。这部分内容需要写明接受客户委托的时间,简要告知客户本建议书的作用。

③ 建议书所用资料的来源。需要列举出来理财规划师在制订理财规划的过程中收集的各种资料,如客户自己提供的资料、市场资料、政策资料等,以便使客户相信最终方案是可信的。

④ 公司义务。写明公司的义务,以便将来一旦有争端,能够准确划分双方的责任。例如,讲明公司指定的理财规划师具有相应的胜任能力、勤勉尽责的工作态度、保证不泄露客户隐私和商业秘密等。

⑤ 客户义务。客户的义务通常包括按约定缴纳理财服务费；提供相关的一切信息，信息内容真实准确；客户家庭或财务状况如有重大变化应及时告知理财规划师；对理财建议书不经许可不得供第三方使用或公开发表披露；为理财规划的制定提供必要的便利条件等。

⑥ 免责条款。理财规划师需周密考虑可能发生的各种情况，划分乙方与客户方的责任。例如，理财规划的制定是基于客户提供的资料和通常可接受的假设，合理地估计的，因此推算出的结果可能与真实情况有一定误差，这一误差非理财规划师的过错。由于客户提供信息错误而造成的损失、由于客户未及时告知客户家庭或财务状况变化造成的损失，公司不承担责任。公司不对实现理财目标做任何保证，且对客户投资任何金融工具或实业工具也不做任何收益保证。

⑦ 费用标准。这部分需要写明公司各项理财规划的收费情况。往往各种理财产品的收费标准是以客户金融或实物资产的多少为依据的，会有不同数量级别的划分。应清晰告诉客户每一级相对应的费用以及各品种的服务年限及服务内容。

第二步：提出理财规划方案的假设前提。

理财规划的制定是基于多个假设前提的，包括未来平均每年通货膨胀率、客户收入的年增长率、定期及活期存款的年利率、股票/债券/货币型基金投资平均年回报率、投资日期。标题通常包括理财规划的对象名称及文种名称两部分，如《××家庭理财规划建议书》。日期应为最后定稿并由理财机构签章的日期。投资连结险及债券投资的平均年回报率、房产的市场价值、汽车的市场价值、子女教育费的年增长率、个人所得税及其他税率、外汇汇率等。理财规划师需要在充分了解市场的基础上，列出这些数值并在理财规划中加以运用。

第三步：开始编写正文，完成财务分析部分。

正文部分包括客户家庭基本情况和财务状况分析、客户的理财目标、分项理财规划、调整后的财务状况、理财规划的执行与调整和附件及相关资料。

第四步：确定客户的理财目标。

根据理财规划分为全面理财规划和专项理财规划，理财目标也相应地分为全面理财规划目标和专项理财规划目标。

(1) 全面理财规划目标。全面理财规划追求的是家庭财务状况达到最优水平。因此，按照规划内容，全面理财规划目标需包括养老、保险、子女教育、投资、遗产等方面的因素。

全面理财规划目标按照规划时间的长短分为短期、中期、长期目标。短期目标，如5年内购买新房、新车、出国旅游等。中期目标，如10年、20年的子女教育，双方父母的养老安排，双方自身的后续教育计划，旅游安排，家庭固定资产置换计划。长期目标，如20～30年后的夫妻自身的养老计划，对金融资产及实物资产的投资，移民等。

(2) 分项理财规划目标。分项理财规划追求某一方面的最优。例如，分项规划的目标为足够的意外现金储备、充足的保险保障、双方父母的养老储备基金、双方亲友特殊大项开支的支援储备、夫妻双方的未来养老储备基金、子女的教育储备基金等。在完成各分项规划目标时需要制定更具体的目标，如家庭储蓄率应达到的比重、各金融产品所应达到的比重、家庭现金流数量、非工资收入比重和家庭净资产值等。

理财规划师需要与客户沟通，将分项规划按照轻重缓急进行排序，一般保险规划处于较为优先的地位，养老规划次之，而购房计划处于比较靠后的地位。

第五步:完成分项理财规划。

分项理财规划通常包括现金规划、消费支出规划、子女教育规划、风险管理与保险规划、税收规划、投资规划、退休养老规划、财产分配与传承规划8项规划。具体规划的编制在本书的各项目中已有介绍,不再赘述。

第六步:分析理财方案预期效果。

在此部分需要编制方案执行后的资产负债表、收入支出表,同时列示调整前的数字,此外,需要计算方案执行后的财务比率,同时列示国际通用的财务比率的合理范围及调整前的比率,使客户直观地看到理财规划的效果。

第七步:完成理财规划方案的执行与调整部分。

理财规划师需要编制一个方案具体执行的时间计划和相应的人员安排。同时还需向客户说明:方案执行人员如何协助客户购买合适的理财产品;当出现新产品时,理财规划师承诺将主动提醒客户关注;理财规划师具有监督客户执行理财规划的义务;如果客户家庭及财务状况发生变动,影响理财规划方案的正确性,则应按照怎样的程序进行方案调整;方案调整的注意事项;在理财规划方案实施过程中的文件存档管理;理财方案实施中的争端处理等。

第八步:完备附件及相关资料。

(1) 投资风险偏好测试卷及表格。

(2) 配套理财产品的详细介绍。具体包括各大银行、基金公司、保险公司、证券公司等金融机构推出的适合本理财规划建议书的理财产品目录及介绍。

第二节　综合理财规划案例

一、客户信息

(一) 客户基本信息

客户信息:李彬,35岁,本科毕业,互联网公司产品经理。妻子刘芳,33岁,本科毕业,销售管理人员。两人有一个3岁的女儿李子恩。

家庭地址:广东省深圳市宝安区后瑞华庭E栋1902。

电话号码:185＊＊＊＊0523。

(二) 客户财务信息

时间:2020年1月1日—2020年12月31日

李彬当前每月税后工资为21 000元(税后),年终奖为60 000元(税后)。刘芳每年的工资为150 000元(税后),年终奖为120 000元(税后)。李先生家庭现在居住的房子购买于2017年1月,现价4 200 000元,至今房子市值已上涨了40%。采用商业贷款,首付四成,贷款利率为5%,贷款期限为15年,还款方式为等额本息,从购买当月即开始还款。

李先生家庭于2019年全款购买了一辆轿车,该车现价200 000元。现家庭中有现金40 000元,活期存款80 000元,3年前存入5年期定期存款90 000元。

李先生于 2017 年 1 月 1 日以 106 元的价格购买了 152 张面值为 100 元、利率为 10%、每年 12 月 31 日支付一次利息的 2016 年发行的 10 年期国库券,现在该债券的市场价格为 127。(债券持有期收益率)

李先生于 2 年前购买了债券型基金 B 基金 61 200 元,B 基金 2 年来累计收益率为 26%,现无风险利率为 4%,标准差为 0.6。2 年前市场上有三个债券型基金投资组合 N 的业绩如下,李先生拟通过该投资组合的特雷诺比率选择了最优的投资组合进行投资,投资金额 108 200 元,平均年收益率即为表格收益率。(基金业绩评价分析)

投资组合	平均年收益率	β值
N_1	12	0.9
N_2	16	1
N_3	18	1.1

李先生在 2019 年 12 月 31 日,买入 120 股 A 公司股票,价格为 100 元。2020 年 12 月 31 日,公司每股发放 5 元分红,同时其股价为 126.78 元。(单股业绩分析)

李先生家庭生活稳定,平均每年的日常生活支出为 80 000 元;每月的医疗费用是 1 000元;每年的置装费用为 10 000 元;每年的汽车费用约为 6 000 元;李彬加入了一个射击俱乐部,每年的费用为 12 000 元;李先生的妻子报班学习烹饪,每年的学费为 4 800 元。由于两人平时比较忙,夫妇俩在工作日将女儿送到幼儿托管班,每年的费用为 21 000 元。李先生家庭除了房贷没有其他贷款。李先生夫妇除了单位缴纳的五险一金外没有购买其他的商业保险。他们为女儿购买了一份保额为 500 000 元的少儿商业保险,每年的保费为 6 000 元。

二、客户理财目标设定

(一) 现金规划

虽然李先生目前生活稳定,但其还是担心如果出什么意外的话,他的家庭无法抵御风险,因此准备将现金作为抵御风险的工具。理财规划师建议李先生同时将银行定期存款、银行活期存款、信用卡融资作为现金规划工具。

(二) 保险规划

李先生夫妇除了社保外没有其他的风险保障,他们希望家庭在面临危机时能够有完备的风险保障。

(三) 教育规划

为了让孩子体验不一样的学习生活,李先生希望女儿能够到澳大利亚读大学,目前女儿离上大学还有 15 年的时间。目前在澳大利亚念书的每年费用支出为 178 600 元,并且会以平均每年 2.74% 的速度增长,预计读 4 年。李先生现准备储备教育金,预期投资收益率为 7.26%。

(四) 投资规划

李先生希望通过合理的规划,用手上闲置的钱购买不同种类的理财产品以获得最大的收益,但是他不知道该怎样着手。

(五) 养老规划

李先生计划在 65 岁的时候退休,可变更。李先生为了减轻女儿以后的赡养负担,决定在退休前积累一笔资金。他计划在 65 岁时退休,预期寿命为 80 岁。当前一般退休家庭平均每年的生活费用为 50 000 元,并且预计将来会以每年 3% 的速度增长(假设退休后生活费不再变化),李先生希望能达到一般家庭生活水平。假设退休前年投资收益率为 7%,退休后投资保守,收益率和通胀率正好相互抵消。李先生已经准备了 60 000 元的养老金。

(六) 财产分配与传承规划

李先生在 80 岁时立了一份遗嘱,并且已经公证了,遗嘱内容写着其遗产的六成留给女儿,另外的遗产全部留给他的妻子。

三、客户综合理财规划分析

(一) 客户信息录入

1. 新增客户

客户名称	李彬	性别	男
年龄	35	婚姻状况	已婚
职业	上班族	地址	广东省深圳市宝安区后瑞华庭 E 栋 1902
学历水平	本科	联系方式	1852＊＊＊＊523

2. 家庭成员

关系	成员名称	年龄	职业	学历水平
配偶	刘芳	33	上班族	本科
长子				
长女	李子恩	3	其他	其他
父亲				
母亲				

(二) 客户生命周期分析

生命周期	家庭成长期

这一时期,该客户可支配收入__高__;支出__高__;风险承受能力__中__。

(三) 客户家庭财务分析

1. 家庭收入支出表

李彬家庭收入支出表

项　目		金额/元
收入	工资和薪金	402 000
	奖金和佣金	180 000
总收入		582 000
支出	日常生活支出	80 000
	房屋支出	170 811.48
	汽车支出	6 000
	商业保险费用	6 000
	医疗费用	12 000
	其他支出	47 800
总支出		322 611.48
结　余		259 388.52

2. 家庭资产负债表

李彬家庭资产负债表

项　目			金额/元
资产			
金融资产	现金与现金等价物	现金	40 000
		活期存款	80 000
		定期存款	90 000
	其他金融资产	股票	15 213.6
		基金	227 769.68
		国债	19 304
实物资产	自住房		4 200 000
	机动车		200 000
资产总计			4 872 287.28
负债	住房贷款		1 442 982.36
负债总计			1 442 982.36
净资产			3 429 304.92

3. 家庭财务比率分析

李彬家庭财务比率分析表

序 号	财务比率分析	计算结果	诊断
1	结余比率	45%	合理
2	投资净资产比	8%	偏低
3	流动性比率	4.46%	偏高
4	清偿比率	70%	合理
5	资产负债率	30%	合理
6	负债收入比	29%	偏低
7	即付比率	8%	偏低

（四）理财目标设定与分析

李彬家庭理财目标

目标类别	目标描述	预期实现时间/年	可变更性
短期项目	建立应急基金	0	不可变更
短期项目	建立保险保障	0	可变更
短期项目	闲置资金投资	0	可变更
长期项目	女儿去澳大利亚读大学	15	不可变更
长期项目	退休	30	可变更

（五）现金规划

1. 李彬家庭现金需求分析

单位：元

现有现金及现金等价物	现金	40 000
	银行活期存款	80 000
	银行定期存款	90 000
	其他存款	
	货币市场基金	

根据对客户家庭财务报表的分析可以知道客户目前流动性资产为 __120 000__ （元）；每月支出为 __26 884.29__ （元）；客户家庭的流动性比率为 __4.46__ ；而根据分析该客户家庭职业及其收入的稳定程度我们判断该客户家庭需要准备 __3～4__ 倍的应急准备金以支

付家庭日常开支和满足家庭的应急要求,因此该客户需要持有　80 652.87～107 537.16 (元)　现金保证家庭成员正常生活　3～4　个月的时间。从客户现有资产配置来看,该客户的家庭应急准备金　偏多　。

2. 李彬家庭现金规划工具

现　金	√	银行活期存款	√
银行定期存款	√	国债	
企业债		股票	
货币市场基金	√	证券投资基金	
期权		期货	
外汇理财产品		人民币理财产品	
金融债		信托理财产品	
信用卡融资	√	典当融资	
保单质押融资			

(六) 保险规划

1. 优先被保险人的确定

姓名	李彬	年龄	35
职业	上班族	个人年收入	312 000 元
个人年收入占家庭年收入比重		54%	

2. 保险金额的确定

已买意外险保额/万元	0	保费支出/元	0
已买寿险及重大疾病险保额/万元	0	保费支出/元	0
建议寿险及重大疾病险保额/万元	69	建议保费支出/元	26 220
建议意外险保额/万元	243	建议保费支出/元	4 860

(七) 教育规划

1. 教育资金缺口分析

目前学费水平/(元/年)	178 600	筹集资金年限/年	15
教育费用增长率/百分比	2.74	目前已储备教育基金/元	0

续 表

目前学费水平/(元/年)	178 600	筹集资金年限/年	15
教育资金总需求/元	967 632.68	教育资金缺口/元	
每月定投资金/元	2 984.44		

(八) 投资规划

客户李彬线上填写风险承受能力测试和风险偏好测试,系统显示测试结果为李彬风险承受能力评分73分,风险偏好得分69。

评估意见:您的风险承受能力属于__中高能力__,风险态度属于__中高态度__。我们建议您的资产配置比例为低风险__0__%;中风险__30__%;高风险__70__%。

1. 现有投资组合

资产类别	当前价值/元	比重/%
低风险类	210 000	44
中风险类	247 073.68	52
高风险类	15 213.6	3

根据风险评估结果得出适合您的投资组合为低风险__0__%;中风险__30__%;高风险__70__%。但是,您现有的投资组合为:低风险__44__%;中风险__52__%;高风险__3__%,因此判断您现有的投资组合__需要__调整。

2. 投资理财方案

投资工具	产品比例/百分比	投入金额/元	预期投资收益率
低风险	0	0	4%
中风险	30	141 686.18	8%
高风险	70	330 601.1	12%
合 计			11

(九) 养老规划

养老规划定投测算

客户名称	李彬	年龄	35岁
预计退休年龄	65岁	预期寿命	80岁
预计退休后年生活费用	121 363.12元	退休当年需要储备的退休费用	1 820 446.80元
现有养老金储备	60 000元	预期收益率	7%

续　表

客户名称	李彬	年龄	35 岁
现有养老金储备退休当年终值		456 735.30 元	
退休当年资金缺口	1 363 711.50 元	退休前每年定投资金	14 436.80 元

（十）财产分配与传承规划

1. 李彬 80 岁时家庭资产登记表

序　号	资产类别	金额/元
1	现金	12 000
2	活期存款	45 000
3	定期存款	70 000
4	基金	162 000
5	养老金	267 806
6	房产	2 760 000
7	汽车	180 000
8	收藏品	57 610
	合　计	3 554 416

2. 继承人

	继承人名称	年　龄	继承人顺序
父亲			第一顺序继承人
外祖父			第一顺序继承人
母亲			第一顺序继承人
外祖母			第一顺序继承人
配偶	刘芳	78	第一顺序继承人
兄弟			第一顺序继承人
姐妹			第一顺序继承人
长子			第一顺序继承人
长女	李子恩	48	第一顺序继承人

3. 遗产种类与价值计算

李彬家庭遗产种类与价值计算表

资　产		负　债	
种类	金额/元	种类	金额/元
现金及现金等价物	63 500	信用卡透支	
股票、债券、基金等投资	81 000	创业贷款	
合伙人投资收益		汽车贷款	
其他投资收益		住房贷款	
养老金(一次性收入现值)	133 903	助学贷款	
主要房产及其他房产	1 380 000	消费贷款	
收藏品、珠宝和贵重衣物	28 805	其他负债	
汽车、家具、其他资产	90 000	负债总计	0.00
资产总计	1 777 280	净资产总计	1 777 280

4. 遗产分配方案

	继承人名称	继承遗产总额(元)
配偶	刘芳	710 883.2
长子		
长女	李子恩	1 066 324.8
父亲		
母亲		
兄弟		
姐妹		
祖父		
祖母		
外祖父		
外祖母		

拓展阅读

全国职业院校技能大赛"智慧金融"赛项"金融综合技能"模块"理财经理岗"

全国职业院校技能大赛,是教育部发起并牵头,联合国务院有关部门以及有关行业、人民团体、学术团体和地方共同举办的一项公益性、全国性职业院校学生综合技能竞赛活动。每年举办一届,是我国职业教育一项重大制度设计和创新。自2008年以来已成功举办15届,规模不断扩大,水平逐年提升,国内外影响力逐步增强,在引领职业教育"三教"改革、提高技术技能人才培养质量、促进高质量就业、服务经济社会发展、助力中外职业教育交流合作等方面发挥了重要作用,已经成为广大职教师生展示风采、追梦圆梦的重要舞台和中国职业教育的靓丽品牌。

"理财经理岗"是全国职业院校技能大赛"智慧金融"赛项"金融综合技能"模块中的一个组成部分。理财经理岗考核选手根据一个家庭的基本信息、财务数据、客户需求、理财目标等内容,操作分析客户信息管理、家庭财务分析、理财目标设定与分析、现金规划、购房规划、汽车消费规划、教育规划、养老规划、风险管理与保险规划、投资规划,形成家庭理财规划方案。具体包括客户需求收集与分析、家庭财务分析、理财目标设定与分析、现金规划、购房规划、汽车消费规划、教育规划、风险管理与保险规划、投资规划、财产分配与传承规划。要求选手具备以下能力:

(1) 具有认知和分析银行产品、基金产品、保险产品、信托产品、股票、黄金、房产等投资产品的能力。

(2) 具有为客户提供金融产品的相关咨询,帮助其配置合适的金融产品,完成理财规划方案的能力。

(3) 具有进行客户关系维护和管理,提供持续跟踪服务的能力。

(4) 具有识别、分析和管理金融机构和客户风险的能力。

(5) 具有运用相关法律法规、行业规定从事职业活动的能力。

(6) 具有良好的语言和文字表达能力、沟通合作能力。

(资料来源:http://www.chinaskills-jsw.org/)

实训任务

1. 通过本门课程的系统性学习,请为自己的家庭或亲人的家庭制定一份综合理财规划方案,检验自己的学习效果,提高理财能力回馈亲人。

2. 为马先生制定综合理财规划方案。

马先生为某企业高层管理人员,年税后工资收入为50万元,今年刚满41岁;马太太为企业职员,独生子女,月税前工资收入6 000元,年终奖税前60 000元,今年36岁。家中有一个8岁男孩小马。2010年,夫妻俩购买一套总价为90万元的住宅,该房产还剩10万元的贷款未还,当初买房时采用等额本息还款法,马先生没有提前还贷的打算。

夫妇俩在股市中的投资,市值约为70万元,股票投资账户目前盈亏持平。活期存款25万元;另外,马先生在市外环有一处50平方米的出租住房,每月租金收入2 000元(含税120元),房产的市场价值为50万元。每月补贴双方父母约为2 000元,双方父母均有养老和医疗保障;每月房屋按揭还贷2 000元,每月家庭日常开销约为4 000元,孩子教育费用平均每月1 000元左右。为提高生活情趣,马先生有每年举家外出旅行的习惯,花费约为12 000元。夫妇俩对保险不了解,分别买了一份人身意外伤害综合保险,给孩子买了一份分红型保险,目前现金价值为 8 280 元,家庭每年的保费开支为 4 500 元,另外夫妇二人预计 10 年后退休,退休后可以再活 35 年,预计退休后每年费用 9 万元。马太太有在未来 5 年购买第三套住房的家庭计划,总价格预计 80 万元。此外,由于家庭已有的车辆已使用近 10 年,夫妇俩目前有购车的想法,目前看好的车辆总价约为 30 万元。夫妇俩想在 10 年后送孩子出国念书,综合考虑各种因素,预计各种支出每年需要 10 万元,本科加硕士共 6 年。

根据马先生的期望和多次协商,马先生家庭的理财目标是:

(1) 现金规划:保持家庭资产适当的流动性。

(2) 保险规划:适当增加保险投入,进行风险管理(短期)。

(3) 消费支出规划(购车):近期内购买一辆总价为 30 万元的车(短期)。

(4) 消费支出规划(购房):在未来 5 年购买第三套房的家庭计划(总价格预计为 80 万元)(中期)。

(5) 子女教育规划:10 年后送孩子出国念书,每年各种支出需要 10 万元,大约 6 年(本科加硕士研究生),共需 60 万元(长期)。

(6) 退休养老规划(长期)。

请根据马先生的理财目标制定综合理财规划方案,交付综合理财规划书。

参考文献

[1] 韩海燕,张旭升.个人理财[M].2版.北京:清华大学出版社,2017.
[2] 李秀萍,陈春丽,盛乐音.个人理财[M].西安:西北工业大学出版社,2022.
[3] 刘凤娟.个人理财规划[M].西安:西安交通大学出版社,2021.
[4] 仝爱华.保险学[M].西安:西北工业大学出版社,2021.
[5] 中国保险行业协会.保险基础知识[M].北京:中国金融出版社,2020.
[6] 廖旗平.个人理财[M].3版.北京:高等教育出版社,2021.
[7] 边智群.理财学[M].北京:中国金融出版社,2006.
[8] 张玲.个人理财规划实务[M].北京:中国人民大学出版社,2021.
[9] 徐慧玲.理财学[M].北京:中国金融出版社,2021.
[10] 胡君晖.个人理财规划[M].2版.北京:中国金融出版社,2018.
[11] 古洁,陈惠芳.个人理财[M].3版.大连:大连理工大学出版社,2023.
[12] 蒋洪平,韩乐.家庭理财规划(中级)[M].西安:西安电子科技大学出版社,2022.
[13] 康建平,王波.个人理财[M].北京:中国人民大学出版社,2021.
[14] 王秀全,郭万华.财富传承案例与实务操作[M].北京:法律出版社,2021.
[15] 王秀全,王恒妮.私人财富管理顾问[M].北京:中国法制出版社,2023.
[16] 博多·舍费尔.小狗钱钱[M].海口:南海出版公司,2009.
[17] 罗伯特·清崎.穷爸爸富爸爸[M].海口:南海出版公司,2011.
[18] 杨后鲁.税务透明时代下的家族财富传承[M].北京:清华大学出版社,2019.
[19] 王继军,侯弼元,王远锦.家庭财富管理与传承[M].北京:中国纺织出版社,2019.
[20] 戴维.传承有道:财富继承风险规避与合理规划[M].北京:法律出版社,2020.
[21] [英]菲利普·马尔科维奇.家族财富的破坏力[M].上海:上海远东出版社,2022.
[22] 黄祝华,等.个人理财[M].6版.大连:东北财经大学出版社,2023.
[23] [美]阿瑟·J.基翁.个人理财[M].8版.北京:中国人民大学出版社,2021.
[24] [美]布莱恩·卡普兰.教育的浪费[M].北京:中译出版社,2023.
[25] [美]乔治·安德斯.能力的迁移[M].北京:中信出版社,2019.
[26] 张雪峰.选择比努力更重要[M].北京:北京联合出版有限责任公司,2021.
[27] 董藩,李英.房地产金融[M].6版.大连:东北财经大学出版社,2020.
[28] 董藩,丁宏,陶斐斐.房地产经济学[M].2版.北京:清华大学出版社,2020.
[29] 徐远.房价的逻辑:徐远的房产财富48讲[M].北京:中信出版社,2021.
[30] 董藩.房地产的逻辑[M].厦门:鹭江出版社,2018.
[31] 夏磊,任泽平.全球房地产[M].北京:中信出版社,2020.

[32] T博士.买对保险:写给忙碌者的保险入门书[M].北京:清华大学出版社,2022.

[33] 谢誉豪.保险这么买就对了:投保、核保、理赔全攻略[M].北京:清华大学出版社,2021.

[34] 高媛萍.保险怎么买:北大宝妈的保险攻略[M].北京:中国经济出版社,2020.

[35] 陈铜.1小时搞定全家保险[M].成都:四川人民出版社,2020.

[36] 北京当代金融培训有限公司.金融理财综合规划案例[M].北京:中国人民大学出版社,2019.